저항에의 초대

TEIKŌ ENO SHŌTAI written by Satoshi Ukai

Copyright © Satoshi Ukai, 1997

All rights reserved.

Original Japanese edition published in Japan by Misuzu Shobo, Limited.

This Korean edition is published by arrangement with Misuzu Shobo Limited, Tokyo
in care of Tuttle-Mori Agency, Inc., Tokyo through Shinwon Agency Co., Seoul

저항에의 초대

발행일 초판 1쇄 2019년 3월 25일

지은이 우카이 사토시 | **옮긴이** 박성관

펴낸이 유재건 | **펴낸곳** (주)그린비출판사 | **주소** 서울시 마포구 와우산로 180, 4층

전화 02-702-2717 | **이메일** editor@greenbee.co.kr | **등록번호** 제2017-000094호

ISBN 978-89-7682-475-2 03300

이 도서의 국립중앙도서관 출판시도서목록(CIP)은 서지정보유통지원시스템 홈페이지(http://seoji.nl.go.kr)와 국가자료
공동목록시스템(http://www.nl.go.kr/kolisnet)에서 이용하실 수 있습니다.(CIP제어번호: CIP2019006882)

철학이 있는 삶 **그린비출판사** www.greenbee.co.kr

저항에의
초대

우카이 사토시 지음 | 박성관 옮김

human
rights

Re-
sistance

revolution

그린비

20세기는 혁명의 시대였다. 혁명은 이번 세기의 거의 신학적인 테마였다고 해도 과언이 아니다. 혁명과 함께, 그 옆에서, 동시에 그 안과 밖에서 느끼고, 생각하고, 글을 쓴 사람을 우리는 이 시대가 끝나가는 시점에서 어떻게 떠올릴 수 있을까?

1970년, 팔레스타인 혁명의 요람기, 요르단 호반의 아즐룬 숲에서 주네는 알았다. 페다인의 미소, 홍소(哄笑)를 지켜보는 나무들의 부드러움을. 아랍인들이 혼자 힘으로 산출한 가장 반(反)종교적인, 그래서 가장 반 서구적인 혁명. 코란이 신과 동질(同質)인 것처럼, 그 자신과 동질인 이 혁명. 죽음에 이르는 나날의 주네는 그 혁명의 회상을 살고 있었다. 『사랑하는 포로』라는 제목이 달린 그의 책이 완결되었을 때, 혁명 또한 종언을 맞는 게 아닐까 두려워하면서.

1926년, 모스크바. 트로츠키의 정치국 추방 직후의 소련을 벤야민은 방문했다. 소련 공산당의 해산을 알게 되었을 때, 나는 『모스크바의 겨울』을 다시 읽었다. 혁명 후 사회의 모순에 찬 움직임, 모스크바라는 도시의 세밀화를 연상케 하는 묘사, 그리고 벤야민의 사랑과 사색. 처음 읽었을 때는 다소 산만한 인상을 받았던 이 책의 세 가지 요소들 사이에, 어떤 이상한 공기가 통하고 있음이 느껴졌다. 『사랑하는 포로』의 번역을 마친 직후라서였을까, 영원히 응고되어 버린 듯이 보였던 소련의 이미지가 무너져 버린 뒤라서였을까, 아니면 내가 당시 벤야민의 나이에 도달했기 때문일까? 이유가 무엇이었든 간에 1926년의 모스크바가, 눈의 도시를 헤매는 사랑에 야윈 벤야민이 뜻하지 않게 내 가까이에 나타난 것이다.

패배한 혁명과 승리한 혁명, 회상과 일기, 작자의 자질과 연령―많은 점에서 대조적인 이 두 텍스트를 타협을 모르는 여행자의 정신과 사랑에 침투당한 시간의 마법이 맺어 주고 있다. 모스크바에서 벤야민은 프루스트를 번역했는데, 출간 후 지금까지 70여 년이 흐르는 동안 『잃어버린 시간을 찾아서』의 충격을 정치화한 것은 이 두 사람뿐이 아니었을까? 그들의 에크리튀르 속에서 혁명은 신선하다. 그렇다, 빙하 속에서 발견된 매머드처럼.

『ユリイカ』, 1991, 10[『유리카』].

차례

5부

6부

| 일러두기 |

1 이 책은 鶴見哲, 『抵抗への招待』(みすず書房, 1997)를 완역한 것이다.

2 이 책의 주석은 각주와 미주로 되어 있으며, 지은이 주를 미주, 옮긴이 주를 각주로 구분하였다.

3 인용한 글이나 구절 끝에 '대괄호는 인용자'라고 명기한 대괄호와 전략·중략 표기의 대괄호([……])는 지은이의 것이고, 이외의 모든 대괄호는 옮긴이가 첨가한 것이다.

4 신문·잡지 등의 정기간행물, 단행본, 전집 등에는 겹낫표(『 』)를, 기사·논문·단편·영화·노래 제목 등에는 낫표(「 」)를 사용했다.

5 외국 인명이나 지명, 작품명은 2002년에 국립국어원에서 펴낸 '외래어 표기법'을 따라 표기했다.

1부

❖

계간 『팔레스타인 연구지』 39호가 나왔다. "걸프 전쟁*: 새로운 질서의 불확정 요소"라는 표제가 붙은 이번 호의 중심은 팔레스타인, 레바논, 시리아 지식인들과 재불(在佛) 망명 이라크 시인들이 참석한 토론 「전후 아랍인」일 것이다. 이라크의 도전과 패배로부터 아랍 세계는 어떠한 교훈을 얻어야 할까. 이 과제에 대해 출석자들이 시도하는 답변들은 결코 한결같지가 않고, 오히려 이 혼란을 그대로 드러내는 일이 급선무라는 점에서만 그들의 인식이 일치하는 듯하다. 이 문제에 대한 상세한 소개는 아무래도 해야 하지 않을까 싶다.

직접 전쟁에 관련된 건 아니지만, 이 39호에서 눈길을 끄는 또 하나의 텍스트는 에드워드 사이드의 「장 주네의 후기 작품에 대하여」이다. 걸프 전쟁은 우리에게 중동에서 십수 세기에 걸쳐 펼쳐져 온 투쟁의 역사에 얼마나 놀라운 일관성이 있는지 뼈저리게 인식시켜 줌과 동시에 몰락을 거부하는 서양의 결의 배후에 존재하는 거대한 인종주의를 백일하에 드러내면서, '윤리'나 '법'의 이름으로 자기를 관철하는 그 본질의 고찰을 새삼 촉구하는 것이었다. 사이드의 오리엔탈리즘 비판과 주네의 유작 『사랑하는 포로』는 바로 이 문제의 크기와 복잡성에 걸맞은 강인한 두 지성이 벌인 격투의 기록이라 할 수 있으리라.

뉴욕과 베이루트에서 둘이 만났던 일을 사이드는 아름답게 이야기한 후, 동일성으로부터의 도주라는 관점에서 주네의 배신의 미학을 재정의하면서 『미니마 모랄리아』의 아도르노와의 흥미로운 비교를 시도한다. 또한 『사랑하는 포로』로부터 역조사(逆照射)되는 형태로 알제리 전쟁을 제재로 한 희곡 『병풍』을 다시 독해함으로써, 피점령지 민중봉기(인티파다)의 개시를 기다리지 못하고 세상을 떠난 주네에게 인티파다를 이야기하게 하는 구조도 사이드만이 할 수 있는 빼어난 접근으로, 배우는 바가 많았다.

『図書新聞』, 1991. 6. 15 [『도서신문』].

---

* 1990년 8월 2일 이라크가 쿠웨이트를 침공하자, 미국·영국·프랑스 등 34개 다국적군이 이라크를 상대로 이라크·쿠웨이트를 무대로 전개된 전쟁이다. 걸프 전쟁의 결과, 중동은 미국의 절대적 영향하에 새로운 질서로 재편되는 계기를 맞게 되었다.

'유토피아'로서의 팔레스타인
─장 주네와 아랍 세계의 혁명

1.

1987년 12월 9일, 요르단 강 서안과 가자지구에서의 민중봉기(인티파다) 개시 이래, 팔레스타인 저항 운동은 새로운 결정적 단계를 맞이하였다. 40년의 고난 끝에 팔레스타인 국가의 독립을 향한 최초의, 하지만 거대한 일보를 내딛은 것은 돌[石]만을 무기로, 많은 희생을 강요당하면서 완전 무장한 이스라엘군과 계속 맞서는 젊은이들, 소년, 소녀, 아이들이었다. 그들이 열어젖힌 지평 위에서, 1988년 11월 14일 심야, 알제(Alger)에서 개최된 팔레스타인 민족 평의회를 대표하여, 의장 야세르 아라파트가 팔레스타인 국가의 수립을 선언한 것이다.

장 주네가 세상을 뜨고, 유작이 된 『사랑하는 포로』가 간행된 지 3년 남짓, 팔레스타인 문제를 둘러싼 정치적 맥락은 이미 크게 변모되고 있다. 그러나 바로 그렇기 때문에 "서구에서의 팔레스타인 인민의 최대의 벗"[1]으로서 생애를 마감한 주네가, 1982년 이스라엘 점령하의 베이루트에 동행했던 라일라 샤피드 바라다의 권유에도 불구하고 서안으로 향하기를 거부했다는 사실은, 이 문제에 대한 주네의 관여에 대해 질문을 할 때, 결코 잊힐 수 없는 일이다. 『사랑하는 포로』제2페이지에서 그는 분명히 말한다.

……앞서 나는 흑인이란 미국이라는 하얀 종이 위의 활자다, 라고 지적했지만, 이는 너무나도 성급한 이미지였다. 현실은, 그중에서도 특히 내가 결코 정확히는 알 수 없을 사정 안에서는, 색깔이 다른 두 사람의 미국인들 간의 사랑 드라마가 실연(實演)되는 장소에서 발견되는 것이니까. 그렇다고 한다면 팔레스타인 혁명은 내 손을 빠져나가 버린 셈일까? 완전히 그러하다. 라일라로부터 요르단 강 서안 지구로 가라는 권유를 받았을 때, 나는 그 점을 이해했던 것 같다. 나는 그의 권유를 거절했다. 왜냐하면 점령하의 토지란, 점령자와 피점령자에 의해 시시각각 체험되는 드라마 그 자체였기 때문이다. 그들의 현실이란 일상생활 속에서의 증오와 사랑이 가득 겹쳐진 층이어서, 그것은 반투명하게, 말과 글에 의해 토막이 난 침묵과 유사하다.[2]

주네가 깊은 관심을 기울인 팔레스타인인, 생애 마지막 시기의 작품들 속에서 그가 이야기한 팔레스타인인, 그것은 주로 망명지에 살 수밖에 없는 이산(diaspora) 팔레스타인인이라 불리는 사람들이었다. 주네는 이 사람들을 있는 그대로의 모습으로 사랑했다. 우리가 무엇보다도 묻지 않으면 안 되는 것은, 따라서 바로 이 사랑이다.

실제로 '사랑'(amour)이라는 말은 숙고할 만한 가치가 있다. 그것은 주네의 텍스트 속에서 누차 마주치게 되는, 근원적으로 결락(缺落)되어 있는 다른 말 대신 사용되는 남유적(濫喩的)*인 말이다. 그렇다고 한다면, 우리는 이 말이 의미하는 바를, 나아가 통상적으로는 그 반대어라 생각되는 '증오'가 의미하는 바를, 그리고 이 두 감정이 때로 반전되는 경우의 원리를 성급하게 포착하려고 해서는 안 된다. 그의 마지막 작품의 제목이, 단순해서 한층 더 깊은 곳에 수수께끼를 숨기고 있는 '사랑하는 포로'(Un captif amoureux)라는 점으로부터도, '사랑'이라는 말의 중요성은 충분히 이해될 수 있으리라. 그리고 그 비밀에 다가가기 위해서는 극히 신중한 발걸음이 요청된다는 점도.

그 때문에 우리는 우선 82년 9월, 서베이루트의 팔레스타인 캠프에서 일어난 팔레스타인 민간인 집단 학살 때 곧장 현지를 방문한 주네의 르포르타주 『샤틸라의 네 시간』[3] 앞에서 발길을 멈추지 않으면 안 된다. 그가 팔레스타인 인민에 대한 '사랑'을 이 극한적인 작품에서만큼 솔직하게, 깊은 뉘앙스를 담아 이야기한 적은 달리 없기 때문이다. 다음과 같은 구절에는 이 '사랑'의 한 측면이 그 강도와 복잡성에 있어서 집중적으로 표현되어 있다.

한 민족에 대한 귀속 여부는 보통 태어나면서 결정된다. 그런 점에서 볼 때 하나의 공동체를 특권적으로 선택한다는 것, 즉 탄생 이외의 방식으로 선택한다는 것은 이치를 따져서 되는 성질의 일이 아니다. 그것

---

* 현재의 언어 체계에 어떤 대상을 표현하기 위한 말이 없을 때 그와 유사한 말을 빌려오는 수사학이다. 그래서 처음 들은 사람들은 말을 잘못한 것이라고 받아들일 수도 있다. 예컨대 책상 '다리'를 표현하기 위해 사용할 수 있는 고유한 말이 없다고 해보자. 그럴 때 본래는 인간이나 동물의 다리에 사용되는 '다리'라는 말을 부득이하게 빌려와서 책상 '다리'에 사용한다. 그러면 본래는 오용(誤用)이었던 말이 점차 통상적인 말로 통용되게 된다. 이것이 '남유'라는 수사학이다.

은 동의에 의한 축복이 주는 선물이다. 거기에 정의(正義)가 작동할 여지가 없다는 게 아니라, 이 정의를 실현하고, 이 공동체를 철두철미 옹호하게 하는 것이 감정적, 감각적, 관능적이라고도 할 수 있을 매력의, 소명의 힘이기 때문이다. 나는 프랑스인이다. 그러나 전면적으로, 판단없이 팔레스타인인을 옹호한다. 도리(道理)는 그들 측에 있다. 내가 사랑하고 있으니까. 그렇지만 부정(不正) 때문에 이 사람들이 부랑민이 되지 않았다면, 이 사람들을 과연 나는 사랑했을까?

어떤 정치적 선택, 특히 팔레스타인의 대의를 무조건 지지한다고 하는 선택이 '사랑'의 이름으로 정당화된다고 하는 것은 어떠한 사태일까? 첫째로 여기서 주네가 팔레스타인이라는 '젖과 꿀이 흐르는 땅'을 유대 백성들에게 부여한 신의 '사랑'의 그 자의와 폭력을 도용하여 역으로, 팔레스타인인의 적에게 내던져, 신의 위치를 차지함으로써, 신에게, 즉 현대 이스라엘 국가의 폭력적 존재 양태에 신화적 근거를 부여하는 자에게 도전하고 있음은 분명하다. 하지만 더 자세하게 본다면, 여기서 '나'라는 사람에게 팔레스타인인에 대한 그의 '사랑'이 '축복의 선물'로서 주어져 있는 이상, '나'는 이 '사랑'의 자기산출적인 주체일 수는 없다. '나'와 팔레스타인인을 만나게 하고, 결부지어 준 어떤 상위 심급의 존재가 암시되어 있고, 그 의미에서 '나'의 완전한 신격화는 주의 깊게 회피되고 있기도 하다.

따라서 이 다음에 우리의 주의를 끄는 것은 '정의'/'부정'이라는 쌍에 놓여 있는 미묘한 악센트다. '정의가 작동할 여지'가 어찌 되었든 존재하는 이상, '나'의 선택은 전적으로 자의는 아니고, 아니 팔레스타인인을 난민화한 '부정'이 마치 이 '사랑'의 탄생에 동기를 부여한 듯이 언급될 때, 이 도발적인 '사랑'의 고백을 떠받치고 있는 사랑의 논리와 법의 논리 간의 우선권은 이제 결정되기 어렵다. 이 두 가지 논리는 기묘한 형태로 상호 내속(內屬)하고 있는 바, 주네의 후기 작품들의 정치성을 이야기할 때 고유의 곤란은 아마도 여기에서 유래할 것이다.

이 '사랑'의 강도를, 페다인*에 대한 주네의 관심이 본질적으로 동성 애적인 것임을 빼고 설명하려고 하는 건 무의미할 것이다. 하지만 그것 은 본래 비정치적인, '사적인' 성격의 그 '사랑'이 그의 '공적인' 정치 판 단을 외부로부터 추동하는 동기로 작용했다는 의미는 아니다. 이 '사랑' 자체에 내재하는, 그래서 공/사라는 대립이 안정되게 기능하기를 그치 게 되는 그런 별종의 정치성이야말로 문제다. 그리고 우리에게 아직 결 여되어 있는 것이 바로 이러한 '정치'를 이야기할 수 있는 언어이다.

이 소론의 목적은 이러한 언어의 발견/발명을 위한 전제가 되는 작 업의 윤곽을 확정하는 데 있고, 그러기 위해 ① 처음에 확인되었듯이 주 네에게 '팔레스타인'이란 반드시 회복되어야 할 지리적 실체가 아니라는 점에 입각하면서, 그의 정치론과 예술론에 공통으로 잠재해 있는 독자적 인 '장'(場) 사상을 발굴해 내고자 한다. 그리고 ② 이러한 '장'의 성립이 공동체 내에서 남녀 양성의 전통적 관계가 철저히 관철된 끝에 발생한 **중단**과 불가분함을 보여 주려고 하는 것이다. 죽음 직전에 주네가 스스로 부여한 마지막 이름 '사랑하는 포로'는 플라톤이 『파이드로스』에서 이야 기하는 '사랑하는 사람'(에라스테스)을 불가피하게 상기시킨다. 팔레스 타인 인이란 이러한 의미에서 그에게 무엇보다도 우선 **아름다운 사람들**이

---

* 대(對) 이스라엘 아랍 특공대.

었고, 그런 한에 있어서 그 사내들, 그 여인들의 미 앞에서 그가 토해 낸 감탄의, 그리고 이 감탄 속에서, 그로부터 출발해서 이루어진 사고 속에서, 정녕 거기에서 이 희유한 정치적 연애극의 본질이 발견될 터이다.

2.

『샤틸라의 네 시간』은 후에 『사랑하는 포로』에서 상세히 이야기하게 되는 1970년 가을부터 다음 해 봄에 걸친 요르단 내전기의 팔레스타인 공동체와, 82년 이스라엘이 레바논을 침공하고 PLO 전투원들이 베이루트에서 철수한 후 이스라엘군 감시하에서 9월 16일부터 3일간 이어진 팔랑헤당에 의한 학살 직후의 팔레스타인 캠프라는 두 가지 장소, 두 가지 시간, 두 무대 사이에서 구두끈을 하나하나 묶어 가듯이 짜여진 텍스트다. 우리는 우선, 이 텍스트가 증언하는 학살 희생자들의 침묵을 다소곳이 듣는 걸 배워야 한다.

샤틸라의 묘사는 사진이나 텔레비전 같은 시각 미디어에 내재적인 어떤 한계를 지적하면서 시작된다.

사진은 2차원이다, 텔레비전 화면도 그렇다. 둘 다 모든 곳을 구석구석 통과하며 지나갈 수는 없다.

이리하여 '화자'는 자신에게 하나의 사명을, 즉 이 장소에서 조우하게 되는 존재자 중, 사진이나 텔레비전의 시선으로부터 본성상 벗어나는 것들의 증인이 된다는 사명을 떠맡는다. 같은 페이지 마지막 가까이에서 이 몸짓이 되풀이되는데, 이번에는 렌즈 앞에서 몸을 숨기는 이러한 존재자 몇몇이 거명된다.

파리[蠅]도, 하얗고 농후한 죽음의 악취도 사진에는 잡히지 않는다.

전 세계의 신문 독자들, 텔레비전 시청자들, 발송되어 온 '정보'와 '이미지'의 소비자들에게는 알려지지 않는 3일 밤낮 계속된 학살의 다음 날, 이 날, 이 '장소'의 주인으로서 '파리'와 '송장 썩는 냄새'가 지시되고 있다.[*] 지금 인용한 부분 앞에 이 양자와 '화자'의 최초의 조우가 담담하게, 그러나 무한한 독해(讀解)를 유혹할 정도로 농밀하게 기재되어 있다.

죽은 아이 하나 때문에 통로가 다 막혀 버리는 일도 있곤 했다. 길은 대단히 협소해서 거의 가냘프다고 해야 할 정도, 그리고 사체는 너무나도 많았다. 그 냄새는 연로자들에게는 친숙한 것인듯, 그것은 나를 불쾌하게 하지는 않았다. 하지만 대체 파리떼라니……. 사체의 얼굴 위에 놓여 있던 손수건이나 아랍어 신문을 들어 올리기만 해도, 나는 파리를 방해하고 말았다. 이러한 처사에 격앙된 파리들은 거대한 무리를 이루어 다가와서는, 내 손등 위에 멈추었다. 그리고 손등에서 영양분을 탐하려고 하는 것이었다. [……]

노령을 구실로 '죽음 냄새'에 대한 가까움을 공언하고, '파리'의 먹

---

[*] 3일 밤낮 계속된 학살 현장은 각종 매체를 통해 부분부분 보도된다. 하지만 그 다음 날에 대해서는, 기껏해야 파리나 송장 썩는 냄새 같은 것밖에 없는 이 장소에 대해서는 매체에 의해 '알려지지 않는다.'

이가 된 자신의 모습을 아무렇지도 않은 듯 환기하는 '화자', 이러한 이중 유연성(類緣性)하에서 사자(死者)에게 동일화되어 가는 '화자'의 경향은 이미 뚜렷이 나타나고 있다. '사자에의 우애'라고나 불러야 할 이 특이한, 역설적인 정동(情動)이야말로 이 '르포르타주'의 가장 현저한 특색을 이룬다. 이 캔버스 위로 사자 한 사람 한 사람의 세밀한 묘사가 떠오른다. 그리고 동시에 사자의 얼굴을 보려고 "손수건이나 아랍어 신문"을 들친 것이 뭔가 용납하기 어려운 모독이기라도 하듯이 '파리'들의 습격을 불러일으키고, 이리하여 '화자'와 '파리' 사이에 사체를 둘러싼 기묘한 경합이 암시된 점도 주의를 해두자. 주네의 독자라면, 이 곤충이 주네의 작품 세계, 특히 희곡 『병풍』의 중요한 형상이었던 사실을 떠올리지 않을 수 없을 테니 말이다. 하지만 일단 여기서는 이 점에 대해 더 깊이 파고들지 말기로 하자.

시청각 기기에 의한 기록을 거절하는 것은 '파리'와 '송장 썩는 냄새'만이 아니다. 이 증인이 단언하는 바를 믿는다면 "사체" 자체도 그걸 응시하는 시선에 결코 몸을 맡기지 않는다. "파리"와 "송장 썩는 냄새"가 사진에 찍히지 않는 것도 실은 사자의, '사체'의, 죽음의 그 기묘한 특질을, 그것들이 말하자면 환유적으로 분유(分有)하고 있기 때문일 뿐이라는 듯하다. 사진도, 텔레비전의 화면도 모두 시각을 그저 복제하는 것인한, '사체'에 대해 그 어떤 것도 전할 수 없다. 이 증인에게 '사체'는 적어도 객체가 아니기 때문이다.

한 사람의 사자를 주의 깊게 바라보고 있으면 **기묘한 현상**(un phénomène curieux)이 발생한다. 몸에 생명이 없다는 것이 곧 몸 자체의 완전한 부재와 마찬가지가 된다. 아니 몸이 점점 뒷걸음질쳐 가는 것이다. 다가갔다 싶지만 아무래도 닿지 않는다. 이것은 사체를 그저 바라보고 있는 경우다. 그런데 사체 쪽으로 몸을 기울이거나 팔이나 손가락을 움직이는 등, 사체를 향해 약간 몸짓을 해 보이면, 그 순간 곧장 그는 비상한 존재감을 띠면서 거의 친구처럼 허물없는 관계가 된다.

'죽음을 기억하라'(memento mori)라는 오래도록 이어져 온 복잡한 전통에도 불구하고, 혹은 오히려 바로 그 때문에 사자와, 아니 눈앞의 '사체'와 '우애' 관계에 들어가는 것은 서구의 정통적 사고에는 허용되기 힘든 도착으로 비친다. 아리스토텔레스의 두 가지 윤리학으로부터 하이데거의 '공(共)-존재' 사상에 이르기까지, '우애'는 늘 모종의 형태로 조화와 현전의 가치에 결부됐다. 예를 들자면 『니코마코스 윤리학』⁴에서는 "무생물을 사랑해도 그것은 우애(philia)라고는 부를 수 없다. 아마도 여기에는 교호적인 우애가 존재하지 않고, 그래서 '무생물을 위해 선을 바란다'라는 식의 일은 있을 수 없고", "상호 호혜적인 호의야말로 우애인 것이다"(8권 2장)라고 쓰여 있으며, 나아가 "……생(生)은 본성적으로 선(善)이며, 선이 자기 안에 현존하고 있음을 지각하는 것은 쾌적하다"라는 전제로부터, "자기가 존재함이 각자에게 바람직스러운 것과 마찬가지로, 같은 정도로, 또 그에 가까운 정도로, 벗이 존재하는 것도 또한 바람직스러운 일이 아닐 수 없다"(9권 9장)라는 단정이 내려질 때, 다른 감정은 어떤지 모른다치더라도, 특히 '우애'에 관해서는 사자를 위한 장(場)을 발견할 수가 없다. 또한 하이데거가 '공-존재'라 부르는 존재 양태가 '죽음에의 존재'로서의 현존재를 전제하고 있는 한, 이미 '나'와 존재를 나눌 수 없는 사자에게, 일체의 자기 관계를 상실한 사자에게, '우애'의 시선을 보내기는 불가능할 것이다.

이러한 전통에 반하여, 또한 그것이 정착시켜 온 양식(良識)에 반하여, 사자에의 '우애', 심지어는 사자로부터의 '우애', 사자와 '우애'를 주고받을 가능성을, 여기서 주네는 확실히 긍정하고 있다. 그리고 이러한 사자의, 사자와의 경험으로부터 출발하여 이루어지는 보고야말로, 사진도 아니고 텔레비전도 아닌, 오직 그만이 증언할 수 있었던 샤틸라의 '진실'이었다.

3.

여기서 일단 『샤틸라의 네 시간』의 독해를 중단하자. 실제로 사체의 이러한 비-현전성이라는 '기묘한 현상'을 주네의 다른 작품, 예컨대 『장례식』이 그려 내는 거의 사체애호적(nécrophile)이라는 말을 필연적으로 불러일으키게 될 그런 사랑의 형태와 포개어, 죽음과 동성애의 분리될 수 없는 결부를 성애(에로스)와 우애(필리아) 간의 분리, 상극, 동요의 문제로서 주제적으로 면밀하게 검토하는 일은 매력적일 뿐만 아니라, 이 작가를 이해하는 데에도 불가결한 작업일 것이다. 그런데 여기서 우리의 관심은 이러한 사랑 속에서 '예술'과 '정치'가 동등하게 그 기원을 가질 수 있었던 것은 왜일까. 그리고 후기 작품들에 현저한 비-서구 세계로 향하는, 그중에서도 특히 아랍, 오리엔트 세계로 향하는 서구로부터의 이탈 운동이, 주네에게 보이는 '예술'과 '정치'의 이러한 근저적인 공속성과 어떻게 관련된 것인가? 라는 물음을 던지기 위한 예비적인 고찰에 있다.

그러기 위해서는 우선 베이루트를 떠나 파리로 돌아가지 않으면 안 된다. 『샤틸라의 네 시간』에서는 사자에게 귀착된 저 기묘한 운동, 무한한 후퇴와 우애 넘치는 도래의 운동이 다른 텍스트에서는 예술 작품의 운동이기도 함을 보기 위하여. 파리, 작가가 탄생한 땅, 서구의 중심 중 하나인 도시, 그렇지만 거기에는 또한 지하 납골당 같은 알베르트 자코메티의 아틀리에도 있다.

최초의 시편 『사형수』로부터 『사랑하는 포로』에 이르는 주네의 행보에, 그 예술관에 어떤 불변의 핵이 발견된다고 한다면, 그것은 무엇보다도 다음과 같은 요지부동의 확신일 것이다. 즉 그에게 예술 작품이란 도래할 세계상(世界像)의 표현 따위가 결코 아니며, 아니 그 어떠한 목적을 위해서든 간에 예술이란 무릇 이 지상에서 생활하는 자가 활용할 수 있는 그런 무언가가 아니다. 그것은 사자에게 바치는 공물(供物)에 다름 아니다. 이 강력한 모티프는 이미 그의 텍스트가 많은 경우 서두에 사자에게 헌사를 바치고 있다는 데서도 엿볼 수 있다. "20세의 살인범 모리스 필로르주에게"(『사형수』), "그가 죽었다는 건 오늘도 여전히 나의 슬픔입니다. 그라는 사람이 없었더라면 나는 절대로 이 책을 쓰지 않았을 겁니다. 이 점을 생각하여, 그 사람 모리스 필로르주의 추억에, 나는 이 책을 바칩니다"(『꽃의 노트르담』), "장 두카르낭에게"(『장례식』), "압달라를 위하여"(『흑인들』, 『줄꾼』), "젊은 나이에 죽은 사내를 추억하며"(『병풍』) 등등……. 그런데 이러한 헌정 행동이 작자의 몽상을 키워 준 사형수에 대한 상념이나 죽은 연인에 대한 애석함을 넘어, 작자의 독자적인 예술관에 입각해 있다는 사실이 분명해진 것은 역시나 『자코메티의 아틀리에』의 잘 알려진 다음의 구절로부터였으리라.

예술에서 사람들이 혁신자를 운운하는 것이 내게는 좀체 이해가 안 된다. 어떤 작품은 후세에 이해받는 것이라는 얘기일까? 그러나 왜? 그리고 거기에는 어떤 의미가 있는 걸까? 후세가 그 작품을 쓸모 있게 만들어 준다는 것일까? 무엇 때문에?

나는 모르겠다. 오히려 다음과 같은 쪽이— 아직 막연하기는 하지만— 훨씬 이해가 잘 된다. 모든 예술작품은 만일 그것이 장대한 규모에 도달하고자 한다면, 제작에 착수한 이상 어느 한순간도 소홀히 하지 않는 더할 나위 없는 인내와 열의를 가지고, 수천 년 세월을 파고 내려가, 머잖아 그 작품 속에서 자신의 모습을 발견하게 될 그런 사자들로 가득 찬 태고의 아득한 밤에까지, 어떻게든 가닿지 않으면 안 된다.

어째서? 도대체 왜 그러한가? 예술 작품은 도래할 세대를 위한 것이 아니다. 그것은 무수한 사자들에게 봉헌되어 있는 것이다. 사자들은 그것을 가상히 여긴다. 아니면 그것을 거부하거나. 그런데 내가 지금까지 이야기한 사자들은 일찍이 생자(生者)였던 일은 없었다. 달리 말하자면 그랬던 일을 나는 잊고 있는 것이다. [……]

여기서 드러나는 것은 예술 작품을, 그리고 작품이 처하는 '장소'를, 일체의 역사적 가능성의 외부에 두려고 하는, 절대적으로 반(反)시대적인 정신이다. 작품의 수신자가 일찍이 한 번도 현전한 적 없는 사자들이라고 한다면, 작품이 통상적인 의미에서 수취되는 일은 결코 없을 터이다. 사자들이 가상히 여기는 일도, 거부하는 일도, 결코 하나의 사건을 구성하지는 않을 터이다. 하지만 그렇다면 작품이, 예컨대 자코메티의 조각이 '장대한 규모에 도달'하고 있다는 것은 어떠한 형태로 확인되는 것일까?

망각되는 경우가 많지만, 사실 선언적인 기조(tone)로 표명된 주네의 이러한 예술관은 이 직전에 독자들이 읽었을 자코메티 조각 특유의 어떤 기묘한 인상에 대한 기술에 이어지는 것이며, 또 그것을 전제로 해서 표명되고 있다. 그 대목에서 예술 작품의 경험은 어떤 일반적인 차원에서 문제가 되고 있다고 해도 과언이 아니다.

그것들[자코메티의 조각상들]은 또한 내게 이런 기묘한 느낌도 품게 한다. 그것들은 익숙한 것이다, 그것들은 거리를 걷고 있다. 헌데 그것들이 시간의 흐름 저 밑바닥에, 모든 것의 근원에 있다. 그것들은 어떤 지고의 부동성(不動性) 속에서, 끊임없이 접근하고, 끊임없이 멀어진다. 나의 시선이 그것들을 농락하며 가까이 다가가려 시도하면 ─ 그 노여움을 산다거나, 천벌을 심하게 받는다거나 해서가 아니라, 오로지 그것들이 극도로 가까운 곳에 있다고 내게 철석같이 믿게 할 만큼, 압축되고 환원되어 있는 바람에 내가 지금껏 알아차리지 못했던, 나와 그 입상(立像)들 간의 거리 때문에 ─ 그것들은 멀어지고, 시선을 벗어나 버린다. 그것들과 나의 거리가 넓게 벌어져 있는 것이다. 그것들은 어디로 가는가? 이미지는 확실히 남아 있는데, 그것들은 어디에 있는 것일까. (대괄호는 인용자)

그리고 작품의 '장소'에 관한 이러한 자문에 해답을 준비하는 것, 그것이 바로, 예술 작품을 사자에게 드리는 증여로 규정하는 저 단장(斷章)이었던 것이다. 실제로 그 단장은 다음과 같은 말로 끝난다.

지금 우리 눈앞에 있다고는 하지만, 내가 이야기해 온 자코메티의 이 인물상들은 대체 어디에 있는 것일까, 죽음 속이 아니라고 한다면? 우리 눈의 부름에 응답하여, 그것은 거기에서 빠져나와 우리 쪽으로 다가온다.

조각이 눈앞에 있음에도 불구하고 무한한 저편으로 멀어져 갈 때, 사람은 그것이 '죽음 속에' 있다는 것을, 바꿔 말하자면 사자들이 이 선물을 기꺼이 거두어 주셨음[嘉納]을 알게 된다. 이보다 조금 앞에서 자코메티는 입상(立像)을 땅속에 묻으려고 한 일이 있다고 고백했으며, 그러면서 자신에게 "그것이 사자들에게 그 입상을 바치는 행위였다고 한다면?" 이라고 자문했다는 사실을 포개어 읽어 보면, 여기서 '죽음'이라는 말이 한낱 은유적인 수준에서만 사용되고 있는 게 결코 아니라는 걸 알게 된다. 여기서 예술 작품에 대해 말해진 것과 사반세기 뒤에 샤틸라의 팔레스타인 캠프에서 무수히 많은 사자와 나누게 될 말 없는 대화의 기조가 된 사자(死者) 경험 사이에, 어떤 깊은 연관이 존재하리라는 것에 대해서 더는 긴 말이 필요치 않을 것이다. 사자와 작품은 거의 상사(相似)에 가까운 운동을 보여 준다.

그런데 흥미롭게도 이 에세이의 끝에서는 자코메티의 작품이 "대단히 멀리에서" "가져오는" "일종의 우정과 평화"가 이야기되는데, 그러면서 이 '우정'(amitié)이라는 말에 어렴풋한 불안을 느끼기나 한 듯 곧장 수정이 가해져 있다. '우정'적인 예술이란 칭호는 오히려 베르메르에게 상응하는 것이고, 자코메티 예술의 도달점은 "순수 무구한 신선함에 있어서 '이 사물'인" 그러한 사물의 "완전한 고독"에 존재하게 되는 것이다. 우리들의, 즉 모든 존재, 모든 사물의 "가장 확실한 영광"인 절대적인 고독과 '우애' 경험은, 대립까지는 아니지만 이 시기에는 아직 백지 한 장의 차이만큼은 벌어져 있는 듯하다. 거의 터부에 가까운 존경을 강요하는, 둘도 없는, 회복될 길 없는 사자의 고독이 기묘한 반전에 의해 그 자체로 '우애'의 근거가 되기 위해서 주네는 더 멀리까지 걸어가야만 했다.

4.

만년의 주네를 팔레스타인로 내몬 것은 대체 무엇이었던가? 그 결과 그의 언어 예술에 어떠한 변화가 발생했는가? 우애도, 예술도 모두 그 '장소'를 그가 '죽음'이라 부르는 수수께끼 같은 양태 속에 갖고 있음을 우리는 보았다. 그런데 바로 그 '장소'가 한 민족 탄생의 장, 근원의 '장'일수도 있다고 한다면 어떨까? 이렇게 해서 예술과 정치가, 탄생과 죽음이어떤 '장'에서 기묘하게도 일치해 버린다고 한다면?

'장'(場)의 물음을 매개 삼아 예술과 정치를 통합하려고 한 소위 '정치의 미학화'의 가장 강력한 시도가 30년대 후반 하이데거의 사고였다는점은 말할 필요도 없을 것이다. 1935년의 『형이상학 입문』[5]과 1936년의『예술 작품의 근원』[6]에 보이는 몇몇 모티프를 조응시켜 봄으로써, 우리는 이 사고의 대략적인 힘선[力線]을 읽어 낼 수 있다.

하이데거에 따르면 희랍어 polis를 '도시' 내지는 '국가'로 보는 해석은 불충분하다. 그것은 무엇보다도 우선 "있는 곳이고, 거기(Da), 즉 그곳이고 또 그러한 것으로서 현-존재(Da-sein)가 역사적인 것으로서 있는 그런 곳"(『형이상학 입문』 중 「존재의 한정」)으로 사고되어야 한다.

그러면 이러한 '곳'[所]은 어떻게 해서 열리는 것일까? 그것은 바로하나의 예술 작품을 통해서다. 그 특권적인 사례로서 하이데거가 드는것은 희랍의 신전이다. 신전은 '세계'를 수립하고, '대지'를 도래하게 하고, 그 세계와 대지를 어떤 근원적인 투쟁 속에 통일시킨다. 여기서 '세계'란 개개의 존재자들을 그 본질 안에 비추어 내는 '밝힘'(Lichtung)으로서의 '엶'이고, '대지'란 그 위에, 혹은 그 속에 태어나 자라는 것들을 자기 안에 은닉하고, 자기 또한 안에 틀어박히려 하는 것으로 생각된다.

그러나 이 '세계'와 '대지'의 대립은 불화, 고집, 상호 방해 따위가 아니다. 그 대립이 "자연스레 심해지면 심해질수록 투쟁하는 것들은 그만큼 더욱 서로 양보하는 일 없이, 자신이 귀속하는 곳으로 절실하게 돌아가는" 그러한 원(原) 투쟁이다. 바로 그러한 "투쟁을 하는 가운데 작품의 통일이 이루어진다"(『예술 작품의 근원』). 이렇다고 할 때 예술 작품은 작자 주관의 표출 따위가 아니라 오히려 비은폐성(aleteia)이라는 의미에서 진리의 자기 표출에 그 본질을 갖는 것이다. 하지만 그것은 동시에 정치의 기원인 '장'(polis)으로서, 거기서 "생과 사, 불행과 행복, 승리와 치욕, 강인과 쇠멸이 인간의 본질로 인해 인간 운명의 형태를 취하게 되는" "궤도나 관계"를, "우선 결부 짓고, 그와 동시에 자기 주위로 그러모으는"(같은 책) 것이기도 하다. 이상과 같은 의미에서 예컨대 희랍의 신전은 역사적인 민족으로서 희랍인들의 운명이 걸려 있는, 그 운명이 결정되는 '장'인 것이다.

정치와 예술이 그 기원에서 공속(共屬)하고 또 상호 분절되는 곳이 이러한 진리의 '장'이라고 한다면, 그렇다면 그 장은 주네에게 "장대한 규모에 도달"한 예술 작품이 존재하는 곳이라고 하는 그곳, 이 세상이 아닌 '장', 그가 '죽음'이라 부르는 저 '장'과 어떠한 관계에 있는 것일까? 특히 주네가 가리키는 이 '장'이 또한 역사적 민족이 탄생하는 '장'으로서도 지시되고, 그럼으로써 "우리의 가장 확실한 영광"이라 간주되는 사자의 절대적인 고독이 기묘하게도 우애의 근거로 반전되고, 그리하여 어떤 "정치적인 것"을 분비하기 시작할 때, 하이데거와 주네의 이 '가까움'과 '멂' 사이에 걸려 있는[賭] 것은 도대체 무엇일까?

예술 작품이 집약함과 동시에 펼쳐내는 '세계'와 '대지'의 투쟁에 대해 하이데거가 말하는 바는 『형이상학 입문』에서 전개된 내용 즉, 헤라클레이토스의 단편 53에 대한 하이데거의 독자적인 해석과 근본적으로 상통한다. "전쟁(polemos; 투쟁)은 만물의 아버지요, 만물의 왕이다. 그것이 어떤 것들은 신으로 또 어떤 것들은 인간으로서 드러내며, 어떤 이들은 노예로 또 어떤 이들은 자유인으로 만든다"[7]고 하는 이 단편에서 그 가족적-가부장제적 함의를 주의 깊게 제거하면서 하이데거는 이렇게 주석을 단다. "여기서 이야기되고 있는 polemos는 신적인 것과 인간적인 것 모두에 선행하고 또 지배하는 다툼이지, 인간적인 방식에 의한 전쟁은 아니다." 그리고 그의 주석을 다음과 같이 연결짓는다. "(상호 항쟁은 통일을 분쇄하거나 파괴하지 않는다. 오히려 그것은 통일을 형성한다. 그것은 집약logos이다. polemos와 logos는 동일하다.)"

　　여기서 polemos와 등치되어 있는 logos는 1955년 저작 『철학이란 무엇인가』에서는 오히려 우애(philia)와, 심지어는 조화(harmonia)와 결부된다. 그렇다면 polemos와 philia는 logos를 매개로 일종의 번역 관계에 있다고 할 수 있겠다. 그렇지만 이 두 가지 해석 사이의 시기에 하이데거가 경험한 정치와의 관계 속에서 그 번역 관계를 질문하는 것은 이 짧은 글의 과제가 아니다. 여기서 우리의 관심은 예술 작품이 도발하는 세계와 대지의 저 '투쟁'이야말로 '집약'이라는 원의(原義)에서의 '로고스'이고, 그러한 것으로서 '우애'의 본질과도 상통하는 것이라고 사유하는 하이데거의 사고에 집중되어야 한다.

　　『형이상학 입문』에서 polis를 '장'으로 보는 해석이 제시되었을 때, 문제가 된 텍스트가 다름 아닌 소포클레스의 『안티고네』였다는 사실이 여기서 중요하다. 하이데거가 검토하는 대상은 이 희곡의 제일 첫 번째 합창인데, 우리가 보았듯이 예술 작품이 야기하고 주재하는 저 항쟁(polemos)이 polis라는 '장'의 성립에 내재적이라고 한다면, 이 비극의 분명한 주제를 이루는 크레온과 안티고네의 항쟁에 대해 여기서 하이데 거가 한마디도 언급하지 않는 것은 우연일까? 공동체의 논리('공')와 가 족의 논리('사') 간의 항쟁, '인간의 법'과 '신들의 법'[8] 간의 (즉 어떤 의미 에서는 '세계'와 '대지' 간의) 항쟁, 그리고 무엇보다도 남과 여의 이 항쟁 은 왜 여기서 문제가 되지 않는 것일까? 그것은 이 항쟁이 통일을 산출하 지 않는, 하이데거가 이해하는 한에서 '우애'로서의 로고스가 끝내 집약할 수 없는 **별종**의 항쟁이기 때문은 아닐까? 헤겔과 주네를 같은 페이지 좌 우에 배치해서 편집한 복잡한 텍스트 『조종』(Glas; 弔鐘) 속에서 헤겔이 이 항쟁을 해석한 것을 분석하면서 데리다가 "이것이야말로 전쟁이라는 것이다"(C'est la guerre)[9] 라고 말할 때, 그가 겨냥한 것은 헤겔만이 아니 었을 것이다. 데리다의 언급은 하이데거가 성적 차이의 물음에 대해 보 이는 이러한 억압적인 태도와 그 귀결로서 나타나는 몇 가지 명제 또한 겨냥했던 것으로 보인다. 그리고 또 한 가지 간과할 수 없는 것은 이 항 쟁의 단서가 된 것이 일체의 "궤도와 관계"의 집약점으로서 폴리스의 중 심을 정하는 신전이 아니라, 공동체 바깥에 유기되어 매장마저 금지당한 채 날짐승들의 공격에 노출되어 버린 하나의 사체 즉, 안티고네의 오빠 폴뤼네이케스의 유해였다는 점이다.

앞서 보았던 주네의 몇몇 텍스트에 있어서 예술 작품과 사체의 (동 일시가 아닌) 무한한 접근, 그리고 거기서 말해지는, '우애'라 불리는 기 괴한 정동(情動)이 횡단하고 있었다. 그 무한한 접근과 기괴한 정동이 하 이데거의 '장'에 대한 사고와 극히 유사한 구도를 그리면서도 완전히 이 질적인 정치를 분절하는 이유는 바로 여기 즉, 신전과 사체 사이에서 찾 지 않으면 안 된다. 물론 주네가 '죽음'이라 부르는 작품의 '장'은 민족의 기원으로서의 정치의 '장'으로 전화된다. 하지만 그 '장'에서 성적인 차이는 절대 환원·축소되어 버리지 않을 터이다.

그러나 만일 그렇다고 한다면 이방인인 주네가 찾아간 '팔레스타인', 그가 사랑한 사람들이 사는 '팔레스타인'은 어디에 있는 것일까?

5.

그 누구도, 그 무엇도, 어떠한 이야기의 테크닉도, 요르단의 제라시와 아즐룬 산중에서 페다인이 보낸 6개월이 어떠했는지, 그중에서도 특히 처음 몇 개월이 어떠한 것이었는지 이야기하는 경우는 없을 것이다. 수 많은 사건을 보고서 형태로 묶는다든지, 연표를 작성하고 PLO의 성공 과 오류를 하나하나 꼽는 일 같은 것은 이미 수행한 사람들이 있다. 계 절의 공기, 하늘의, 흙의, 나무들의 빛깔, 그것도 이야기할 수 없는 것은 아니리라. 하지만 술에 취한 경쾌한 모습, 먼지 위에 이어진 발자취, 눈 [眼]의 반짝임, 페다인 사이에서만이 아니라 심지어 그들과 사관(士官) 사이에도 존재하던 관계의 투명함을 느끼게 해주는 일 따위는 결코 불 가능할 것이다. 모든 것이, 모든 사람이 나무들 아래서 떨며, 와자하게 웃으며, 모두에게 이토록이나 새로운 생에 경탄하고, 그리고 이 떨림 속에서 기묘하게도 가만히 움직이지 않는 무언가가, 이 모습을 엿보면 서 보류되고,(réservé) 비호받고 있던(protégé), 아무 말 없이 끊임없이 기도하는 사람처럼.

'팔레스타인'이라는 고유 명사에 대응하는 어떤 '민족적인 것'이 태 어나 (굳이 하이데거적인 말을 사용한다면) 하나의 '운명'이 결정된 순간 을, 그리고 그 환회를 이 구절은 그리고자 한다. 그런데 그것은 1970년 9

월, 후에 파타하*에서 분리되어 나온 게릴라 부대의 이름으로 세계에 알려지게 될 "검은 9월" 사건의 다음 달에 일어났던 일이다. 페다인 2만 명의 목숨을 빼앗은 요르단 내전의 와중이었으므로, 이 탄생은 이미 죽음에 깊이 침투되어 있던 것이기도 하다. 이스라엘에 의해 토지를 박탈당한 구 오스만 제국의 한 속주(屬州)의 주민들이 20년의 유적(流謫)을 거친 후에, 종교적 계보 위에 수립된 아랍 왕정과의 죽음을 건 전투 속에서, 비로소 하나의 역사적 민족이 된 순간. 다른 텍스트에서 주네는 이 사태를 다음과 같이 간명하게 규정한 바 있다. "그들은 자신들이 아랍인임을 알고 있었다. 그들은 팔레스타인인이기를 바랐다."[10]

그런데 여기서도 역시 악센트가 이중으로 찍혀 있음에 유의하지 않으면 안 된다. 당연한 일이지만, 어떤 사람이 팔레스타인인이 되려면 우선 아랍인이 아니면 안 된다. '팔레스타인'이라는 민족의 탄생은 '아랍적인 것'이 혁명적으로 형태 전환한 그 소산인 것이다. 바로 그래서 주네는 특히 『사랑하는 포로』에서 언어, 종교, 문화 등 모든 면에서의 '아랍성(性)'에 세심한 주의를 기울이고, 그것이 저항 운동 속에서 어떻게 변모되고 있는가를 극명하게 이야기하게 된다. 그러나 그 속에서도 그의 관심을 가장 강하게, 지속적으로 사로잡은 것은 아랍 사회에서의 남녀 양성의 전통적 관계와, 팔레스타인 혁명이라는 사건을 여타의 다른 혁명들과 구별 짓는 그 고유한 질(質) 간의 관계였다.

---

* 팔레스타인의 정당. 1957년 팔레스타인 독립을 목표로 야세르 아라파트에 의해 설립되었고 PLO(팔레스타인해방기구)에 가입했다. 당명 '파타하'는 아라비아어 '팔레스타인 민족해방운동'(Harakat al-Tahrir al-Watani al-Filastini)의 첫 글자들을 역순으로 해서 만들어졌으며 아라비아어로 '승리'라는 의미도 있다.

앞서 인용한 대목에 그려져 있는 것은 페다인의 군사 기지인 바, 여기서 타자와의 "관계의 투명함"을, 지복의 시간을 사는 것은 모두 남자들임을 간과해서는 안 된다. 조금 앞 대목에서 "미"(美)라고도 불리는 이 "존재의 행복"이 여성의 부재를 조건으로 한다는 점은 끝부분에서 이렇게 재확인되고 있다.

이 모든 것이 가능했던 것은 젊음 때문이다. 나무 아래 있기, 무기를 갖고 놀기, 여성들한테서 떨어져 있는 것, 즉 어려운 문제를 제쳐두기, [……] (강조는 인용자)

그러면 여인들은 어디에 있는 것일까? 그녀들은 남성들이 없는 난민 캠프를 관리하면서 공동체의 유지, 재생산을 떠맡고 있다. 이 텍스트에서 일견 당돌하게 거명되고 있는 한나 아렌트의 용어로 말하자면, "노동"에 종사하고 있는 것이다.[11] 이렇듯 팔레스타인 공동체는 그 기원에서 기지와 캠프로 "자기" 분할되어 있다. 여기서 우리는 아랍 사회, 혹은 (동일화는 엄격히 거부되어야 하겠지만) 팔레스타인에서도 다수파인 이슬람 사회에서 남성 공간과 여성 공간의 엄밀한 분리가 예외적 상황에서 한층 더 철저해지는 것, 그리고 이 철저화가 역설적으로 초래하는 전통적 관계들의 중단(에포케)을 볼 수 있을 것이다.[12]

주네의 연극이 서구의 전통적 연극 개념의 직접적인 부정으로 향하는 게 아니라, 거기에 고유한 이미지의 논리를 그 극한적인 귀결로까지 밀고 나감으로써 마멸시키려는 시도였듯이, 여기서도 또한 팔레스타인 여인들이 해방으로 나아가는 최초의 한 걸음은, 어떤 면에서 전통적 관계를 철저화함으로써 내딛어졌다. 그 하나의 귀결로서 대립적인 한 쌍을 기본으로 하는 서구적 신화를 모방적으로 수용하는 것은 아랍 여인들에게 해방일 수 없다고 보는, 희곡『병풍』에 이미 담겨 있던 주네의 견해를 다시 발견할 수 있다. 심층적으로 동성애적인 이러한 감수성이 포착한 팔레스타인 여인의 미, 패다인의 아름다움과는 다른 이 아름다움을 둘러싼 성찰이야말로, 아랍 세계의 혁명을 둘러싼 최후 시기의 텍스트에서 가장 흥미롭고 복잡한 층을 형성하는 것에 다름 아니다.

캠프에는 또 다른, 좀 더 숨죽인 아름다움이 여인과 아이들의 지배에 의해 정착되어 있었다. 전투 기지로부터 다가오는 빛 같은 것을 캠프는 받아들이고 있었다. 그리고 여인들의 경우 그 찬란함은, 길고 복잡한 토론을 거치지 않으면 설명하기 힘든 그런 종류의 것이었다. [……]

"빛"은 "전투 기지"로부터, 즉 언뜻 보기보다는 죽음에 가까운 '장소'로부터 다가온다. 그렇다고 한다면 여인들의 미는 역시나 파생적인, 이차적인 양태 변화에 불과한 것일까? 하지만 이 외견상의 위계(hierarchy)는 다음 절에서 재빨리, 은밀히 전도된다. 이 전도는 일종의 의태 운동을 통해서 생겨난다.

아즐룬 숲에서 페다인은 틀림없이 처녀들에 대해 생각하고 있었을 것이다. 아니 이렇게 말하는 편이 더 나으리라. 바짝 기대어오던 처녀의 모습을, 한 사람 한 사람이 자기 위에 그려 내거나 혹은 자기의 몸짓으로 그려 내고 있었다고. 무장한 페다인들이 그토록 우아하고 그토록 강력하며, 그토록 즐겁게 떠들어대고 있었던 것은 바로 그 때문이다. [……]

이로부터 팔레스타인 여인들의 일련의 인상적인 초상이 전개되어
간다. 그 과정 끝에서 우리는 하나의 근원적인 장면으로 인도된다. "팔레
스타인의 혁명에도, 저항 운동에도 속하지 않는" 가장 연로한 여인들, 그
녀들의 존재에서, 이 민족과 '대지'의 관계가 어떤 연극 공간으로서 전개
되는 것이다.

이 여인들의 눈은 지금도 보고 있다, 열여섯 시절에는 이미 존재하지
않았던 팔레스타인을. 그렇긴 하지만 이 여인들에게도 결국 하나의 대
지가 있었다. 그 밑도 아니고 그 위도 아닌 바로 거기, 거기서는 조금만
움직여도 잘못되는 그러한 불안한 공간 속에 여인들은 있었다. 더할 나
위없이 전아(典雅)한, 여든이 넘는 이 비극 여배우들의 맨발, 그 아래의
지면은 견고했을까? 점차 그렇게는 말할 수 없게 되었다. [……]

여인들은 어떠한 역할도 연기하지 않았다. 그녀들과 그 '대지'의 관
계가 곧 "비극 여배우"와 연극 무대의 관계인 것이다. 이런 식으로 열린
공간이야말로 주네의 '팔레스타인'에 다름 아니며, 이 간극에서 공동체
의 반쪽인 남과 여는 상호 촉발한다. 페다인은 그 몸짓으로 처녀들의 모
습을 그리고, 그렇게 해서 태어난 미(美)의 반짝임을 캠프의 여인들은 받
아들일 것이다. 연극성에 찍힌 강한 악센트의 견지에서, 이것은 하이데
거가 설파하는 "세계"와 "대지"의 "항쟁"과는 전혀 다른 장면이다. 공동
체는 (그 어떤 쇠락의 계기가 아니라) 기원에서 늘 이미 성적 분할 속에 있
고, 아직 어떠한 통일도 알지 못하며, 바로 그럼으로써 혁명을 살고 있다.
이러한 원풍경이 『사랑하는 포로』에서 함자(Hamza)와 함자 어머니의
한없이 아름다운 이야기로 결정(結晶)을 맺어 간다는 걸 우리는 알고 있

다. "아름다움에 상처 이외의 기원은 없다"(『자코메티의 아틀리에』).

그렇다 하더라도 주네의 만년 저작들과 더불어, 팔레스타인인에 대한 그의 '사랑'과 더불어 정치가 재차 미학화된 것일까? 그렇지 않으면 예술이 유례없는 형태로 정치화된 것일까? 이 질문이 던져지는 '장'이 이제는 서구가 아니라 아랍·오리엔트라고 할 때, 특히 '팔레스타인'이라 불리는 것일 때, 이 질문 자체가 겪는 변형을, 주네를 계속 읽어 가면서 우리는 계속해서 사유하지 않으면 안 된다.

1 "Jean Genet", *Revue d'études palestiniennes*, no. 20, été, 1986, p. 3.

2 『恋する虜』, 鵜飼哲·海老坂武 訳, 人文書院, 1994, 8頁.

3 『インパクション』 51号, 鵜飼哲 訳, インパクト出版会, 1998, 8頁.

4 『ニコマコス倫理学』, 高田三郎 訳, 岩波書店, 1971.

5 『形而上学入門』, 川原栄峰 訳, 理想社, 1960.

6 『芸術作品のはじまり』, 菊地栄一 訳, 理想社, 1961.

7 『初期ギリシア哲学者断片集』, 山本光雄 訳編, 岩波書店, 1958, 33頁[한국어판은 탈레스 외, 『소크라테스 이전 철학자들의 단편선집』, 김인곤 외 옮김, 아카넷, 2007, 249쪽].

8 『精神現象学』, 樫山欽四郎 訳, 河出書房, 1973.

9 *Glas*, Galilée, 1974, p. 166. 성적 차이 문제를 하이데거가 회피하는 특유의 태도에 대해서는 Jacques Derrida, "Geschlecht: différance sexuelle, différence ontologique", *Psyché*, Galilée, 1987, pp. 395~414[「게슐레흐트: 성적 차이, 존재론적 차이」]를 참조. 그리고 '장' 모티프의 신학적, 철학적, 정치적 사정(射程)에 대해서는 Jacques Derrida, "Comment ne pas parler?", *ibid.*, pp. 535~595[「어떤 식으로 이야기하지 않는가=어떻게 이야기하지 않고 있을 수 있는가?」]를 참조. 또한 본고가 쓰인 이후, 보다 하이데거에 입각한 형태로 같은 문제를 분석한 빼어난 작업으로 高橋哲哉, 「回帰の法と共同体: 存在の問いと論理学のあいだ」, 『現代思想』, 青土社, 1989年 8月号, 105~121頁[다카하시 데쓰야, 「회귀법과 공동체: 존재의 물음과 논리학 사이」]가 발표되었다.

10 "Les palestiniens"(vus par Bruno Barbey, texte de Jean Genet), *Zoom*, no. 8, 1971.

11 이 책에 실린 「"마치 형제와도 같이, 때를 같이하여, 사랑과 죽음이……"」 참조.

12 아랍 이슬람 문화야말로 가장 반(反)여성적이고 남성 중심적인 문화 형태라고 보는 생각이 서구인의 '동양' 일반에 대한 뿌리 깊은 편견의 핵심에서 발견된다. 이러한 사상의 가장 정치(精緻)한 표현은 이슬람이야말로 서구적 남성(및 자민족) 중심주의의 모델이요, 말

하자면 초(超)서구라고 보는 레비-스트로스의『슬픈 열대』마지막 장에서 볼 수 있을 것이다. 이러한 관점에서 팔레스타인 문제를 보았을 경우, 예컨대 보부아르처럼 서구적 가치관이 유통되고, 인도와 함께 최초로 여성 수상(골다 메이어)을 보유한 이스라엘을 전면적으로 지지하는 입장으로 이어지지 말란 법도 없다. 문제는 심각하고도 복잡하여 속단을 불허한다. 하지만 무엇보다도 다음 두 가지 점은 원칙적으로 확인해 두어야 할 것이다. ① 여성 해방에 대한 서구적 이념을 무비판적으로 보편화하는 입장으로부터 새로운 타입의 서구 중심주의 이데올로기가 발생할 수 있다는 점. ② 그러나 이러한 경향에 대한 단순한 반발로부터, 문화 상대주의의 이름 아래 현재 상황을 용인하는 일은 정반대로 뒤집힌 또 하나의 오류이며, 최악의 경우에는 원리주의적 주장으로 귀착될 위험마저 있다는 것. 이러한 이중 구속적 상황을 확인해 둔 위에서 중요한 문제는, 팔레스타인 여성이 독자적인 해방의 내실과 도정(道程)을 발명할 권리와 그 조건들이 아닐까? 주네가 남긴 팔레스타인 여성의 형상이 그의 특이한, 개인적인 감성의 상관물이라는 차원 이상으로 흥미로운 것은, 주네가 팔레스타인 혁명의 고유한 질이라고 보았던 비근대주의적 탈종교화라고도 부를 수 있을 것(정의상 미지의 관계성인 그것)을 향한 벡터를 남자보다 여자 쪽이 확실히 가리키고 있기 때문이다.「インタヴュー—1983」(『GS』5 1/2号, UPU, 1987, 46~69頁)에서 주네가 이 문제에 대해 한 발언을 참조

20世紀の芸術 6『政治と芸術』, 岩波書店, 1989 [20세기의 예술 6『정치와 예술』].

"마치 형제와도 같이, 때를 같이하여,
사랑과 죽음이……"

제가 발표할 글의 제목이 자코모 레오파르디의 시 「사랑과 죽음」(Amore e Morte)의 앞부분에서 인용한 것이라는 사실, 이것은 장 주네의 생애와 작품에 대한 최초의 국제 심포지엄이 개최되는 나라에 대한 단순한 오마주는 아닙니다. 또 그것은 레오파르디가 자크 데리다가 『조종』(弔鐘)이라는 저서에서 주네와 관련하여 인용한 또 한 편의 시 「에니시다, 혹은 사막의 꽃」(La ginestra o il flore del deserto)*의 작자이기도 하다는 이유 때문도, 또 역시나 주네의 빼어난 독자인 장-미셸 가르데르가 『시가집』 불역판에 붙인 서문에서, 일본의 작가 미시마 유키오(그도 또한 주네의 예찬자의 한 사람이었습니다)가 소설 『봄 눈』(春の雪) 속에서 이 이탈리아 시인의 모습을 드러냈다는 걸 지적하고 있기 때문도 아닙니다. 그것은 무엇보다도 우선 레오파르디와 주네가, 물론 다른 많은 작가들(보들레르, 자베스, 뒤라스……)도 마찬가지입니다만, '사랑'(amour)과 '죽음'(mort)

---

* 에니시다는 금작화를 뜻하는데, 이는 라틴어 genista가 전와(轉訛)된 스페인어 hiniesta의 발음이다.

의 수수께끼 같은 친화성이, 그 유음성(類音性)을 통해 드러나게 되는 라틴계 언어의 시인이기 때문입니다.

적어도 플라톤에서부터 프로이트까지, 아니 오늘날에도 여전히 사상가들은 계속해서 묻고 있습니다. 사랑이 그 본성상 결합자이고 죽음이 분해자라고 한다면, 양자가 서로 결합되는 관계를 어떻게 사고해야할까? 이것은 타나토스에 대한 에로스의 승리라고 보아야 하는가? 아니면 역으로 그 존재 자체가 정해져 있지 않은 타나토스의 대리 보충적인 교지(狡智)인가? 『쾌락 원칙을 넘어서』에서 프로이트가 이 물음들을 반추해 마지않는 것은 이 관계의 무저적(無底的)인 성격을 입증하는 것입니다. 그러나 시인들은 다른 방식으로 사태를 대합니다. 특히 라틴계 언어의 시인들은 (레오파르디가 교묘하게 표현했듯이 "운명에 의해 산출된") 이 고유 언어적인 구조를 철저히 파 내려가 위험하지만 매혹적인 '사랑'과 '죽음'의 관계를 그(녀)들의 모어(母語)로 말하게 하고, 이리하여 늘 새롭게 변모하는 이 커플의 그때마다 새로운 양상들을 발견해 가는 것입니다.

우선 '사랑'과 '죽음'의 이러한 유음(類音) 관계는 양자 간에 나르시스적인 관계가 있음을 발견하도록 시인을 인도하는 듯합니다. 그러나 다른 한편, 프랑스어에서든 이탈리아어에서든 '사랑'은 남성 명사고 '죽음'은 여성 명사입니다. 그리고 보면 레오파르디의 이 시가 "마치 형제와도 같이"라는 말로 시작될 때, 대체 무슨 일이 일어나는 걸까요? '사랑'과 '죽음'의 이 사랑을 형제애라 간주하는 것, 동성애까지는 아니어도 단성애화(單性愛化)하는 이러한 시적 조작을 통해 결정적으로 갈라지는 지점은 어떤 것일까요? 바꿔 말하면 '죽음'을 '사랑'에 결부 지을 때, '죽음'의 여성성은 왜 배제되어야만 하는 것일까요?

이 글의 목적은 이 시를 상세히 분석하려는 것이 아닙니다. 다만 제가 강조하고 싶었던 것은 레오파르디에서 주네에 이르는 어떤 전통 같은 것이 있는데, 제가 지금부터 하려는 주네의 만년 작품 중 하나인『샤틸라의 네 시간』[1]에 대한 독해 속에서 질문되고 있는 것도 그와 동질적인 문제들이라는 것입니다. 마치 '사랑'과 '죽음'의 이 사랑, 우애, 필리아, 즉 형제애의 어떤 정치적 차원이 마침내 분명해지기 위해서는 장 주네라는 이 작가를 기다려야만 했었다는 듯이.

"침묵과도 흡사한 말이 어깨에 떨어지려 한다. 그 말들이 이 침묵에 활기를 부여하고, 그리고 수면의 파문처럼 사라져 간다. 증언하는 말들, 세부의 침입. 사자들을 위한 말, 파멸의 숙명을 타고난 생자(生者)에게 향해진 말. 우리에게 던져진, 베이루트에 던져진, 그 파헤쳐진 묘, 그 으깨어져 버린 자들에게 던져진 말."[2] 레바논의 작가 엘리아스 호리는 여기서 제가 거론하고 있는 텍스트의 에크리튀르를 그렇게 평했습니다. 사브라와 샤틸라에서 자행된 학살의 공포, 그리고 이 사건이 낳은 텍스트의 질에 비추어 볼 때, 이 톤은 대단히 정확한 것 같습니다. 그러나 인정하지 않으면 안 됩니다, 이것은 이 사건에 대해 '우리', '우리의 사자'라고 말할 수 있는 사람들에게만 허용된 톤이라는 것을. 이 사건에 직접 연루되지 않은 사람들, 그러면서도 이 텍스트의 힘에 이끌렸다고 느끼는 사람들은 따라서 또 하나의 톤을 발견하고, 또 하나의 어프로치를 발명하지 않으면 안 됩니다. 비록 그들이, 주네의 텍스트가 듣기 위해 부여하는 사자들의 침묵 앞에서, 또 살아남은 사람들의 거대한 슬픔과 분노 앞에서 할 수 있는 게 아무것도 없다고 느낀다 해도. [그런데] 이 텍스트를 그 자체로서, 즉 텍스트로서 읽는 것, 그것은 왕왕 발생하는 것처럼 사자들의 침묵에 더는 귀를 기울이지 않는 것, 그렇게 해서 이 공전(空前)의 텍스트-사건을 탈정치화하는 것에 불과한 것일까? 아니면 다소간의 방법적인 독해가 샤틸라의 사자와 폐허 사이를 방황하는 주네의 발걸음의 가장 특이한 점을 찾아내고, 그렇게 해서 다른 방식으로 정치화하는 데에 공헌할 수 있는 것일까? 이 후자의 가능성에 내기를 걸면서, 이제부터 몇 가지 분석을 시도하기로 하겠습니다.

『샤틸라의 네 시간』은 『사랑하는 포로』 등 주네의 다른 작품과 마찬가지로 단편적(斷片的)인 문체로 쓰여 있습니다. 두 곳의 장소, 두 가지 시간, 두 가지 장면이 그 양자 간의 (논리적 내지 설화론적 필연성이 반드시 분명하지만은 않은) 이행의 형태로 연쇄되고 계기(繼起)되어 갑니다. 하나는 1970년 가을, 요르단 내전 와중의 팔레스타인 공동체. 그리고 또 하나는 1982년 9월 이스라엘군(軍) 감시하에 레바논의 우파인 기독교도 민병대(팔랑헤당)가 저지른 학살의 다음 날 아침, 베이루트 교외의 샤틸라 난민 캠프. 이 두 에피소드가 빛과 어둠, 생과 사처럼 서로 반전하면서 이야기됩니다. 그러나 이러한 단편성으로 인해 모종의 대칭성이 반드시 배제되는 건 아닙니다. 아니 그렇긴커녕 이 대칭성은 한 번 읽는 것으로는 느낄 수 없는 어떤 정합성을 바탕으로 텍스트를 강력하게 구조화하고 있습니다. 예를 들자면 이 텍스트가 보고하고 있는 단 두 차례의 비교적 긴 응답은 각각, 화자가 방황하는 네 시간 동안의 처음과 마지막에 자리 잡고 있습니다. 두 응답은 어떤 대응 관계를 이루면서 거의 완벽하게 교차배치(키아즈마)되어 있습니다. 처음의 응답에 등장하는 답은 주로 부정형인데, 여기서 화자는 발문자(發問者)입니다. 그에 반해 뒤에 나오는 응답의 답들은 전적으로 긍정형으로, 화자는 이번에는 회답자의 입장으로 돌아가 있습니다.

또 어떤 동일한 명사 연사(連辭)에 대해서도 동일한 구조를 이야기할 수 있습니다. 이 명사 연사는 실사와 부가형용사의 순서를 반전시키면서 2회 사용되고 있습니다. 제가 여기서 문제 삼고 싶은 것은 서두에서 언급한, 끝내 다 길어 올릴 수 없는 '사랑'과 '죽음'의 결합의 함의와 깊은 관계가 있는 이들의 교차 배치입니다. 문제의 표현이 나타나는 구절을 우선 인용하겠습니다.

한 사람의 사자를 주의 깊게 바라보고 있다 보면 **기묘한 현상**(un phénomène curieux)이 발생한다. 몸에 생명이 없다는 것이 곧 몸 자체의 완전한 부재와 마찬가지가 된다. 아니 몸이 점점 뒷걸음질쳐 가는 것이다. 다가갔다 싶지만 아무래도 닿지 않는다. 이것은 사체를 그저 바라보고 있는 경우다. 그런데 사체 쪽으로 몸을 기울이거나 팔이나 손가락을 움직이는 등, 사체를 향해 약간 몸짓을 해 보이면, 그 순간 곧장 그는 비상한 존재감을 띠면서 거의 친구처럼 허물없는 관계가 된다. (34쪽)

알제리 전쟁 전에는 프랑스에 있는 아랍인들이 아름답지 않았다. 행동거지가 둔하고 우물쭈물했다. 면상은 뒤틀려 있었다. 그러다가 거의 느닷없이 승리가 그들을 아름답게 만들었다. 하지만 승리가 명백해지고 그 눈부심에 아무것도 보이지 않게 되기 조금 전에 이미, 오레스와 알제리 전역에서 50만 명 이상의 프랑스 병사들이 흉하게 뻗어버린 그 무렵에 이미, 어떤 **기묘한 현상**(un curieux phénomène)이 아랍인 노동자들의 얼굴에, 그들의 몸에, 눈에 어른거리며 작용하게 되었다. 아직 취약하지만 그들의 피부로부터, 우리들의 눈으로부터, 마침내 비늘이 떨어질 때는 아찔할 정도로 눈이 부실 그런 아름다움, 그런 아름다움이 접근하는 듯한, 예감과도 같은 무언가가 이미 작용하고 있었던 것이다. 이 명백한 사실을 받아들이지 않을 수는 없었다. 그들이 정치적 해방을 쟁취한 것은 본래 그리 보여야 했던 그대로의 모습으로, 대단히 아름답게 나타났기 때문이었다. [……] (49~50쪽, 강조는 인용자)

'기묘한 현상', 그것은 두 경우 모두 신체(corps)상에서 일어납니다. 단, 첫 번째 경우에는 이 corps라는 말이 '사체'를 의미하는 데 반해, 두 번째 경우의 '신체'는 지극히 발랄하게 살아 있습니다. 네 행이 지난 뒤, 세 가지 형용사(nouvelle, neuve, naïve)가 두어(頭語) 반복으로 페다인의 아름다움을 형용할 때, 세 번째 형용사(naïve)는 "타고난"이라는 의미의 natif의 이중어(doublet)인 것입니다.

죽음의 현상과 생의 현상, 그러나 이 양자는 어떤 대립도 없이 서로 신호를 주고받는 듯 합니다. 서로 대조해 보지 않고서는 어느 한쪽도 이해할 수 없는 방식으로. 그런데 첫 번째 '현상'이 이야기된 직후, 이런 구절이 이어집니다.

사랑과 죽음(l'amour et la mort). 이 두 단어는 어느 한쪽을 계속 쓰다 보면 어느 순간 다른 한쪽과 곧장 연결되어 버린다. 샤틸라에 가서 나는 처음으로 사랑의 외설(猥褻)과 죽음의 외설을 뼈저리게 느꼈다. 사랑하는 몸도, 죽은 몸도 더는 아무것도 숨기려 하지 않는다. 다양한 체위에서부터 몸의 비틀림, 몸짓, 신호, 침묵에 이르기까지, 이 모든 것이 두 세계 모두의 것이다. [……] (34쪽)

레오파르디가 '사랑'과 '죽음'의 형제성(兄弟性)을 이야기하는 곳에서 주네가 발견하는 것은 '사랑'과 '죽음'에 공통되는 '외설성'(obscénité)입니다. 그것은 어떤 특수한 존재 양태, 혹은 현현(顯現) 양태이고, 자신을 볼 수 있도록 제공하면서 시각을 공격하지 않을 수 없는, 그렇게 함으로써 장면(scène)으로부터 불거져 나오고 마는 것, ob-scène한 것.

그러면 이 두 가지 '현상'과 '사랑'과 '죽음'의 관계에 대한 주네의 발견으로부터 몇 가지 논점을 끌어내어, 그것들을 이 텍스트 및 이 텍스트를 산출한 콘텍스트 전체 속에 위치지어 봅시다.

1. 우선 샤틸라 묘사가 사진이나 텔레비전의 시선이 갖는 능력에 대한 일종의 비판=한계 확정에서 시작된다는 점을 상기합시다("사진은 2차원이다, 텔레비전 화면도 그렇다. 둘 다 모든 곳을 구석구석 통과하며 지나갈 수는 없다"). 이는 화자가 자신에게 부과하는 사명을 이면으로부터 지시하는 것입니다. 즉 이 장소에서 자신을 노출시키는 존재자 중, 사진이나 텔레비전의 시선을 본성상 벗어나는 것들, 바로 그런 것들을 우선적으로 증언할 것. 여기서 우리는 주네의 정치=문학 활동의 가장 특징적인 점 중 한 가지와 접하게 됩니다. 그가 펜을 든 것은 주로 팔레스타인인과 블랙 팬서를 위해서였습니다. 요컨대 그가 직접 현장에 참여했던 투쟁을 위해서만 그는 쓴 것입니다. 따라서 여기서 우리는 모종의 현전(現前)의 우위, 도구=기술적 매개의 거부를 이야기할 수도 있겠습니다. 그러나 그 경우 잊어서는 안 될 것은 이 유례없는 증언자가 증언하는 것은 바로 이 현전의 가치 자체를 되묻기 위함이라는 점입니다. 왜냐하면 그가 사자의 목전에서밖에는 얻을 수 없는 '경험'이나 '감각'의 중요성을 강조할 때, 거기서 '경험'되는 것이란 현전의 뒤로 물러남(引-退; retrait)에 다름 아니고, 바로 거기에 죽음 '현상'의 '기묘'한 성격이 있기 때문입니다. 부분

적인 수정을 가한다면, 이 도식은 생의 '현상'에도 적용됩니다. 왜냐하면 아랍인 노동자나 페다인의 '아름다움'은 그것이 현현하는 순간에는 너무나 눈이 부셔 '증인'이 보지 못하게 만든다는 점을 그는 고백하고 있기 때문입니다. 잘 읽어 보면 분명해지듯이, 화자가 증언하는 것은 '아름다움'의 '접근'과 '예감'으로, 이 '아름다움'은 이미 도래하여 거기에 있는 것으로서가 아니라, 늘 도래하고 있는 것으로서 이야기되고 있습니다.

　2. 이 죽음 '현상'에는 두 가지 계기가 있습니다. 첫 번째 계기는 (거의 터부와 흡사한) 사자에 대한 경의와 일체를 이루는 것으로, 사체가 "완전한 부재"에 이르기까지 끊임없이 뒤로 물러나는 것입니다. 그리고 이로부터 이어지는 두 번째 계기는, 우리의 몸짓에의 응답과도 같은, 우애 가득한 사자의 도래입니다. 사체가 현현하는 것은 결코 대상으로서가 아니고, 늘 벗으로서 도래하는 것입니다. 사자 한 사람을 면밀하게 묘사해 가는 이 증언의 독자성을 이루는 이 사자의 우애, 사자에의 우애란 도대체 어떤 것일까요? 우선 확인해 두어야 할 것이 있습니다. 그것은 여기서 주네가 서구의 우애론의 커다란 전통에 충실함과 동시에, 그것과 상반되는 입장을 취하고 있다는 점입니다. 충실하다는 것은 그가 우애의 경험을 언제나 현전의 가치에 결부시키기를 그치지 않기 때문입니다("그 순간 곧장 그는 비상한 존재감을 띠면서 거의 친구처럼 허물없는 관계가 된다" it est soudain très présent, presque amical). 『니코마코스 윤리학』에서 아리스토텔레스는 우애(philia)는 잠재성에 머물러서는 안 되고, 목적론적으로 현재(懸在)에 초래되어야 한다고 설파합니다. 또한 공(共)-존재(Mitsein)에 대한 하이데거의 사고는 희랍적 전통에서의 우애의 시선이란, 시선을 던지기 위해, 시선을 던지기 전에 우선 스스로 나타나는 것이라고 봅니다. 따라서 우애란 어느 정도는 사적이고 어느 정도는 공적인 어떤 공간

에 양자가 공-현전하는 것(공-속屬)이 됩니다. 그러나 이 전통에서는 사자와 우애 관계 속으로 진입하는 일이 원리적으로 배제되어 있기도 합니다. 바로 이것이 주네의 입장이 전통에 반하는 점입니다. 아리스토텔레스라면 사자와 나 사이의 비대칭성이 우애를 불허한다고 생각할 터이고, 하이데거라면 '죽음에의 존재'[죽음으로 달려가 보는 존재]가 아니게 된 사자는, 나와 더 이상 존재를 분유(分有)하지 않는다고 말할 것입니다.

이러한 사체와의 우애(nécro-philia)*는 주네의 독자들에게는 친숙한 것입니다(『장례식』을 떠올려 봅시다). 그러나 이러한 우애는 다름 아닌 샤틸라에서 얻은 구체적 경험으로서가 아니라, 일반적 명제의 양태로 진술되었다는 점에 주의해 둡시다. 그리고 그것을 이어받아 '사랑과 죽음'으로 시작되는 다음 단락에서, 공전(空前)의 사건으로서의 샤틸라의 학살, 그 특수성이 문제로 되는 것입니다. 일견 단절 없이 연결되어 있는 듯 보이는 이 두 단락 사이에서, 미묘하고 곤란한 변형과 번역을 통해 '우애'(amitié)가 '애'(愛; amour)로 전이됩니다. 사자와 사자 쪽을 바라보는[지향하는] 자 사이의 '우애'가 사자들 간의 '사랑'으로 변모합니다. 나아가 조금 뒤에서 우리는 다음과 같은 구절을 읽게 됩니다.

사자들, 나와는 대체로 곧장 좋은 사이가 되는, 심지어 친구가 되기까지 하는 그들도, 이 캠프에서는 그저 자기들을 살해한 자의 증오와 희열밖에 이야기하려 하지 않았다. (49쪽)

---

* 보통 병증의 하나로 '시체 애호증'이라 번역되는 nécrophilia를 저자는 파자(破字)하여 '사체와의 우애'로 변환시킨 것이다.

샤틸라의 사자들은 그들을 살해한 자, 그들의 적에 지나치게 결부되어 있습니다. 다른 곳에서 이 '관계'는 '고문자'의 '비가시적인 비전'으로 나타납니다. 왜 '비가시'인가 하면, 그 모습이 "사자들의 형태, 즉 그로테스크한 자태, 자세, 태도가 그리는 형태 이외의 그 어떤 형태도 결코" 취하지 않기 때문입니다. 유감스럽게도 여기서는 샤틸라에서의 희생자와 가해자의 관계라는 흥미로운 문제, 나아가 이 학살 장소 자체의 묘사라는 문제에 대해서는 언급할 수가 없습니다. 작자는 이러한 묘사 속에, 때로 심히 암시적으로 이 학살의 본질, 심지어는 이스라엘=팔레스타인 분쟁의 본질을 언급하는 그의 견해를, 또한 이 분쟁에 관련되는 세 가지 일신교의 교의=역사적 제 관계에 대한 견해를 삽입하고 있는 만큼, 중요한 논점이기는 합니다만. 텍스트의 이러한 차원에 대한 분석은 저의 역량을 넘어서는 것이니, 여기서는 일단 다음과 같은 지적을 하는 것으로 그치겠습니다. 화자와 사자들 간에 개입하는 이 '고문자'의 '비가시적인 비전'은 양자 간의 우애 관계를 중단시키고, 사자에게 특유한 고독을 한층 더 심화시킵니다. 주네는 일찍이 "사자의 고독이야말로 우리의 가장 확실한 영광이다"라고 말한 일이 있습니다만, 지금 이 텍스트에서 그 논점을 다음과 같이 더욱 명확히 합니다. "사자들의 고독, 샤틸라 캠프에서는 이 고독이, 사자들의 몸짓이나 모습이, 그들 스스로 그러했던 기억이 없는 것인 만큼, 한층 더 생생하게 느껴졌다"(45쪽). 사자의 나형성(裸形性)은 그 극한에 달해, 사체는 이제 어떠한 기억도, 자기 관계의 흔적도 남기고 있지 않습니다. 하지만 그러면서도 여전히, 아니 바로 그렇기 때문에 그것이 대상으로 환원되어 버리는 일이 없는 것입니다.

그렇다면 남는 것은 도대체 무엇일까요? 그것은 아마도 "결합적 분해"(déliaison liante)라고나 해야 할 환상적인 관계, 그럼으로써 사자들의 고독이 '난교'(亂交)의 외관을 부여하게 되는 그러한 관계, 집단 학살이라는 사태만이 명시할 수 있는 관계이고, 그것이 저 '외설'적인 인상을 낳는 것입니다. 이 사자들의 '난교'에 대해서는 마지막에 다시 다루기로 하고, 여기서 곧장 지적해 두고 싶은 것은 주네는 일찍이 사자들(morts)이 아니라 말(mots)의 '난교'를 『……라는 기묘한 단어』[3]라는 텍스트에서 이야기한 적이 있다는 점입니다. 따라서 이 몇 행은 어떤 무저적(無底的)인 수사 구조를 갖추고 있고, '사랑'과 '죽음'이라는 말의 결합=교접(交接)이 애인과 사자의 거동 의태를 연출하면서, 그들의 비밀인 '외설'성, 즉 감추어야 할 것=비밀의 부재를 증거하고 있는 것입니다.

여기서 나아가 다음과 같은 문제가 발생합니다. 이 '사자(에)의 우애', 나아가 '사자들의 난교'에 있어서 성차(性差) 문제는 어떻게 되어 있는가? 이 물음이 중요한 것은 철학적 우애론에서, 그중에서도 특히 몽테뉴가 그렇게 언명하고 있지만, 여성과 동성애자는 늘 배제되기 때문입니다. '우애'가 '사랑'으로 변모할 때, 공공연한 남성 동성애자인 이 작자에게 여성의 배제라는 차원에서 어떤 일이 일어나는가? 주네의 문학에서 죽음이라는 것의 여성성이 강조되는 경우가 많은 만큼(이 텍스트에서도 이스라엘이 "무자비하게 추궁하는 복수의 성녀聖女라 불리고 있습니다), 이것은 흥미로운 문제입니다. 정치 공간 전체를, 거기에 귀속되는 일 없이 떠받치는 여성과 죽음 간의 불가사의한 관계,『조종』에서 데리다가 헤겔의『정신현상학』과『미학』속에서 그려진 안티고네 상(像)을 검토함으로써 사고를 촉발시키는 바로 이 관계를 묻지 않고서, 팔레스타인인에 대한 주네의 동성애가 갖는 정치성("도리道理는 그들 측에 있다, 내가 사랑하고 있으므로")을 밝히기는 불가능할 것입니다.[4]

이러한 작업을 저 나름으로 준비하기 위해 저는 이 텍스트를 떠나지는 않으면서 잠시 곁길로 새지 않으면 안 됩니다. 팔레스타인에 관한 만년의 저작들을 집필하던 시기 전후에 주네가 많은 사상가와 대화를 나누었다는 건 몇 가지 징후로 볼 때 의심의 여지가 없습니다. 스피노자, 마르크스, 니체, 프로이트, 루이 마시뇽(Louis Massignon), 『인종과 역사』의 레비-스트로스 등등. 『사랑하는 포로』[5] 혹은 『샤틸라의 네 시간』을 다소나마 주의깊게 독해하여, 흔히 거명되지 않는 이들 사상가와의 대화의 흔적을 확인해 내고, 그 대화를 재구성하고자 시도해야만 할 것입니다. 예컨대 『사랑하는 포로』에는 이렇게 쓰여 있습니다. "페다인이 세계의 주인인 것은 죽음을 걸고 승부하기 때문이야"(헤겔). "반역은 영원이고, 영원 회귀에 있어서 희구해야 할 것이므로"(니체). "내 스스로 인정하는 수호 성인은 유대인 스피노자야" 등등. 이러한 말들은 모두 작자의 분신이라 할 수 있는 흑인 무바라크 중위의 말입니다.

그런데 『샤틸라의 네 시간』에 보면 70년대 초엽의 팔레스타인 공동체를 한창 묘사하는 와중에, 주네의 붓길 아래 나타나는 것이 자못 의외인 느낌을 주는 어떤 철학자의 이름이 보입니다. 한나 아렌트입니다. 그리고 하나의 토론이 전개되는데 그 주제는 탄생, 개시, 기원 같은 것입니다. '사랑'과의 결혼을 통해 '죽음'의 여성성이 맞게 되는 운명이라는 물음을 새로이 위치 짓기 위해, 여기서 아렌트의 도식을 전위(轉位)시키면서 인용할 때의 주네의 손놀림을 조금 상세히 살펴보고 싶습니다. 그녀의 이름이 나타나는 것은 저 생의 '현상'이 이야기되는 구절에 직접 이어지는 부분입니다.

밤의 피갈[pigalle; 파리의 환락가]을 배회하고 있던 많은 알제리인 뚜쟁이들도, 알제리 혁명을 위해 자신의 비장의 카드를 쓰고 있었다. 거

기에도 미덕이 있었다. 자유를 중시했는가, 미덕 ─ 결국은 노동 ─
을 중시했는가로 혁명을 분류한 것은 한나 아렌트였던 것 같다. 필시
인정하지 않을 수 없는 것, 그것은 혁명 혹은 해방이라는 것의 ─ 막연
한 ─ 목적이 아름다움[美]의 발견 혹은 재발견에 있다고 하는 점이다.
아름다움, 즉 이 말에 의하지 않고서는 언급할 수도, 명명할 수도 없는
것. (50쪽)

이 몇 행에 포함된 문면으로부터 판단컨대, 아렌트의 저작 가운데에
서 주네는 적어도 『혁명론』은 알고 있었던 듯합니다. 그리고 어쩌면 『인
간의 조건』도 알고 있었던 게 아닐까 싶습니다. 여기서 주네가 그 자신의
혁명이나 해방의 비전을 이야기하기 위해 굳이 아렌트의 이름을 든 이유
중 한 가지는 명백합니다. 그는 그녀와 하나의 문제 관심을, 즉 기원을 둘
러싼 물음을 공유하고 있는 것입니다. 주네의 작업은 이중적입니다. 한
편으로 아렌트의 혁명관에서의 열쇠 개념인 '미덕'과 '자유'라는 개념을
전위시키면서 인용하고, 다른 한편에서는 혁명에 대한 그 자신의 기준으
로서 '아름다움'을 대치해 넣기.
　그러나 아렌트와의 이 대화가 시작되는 것은 그녀의 이름이 나타나
기 조금 전입니다. 그러니까 신체상에 저 생의 '현상'이 나타났던 아랍인
노동자들 이야기에 이어서 그와 동일한 종류의 아름다움, 즉 페다인의
'아름다움'이 문제로 다뤄지는 구절에서 시작되는 것입니다. 페다인이
"난민 캠프에서 도망쳐 나왔을" 때, "캠프의 질서와 모럴", "생존의 필요
가 부과하는 모럴"로부터 도망쳤을 때, 비로소 이 '아름다움'은 가능해졌
습니다. 적어도 이 점에서 주네는 아렌트에게 동의하고 있는 듯 보입니
다. 아렌트에 따르면 혁명이라는 것은 사람이 '노동'의 지배를 벗어난 경

우에만 가능해지는 것으로, 이때 '노동'이란 "인간 육체의 생물학적 과정에 대응하는 활동력"이며, "인간의 육체가 자연스레 성장하고, 신진대사를 행하고, 마지막에는 썩어 버리는 이 과정은 노동으로 산출되고 소비되는 생활의 필요물에 구속"[6]된다고 그녀는 생각합니다. 그러나 이에 대한 주네의 동의는 페다인의 아름다움에서 팔레스타인 여인들의 아름다움으로, 캠프 생활을 맡은 여인들의 아름다움으로 문제가 이행할 때 그다지 명확하지 않게 되며, 바로 이 지점에서 지금 인용한 아렌트의 신체관에 대한 주네의 반론을 볼 수 있다고 생각됩니다.

주네의 유보는 무엇보다도 우선, 아렌트의 혁명관에서 최대의 특색인 '혁명'과 '해방'의 구별과 관련되어 있습니다. 주지하듯이 이 구별은 전자에는 존재하고 후자에는 결여되어 있다고 그녀가 생각하는 하나의 계기, 즉 공공(公共) 공간의 개시(開示)라는 계기의 결정적 중요성을 논거로 삼고 있습니다. 아렌트에 의하면 '해방'이 폭정으로부터 해방을 이루는 것은 맞지만, '활동'을 위한 '자유'에 기초를 부여하는 것은 '혁명'뿐입니다. 여기서 '자유'란 언어를 통해 정치적 결정에 직접 참가하는 것을 의미하는데, 프랑스 혁명에 결여되어 있었다고 일컬어지는 것이 바로 이것입니다. 이 혁명은 인민의 빈곤에 직면하지 않을 수 없었고, 그리하여 '거대한 빈곤 계급'과 '함께 고통받을 수 있는 능력'으로서의 미덕, "인민의 복지를 생각할 것, 자신의 의지를 인민의 의지에 합치시킬 것"[7]으로서의 미덕에 호소하게 되었습니다.

그러면 주네가 대치(對置)하는 것은 어떤 논거일까요? 그가 여기서 말하고 있는 것은 자신이 알고 있는 한, 알제리 전쟁을 혁명이라 부르는 데 문제는 없다, 왜냐하면 아렌트적인 의미에서 '미덕'을 갖춘 뚜쟁이를 자기는 만났기 때문이다, 라는 것입니다. 뚜쟁이는 탁월하게 반(反)

'노동'적인 직업인데 그런 뚜쟁이가 '미덕'을 갖추고 있는 이상, '미덕'과 '노동'은 아렌트의 주장과는 반대로 늘 불가분한 개념은 아닐 터이다, 라고……. 그러나 '자유' 쪽은 어떨까요? 아렌트가 '자유의 창설'로서, "자유가 모습을 드러낼 수 있는 공간을 보증하는 정치체의 창설"[8]로서 정의하는 '혁명'이 저 '검은 9월' 직후의 팔레스타인 공동체에 존재했다고는 생각할 수 없습니다. 그러나 여기서도 주네는 우선은 아렌트에게 동의하고 있는 듯 보입니다. 왜냐하면 그는 '자유'라는 말을 전적으로 탄생 모티프와 결부지어 사용하고 있기 때문입니다. 다만 "거기에 자유가 모습을 드러낼 수 있는 공간을 보증하는" 것, 그것은 그에게 '정치체'(corps politique)가 아니라 단지 체(體; corps)입니다.

> 혁명가에게는 고유한 아름다움이 있다고 단언하려고 하면 적잖은 난문이 솟아오른다. 알려져 — 상정되어 — 있듯이, 고풍스럽고 엄격한 환경에서 사는 어린아이나 청년에게는 페다인의 아름다움에 꽤나 가까운 얼굴, 몸, 행동거지, 시선의 아름다움이 있다. 이런 식으로 말하면, 어쩌면은 설명이 될지도 모르겠다. 어떤 참으로 새로운 자유가 케케묵은 질서를 타파하고, 죽은 피부를 관통해서 길을 개척한다. [……] (40쪽)

이제 분명해졌듯이 '자유' 역시 죽음 '현상'이나 생 '현상'과 마찬가지로 신체의 표면에서 일어납니다. 거기에 그 장(場)을 갖는다고 하는 점, 그리고 이 맥락에서는 '자유'와 '아름다움'이 거의 동의어라고 하는 점이 분명해집니다. 이상의 확인에 근거해서 주네에게 혁명=해방의 유일한 기준인 '아름다움'이란 도대체 무엇인지를 생각해 보고 싶습니다.

아렌트로부터의 전위적(轉位的) 인용인 '미덕'이나 '자유'와 마찬가지로, '아름다움'도 또한 그 원의대로 사용된 말은 아닙니다. 주네에게 빈번히 보이듯이, 수사학에서 말하는 환유와 유사한 용법으로서 이 '아름다움'이라는 말은 근원적으로 결여되어 있는 어떤 말을 대리 보충하려고 다가옵니다. 달리 말하자면 '아름다움'이란 하나의 미지수로서, 그것이 삽입된 맥락으로부터 "이 말에 의하지 않고서는 언급할 수도, 명명할 수도 없는 것"이 사고를 위해 부여되는 것입니다. "나타난다"라는 계기 없이 혁명은 있을 수 없다는 아렌트의 공준(公準)을 공유하면서, 그러나 주네는 정치 행동을 "아름답게 나타나는" 것, "아름다움을 발견, 내지 재발견하는 것"이라는 유일한 '목적'에 종속시킵니다. 무엇이 일어나는 것일까요? 주네는 아렌트의 테제를 미학화함으로써 탈정치화하는 것일까요? 아니면 [훤히] 밝힘(Lichtung)이라는 하이데거적 모티프를 인간주의적으로 정치화한 아렌트의 철학적 억압을 해제함으로써 더 예리한 정치화를 시도하는 것일까요? 주네가 아렌트에게 관심을 기울인 이유라 생각되는 '탄생' 모티프에 대한 분석이 이 물음에 답하기 위한 단서를 부여해 줄 것입니다.

기묘하게도 팔레스타인이 주네에게 어떤 연관성을 갖는지가 문제될 때, 그 조우의 계기가 된 요르단 내전이라는 특수한 역사적 맥락이 주목받는 경우는 극히 드뭅니다. 이스라엘에게 토지를 빼앗기고 20년 후, 종교적 계보에 기초를 둔 아랍 왕정과 갈라졌을 때, 오스만 제국의 한 속주(屬州)의 주민들은 비로소 하나의 민족으로 탄생하게 됩니다. "그들은 자신이 아랍인이라는 사실을 알고 있었다. 그 전제 위에서 팔레스타인인이고자 하였다"라고 주네는 다른 문장 속에서 말하고 있습니다.[9] 그가 여기서 증언하고 있는 것은 화산의 융기를 연상케 하는 한 민족의 출현이고, 그것이 팔레스타인을 둘러싼 그의 저작에 어떤 신화적 차원을 부여하는 것입니다.

이로부터 아렌트와의 또 하나의 분기점을 엿볼 수 있습니다. 팔레스타인 민족이 이 세상에 도래할 때 그 공간은 단일하지 않고 이중적인 데 반해, 아렌트가 이야기하는 공공 공간은 비록 복수성이라는 인간의 조건이 발현하는 장이지만 그러면서도 그 자체는 집약하는 일자(一者)인 것입니다.

『샤틸라의 네 시간』의 서두는 한 민족의 혁명적 생성을 묘사하고 있습니다("모두에게 이토록 새로운 생⋯⋯"). 그러나 잊어서는 안 되는 것은 우리는 여기서 전투 기지에, 즉 남성 공간에 있다는 점입니다. 공동체는 분열되고 있다, 성차에 따라 군사 기지와 캠프로 분할되어 있다는 것입니다. 게다가 그것은 기원(起源) 이후에 발생하는 사고나 쇠락으로서가 아니라, 근원적인 빛을 산출하는 것으로서 그러한 것입니다.

> 1971년 봄의 팔레스타인 기지에서 이 아름다움은 페다인의 자유롭고 활기찬 숲속에서 미묘하게 흐려져 있었다. 캠프에는 또 다른, 좀 더 숨죽인 아름다움이 여인과 아이들의 지배에 의해 정착되어 있었다. 전투 기지로부터 다가오는 빛 같은 것을 캠프는 받아들이고 있었다. 그리고 여인들의 경우 그 찬란함은, 길고 복잡한 토론을 거치지 않으면 설명하기 힘든 그런 종류의 것이었다. [⋯⋯] (40쪽)

아렌트와의 토론이 개시되기 7쪽 전에, 바로 이 맥락에서 '아름다움'과 '빛'이라는 주제가 배치되어 있었던 것입니다. '아름다움'에는 두 가지, 즉 페다인의 아름다움과 팔레스타인 여인의 아름다움이라고 하는 상이한 아름다움이 있는데, 아렌트와의 대결에서 문제가 되는 빛나는 '아름다움'은 남성적 속성입니다. 그렇다고 하면, 아랍인 노동자들의 몸에서 감지된 생의 '현상'은 페다인의 아름다움과 동질적이며 성적인 규정을 받는 것입니다. 반면 죽음 '현상' 쪽은 일견 성차 문제와는 관계가 없는 듯 보입니다. 이토록 중요한 비대칭성이 확인된 이상, 교차 구조를 여전히 이야기할 수 있는지 의심스러워지는 듯합니다. 팔레스타인 여성의 아름다움에 대한 저 "길고 복잡한 토론"은 여기서는 단지 예고되었을 뿐 끝내 착수되지 못하고, 아렌트와의 토론과는 접점을 갖지 못하는 것일까요? 그것이 지금 확인한 비대칭성을 산출한 원인일까요? 그렇다고도 할 수 있고, 그렇지 않다고도 할 수 있습니다. 그렇다고 하는 것은 『사랑하는 포로』에서 함자와 그 어머니의 이야기를 중심으로 물음이 재구조화를 받게 되기 때문입니다. 그렇지 않다고 하는 것은 『샤틸라의 네 시간』에도 이미 팔레스타인 여성에 대한 수많은 인상적인 기술을 통해서, 문제의 토론은 이미 암묵적인 형태로 시작되고 있다고 볼 수 있기 때문입니다.

이 점에서 특기할 사항은 이 비대칭성을 보상하기 위해, 어떤 미메시스 개념이 『사랑하는 포로』에 현저한 연극성의 모티프를 선취하는 형태로 도입되고 있다는 점입니다. 남성적 특질인 흘러넘치는 저 '빛'의 기원에 페다인이 처녀를 모방하는 어떤 연극 장면이 상정되어 있는 것입니다. 이리하여 같은 페이지에서, 즉 앞의 인용문에 직접 이어지는 단락에서, 남녀의 위계는 은밀히 반전되기에 이릅니다.

아즐룬 숲에서 페다인은 틀림없이 처녀들에 대해 생각하고 있었을 것이다. 아니 이렇게 말하는 편이 더 나으리라. 바짝 기대어오던 처녀의 모습을, 한 사람 한 사람이 자기 위에 그려 내거나 혹은 자기의 몸짓으로 그려 내고 있었다고. 무장한 페다인들이 그토록 우아하고 그토록 강력하며, 그토록이나 즐겁게 떠들어대고 있었던 것은 바로 그 때문이다. [……] (41쪽)

여기서 더 나아가 팔레스타인 여인의 일련의 초상이 그려집니다. 그리고 그것은 하나의 근원적인 장면으로 유도됩니다. 여기서 근원적이라고 한 것은 민족과 그 '대지'의 관계가 그로부터 발원하는 장면이라는 의미입니다. "팔레스타인 혁명에도, 저항 운동에도 속하지" 않는 팔레스타인의 가장 연로한 여성들, 그녀들은 여기서 "비극 여배우"라 불립니다.

이 여인들의 눈은 지금도 보고 있다, 열여섯 시절에는 이미 존재하지 않았던 팔레스타인을. 그렇긴 하지만 이 여인들에게도 결국 하나의 대지가 있었다. 그 밑도 아니고 그 위도 아닌 바로 거기, 조금만 움직여도 잘못되는 그러한 불안한 공간 속에 여인들은 있었다. 더할 나위 없이 전아(典雅)한, 여든이 넘은 이 비극 여배우들의 맨발, 그 아래의 지면은 견고했을까? 점차 그렇게는 말할 수 없게 되었다. [……] (42쪽)

우선 '토지'(terre)와 '대지'(sol)가 구별된 다음, 그 위에서 이제 아랍의 '토지' 이상으로 '견고'하다고 하는 팔레스타인의 '대지'란, 웃음 가득한 공동체의 노녀(老女)의 존재에 의해 출현하는 하나의 '불안한 공간'에 다름 아닙니다. '비극 여배우'라 불리는 그녀들은 그러나 어떤 역할도 연기하지 않습니다. 그 누구도, 그 무엇도 모방하지 않습니다. 그녀들과 그 '대지'의 관계가 '비극 여배우'와 연극 공간의 관계에 견주어지고 있을 뿐입니다. 대지=어머니라는 옛 은유와 무관하지는 않다고 해도, 모방해야 할, 모방 가능한 어떠한 모델도 없는, 전통적인 미메시스 개념 안에는 담길 수 없는 이 근원적인 이중성을 어떻게 설명해야 할까요?

여기서 조금 아까 중단되었던 물음, 죽음의 여성성 문제로 돌아갑시다. "사자(에)의 우애"든, 사자들의 애(愛)든, 주네 특유의 이러한 감수성이 갖는 가장 교란적인 요소는 그것이 미메시스 내지 모방에 대한 다른 사고를 바탕으로 하고 있다는 점에 있는 것은 아닐까? "사자(에)의 우애"의 두 번째 계기에서 사자는, 내가 그에게 보낸 것과 같은 몸짓으로 내게 응합니다. 마치 타(他)=아(我)인 것처럼. '사랑'과 '죽음'의 '외설성'의 유비가 밝혀 주는 것은 이러한 의태, 사자들 간의, 시점도 종점도 없는 반조(返照)의 양상이 아닐까요? 사자들에게도 모방 능력이 있습니다. 더 정확히 말하자면 그들은 모방을 모방합니다. 물론 거기에는 주체도, 모델도 없습니다.

그러나 이러한 사체=신체(corps)란 도대체 무엇일까요? 그것은 성차("비교적 늦게 형성되는" 것이라고 프로이트는 『쾌락 원칙을 넘어서』에서 말합니다) 이전에, 생사의 구별 이전에, 이미 이러한 미메시스의 장으로서 존재하는 것이 아닐까요? "몸에 생명이 없다는 것이 곧 몸 자체의 완전한 부재가 된다"고 한다면, 주네적인 신체는 이미 영혼과 신체, 정신과 물질, 나아가 지성과 감성의 대립을 교란시키고 있습니다. 그것은 『티마이오스』에서 플라톤이 이야기하는 코라와 닮았습니다(다시 모방이긴 하지마는, 그것은 수많은 여러 모방들 중의 하나가 아닙니다). 장(場)이자 수용기(受容器)이긴 하지만, 코라는 데카르트적인 연장이라는 의미의 공간이 아닙니다. 지성적이지도 않고 감성적이지도 않은 그것은 "모든 것의 본으로서 가로놓여" 있고, 또한 "어머니에게 [……] 견주어지는 것이 적당하다"고도 이야기됩니다. 이는 하나의 비유에 불과하지만, 그것만으로도 사체=신체가 (생물학적 의미에서의 성차의 발생 이전에), 늘 이미, 어떤 의미에서 여성적인 것이 아닐까, 혹은 더욱 고찰을 심화시켜야 할 어떤 의미에서 모성적인 것이 아닐까, 라고 묻기에는 충분할 것입니다.[10] 그렇다고 한다면, 생 '현상'과 죽음 '현상' 간의 대칭, 비대칭을 논하는 의미도 결핍되기 시작합니다. 왜냐하면 두 '현상' 모두 이러한 의미에서 신체를 지지대(support)로 삼고 있으니까요. 여기에는 인간의 신체에 한정되지 않는 어떤 별종의 신체에 대한 사유가 있고, 그것은 결국 정신과 물질이라는 형이상학적 이분법으로부터 벗어나지 못하는 아렌트의 신체관과는 상당히 소원한 것입니다. 그리고 팔레스타인 여성의 아름다움에 관한 예고된 토론에서, 우리는 물음의 이러한 차원을 생략할 수 없을 겁니다. 그 여인들은 노동에 종사하고 있으면서도, 공동체의 물질적 조건 유지에 힘쓰고 있으면서도, 아니 바로 그렇기 때문에 아름답다는 것이 증명되어야만 하니까요.

나아가 저는 주네가 대화를 나눈 건 아렌트만이 아니지 않을까, 그녀를 통해서 그녀의 젊은 날의 스승이었던 하이데거와도 대화를 나누었던 게 아닐까, 라고 생각하고 있습니다. 서두에 나오는 다음과 같은 문장에서 두 개의 과거 분사가 기묘하게도 하이데거적인 울림을 갖는다고 느끼는 것은 저 혼자만일까요?[11]

모든 것이, 모든 사람이 나무들 아래서 떨며, 왁자하게 웃으면서, 모두에게 이토록이나 새로운 생에 경탄하고, 그리고 이 떨림 속에서 기묘하게도 가만히 움직이지 않는 무언가가, 이 모습을 엿보면서 보류되고 (réservé), 비호받고 있던(protégé), 아무 말 없이 끊임없이 기도하는 사

람처럼. [……](32쪽)

    그러나 더 깊이 감추어져 있는 이 토론을 발굴해 내는 작업은 금후의 과제로 하지 않을 수 없습니다.

    이 사상가들과 주네가 만년에 나눈 대화는 물론 순연한 철학적 스타일로 되어 있는 것도, 또한 순연한 문학적 스타일로 되어 있는 것도 아닙니다. 분석을 위한 올바른 톤을 발견하기가 결코 용이하질 않습니다. 한나 아렌트의 이름이 이런 텍스트에 등장하니 의표를 찔릴 수밖에 없습니다만, 주네가 그녀의 도식 중에서 여기저기를 인용=전위해 갈 때의 유희적인 솜씨에 대해 다뤄 보겠다는 사람치고는, 제가 그것을 너무나 액면 그대로 받아들인 것이 아닐까 하는 걱정도 없지 않습니다. 혹은 샤브라와 샤틸라의 학살 같은 중대한 사건에 대해 고투하기 위해 주네가 그러한 유희에 호소한 것이고 보면, 역으로 저에게 충분한 진지함이 결여되어 있다고 말해도 마찬가지가 될 것입니다. 어쨌든 간에 이 문제의 광대함과 복잡성을 생각하면, 저의 발표가 팔레스타인, 그것도 남성형 및 여성형 팔레스타인에 대한 주네의 시선을 둘러싼 "길고 복잡한 토론"의 단서가 될 수 있다면, 그것만으로도 이미 망외의 기쁨이라 하지 않을 수 없습니다.

---

1 *La Revue d'études palestiniennes*, no. 6, hiver 1983[『インパクション』51号, 鵜飼哲 訳, 1998]. 이후 인용 페이지 수는 일본어판에 따른다.
2 "Dés mots témoins", *Baraka*, no. 7~8, mai 1986.
3 *Œuvres complètes*, tome IV, Gallimard, 1968, p. 17. "단어들. 어떤 식으로 살아왔는지는 모르지만, 프랑스어는 적대하는 형제인 단어들이, 어떤 것이 다른 것으로부터 억지로 몸을 비틀어 분리되거나 혹은 홀딱 반해 버린다거나 하면서 펼치는 전쟁을 은폐하면서 동시에

폭로한다. [……] 삶의 방식이 다른 언어보다 시시했던 것은 아니다. 다른 언어와 마찬가지로 이 언어도, 단어들이 발정난 짐승들처럼 엉켜 뒹구는 것을 허용하고 있다는 점에서, 우리 입에서 나오는 것은 단어의 난교 파티인 것이다. 순수하든 순수하지 않든 단어들은 한 쌍을 이룬다. 그리하여 프랑스어 언설에, 일행으로부터 떨어진 모든 짐승들이 암수놀이를 하고 있는 삼림 녹야의 건강한 공기를 부여하고 있다. 이런 언어로 써 보아도— 혹은 대화해 보아도—, 무엇 하나 말할 수 없었다."

4 Glas, Galilée, 1974, pp. 164a~211a. 1992년 3월 19일 파리 교외 주느빌리에 극장에서 「샤틸라의 네 시간」(알랭 밀리앙티 연출)이 공연되었을 때, 심포지엄에 참석한 데리다는 묘지 없는 사자들이 있는 곳을 방문한 주네의 모습에 안티고네를 포개는 방향에서 분석을 시도하였다.

5 『恋する虜』, 鵜飼哲·海老坂武 訳, 人文書院, 1994.

6 『人間の条件』, 志水速雄 訳, 中央公論社, 1973, 9頁.

7 『革命のついて』, 志水速雄 訳, 合同出版社, 1968, 88頁.

8 앞의 책, 156頁.

9 "Les palestiniens"(vus par Bruno Barbey, teste de Jean Genet), Zoom, no. 8, 1971, p. 92.

10 이러한 접근법은 어디까지나 가설적인 것이다. 철학사에 있어서 '코라'의 문제적인 지위에 대해서는 Jacques Derrida, "Chôra", Poikilia, études offertes à Jean-Pierre Vernant, E. H. E. S. S., 1987, pp. 265~296을 참조.

11 장 베르나르 모랄리는 모로코의 라라시에 있는 주네의 집 서가에 헌사가 적혀 있는 하이데거의 저작이 한 권 있었다고 증언한 바 있다(Jean Bernard Moraly, "Cinq vies de Jean Genet", Les nègres au Port de la lune, la différence, 1988, p. 52). 이밖에도 주네가 하이데거를 본격적으로 읽었다는 증언은 적지 않았다.

『ユリイカ』, 1992年 6月 [『유리카』].

"올바른" 주네 사용법

장 주네와 영화의 관련은 의외로 깊다. 주네의 재능을 처음으로 발견한
사람인 장 콕토는 주지하다시피 「시인의 피」나 「지옥의 오르페」 등 독창
적인 작품을 남긴 영화 작가이기도 하다. 콕토는 젊은 주네에게 예술가
로서의 하나의 모델이기도 했었던 듯하다. 스승을 본받아 장르를 초월한
작가가 되려 했던 주네는 『도둑 일기』에 이르기까지 충격적인 소설들을
40년대에 잇달아 발표했는가 하면, 그 와중에 시집과 희곡, 발레 대본을
쓰고, 감옥을 무대로 한 격렬한 무성 영화 「사랑의 노래」를 몸소 감독했으
며, 만년에도 이민 문제를 테마로 「밤이 오고」라는 영화를 기획한다. 또
한, 주네의 작품을 영화화하는 시도도 토니 리처드슨 감독의 「마드무아
젤」에서부터 R. W. 파스빈더 감독의 「크렐」*에 이르기까지 다수가 있다.

그러나 토드 헤인즈 감독의 「포이즌」은 지금까지 영화화되었던 주
네의 작품과는 다른 하나의 획을 확실히 그은 것으로 보인다. 그 차이를

---

* 주네의 1947년 작품 『브레스트의 난폭자』(*Querelle de Brest*)를 영화화한 것.

한마디로 표현한다면, 주네의 문학을 어떤 특이한 세계의 표현이라는 측면을 넘어 그 비평성에서 포착했으며, 사유제(私有制)나 이성애, 충성과 같은 사회 규범="정상"성에 대한 침범(도둑질, 동성애, 배신)이라는 내용만이 아니라, 그 문체의 래디컬한 단편성이라는 형식까지 아울러 영상 언어로 번역하려고 한다는 점이다. 여기에는 생전의 주네가 타기(唾棄)한 "악(惡)의 성자(聖者)"에 대한 엿보기식 예찬의 자세는 보이지 않는다.

「포이즌」에는 '히어로', '호러', '호모'라는 서로 다른 장르의 세 가지 스토리가 엮여 있다. 영화의 이러한 구조 자체는 주네의 모든 산문 작품 특유의 양식과 상통하는 것이 아닐까? 예를 들면 최초의 소설『꽃의 노트르담』은 파리 몽마르트르를 무대로 한 남창 디빈느(Divine)*의 연애 담과 지방의 한 마을에서 그(녀)가 보낸 소년 시대의 이야기를 왕복하면서 "작자"=화자의 사변이나 그가 갇혀 있는 감옥 세계의 점묘(點描) 등을 일견 분방하게 뒤섞고 있다. 마지막 작품『사랑하는 포로』역시 그러한데, 이 작품은 만년의 주네가 온몸으로 지원한 두 가지 반란, 팔레스타인 해방 투쟁과 미국 흑인 운동 블랙팬서당의 투쟁이 때로 놀라울 정도로 당돌한 무드의 전조를 동반하면서 교차적으로 이야기된다. 요컨대 시간, 공간, 주제, 톤을 달리하는 복수의 에피소드를 이야기나 작자의 심리의 연속성과는 별도의 차원에서 분할=배치하고, 그 사이에 단순한 대조도 아니고 유비도 아닌 미세한 대응 관계를 암시하며 비완결적인 아라베스크 문양이 떠오르게 하는 것이다. 이것은 어떤 이론을 바탕으로 한 기법이라기보다, 거의 특이 체질이라고 해도 좋을 주네 스타일이다. 그리

---

* 작중 인물은 남성이지만 여장남자라는 점에서 주네가 여성형을 취한 듯하다.

고 헤인즈의 독자성은 이러한 스타일에 내재하는 비평성을 영화화했다는 점인데, 그는 주네의 텍스트를 「포이즌」의 옷감의 하나로서도('호모'), 또 동시에 세 가지 옷감을 하나로 꿰매는 실로서도 활용함으로써 비평성을 영화화한 것이다.

'호모' 편이 『장미의 기적』의 꽤나 충실한 번안임은 말할 필요도 없다. 여기서 주의해 둘 사항은 이 번역의 축어성(逐語性)이 상대적인 것이고, 게다가 전략적인 절취 작업을 경유하고 있다는 점이다. 『장미의 기적』은 화자인 "나"가 현재 수감되어 있는 퐁트브로(영화에서는 퐁테널) 형무소, 그리고 수인들 다수가 소년기를 보낸 메트레(바통) 감화원이라는 두 가지 시공을 교착시킨다. 주요 등장인물은 "나" 이외에 감화원 시절의 정부(情夫)로서 형무소에서 재회한 디베르, 그리고 역시나 메트레 감화원 출신의 뷜캉(보르통), 그리고 사형수 아르카몬이다. "나"의 마음은 사형수에 대한 신비한 동경, 연하의 연인 뷜캉에 대한 남성적인 연정, "여인"으로서 디베르를 사랑했던 시절에 대한 향수 사이에서 흔들리고, "나"의 몽상 속에서 이 삼자(三者)가 무게 중심이 변화되면서 형성하는 별자리가 『장미의 기적』을 강력하게 구조화하고 있다.

그러나 「포이즌」에서는 "나"와 보르통의 관계만이 컷-업되고, 그 때문에 개개의 장면은 거의 "원작" 그대로이면서도 "원작"과는 상당히 이질적인 인상을 산출하고 있다. 특히 『장미의 기적』을 강력하게 관통하던 기요틴 환상이, 영화에서는 아르카몬이 등장하지 않는 데다가 무대 또한 미국으로 옮겨짐으로써 필연적으로 소실되어 있다는 점은 흥미롭다. 그렇지만 "나"의 고유명인 Jean Genet가 John Broom이라고 정확히 "번역"되어 있는데, 통상 고유명은 번역되지 않는 만큼, 우리는 이러한 인용이 별도로 노리는 바를 조명하지 않을 수 없다. genêt는 프랑스어로 에니시다(금작화)를 의미하는데, Broom은 영어에서 동일한 꽃의 이름이고, 동시에 꽃의 총칭 bloom과 상통한다. 이리하여 바통 감화원에서 소년 보르통이 왈패들에게 침 세례를 당하는 모욕과 증오의 잔학한 장면은, 타액의 빗물이 장미 꽃잎으로 변모하여 흘러내리는 순간 "나"의 그에 대한 사랑의 상징으로 반전된다.

그런데 주네 자신이 인정한 유일한 주네론『조종』가운데서 데리다도 지적하고 있듯이, 사형(私刑)과 분간키 어려운 이 장면은 복음서에서 마태나 요한이 이야기하는, 사로잡힌 예수에 대한 병사들의 모욕 장면의 다시 쓰기(rewrite)일 뿐이다. 이리하여 꽃의 형상과 그리스도 전설에 대한 이 은밀한 눈짓에 의해, '호모' 편은 '히어로' 편에 결부된다. 왜냐하면 리치 소년의 아버지 살해와 승천 이야기가 가족 소설이나 어린 시절의 원(原) 광경, 나아가 "매 맞는 어린이" 등 정신분석적인 요소를 농후하게 내포하면서 희생제의의 종교인 기독교의 근저에 가로놓인 환상을 시사하고 있다는 점은, 어머니의 불륜 상대가 호세, 즉 요셉이라는 이름의 스페인 정원사라는 점에서도 분명하기 때문이다.

승천한 아이는 개방된 창의 이미지를 매개로 '호러'의 주인공인 추락사하는 과학자 톰 그레이브스 박사와 쌍을 이룬다. 톰과 조수 낭시의 사랑 이야기는 주네가 종생토록 좋아했던 스페인의 전설적 영웅 엘 시드에서 기원한 일화, 즉 나병 환자에 입맞춤하는 그 이야기를 방불케 한다. 그리고 죽음 직전, 톰은 천장에서 천사가 방귀를 뀌는 소리를 듣는데, 그것은『꽃의 노트르담』의 주인공, 즉 아들이자 어머니, 예수이자 마리아인 디빈느(숭엄한 여성이라는 뜻)가 죽음의 침상에서 병자 성사(종유終油의 이적)를 베풀려고 하는 사제에게 발화하는 말이다.

마지막으로「포이즌」이라는 제목 문제인데, 주네의 작품 세계에 등장하는 독약으로는 희곡『하녀들』의 중요한 소도구인 독이 든 보리수잎 같은 게 곧장 떠오른다. 그러나 이것은『장미의 기적』의 다음 구절로부터 취한 것이라 보는 쪽이 타당할 터이다.

아무리 보아도 이 세기는 독약에 복종한 세기이고, 히틀러란 르네상스의 왕녀(王女), 우리에게 있어서 말 없고 심각한 카트린느 메디시스여서, 독약에 대한 기호(嗜好), 독약이 내게 미치는 매혹 때문에, 때로 나는 나 자신을 이 두 사람 중 하나라고 착각하곤 한다.

에이즈의 출현을 결정적인 계기로 하여 사회 방위론적 경향(영화의 서두에 나타나는 경찰의 모습이 세 가지 스토리의 숨겨진 공통 테마를 시사한다)이 심화되고 있는 이 세기말, 모든 레벨에서 만연된 감염 공포에 대해 비평적이기 위해서는, 사회가 스스로 분비하는 괴물성을 다양한 어린 희생양에게 짐 지우는 메커니즘을 치밀하게 분해해 재구성하는, 고도의 텍스트 조작 능력이 요구될 터이다. 팔레스타인의 회상에 잠기면서 1986년에 세상을 떠난 주네는 그의 연하의 벗 미셸 푸코를 앗아간 에이즈가 제기하는 문제를 고찰할 시간을 갖지 못했다. 하지만 그가 남긴 작품은 만일 능동적으로, 또 실천적으로 읽힌다면, 그러한 윤리=미학의 발명을 위한 빼어난 실험실일 수 있음을 이 영화는 증명해 주었다. 그런 의미에서 사르트르의『성(聖) 주네』의 마지막 장「주네의 선용(善用; bon usage)을 위한 기원」을 고쳐 읽음으로써, 풍부한 재능을 가진 젊은 영화 작가에 의한 "올바른" 주네 사용법의 발견에 박수를 보내고 싶다.

ユーロスペース「ポイズン」プログラム, 1993. 2[유로스페이스「포이즌」프로그램].

비디오와 조개껍질

테크놀로지라 불리는 것과 주네가 어떤 관계를 맺고 있었는지는 커다란 수수께끼다. 파리 교외에 있는 자크 데리다의 집에 그는 어느 날, 여느 때처럼 미리 연락도 없이 나타났다. 그날 밤 두 사람의 화제의 중심은 어느새 타이프라이터와 에크리튀르의 관계 쪽으로 발전해 갔다. 이렇게까지 보편화되어 버린 이상 이 기계는 더는 손과 종이 사이의 방해꾼이 아니고, 오히려 이 기계와 함께 새로운 신체를 발명해야 한다고 말하는 철학자에게 주네는 진정으로 쓰기 위해서는 펜이 아니면 안 된다고 주장하며 물러서지 않았다. 그런데 밤도 깊어져 데리다의 집을 떠난 주네는 기차로 파리에 돌아가자 곧 전화를 걸어 왔다. "아무래도 당신이 옳은듯해". 그러나 다음 날 아침 7시, 다시 전화벨이 울리고 주네의 음성이 들린다. "아냐, 역시 당신은 틀렸어." 그동안 그는, 그의 정신과 신체는 줄곧 이 문제를 계속 생각했던 것이다……

크게 보아 반시대적인 감성을 갖고 있던 주네에게는 테크놀로지 일반을 예찬하는 일 따위는 문제로 들어 있지도 않았다. 그러나 낱낱의 기계 ──차, 비행기, 텔레비전, 카메라, 워크맨…… ── 앞에서는 특이 체질이라고밖에는 할 수 없는 자극을 느끼는 일도 있어, 그런 때 그는 누구도 흉내 낼 수 없으리만치 긍정적으로 기계와 유희했다.

1980년이라는 시기에 카세트 비디오라는, 등장한 지 얼마 안 되는 장치에 대해 그가 품었던 생각을 상상해 보면 재미있다. 일찍이 『장례식』에서 성냥갑을 죽은 연인의 관에 비기면서, 바지 호주머니 속에서 만지작거리던 장 주네 말이다. 자기도 이미 일흔의 나이, 산 상태에서 카세트＝작은 상자에 매장되는 것도 나쁘지 않다고, 내심 크게 웃으면서 생각하고 있었을지도 모르겠다.

만년에 출판된 에드먼드 화이트의 평전 『주네』는 이 비디오 작품이 앙투안 부르세이에의 작품 이상으로 주네 자신의 작품이기도 하다는 걸 가르쳐 준다. 촬영 장소는 물론이요 쇼트 하나하나까지 면밀한 검토를 바탕으로 결정을 내린 것은 그이다. 그리스, 자코메티, 그리고 메트레 소년원이라는 세 가지 축의 설정은 만년에 작고한 폴 테베냉의 천거에 따른 것이지만, 로제 브라운, 제라르 데자르트, 장-캉탕 샤트랑이 낭독하는 『줄꾼』, 『자코메티의 아틀리에』, 『도둑 일기』, 『장미의 기적』으로부터의 발췌는 모두 작자 스스로 고른 것이다. 70년대 말부터 이 시기에 이르기까지 주네는 두 번에 걸쳐 영화 제작에 손을 담그지만, 어느 것 하나 실현되지 못하고 끝나 버렸다. 그래서 이 작품은 무성 영화 「사랑의 노래」(1951) 이후 그가 세상에 남긴 단 하나의 영상 작품이다.

그렇지만 무엇보다도 주네 자신의 음성을 귀로 듣고, 이야기하는 모습을 눈으로 보는 행복을 만끽하자. "어째서 애써 침묵을 지킬 필요가 있겠는가. 나는 아직 나에 대해 가장 잘 알고 있는 인간이 아닌가." 그 옛날 "너 자신을 알라"라는 신탁이 내린 델포이 신역(神域)을 배경으로 주네는 이렇게 이야기를 꺼낸다. 거의 고정된 카메라는 우리에게 신화 저편으로부터 말을 걸어오는 인물과의 긴 대면을 강요한다. 깊이 팬 안와(眼窩) 저 깊숙이에서 시선은 그림자의 바닥으로 잠겨 들고, 시청자의 주의는 좋든 싫든 이 사람의 얼굴 근육 속을 달리는 꺼림칙할 정도로 강한 수많은 힘선[力線]에, 또한 후두암 때문에 자주 발음이 불명료한, 그렇지만 기묘한 설득력을 비장(秘藏)한, 조금 높은 목소리에 이끌려 간다. 신에 대해, 시간의 거룩함에 대해, 정치에 대해, 문학에 대해, 고요하게 풀려나오는 말 한 마디 한 마디가 주옥같이 반짝인다.

"나"에게 소중한 것, "나"는 그것을 모두 책 안에 넣었다. 그러나 그 책들을 "나"가 쓸 수 있었던 것은 "나"가 옥중에 있었고, 사바세계의 공기를 들이마실 일은 결코 없으리라고 굳게 믿고 있었기 때문이다. 감옥은 어둠이고, "나"는 본능적으로 어둠을 향해 걷고 있었다. 하지만 이윽고 감옥의 에로틱한 매력을 빨아들이고 말았을 때 "나"는 오리엔트를 향하여 출발하였고, 그리하여 그리스에서 빛과 융화되는 어둠, 어둠과 융화되는 빛을 발견했다…….

어둠침침한 박물관 속, 카메라는 소년의 나체상을, 그 허리, 성기, 엉덩이를 핥듯이 비추어 낸다. 하지만 마지막으로 클로즈업되는 것은 미소를 가득 담은 얼굴, 그 돌의 시선이다. 신화에서 신화로, 조상(彫像)에서 조상으로, 우리는 이윽고 저 자코메티의 아틀리에로 이끌린다. 조상의 눈에 공들여 손질을 가하면서, 주네가 존경했던 단 한 명의 예술가는 이렇게 이야기한다. "[……] 시선이 있는 눈이라는 건 드물어. 가장 희극적인 것은 [……] 아프리카나 오세아니아 조각에서 눈이 조개껍데기로 되어 있는 놈들이야. 그게 믿을 수 없으리만치 생생해 [……] 마치 진짜 두 개골 눈에 조개껍데기를 채워 넣은 듯이……."

독자 여러분도 이미 알아차리셨겠지만, 델포이 신탁과 주네, 그리스

조각과 자코메티 간의 왕복을 통하여 이 비디오 작품이 감지케 하려는 바는 일찍이 주네가 자코메티나 렘브란트에게 의탁하여 논한 바 있는 시선의 힘이다. 그리고 무대는 메트레로 옮겨진다. 눈이 잠시 그친 사이 모습을 드러낸 태양처럼, 마침내 주네의 푸른 눈동자가 나타난다. 수십 년 만에 메트레와 막 재회한, 감동에 전율하는 거의 촉촉한 눈이다. 타이프라이터가 아니라 비디오의 이마주(image)에 의해 그는 "우리 모두를 연결지어 존재의 연속성을 보여 줄 가느다란 명주실"(『사랑하는 포로』)을 '계속 쓴=계속 그린' 것이다. 그때 보고 있는 것은 더 이상 우리가 아니다. 주네의 시선이야말로 작은 상자에 담겨 무한히 복제되면서, 자코메티가 이야기하는 조개껍데기 눈처럼 "일찍이 한 번도 생자(生者)였던 적이 없는 사자들"의 나라로부터 우리를 응시하고 있는 것이다.

『ふらんす』, 1994. 3[『프랑스』].

장 주네, 『엘르』

글리코의 제품 '포키'를 모르는 사람은 많지 않을 것이다. 가느다란 봉(棒) 같은 비스킷에 초콜릿이 발라져 있는 과자 말이다. 그런데 이 흔한 스낵이 프랑스에 수출되어 일본인의 귀에 친숙한 의성어적인 원명을 잃고 '미카도'라 불리고 있다는 건 알고 있는지? 이 명칭은 실은 프랑스어로 '미카도'라 불리는 가느다란 봉을 사용한 게임에서 유래하는 것인데, '하여간 프랑스인들의 오리엔탈리즘이란……' 하며 화를 내기에는 아직 이르다. 파리에 있던 시절의 일이다. 친구와 함께 멍하니 텔레비전을 보고 있는데, 돌연 화면에 한 프랑스 사내가 나타나 "미카도 하나, 미카도 둘……"(Un Mikado, deux Mikado……)하고 외치면서 '포키'를 볼이 미어져라 넣고 있었다. 일본인들은 전원 폭소. "일본 국민 통합의 상징"*도 일단 수출이 되자마자 과자가 되고, 세포 분열을 일으켜 대량 소비의 대상으로 전락한다.

---

* 일본어 미카도(みかど)는 천황, 황제를 뜻한다.

장 주네의 희곡 『엘르』(*Elle*, L'Arbalète, 1989)는 이 꾸밈없는 유머와 유사한 종류의 착상에 바탕을 두고 있다. 당연한 얘기지만 1955년에 첫 번째 원고가 쓰이고 그 상태로 방치되었다가 1989년에 유고로 출판된 이 1막 희극은, 프랑스에 살고 있을 일본인들의 존재 따위는 전혀 아랑곳 없는 '미카도' 카피와는 달리, 유대=기독교 세계의 통점(痛點) 속에 주도 면밀하게 장치된 웃음 폭탄 같은 것이다. 무대는 바티칸. 이른 아침 카메라맨 한 명이 촬영 준비에 바쁘다. 교황의 초상 사진을 찍으러 온 것이다. 아직 모습이 보이지 않는 교황 대신 수위가 의자에 앉아 커피콩을 갈고 있다. 수위가 일어서 의자 등받이를 휙! 객석으로 돌리자 의자 등받이의 공동(空洞)으로부터 커피 찻잔이 나타난다. 그리고 수위는 카메라맨에게 커피를 권하면서 이렇게 묻는다.

> **수위** (설탕통을 내밀며) 교황 하나? 교황 둘?(Un pape? Duex papes?)
> **카메라맨** (놀라며) 설탕 말입니까? 그러죠. 감사합니다.
> **수위** 제가 말하는 의미 그대로입니다. 그리고 저는 교황 하나라고 말했습니다.

파프!* 입술에 유쾌하게 울리는 단어다. 두 사람의 대화 가운데 존칭 (Sa Sainteté 성성聖性=교황 예하猊下)이 붙어 대명사 여성 단수(elle)로 불리는 교황이 이윽고 롤러스케이트를 타고 등장한다. "그녀"(elle)는 이제 자신의 실체는 전 세계 가톨릭 교도의 호부(護符; fetish)인 브로마이

---

* 수위가 말하는 교황(pape)의 발음이 '파프'다.

드에 있고, 자신의 이 몸은 "일체의 내적 밀도를 상실했다"고 훌쩍거리며 운다. 촬영할 필요가 없는 그 엉덩이는 맨살 그대로다. "어떤 물건도 나의 대리=표상이 될 수 있"는 이상, "없는 거나 마찬가지인 물건"이야말로 가장 훌륭한 대리물이라 확신하고, 차에, 커피에 신속하게 녹아 사라지는 각설탕에 자신의 대리권을 부여하도록 교황은 비밀 교서를 낸 것이다. 이리하여 흡사 성체 성사(聖體聖事)에서의 빵처럼 도처에서 '그녀'의 '이미지'는 늘 사람들의 입으로 사라져 간다.

교황 퇴장 후, 인간 중 유일하게 복음을 받을 수 없는 '그녀'의 고독을 이야기하는 수위에게 카메라맨이 답한다.

"나 에티엔 레벤(Etienne Lewen) ─그래요, 저는 유대인입니다 ─도 저분과 같습니다." 그의 이름의 철자는 E. L.(엘르). 그것은 성서의 신의 이름이다. 그리고 그를 촬영하는 제2의 카메라맨이 등장하여 영상의 무한 반복을 시사하면서 막이 내린다. 유일한, 따라서 고독한 신의 은밀한 '여성'성과, 그 그림자상[影像]을 추구하는 일신교의 본질을, 입으로 하는 일(먹기, 말하기)과 눈으로 하는 일(보기)의 금지와 욕망의 상보성으로서 무대화하기. 헌데 일찍이 바타이유가 듣지 못했던 주네의 이러한 웃음소리는 다른 누구보다도 우선, 물릴 줄 모르는 말의 "이미지의 사냥꾼"인 그 자신 쪽을 향했던 것이 아닐까?

『飜訳の世界』, 1991. 1 [『번역 세계』].

2부

❖

걸프 전쟁 중에 전통적인 좌파계 잡지들이 모두 사회당 정권의 전쟁 정책을 지지한 프랑스의 미디어 상황 속에서, 거의 유일하게 원칙적인 반전 자세와 냉정한 이론적 분석 의지를 견지한 점에서 빛난 것은 세르주 다네(Serge Daney)가 『리베라시옹』에 일록(日錄) 식으로 연재한 미디어 비평이었다. 들뢰즈의 서문을 붙인 영화론 『시네 렉튀르』의 작자이기도 한 다네는 이번 비평 활동의 결산을 『카이에 뒤 시네마』 4월호에 기고하였다(「의무화된 몽타주」). 이 글에서 그는 '비주얼'과 '이미지'라는 시각 미디어의 두 가지 위상을 구별하자고 제창한다. '비주얼'이란 도표나 그 밖의 그래픽을 가리키며, 수취자 측의 일의적(一義的) 해독을 요구하는 형상을 말하는 것이다. 물론 반드시 사진이나 협의의 영상일 필요는 없다. 그에 반해 '이미지'란 읽는 일과는 다른 경험인 시각 경험에 열려 있는 형상이고, 해독(解讀)을 저지하는 어떠한 결여에 의해 성립된다. 그리고 이 결여야말로 모든 문화가 산출하지 않을 수 없는 타자의 장소에 다름 아니며, 이 차원을 필연적으로 끌어들인다는 점에 사진이나 영상의 위험성도, 또 찬스도 존재한다. 그리고 이미지 앞에 선 수취자 측은 학습이 완료된 해독 격자를 적용하는 게 아니라, 더듬더듬 몽타주를 구성해 가는 작업을 통해 타자를 발명하지 않으면 안 된다. 이런 의미에서 보면 걸프 전쟁은 외견과는 상반되게 놀라울 정도로 "이미지 없는 전쟁"이었다. 『팔레스타인 연구지』 40호에 게재된 「이미지의 전과 후」에서 다네는 더 나아가 부시/후세인 공동 제작 영화에서 이라크인, 팔레스타인인, 쿠르드인의 이미지의 운명을 라캉이나 레비나스를 원용하면서 분석하고, 나아가 고다르의 「여기 저기」나 「갈릴리에서의 결혼」과 그 외에 미셸 클레이피의 작품을 소재로 팔레스타인 영화론을 시도하고 있다. 이러한 논고들에서 그가 소요한 관점에 입각하지 않는 그런 미디어론, 영상론은 걸프 전쟁 이후 '야만'이라 불리어도 달리 어쩔 수 없을 터이다.

『図書新聞』, 1991. 7. 27 [『도서신문』].

알제리, 왜?

1984년부터 89년까지, 나는 유학생으로서 파리에 거주하고 있었다. 그것은 프랑스 사회를 일상생활 속에서 알 수 있을 뿐 아니라, 여행자라는 자격이기는 해도 프랑스 근린의 유럽 및 비유럽 국가들을 방문하여 그 땅에 거주하는 사람들과 말을 섞고, 그 표정을 접할 절호의 기회이기도 했다. 영국, 독일, 스페인, 이탈리아, 그리스, 모로코, 요르단, 시리아, 팔레스타인으로 나는 발길을 옮겨갔고, 이 여행의 기억은 지금도 내가 뭔가를 생각할 때 소중한 원점으로 계속 작동하고 있다.

그런 만큼 내게 지금 무엇보다도 크게 후회되는 일이 있다. 그것은 이 시기에 알제리를 방문하지 않았다는 점이다. 이 나라는 이제, 설령 그 역사와 민중에 대해 아무리 뜨거운 상념을 품고 있다 해도, 외국인이 혼자서 불쑥 발길을 들여놓을 수 있는 세계가 아니게 되어 버렸다. 지금 이 나라에서 벌어지고 있는 전투는 다소라도 명료한 전선이 존재하는, 그래서 교전하는 세력 중 어느 한쪽의 보호를 받으면 관찰 가능한 그런 전쟁이 아니다. 누가 적이고 누가 아군인지 전혀 알 수 없을 만큼 깊이 뒤얽혀 있는, 문자 그대로 **내전**이 되어 버린 것이다.

1993년 11월, 스트라스부르에서 열린 국제작가의회 설립 준비 회의에 참여했을 때, 나는 묵고 있던 호텔에서 무함마드 딥(Mohammed Dib)과 페티 벤슬라마(Fethi Benslama)의 대화에 동석할 기회가 있었다. 딥은 일본에서도 70년대에 『아프리카의 여름』(『アフリカの夏』, 篠田浩一浪 訳, 河出書房新社) 등의 작품이 소개된 바 있는 알제리의 프랑스어 작가이고, 벤슬라마는 살만 루슈디의 『악마의 시』에 대한 탁월한 에세이 『뒤숭숭한 픽션』(『物騒なフィクション: 起源の分有をめぐって』, 西谷修 訳, 筑摩書房)을 쓴 튀니지의 정신분석가이다. 조금 흥분된 상태로 대화를 꺼낸 것은 1951년생인 벤슬라마였다. "하지만 딥 선생, 알제리는 어째서 이렇게 되어 버린 것일까요? 우리 마그레브의 소년들은 모두 알제리 혁명을 동경하고 있었습니다. 알제리의 독립 초기에는 적어도 협잡이 가장 적은 민주주의가 태어날 가능성이 있다고 여겨졌습니다만……" 1920년생으로 일찍이 알제리 교원조합의 멤버로서 독립 투쟁에 가담한 경력의 소유자인 딥은 곤란한 듯이 웃으면서 이렇게 답했다. "알제리는 지금 벌을 받고 있어요, 페티. 한때 너무나 근사한 것을 대표했던 탓으로……"

딥이 상기하는 "너무나도 근사한 것", 그것은 제3세계의 인민이 서구 식민지 지배의 멍에를 벗어나 마침내 자율적인 발전 가능성을 수중에 넣는 그런 전망에 다름 아니다. 1830년부터 130년간 계속된 프랑스 식민지 지배를 1954년부터 62년까지, 8년에 달하는 해방 전쟁에 의해 타파하고, 60년대에 중국, 베트남, 쿠바와 함께 제3세계의 반(反)제국주의 전쟁의 선두에 섰던 알제리, 그리고 70년대에 풍부한 지하자원을 활용하여 자동차나 전자 제품의 국내 생산에도 착수한 알제리는 단지 일국의 전망을 뛰어넘어 아시아, 아프리카, 라틴 아메리카 국가 인민들의 희망의 별이었다. 우리들의 알제리, 그것은 한마디로 말하면 프란츠 파농의 강력한 붓이 그려 낸 알제리였던 것이다.

하지만 모든 것은 80년대, 석유 가격의 하락과 함께 붕괴하기 시작했다. 실업자가 된 젊은 군중이 거리에 넘쳐나고, 그와 함께 독립 투쟁의 영광을 독점적으로 과시해 온 FLN(민족해방전선)의 권위주의적, 반민주주의적인 체질이나 베르베르인*의 문화 운동을 탄압한 데 대한 반발이 표면화되기 시작한다. 그리고 1988년 10월, 알제의 항만 지구 파벨 웨드로에서 대규모 반정부 데모가 일어나 눈 깜짝할 사이에 알제 전역으로 확대되었다. 이 반란에 참여한 젊은이들은 제각각 전년도 12월부터 팔레스타인 피점령지에서 벌어졌던, 역시나 청년 중심의 반 이스라엘 민중봉기 '인티파다'의 영향을 시사하고 있었다. 그것은 아랍 세계의 국경을 넘어선 다이나믹한 사회 운동의 최후의 섬광이었다. 그러나 알제 반란의 경우, 청년들 대한 자유에의 갈망은 동시에 형해화된 내셔널리즘으로부터 종교적 정치 운동으로 향하는 드래스틱한(drastic) 경사와도 표리관계에 있었다. 1991년 12월, 독립 이후 최초의 총선거가 실시되었고 여기서 1위를 차지한 것은 FIS(이슬람 구국 전선)이었다. FLN은 이 결과를 무시하고 다음해 1월에 군정을 선포, 출구가 보이지 않는 내전이 개시되었다.

올해(1995년) 3월에 프랑스를 방문한 나는 파리에 거주하는 아랍인이나 일본인 친구들로부터 알제리 정세의 심각성을 새삼 실감할 수 있었다. 주간 텔레비전 프로그램 소개지 『텔레라마』가 "알제리: 테러에 저항

---

* 북아프리카(마그레브)의 넓은 지역에서 옛적부터 거주해 왔으며, 아프로 아시아 어족의 베르베르어를 모어로 하는 사람들의 총칭. 북아프리카 여러 국가에서 아랍인들이 다수를 점하게 된 현재에도 일정한 인구를 가지고 문화적 독자성을 유지하는 선주민족이다. 형질적으로는 코카사스계이고 종교는 이슬람교이다.

하는 문화"라는 제목의 특별호를 편성하여 가수, 저널리스트, 영화인, 배우, 작가, 교사 등, 소위 지식인들을 저격하는 무장 세력의 상상을 초월하는 폭력의 배경에 이 나라 특유의 어떤 문화적 곤궁이 깔려 있는가를, 대중지로서의 스탠스를 유지하면서 역사적으로 해명하려고 노력한 점이 인상적이었다. 또한『레 탕 모데른』이나『에스프리』등, 독립 전쟁 당시에 알제리인 측에 서서 투쟁한 잡지들도 특집을 꾸려 이 비극적인 상황을 다각적으로 분석하는 시도를 수행하였다.

이들 보고를 접하는 가운데 나의 가슴을 가장 예리하게 도려낸 것은『텔레라마』편집장 티에리 르클레르가 인용하는 어떤 알제리인의 말이었다. "알제리는 자신을 사랑하지 않는다. 자기 증오야말로 알제리의 소아병인 것이다." 지금의 사태는 정치적, 경제적 요인에서 발단한 것이기는 하나, 이 내전의 성격과 전개 방식을 깊은 곳에서 규정하고 있는 것은 오히려 이 나라의 역사에 깊이 뿌리박힌 문화적 갈등이고, 극히 위중한 아이덴티티 크라이시스(정체성 위기)라고 하는 것이다.

이 나라의 역사는 한마디로 다양한 요소들이 뒤섞이면서 복합적인 문화가 형성되어 온 프로세스다. 선주민 베르베르인, 카르타고를 세운 페니키아인, 기원전부터 이 땅에 살고 있던 유대교도의 각각의 문화 유산들, 그리고 유적 등의 형태로 남아 있는 로마, 비잔틴 두 제국의 지배의 흔적, 7세기의 아랍인 도래와 이슬람화, 그리고 오스만 투르크 제국의 지배, 안달루시아를 통해서 전래된 스페인 문화, 식민지 시기의 프랑스 문화 같은 다양한 요소들이 모두 뒤섞여 있는 것이다. 지금 내전 속에서 분명해지고 있는 것은, 독립 후에 FLN이 채용한 '사회주의'적이고 동시에 '아랍=이슬람'적인 알제리의 건설이라는 구상이 그러한 민중 문화의 기층적인 다양성을 완전히 무시한 것이었다는 점이다. 그리고 '하나의 종교', '하나의 언어', '하나의 당'에 의해 조형되는 민중이라는 자기상(像)을 고집한 FLN의 경직성에 대해서는 전통적인 가부장제의 영향 이외에도 구 종주국인 프랑스의 정치 문화가 독립 과정에서 더욱 심각하게 내면화된 결과라고 하는 지적도 일고 있다.

특히 언어에 관해서 그러하다. 알제리에서 민중들이 사용하는 구어 아랍어에 문화적 자부심을 가질 수 없었던 FLN 지도부는, 프랑스어와 동등한 역사적 문화적 위신을 갖는다고 그들이 생각한 중동의 고전 아랍어를 민중들에게 무리하게 강요하게 되었다. 식민지 시기 알제리인들에게 문장 아랍어를 배울 유일한 기회가 이슬람 학원 '메데르사'에서의 코란 학습이었다고 하는 기억, 이 고전 아랍어 교사로서 중동에서 찾아온 사람들 대부분이 무슬림 형제단 등 이슬람 부흥주의 운동에 관련된 사람들이었다는 점, 이런 것들이 오랜 시간에 걸쳐 오늘날 FIS의 대두를 준비한 것이다.

두 주 동안 나는 몇몇 뛰어난 알제리 영화를 볼 기회도 있었다. 특히 메르자크 아르와시 감독의 「바베르=웨드 시티」는 알제 반란의 발생지이고 현재는 FIS의 아성이 된 바베르=웨드에서 반란에 나서는 단 한 사람의 청년의 모습을 그린 멋진 작품이었다. 촬영은 뜻밖에도 현지에서 단기간 내에 이루어졌다고 한다. 청년은 결국 망명의 길을 선택하지만, 라스트에 흐르는 것은 시에브 하레드의 「도망쳐! 하지만 어디로?」라는 곡이다. 지금 알제리를 뒤로 하고 프랑스나 캐나다로 출발하는 알제리 청년들은 80년대 말 동구의 사람들처럼, 서구적인 소비문화에 대해 소박한 꿈을 품고 있는 것이 아니다.

「알제리, 왜?」라는 이 글의 제목은 이집트의 영화감독 유세프 샤힌의 걸작 「알렉산드리아, 왜?」에서 힌트를 얻어 지어 본 것인데, 여기에는 두 가지 의미가 담겨 있다. 하나는 왜 알제리가 현재와 같은 사태에 빠져들고 말았는가라는 자문이고, 또 하나는 왜 지금 우리가 알제리 사태에 관심을 기울여야만 하느냐는 반문이다. 첫 번째 물음에 대해 이 글은 문제의 윤곽을 스케치해 본 데 불과하므로, 많은 후속 검토가 필요하다는 점은 말할 필요도 없다. 두 번째 물음에 대해 나는 여기서 알제리인 이슬람 학자 무함마드 알쿤(Mohammed Arkoun)의 말을 소개하고자 한다.

걸프 전쟁 직후에 발표된 「알제리 전쟁에서 걸프 전쟁으로」라는 글에서 알쿤은 이렇게 말했다. "한 사회의 분석이 낙후되어, 그 사회가 자신의 과거 및 현재와 맺고 있는 관계에 대해 일체의 학문적 개입이 수행되지 못하는 경우, 그 사회에서 대립하는 자들이 저마다 내세우는 정당화 언설의 이데올로기적, 신화적 일탈은 그만큼 무시무시하다." 내게는 이 말이 알제리나 아랍 세계에만 적용되는 것 같지가 않다. 오늘날 우리 사회에서 문제가 되는 것은 대만, 조선, 중국에 대한 침략과 식민지 지배를 필연적으로 동반했던 근대 일본의 모습 자체일 터인데, '국회 결의'나 시모무라(島村) 발언을 비롯한 일본인들의 참담한 발언이 잇따르는 걸 보고 있자면, 나의 진짜 모습으로부터 눈을 돌리려는 충동은 이제 이 국민의 제2의 천성이 되어 버린 게 아닐까 하는 생각마저 든다. 이런 의미에서도 역시, 알제리를 갈기갈기 찢고 있는 폭력은 우리에게 결코 남의 일이 아닐 터이다.

『影書房通信』, 1995. 9[『가게쇼보통신』].

다각형 조국

—카테브 야신과 알제리 문학의 탄생

1. '프랑스의 타자' 알제리

"국민(nation)이란 하나의 혼이고 정신적 원리다." 이것은 1882년, '베를린 회의' 3년 전이자 아프리카 식민지 분할이 한창이던 시기에 프랑스의 문헌학자 에르네스트 르낭이 밝힌 견해다. 일견 보편적인 것으로 보이는 '국민'에 대한 이런 정의는 그러나 어떤 특수한 역사에, 또한 그것과 하나로 융합된 그 역사의 표상에 결부되어 있다. 그것은 서유럽의, 특히 프랑스의 역사다. 르낭에 따르면 중앙 집권적인 절대 왕권을 일찌감치 형성한 이 나라는 또한 1789년의 대혁명에 의해 "국민은 왕권 없이도 존속할 수 있"음을 증명할 수 있었던 최초의 나라이기도 했다. 국토와 국민 모두 왕조의 피조물이었음에도 불구하고, 아니, 어쩌면 실로 그러했기 때문에 그 왕조로부터 국토를 탈취한 후 주권자가 된 국민은 가장 범례적으로 국토와 동일화될 수 있었다. 그때 국토는 **근대적인 의미**에서 성스러운 것이 되고, 어떤 인격성조차 띠게 되었다. '육각형'의 이 국토를 '나'에 귀속하는 것으로, 또한 '나'가 거기에 귀속하는 것으로 표상할 수 있다는 것,

이 또한 '혼'이자 '정신적 원리'인 '국민'의 조건이요, 통치자이자 피통치자인 시민의 조건이다. 장-뤽 낭시는 프랑스적 국민의, 나아가서는 유럽적 '국민'의 이러한 특이한 성격에 대해 이렇게 말한다.

"(유럽적) 국민과 함께, 영역(domaine)은 토지(sol)와 상사(相似) 변환적으로 되었다. 영토(territoire)는 명확한 것, 즉 한정된 것, 형상적인 것(figural)이 되었다. 굳이 표현해 보자면 그 동일성과 주권 공간을 명확히 **형상화함**으로써(configurant) 국민은 '상징적인 것'에 '상상적인 것'을 부가했다고 할 수도 있을 것이다(이리하여 예컨대 프랑스는 자신을 '육각형'으로 표상하기를 좋아한다). 어원적으로는 지역이나 지방, 기껏해야 구역에 불과한 '향토=나라'(pays)는 거기에 있어서 저 개체화된, 인격적인, 모양을 취하며 분리된, 판명하고 격절된 양상을 획득하여 국가 안으로 자신을 집약한다. 그와 상관적으로 국가란 (일찍이 그렇게 표현되었듯이) 힘(puissance)이라고 해도, 그것은 그 자신의 영토적 형상을 차출하는 힘, 혹은 하나의 지리를 역사로, 심지어는 한 민족의 정신적 운명으로까지 삼는 힘인 것이다."(「경계에서, 형상과 색채」)

유럽 통합의 이념 및 그 과정에 이의를 제기하면서 '마스트리히트 조약'에 대한 찬반 국민 투표에 기권했던 철학자, 알자스현 스트라스부르에 거주하는 이 철학자가 다름 아닌 유럽의 본질을 묻는 심포지엄에서 제시한 이 견해는 이 자체로서 더욱 상세한 검토가 필요할 것이다. 그러나 여기서 우리의 관심은 그것과는 조금 다른 곳에 위치한다. 그것은 이러한 특질을 범례적 단독성으로서 갖는 '국민'에게 식민지란, 또 해외의 현(縣)이란, 즉 '국민'적 '육각형'의 외부이면서 게다가 자신이 주권을 행사할 수 있는 토지 및 사람들이란 무엇이냐 하는 문제이고, 또 반대로 이러한 '국민'으로부터 식민지 인민들이 단지 정치적으로만이 아니라 '혼'

과 '정신'에 있어서까지 해방되는 것이란 어떠한 것일 수 있느냐는 문제이다(그리고 후자의 물음으로부터 도출되는 질문, 이 해방의 프로세스에서 문학의 위치는 어떤 것이어야 하느냐 하는 중요한 질문이 있다). '포스트 콜로니얼' 사상이라 불리는 것이 식민지의 형식적 독립으로부터 거의 30년이 경과한 오늘, 구 식민지 사람들과 구 종주국 사람들을 여전히 그 존재의 가장 심층부에서 규정하고 있는 역사 현상의 고유성을 근본 바탕에서 재고한다고 하는 책임에 응답하는 것이라고 한다면, 이 두 가지 물음을 하나의 것으로서, 엄밀히 그 분절점에 있어서 파악하는 일은 이 사상의 성립을 위한 불가결한 조건일 것이다.

　서구의 여러 나라로부터 독립한 구 식민지 국가들이 서구형 국민국가의 형성에 실패했다는 것은 오늘날 확실히 확인되고 있는 사실이며, 아울러 그 어떤 모색에 대해서도 출발점이 되어야만 하는 사실이기도 하다. 이 좌절이 한편에서는 미국, 유럽, 일본의 제국주의 세력에 의한 정치적, 경제적, 군사적, 문화적인 모든 레벨에서의 신식민지주의적인 개입과 사보타주에 기인한 것임은 결코 잊지 말아야 할 것이다. 그러나 또한 제3세계의 독립국에서 권력을 장악한 정치=문화 엘리트에 의한 위로부터의 국민 형성이라는 원리 자체에 어떤 근본적인 아포리아가 당초부터 잉태되어 있었다는 점도, 이제는 분명해졌으리라 생각된다. 그러나 전자를 외적 요인, 후자를 내적 요인이라는 형태로 정리하는 것은 부당한 단순화이리라. 이 논리는 구 식민지국 인민들에게도 현재 상황에 대해 일정한 책임이 있다고 보는 최근——특히 걸프 전쟁 이후로——자주 접하게 되는 논법으로 이어질 소지가 있을 뿐만 아니라, 무엇보다도 우선 정치·문화 엘리트들이 (설령 그 비중은 다르지만 어쨌거나 기본적으로) 정책을 이끄는 도선(導線)으로 삼는 '국민' 개념 자체가 이미 외적인 기원을 갖는 것이었음을 등한시하고 있기 때문이다.

이 점에서 알제리는 다시 한번, 그러나 이번에는 제3세계 혁명의 모범으로서가 아니라 범례적 문제를 지시하는 고유명으로서, 우리 사고의 초점의 하나가 될 수 있는 나라로 보인다. 프란츠 파농은 특히 『대지의 저주받은 사람들』에서 알제리 해방 전쟁의 폭력에 대하여, 그것은 식민지 인민들이 프랑스의 **타자**라는 사실을 정치적으로나 문화적으로 스스로 긍정하는 과정에 불가피한 계기로서 그려 내었다. 그러나 이 식민지 인민들은 이 국면에서도 여전히 철두철미하게 **프랑스**의 타자에 불과하며, **전적인** 타자가 된다는 것은(**전적인** 타자인 것은) 이 투쟁의 논리 자체에 의해 애초부터 불가능했던 바이다. 역시나 알제리 전쟁기에 쓰인 장주네의 『병풍』을 언급하면서 에드워드 사이드는 문제의 지점이 어디인지를 간결히 지적한다.

> [……] 프랑스가 그 이름 아래 알제리를 지배해 온 내셔널리즘도, 알제리가 그 이름 아래 1830년 이래 프랑스에 저항해 온 내셔널리즘도, 예외 없이 대단히 대규모로 동일성의 정치에 의거하고 있다. [……]
> [프랑스 측의 내셔널리즘은] 프랑스, 프랑스, 프랑스라고 하는 것으로, 그것은 '프랑스인의 알제리'라는 슬로건에도 드러나 있다. 그러나 대립하는 알제리인들의 같은 레벨의 반응도 역시나 동일성의 긍정이라는 점에는 차이가 없고, 전투원 간의 관계, 충일한 애국심, 주네가 늘 확실히 지지해 온 피억압자의 정당한 폭력조차 모두 '알제리인을 위한 알제리'라는 단일한 대의 속에서 동원되고 있었다. (「장 주네의 후기 작품에 대하여」, 대괄호는 인용자)

프랑스인 대신에 알제리인, 프랑스 문화 대신에 아랍 문화, 프랑스어 대신에 아랍어, 기독교 대신에 이슬람으로 다 바뀌어도 동일성의 구성 요인이요, '국민'의 통합=동원 원리라는 점에서는 하나도 바뀌는 것이 없다. 요컨대 지금까지 수많은 연구가 행해져 왔듯이 해방 투쟁 과정에서 이미 그 맹아가 존재하고, 독립 후에도 끊임없이 발전하여 1988년 10월의 알제 반란 이후 더는 부인할 수 없게 되어 버린 이 나라의 정치=문화 제도의 거대하고 복잡한 모순의 근저에 있는 것은, 해방 투쟁의 주체가 식민지 종주국의 문화 지배를 거부할 때, 그 문화의 '내용'을 "우리의 것"이라고 상정된 다른 '내용'으로 치환하는 바로 그 행태에 의해, 그 동일한 문화의 "형식"을 한층 더 깊이 내면화하지 않을 수 없었다는 비극적인 역설이다. 게다가 이 프랑스 문화는 "국민의 원리는 우리의 것이다"(르낭)라고 주장하는 문화, 자신을 '국민' 일반의 원리로 제시하는 것을 본질로 삼는 문화이고, 이 범례적 단독성의 논리에 따른다면 그 '형식'이야말로 '내용'인 이상, 이 역설은 한층 더 심각해지지 않을 수 없다.

이 이중 구속적 상황은 일견 외부가 있을 수 없는 순수한 아포리아처럼 보인다. 그리고 이런 상황이 현재 다름 아닌 알제리에, 여타의 마그레브* 국가들보다 더 극적으로 압축되어 있다는 것은 아마 결코 우연이 아닐 것이다. 적어도 그 원인의 하나는 같은 프랑스로부터 독립한 튀니지와 모로코의 경우, 전자가 이탈리아, 후자가 스페인이라는 식으로 그

---

* Maghreb. Maghrib라고도 하며, 리비아, 튀니지, 알제리, 모로코 등 아프리카 북서부 일대를 통칭하는 말. 아랍어로 (동방Mashriq에 대하여) 서방(땅의 끝)을 뜻하는데, 이슬람의 동방 세계가 아랍인과 페르시아인이 중심이 되어 이루어진 데 반해, 서방 세계는 아랍화한 베르베르인이 중심이 되어 이루어졌음에 기원을 두고 있다. 자연환경도 비슷하고, 아랍의 침입에 이은 프랑스의 식민지 활동의 무대가 된 것 등 역사적 배경을 공유한다.

역사 속에서 프랑스 이외의 서구 국가와도 깊은 관계를 맺어 왔다는 점, 특히 모로코의 경우 오스만 투르크의 지배를 받은 적이 없고, 아랍=베르베르 왕조에서 어느 정도의 역사적 연속성을 찾아볼 수 있는 데 반해, 알제리가 지중해 대안(對岸)이라는 위치상으로도 프랑스와 도저히 뗄 수 없는 대면 상황에 있고, 무엇보다 그 영토의 형상 및 나라의 고유명(아랍어로 '반도'를 의미하며, 원래는 아라비아 반도를 지시하고 있었던 '엘 제자이르'라는 말이 프랑스에 가장 가까운 아랍 오리엔트 지역을 지시하기 위해 전용(轉用)되었다) 자체를 프랑스로부터 계승하였기 때문에, 가장 강한 의미에서 '프랑스의 타자'이지 않을 수 없다는 점으로부터 찾을 수 있을 것이다.

2. '작가' 카테브의 탄생

이상의 맥락(context)은 알제리 문학의 가능성을 엄밀히 묻고자 하는 경우 간과할 수 없다. 그러나 단지 알제리 문학에만 한정짓지 않고 일찍이 들뢰즈와 가타리가 '소수 문학'이라 불렀던 영역으로까지 확장할 경우, 이 영역에서는 다른 경우 이상으로, 맥락이란 작가가 그것을 배경으로 개인적 창조를 실현하는 무대도 아니고, 텍스트 독해의 폭을 밖으로부터 한정하는 의미론적 지평도 아니다. 맥락은 텍스트의 안팎에 동시적으로 존재하면서, 그 텍스트의 해석을 통해 여전히 발견=발명되어야 할 것으로서, 다소 미지의 것, 원리적으로 포화 불가능한 어떤 것으로서 존재하는 것이다. 이러한 의미에서 아마도 카테브 야신(Kateb Yacine) 이상으로 알제리의 작가일 수 있었던 사람은 없으며, 알제리에서 출생한 프랑스인으로서 아랍학자인 자크 베르크가 카테브의 작품이 온갖 인류학자들의 필드 워크 이상으로 알제리의 현실에 대해 가르쳐 주는 바가 많다고 말한 것도 이러한 의미에서다. 금세기 초엽 체코의 유대인 공동체를 알기 위해서는 카프카를 읽어야 하는 것과 마찬가지로, 알제리라는 현상을 알기 위해서는 우리는 아무래도 카테브를 읽지 않을 수 없다.

카테브 야신은 1929년 8월 6일 알제리의 동부 도시 콘스탄틴에서 태어났다. 본명은 무하마드 케르티. 작품을 발표하기 시작했을 때, 알제리인을 거명할 경우 성을 먼저, 그리고 이름은 나중에 놓는 식으로 등록하던 식민지 시대의 관행을 이어받되, 야신은 거기에 특유의 도발적 풍자를 담으면서, 아랍어로 "붓 사람", 즉 "서기" 혹은 "비서"를 의미하는 카테브를 성, 베르베르계의 야신을 이름으로 선택했다. 따라서 작가로서의 그의 성은 카테브다.

1945년 5월 8일, 전후 최초의 대규모 독립 요구 대중 투쟁이 알제리의 몇몇 도시에서 일어났다. 그러나 나치즘의 멍에를 막 벗어난 프랑스 제4 공화제는 데모대에 가차 없이 발포, 가혹한 탄압을 가했다. 사망자 4만. 카테브의 친족 태반은 이때 목숨을 잃고, 15세의 그도 투옥되어 고문을 당했다. 이 사건의 쇼크로 카테브의 어머니는 정신 이상이 와서 결국 병원에 수용되어 버린다. 리세*에서 퇴학당한 카테브는 한동안 부모님 집에 틀어박혀 있었지만, 아버지의 권유로 본(현재의 안나바)의 친척 집으로 옮겨 거기서 사촌 자(매)에 대한 격렬한 사랑을 경험한다. 그러나 그는 이 사랑을 단념하고, 처녀 시집 『독백』이 인정받은 것을 계기로 18세에 종주국 프랑스를 향해 여행길에 올랐다. 이것이 카테브의 긴 방랑

---

* 프랑스의 인문계 고등학교에 해당한다.

생활의 시작이었다.

사랑의 대상인 여인과 고국으로부터 동시에 이별하고, 7세 때 그가 내던져진 "늑대 아가리" 즉, 프랑스어 세계 속으로 깊숙이 들어가기를 선택한 카테브는, 역설적이게도 이 반쯤 자발적인 망명 경험을 통해서 "그의" 알제리를 투시해 갔다. 그렇다 해도 그것은 대(大)민족 출신 대작가의 특권인 고립된 정신의 영위와는 다른 것이었다. 아랍인 노동자와 기거를 함께하면서 '카빌리아 카페'에서의 정치 논쟁에 날이 새던 파리에서도, 그리고 실업자로서, 저널리스트로서, 또 항만 노동자로서 체재하던 알제에서도, 그는 동포들과 아주 가까이서 생활하면서 15세 때 이미 옥중에서 발견한 그들의 터무니없는 다양성의 인식을 심화시켜 간 것이다. 그리고 이 탐구는 1954년에 개시된 무장 해방 투쟁이 가장 치열한 단계에 돌입하던 1956년, 불후의 명작 『네쥬마』(Nedjma)의 출판으로 결실을 맺는다.

3. '네쥬마' 신화

이 작품의 주요 등장인물은 네 명의 청년과 그들이 공통으로 사모하는 수수께끼의 여인 네쥬마*다. 포크너를 연상시키는 플래시백을 빈번히 사용한 까닭에 이야기 구조는 대단히 복잡하다. 희극적이고도 비극적이며, 격렬하면서도 간소하며, 정묘(精妙)하면서 동시에 심플한 단편적(斷片的) 문체는 현란하게 전조(轉調)되면서 도무지 지칠 줄을 모른다. 그중

---

* 아랍어로 별이라는 뜻.

한 청년인 라흐다르(Lakhdar)가 감옥에서 탈주를 시도하는 작품 서두의 장면은, 마지막에 다시 한번 반복되는 데서 알 수 있듯이 이야기 '내용'의 시간 축이라는 관점에서 보면 종점에 가깝다. 역으로 이 서두의 장면 뒤에 이야기가 시작되는 알제리 동부의 도시 본에서 네 청년이 해후하는 일이야말로 이야기의 발단으로 보아야 할 것이다.

청년 중 한 사람, 이 도시에서 숙모의 손에 자라난 무라드(Mourad)는 숙모의 양녀 네쥬마와 함께 성장한다. 네쥬마가 후에 [무라드의] 친형임이 암시되는 카마르와 결혼하자, 그는 집을 뛰쳐나와 육체노동에 종사한다. 아버지가 다른 형에 해당하는 라흐다르는 45년 반란에 참가하고 리세에서 쫓겨나, 숙모를 의지하여 본에 찾아온다. 그리고 라흐다르의 유년기 친구인 무스타파(Mustapha)도 또한, 역에서 짐꾼으로 일하던 중에 네쥬마의 모습을 목도한다. 네 번째 인물에 해당하는 라시드(Rachid)도 반란에 참여한 후 방랑의 몸이 되어, 수수께끼의 노인 시 모흐타르(Si Mokhtar)와 함께 본에 나타난다.

시 모흐타르와 라시드의 행동을 통해, 이 네 사람이 모두 케블루트(Keblout) 부족의 피로 연결되어 있다는 사실이 드러난다. 로마 시기 이래의 요충지인 나드호르(Nadhor)에 틀어박힌 이 부족은 프랑스의 지배를 수십 년간 거부하고 불복종 생활로 일관하는데, 어느 날 타살당한 프랑스인 남녀의 사체가 케블루트의 모스크에서 발견된 것을 계기로 격렬한 탄압을 받게 되고, 학살을 면한 사람들도 한 줌의 예외를 빼고는 부득이 이산되지 않을 수 없었다. 시 모흐타르는 라시드와 공모하여 네쥬마를 유괴, 조상들의 연고지 나드호르로 데려간다. 시 모흐타르는 일찍이 라시드의 아버지와 함께 유대계 프랑스 여자를 유괴하여, 어느 동굴에서 밤을 밝힌 적이 있었다. 다음 날 아침 라시드의 아버지 사체를 뒤로 하고 시 모호타르와 여성은 모습을 감추는데, 훗날 그 여인이 낳은 여자아이가 바로 네쥬마다. 시 모호타르는 라시드의 아비를 죽인 것일까? 네쥬마의 아버지는 둘 중 누구인 걸까? 이 수수께끼는 끝내 밝혀지지 않은 채, 케블루트 사람들은 시 모호타르를 죽이고 네쥬마를 부족의 딸로서 맞아들인다. 그런데 대체 조상 케블루트란 어떤 사람인가?

네쥬마 유괴에 앞서 메카 순례의 도상에서 시 모호타르가 라시드에게 이야기한 바에 따르면, 케블루트란 터키어로 '끊어진 그물'을 의미한다. 이 부족은 중동에서 스페인, 모로코를 거쳐 알제리에 도달했다. 이 경로를 통해 케블루트의 아랍·이스라엘적 기원이 엿보이는데, 나드호르에서 시 모호타르를 살해하고 네쥬마를 데려간 시 마브르크가 흑인이라는 사실은 케블루트가 이미 아프리카의 대지에 뿌리박은 공동체임을 암시한다. 마리화나에 취한 상태에서 피어오르는 라시드의 몽상, 그 속에서 펼쳐지는 나드호르의 사건은 격렬한 모순으로 가득 차 있어 단순한 이해는 불가능하다. 카테브 작품의 대표적 연구자 중 한 사람인 자클린 아르노는 "이 흑인은 부족의 정신을, 초자아를, 그리고 근친상간 터부에 의해 네쥬마를 비난하는 검열을 대표"하는 존재로서, 그녀의 근친상간의 원인을 만든 시 모호타르에게 제재를 가한 것이라고 본다. 어쨌든 간에 카마르의 아버지인 시 모호타르는 네쥬마가 카마르의 여동생이라는 걸 거의 확신하면서도 두 사람의 결혼을 저지하지 못했고, 그래서 그 죄를 속죄하려고 네쥬마를 유괴한 것은 확실하다. 하지만 그는 케블루트 사람들 입장에서 보면 알제리의 토지에 대한 충성을 망각하고 "일부다처, 위대함을 추구하는 광기, 외국을 떠도는 역마살, 알콜 중독" 등의 나쁜 습벽에 의해 식민지 지배의 영속을 허용해 온 패자(敗者) 세대의 대표였던 것이다.

나드호르를 떠난 후에도 케블루트의 모습은 라시드의 상념에 집요하게 들러붙는다. "끊어진 그물"을 의미하는 그 이름이 암시하듯이, 케블루트가 부족의 잃어버린 아이들을 이끌어가는 것은 이 향수 어린 소행(溯行)이 마침내 불가능해지는 지점이고, 그때 조상 케블루트는 토템적인 무시무시한 야수의 모습으로 라시드 앞에 나타난다. 그 뒤 라시드의 사고는 아랍 정복 이전의 알제리로 향하게 되면서 누미디아(Numidia), 베르베르, 블랙 아프리카의 수많은 흔적들을 발견하고, 알제리에 대한 "자격도, 사랑도 없는 구혼자"와 최종적으로 이 나라와 융합되어 간 사람들이 정복과 저항의 기나긴 역사 속에서 그 출신지가 어딘지를 초월하여 숨어져 가게 될 모습을 전망한다. 유대계 프랑스인 어머니에게서 태어난 네쥬마를 흑인 시 마브르크가 맞아들였듯이, 케블루트의 혈통이라는 관습적 틀은 역설적이게도 이종족 혼교의 틀인 것이다.

도시에 있을 때는 현실의 여인으로서 마음에 없는 결혼에 대해서는 불만을 드러내는, 베일을 벗은 다소 해방된 여인이었던 네쥬마는 이리하여 나드호르에서 하나의 신화가 된다. 그것은 기원의 신화가 아니라 이종족 혼교의 신화이며, 아직 존재하지 않는, 도래해야 할, 산출되어야 할 알제리의 상징이다. 카테브는 40년대 후반에는, (훗날의 FLN과 마찬가지로) 터키인에 대한 압둘카데르의 투쟁 이래 아랍·이슬람적 동일성을 핵으로 하는 알제리 민족이 연면하게 존재해 왔다고 생각하였다. 그런데 『네쥬마』에서는 시 모흐타르가 라시드에게 "우리는 아직 하나의 민족(nation)이 아니다"라고 확실히 이야기한다. 민족은 결여되어 있는 것, 그런 의미에서 하나의 약속일뿐이다. 『네쥬마』의 작자에게 알제리 해방이란 잠재적으로는 이미 존재하고 있는 민족적 주체가 외래의 구속을 벗고 국가로서 독립하는 데에 그치지 않는다. 그것은 새로운 민족의 생성

과정이다. 그리고 이 과정에서 아랍·이슬람적 동일성으로 집약되지 않는 베르베르적인, 아프리카적인, 나아가 그밖의 다양한 연원을 갖는 민중 문화는 물론이요, 식민지 시대에 이 땅에 이리저리 뿌리내린 프랑스 문화도 아프리오리하게[외래 문화라고 해서 선험적으로] 배제되는 일은 없다.

그러나 네쥬마는 또한 이 생성을 저해하는 가공할 만한 곤란의 상징이기도 하다. 신화가 된 네쥬마는 더 이상 입을 놀리지 않는다. 그녀는 라시드나 다른 청년들의 뇌리에 숙명처럼 둥지를 튼 네쥬마, 침묵하는 우상으로 승화되어 버린 것이다. 네 사내는 네쥬마에 대한 생각만이 아니라, 사랑의 대상 앞에서 거의 네르발적으로 마비되는 기묘함도 공유하고 있어, 연적으로서 다투기 보다는 오히려 이 공통의 감정에 뿌리박은 우정에 의해 결부된 것처럼 보이기까지 한다.

이러한 집단적 제지에 대한 해석은 여러 가지 레벨에서 얼마든지 가능할 것이다. 자클린 아르노는 서구의 궁정풍 연애의 기원 중 하나인 아랍적인 사랑의 전통이나, 이슬람에도 받아들여진 구약의 이브의 형상 등 다양한 요소들을 거기서 확인한 후에 다음과 같이 말한다. "카테브는 자신이 인류의 비극적인 양성 분리라 일컫는 것을 형이상학적인 언어로 해석하려고 하지만, 참된 커뮤니케이션이 없는 성애에 대한 이 혐오의 이면에서 내가 우선 발견하는 것은 이슬람 사회의 남녀 간 격리이고, 그것이 숙명으로서 느껴지고, 내면화되어 있다는 점이다." 훗날 카테브가 독립 후 알제리에서 여성 억압에 대해 격렬한 비판자가 되었다는 사실에 비추어 보아도, 또한 무엇보다도 민족의 생성에서 최대의 장애가 무엇인지, 그 소재를 밝히는 것으로서도, 그녀의 이 지적은 극히 중요할 것이다.

4. 지하의 백성

카테브는 네쥬마 신화를, 이 소설 이외에도 많은 시 및 희곡의 형태로 몇 번이나 새로 썼으며, 되풀이해서 변형하고 조탁해 갔다. 본질적으로 말해서 그는 수많은 작품들을 쓰지만, 결국 그것들을 통해서 단 하나의 주제를 추구해 가는 타입의 작가다. 1959년에 출판된 연작 희곡집 『보복의 원환(圓環)』을 보면 네쥬마는 이 작품집의 첫 작품인 「포위된 사체」의 주요 등장 인물로서, 소설 『네쥬마』에도 나오는 청년 중 한 명인 라흐다르의 아내로 나온다. 라흐다르는 45년 5월 학살의 희생자로서, 즉 사자로서 이야기하고, 네쥬마는 이 지아비의 죽음에 극히 복잡한 반응을 보이는 과부로 나타난다. 카테브의 극작품은 소설이나 시에 비해 정치적 갈등을 보다 솔직하게 다루는 경향이 있고, 또한 희랍 비극의 구성을 차용하면서도 익살극적인 격렬한 조롱과 해학에 호소한다. 그러나 네쥬마상(像)의 다양한 이형(異形)들을 상세히 검토하는 것은 다른 기회로 미루지 않을 수 없다.

아까 우리는 아랍·이슬람주의자로 출발한 카테브가 알제리 민중의 환원 불가능한 다양성과 몇 겹이나 퇴적된 역사의 층을 미래에 투영함으로써 민족의 생성이라는 비전을 획득해 갔음을 본 바 있다. 그러나 100만에서 200만이라고 하는 방대한 희생을 치르고 승리를 쟁취한 격렬한 독립 투쟁 속에서 아랍적인, 베르베르적인, 아프리카적인, 나아가 그밖의 여러 피억압자 측의 문화들과 억압자인 프랑스 문화를 단지 동렬에 두는 것으로 끝날 문제는 아닐 터이다. 도래해야 할, 발명되어야 할 알제리에 프랑스를 위한 장소가 있다고 한다면, 그것은 어떠한 구조를 가진 장소일까? 작가 카테브의 본령이 발휘되는 지점이 바로 여기다. 『보복의 원

환』의 세 번째 작품 「조상들은 흉포함을 배가한다」의 다음 장면을 읽어
보자.

합창대장 또 수인(囚人)이다.

합창대 또 군대다.

합창대장 그들은 곧장 다각형으로 간다.

합창대 다각형으로?

합창대장 그래. 거기서 총살당하는 거야.

합창대 다각형, 다각형, 다각형······.

합창대장 놈들은 무엇이든지 측정했어. 놈들은 우리에게 불리하도록
측정할 뿐이야. 기하학에서 다각형은 모든 걸 의미해.

합창대 총살이 벌어지는 그 동일한 장소에 강제 수용소가 있어.

무스타파 (가면을 쓰고, 합창대에서 홀로 떨어져) 그래. 난 10년 전에 거
기에 있었어.

합창대장 우리에게는 정말이지 많은 다각형이 있어.

합창대 묘지를 차치하고도.

합창대장 공터만 생각해 봐도. 감옥? 그런 건 평화로울 때에 지어진 사
치품이지.

합창대 다각형, 다각형, 다각형······.

합창대장 (박식한 사람의 어투로) 어떤 영토도 다 다각형이야. 모든 나
라는 지표에 그어진 다각형이야. 등변다각형도 있어. 육각형도, 프랑스
처럼······. 그리고 부등변 다각형도 있는 거야······.

'다각형'. 유별날 것 없는 이 도형이 여기서는 풍부한 의미의 그물망

을 형성하고, 그러면서 알제리가 프랑스로부터 그 '혼'과 '정신'이 해방되기 위한 강력한 전략을 소묘한다. 첫째로 다각형은 체포된 반도(反徒)들이 총살당하는 식민지 군대의 병사(兵舍)다. 그러나 그것은 또한 이 투쟁 속에서 알제리인들이 마주쳤을 때, 서로를 동포라 알아볼 수 있는 모든 비합법 공간('묘지', '공터', '감옥')을 의미하고, 더 확대해서 생각해 보면 이 지하의 나라 전역, 즉 알제리의 국토와 일치한다. 그리고 '다각형'이라는 이 형상은 네쥬마(별)와 함께 카테브의 상상력의 또 하나의 초점이 되면서, 이 양자는 1965년에 발표되는 장르 횡단적인 경이로운 작품의 제목 『별을 우러러보는 다각형』 속에서 통합되기에 이른다.

　카테브가 프랑스의 '육각형'에 '다각형'을 대치시킨 것은, 억압자에 대한 FLN의 대항적 동일화와는 전혀 이질적인 것으로, 서구가 쳐놓은 범례적 단독성이라는 올가미의 의표를 찌르는 것이다. 우선 첫 번째로 등변 다각형은 다각형의 특수한 예에 불과하며, 따라서 이제는 프랑스가 알제리에 포함되는 관계로 바뀐다. 그러나 또한 알제리가 불규칙한 부등변 다각형이라는 사실은 "무엇이든지 측정하는" 식민자들이 정해진 규칙을 사용하여 결정한 그 지리적 공간을, 알제리인들은 프랑스인들이 카페 왕조의 사적 소유물이었던 영토를 상속한 것처럼 사유화할 수는 없다는 것이기도 하다. 서두에 인용한 낭시의 말을 부연하면서 바꿔 말하자면, 상징적 통합을 보완하는 국민과 국토의 상상적 동일화라는 지점에서, 프랑스에 대한 알제리의 대항적 동일화는 한계에 부딪힌다고 말할 수 있을 듯하다. 그리고 바로 그 지점에서 카테브는 알제리의 찬스를 발견하려고 하는 것이다.

　낭시는 앞서 언급된 발언 속에서 유럽적 국민의 형성에 대해, 어떤 특수한 경계 경험의 특질로부터 설명하고 있다. 그것은 로마 제국의 판도가 소멸되고 기독교 민족들이 이 협소한 공간 속에 각각의 윤곽을 그리기 시작하면서 고대 지중해 세계와 구별되는 또 하나의 세계가 출현했을 때, 미국의 프론티어나 다른 광대한 대륙의 경계 경험과는 질적으로 다른 '경계 긋는 방식'이 확립된 것을 가리킨다. 프랑스가 자신을 '육각형'으로 표상하는 것도 이러한 경계 경험을 전제하고 있을 터인데, 그렇다고 한다면 알제리인들이 자국에 대해 그와 마찬가지의 표상을 가질 수 없다는 것은 생각해 보면 당연한 일일 것이다.

그러나 알제리는 다른 경계 경험도 가지고 있다. 조상들의 관습적 틀에 따라 부족의 과거로 거슬러 올라가는 일은 어떤 순수한 기원의 상기, 거기로의 회귀가 아니다. 비록 아랍·이슬람 문화의, 또한 프랑스 문화의 헤게모니 아래 매몰되어 있긴 하지만 그것은 실로 알제리라는 토지의 틀로서, 침략과 저항의 역사를 통해 배양되어 온 이 경계의 경험을 재생시키려는 시도인 것이다. 르낭이 적절하게 표현했듯이 프랑스 같은 국민이 "창조되는 데에 본질적으로 작용한 인자(因子)"는 기억이기 전에 망각이다. 국민 간의 어떤 종족적, 언어적 및 기타 모든 경계를 말소하면서, 혹은 종교에 대해서는 공적 공간/사적 공간의 분할을 통해 가지런히 경계를 지으면서 '육각형'의 외변이라는 경계=국경선을 그만큼 강렬하게 그려 내는 일이다. 알제리는 물론 프랑스와 동일한 길을 취할 수는 없으며 또 취해서도 안 된다. 알제리는 각(角)의 수는 미정인 채, 영원히 '다각형'일 것이다. 알제리를 구성하는 여러 문화 간의 차이를 말소하는 일 없이, 그 갈등에 찬, 하지만 풍요로운 경계 경험을 상기하기를 통해서만, 알제리라는 민족에게 무한한 생성이 약속된다. 또한 이 경계 경험을 공유하러 오는 자는 비록 식민자여도 알제리인이 될 수 있다. 이리하여 비로소 알제리는 '프랑스의 타자'이기를 그치기 시작하는 것이다.

1970년 이후 카테브는 아랍어 구어로 연극 활동을 하면서 민족의 생성에 참여하고자, 프랑스어로 해오던 창작을 그만두고 알제리로 돌아온다. 그는 1989년 즉, 알제 반란 1년 후, 원리주의의 대두에 깊은 불안을 품으면서도 이 반란에서 새로운 시대의 예조(豫兆)를 느끼면서 60년의 생애를 마쳤다. 그러나 군사 독재와 종교적 위협의 틈바구니에서, 지금도 카테브의 작품은 도래할 텍스트로서 많은 알제리인에게 계속 읽히고 있다.

『aaia』, 1993.11.

아랍 영화의 새로운 물결

일찍이 『카이에 뒤 시네마』의 편집장을 역임한 프랑스 영화 비평가 세르주 다네는 걸프 전쟁 직후에 이런 논의를 전개하였다. 현대의 시각 경험에는 크게 보아 두 가지 유형이 있다. 한쪽을 '비주얼', 다른 한쪽을 '이마주'(image)라 부르자. '비주얼'이란 읽기 위해 주어지는 시각 대상을 말하는데 도로표지판부터 신문, 잡지, 그리고 텔레비전이나 영화에 이르기까지, 읽는 존재인 우리는 오늘날 이러한 종류의 독해 능력을 익히고 갱신하기를 끊임없이 요구받고 있다. 그에 반해 '이마주'란 시야 속에 어떤 공백이 감지되고, 이 감각이 강렬할 때에는 읽는 자를 독해 불가능한 상태에 빠지게 하는 경험으로서, 이 공백이야말로 타자의 장소에 다름 아니다. 이 점에서 보자면 영상 전쟁으로서의 걸프 전쟁은 부시와 후세인의 공동 제작 영화이고, 두 지도자는 서양과 아랍 세계 사이에서 발생할 수 있는 타자 경험을 전부 타자=적이라는 등식으로 환원하기 위해 철저히 '이마주'를 '비주얼'로 변환시킨 것이었다.

그러나 전쟁 같은 예외 상황이 아니어도 사정은 그리 다르지 않다. 현대의 영화 작가, 특히 비서양 세계의 영화 작가에게 서양 관객의 '기대

지평'에 부응하는 영상을 제공하고자 하는 유혹은 크다(일본 영화 쇠퇴의 원인 중 하나가 여기에 있다). 한편 역시나 잘 알려진 사실이지만, 정치적인 테마를 다룰 때도 작가가 선악 이원론적인 '비주얼'의 함정을 벗어나기는 그리 수월치 않다.

지리적으로 서양에 근접해 있을 뿐만 아니라 그동안 겪어 온 역사나 조성된 문화로 말미암아 이러한 이중의 곤란이 가장 강하게 작용하는 지역은 아랍 세계다. 만일 아랍인 영화 작가가 오리엔탈리즘의 공범자가 되는 일도, 또 정치적 메시지의 단순한 전달자에 그치는 일도 모두 거부하려고 한다면, 그에게는 극히 강인한 의지와 예민한 지성, 그리고 섬세한 감성이 요구된다. 팔레스타인의 미셸 클레이피(Michel Khleifi)*나 튀니지의 페리드 부게디르(Férid Boughedir)의 등장은 이러한 드문 자질을 상황이 산출했음을 고지한다.

그들의 작품 근저에서 나는 하나의 중대한 결의를 느낀다. 그것은 자신이 귀속하는 공동체(아랍)를 외부(서양)를 향해 대표하고자 하는 욕망=의무감으로부터 떨어져 나와, 역으로 공동체 내부를 향해 심각한 문제 제기를 개시하겠다고 하는 결의다. 공동체를 오리엔탈한 대상으로 표상하는 함정에서 벗어나고자 한다면, 공동체 자신이 끊임없이 대상의 위치에 속박해 온 내부 타자의 눈을 해방시키지 않으면 안 된다. 그것이 역으로 균질적 단일체로서의 공동체 표상을 해체하여 정치주의의 함정으로부터의 해방으로도 이어진다. 아랍 세계에서 그러한 타자란 바로 여자

---

* 1950~. 나자렛 출신의 팔레스타인 극작가로 벨기에에서 활동하고 있다. 1987년작 「갈릴리에서의 결혼」으로 칸 영화제 국제비평가협회상, 산세바스티안 국제영화제 황금조개상 등을 받았다.

와 어린이다. 예컨대 클레이피의 「갈릴리에서의 결혼」은 1976년 토지 수탈 이후의 이스라엘령(領) 갈릴리 지방의 어떤 마을에 관한 이야기다. 아들의 혼례를 위해 야간 외출 금지령을 24시간 동안 해제해 달라고 요구하는 아버지에 대해, 이스라엘인 군정관(軍政官)은 혼례석에 자신들을 초대한다는 조건으로 요구를 수용한다. 그러나 아들 쪽은 자기에게 상의도 없이 일을 처리해 버린 아버지를 용서할 수 없다. 이럴 수도 없고 저럴 수도 없는 이러한 정치 정황 속에서 어머니는, 누이는, 그리고 신부는 사내들 간의 갈등을 어떻게 보고 있는가? 그리고 마을 소년들은? 팔레스타인의 오래전 방식인 호사스럽고도 관능적인 혼례의 시공(時空)에서 이렇게 여러 가지 시선들을 마주치게 하기, 그렇게 해서 공동체의 '풍요로운 기억'(이것은 그의 첫 작품의 제목이다)과 자기 변혁의 가능성을 함께 품어 안기. 이를 위해 클레이피는 '가나의 혼례'라는 성서의 고사에 준거하면서, 동시에 질 들뢰즈의 『천 개의 고원』으로부터 영상의 결합법을 배웠을 것이다.

또한 부게디르의 「튀니지의 소년」은 부르기바(Habib Ben Ali Bourguiba)*의 전성기에 튀니스**의 할파윈(Halfaouine) 지구를 무대로, 성에 눈뜬 소년이 소년으로서는 여자들과 헤어지고, 남자로서 재회하는 과정을 그려 낸다. 그러나 주로 말없이 교차하는 시선을 영상 언어를 가지고 들려주는 이야기는 다름 아닌 가족생활의 숨겨진 정치성이다. 여기서도 작가가 주요하게 관심을 두는 지점은 민족의 동일성보다도 그 배후

---

* 1903~2000. 서구화를 지향한 정치가로서 튀니지 왕국 2대 수상, 튀니지 공화국 초대 대통령을 역임했다.
** 튀니지 공화국의 수도.

에 있는 차이의 갈등이고, 단편화된 문화들(아랍, 프랑스, 베르베르 등)의 혼효(混淆)이다. 클레이피의 혼례와 마찬가지로, 여기서도 공중 목욕탕 함맘(hammam)에서의 여인들의 세계는 공동체의 전통에 대한 오마주임과 동시에 서양인의 오리엔탈한 몽상을 배신하기 위한 떡밥이다.

오리엔탈리즘적이든 제3세계주의적이든, 타자(서양)의 타자의 장을 점유하는 그 어떤 자기만족으로부터 벗어나 공동체(아랍)의 내적인 타자의 눈을 해방시키는 것, 비록 위험하지만 이 위험을 무릅쓰는 용기를 가졌을 때, 아랍 세계의 영화 작가는 서양이나 일본, 이스라엘의 영화가 상실한 '이마주'의 생산력을 획득했다. 서양에의 굴복이냐 이슬람 원리주의로의 후퇴냐, 라는 불모적인 양자택일에 내몰린 듯 보이는 걸프전쟁 후의 아랍 세계, 그 빠듯한, 하지만 강인하고도 유연한 예술적 저항의 자세가 여기에 있다.

『パレスチナへのまなざし』, 1992. 7 [『팔레스타인에 대한 시선』].

파괴된 시간을 찾아서
—— 미셸 클레이피의 「돌 찬미가」를 위하여

—넌 히로시마에서 아무것도 보지 못했어. 아무것도.

—전 무엇이든지 다 보았어요. 무엇이든지 다.[*]

마르그리트 뒤라스 각본, 알랭 레네 감독의 영화 「히로시마 내 사랑」
(1959) 앞부분에 나오는 너무나도 유명한 이 문답에 대해 30년 뒤 하나
의, 하지만 한없는 차이를 잉태한 메아리가 돌아왔다.

—넌 아무것도 보지 못할 거야, 시간의 폐허 외에는.

—전 보게 될 겁니다, 장애를 입은 사람들을.

  산산이 부서진 혼을, 빈곤을

  저는 보게 될 겁니다, 거부와 저항을.

—넌 보지 못할 거야, 그런 것은 아무것도.

---

[*] 이 대화에서 첫 번째 대사는 남성의 말이고, 두 번째 대사는 여성의 말이다.

넌 아무것도 느끼지 못할 거야, 아무것도 배우지 못할 거야.

아무것도 감지되지를 않아, 여기에 사는 자들 이외에는.

미셸 클레이피 감독의 영화 「돌 찬미가」(Canticle of the stone, 1989)는 이렇듯 영화사(映畵史)의 기억에 호소한다. 벨기에에 사는 한 팔레스타인 영화 작가가 1987년 12월 9일에 개시된 인티파다(피점령지 민중 봉기)를 영화화할 때, 왜 이러한 인용이 필요했던가? 상상을 초월하는 곤란한 조건에서 피점령지에서 촬영된 다큐멘트에, 연인들의 대화로 이루어진 픽션을 교배시킨 이유는 무엇이었던가? 안이한 답은 우선 배제해 두자. 이 사건을 전유[我有化]하고자 하는 작가의 주관의 표출 따위는 일단 아니다. 비록 그가 팔레스타인인이라 해도 그것이 허용되지 않는 행위라는 점을, 아니 허용할 수 없는 행위라는 점을 클레이피는 누구보다도 잘 알고 있다.

우리도 기억해 내는 데서부터 시작하자. 아마도 일본인인 한에서 "우리"가 잊고 있는 일을. 1945년 8월 6일 히로시마에 핵폭탄이 투하되었을 때, 핵 위협은 전 인류에게 부과된 과제 따위가 아니었다. 그렇긴커녕 서구의 연합국들만이 아니라 아시아 도처에서 쾌재의 소리가 울려퍼지고 있었다. 이윽고 냉전이 시작되고 소련이 핵을 소유한 이래로, 지상의 모든 인간이 잠재적인 희생자가 되어서야 비로소 히로시마는 '히로시마'가 되고 일본인은 '유일한 피폭 국민'이 되었다. 히로시마의 기억은 '세계화'됨과 동시에 '국민화'된 것으로, 그것은 동일한 과정의 표리에 불과하다. 이리하여 많은 일이 잊혀졌다. 지금도 평화 공원 밖에 위령비가 서 있는 방대한 수의 조선인 피폭자의 존재까지. 일본이 최대의 수익자였던 냉전이라 불린 역사의 한 시기 이편에서, 우리는 이 제도화된 기억의 기원을 다시 묻지 않으면 안 된다.

마르그리트 뒤라스는 이러한 기억의 모습에 의심을 품은 최초의 작가 중 한 사람이었다. 그리고 그 회의를 **올바로** 표현할 수 있었던 드문 작가 중 한 사람이었다. 아무도 반대할 수 없는 대의명분이 되어 오히려 그 때문에 형해화되어 버린 반핵 운동에 대해 단지 우롱하는 데 그쳐 버리는 대신, 대국 간의 파워 게임과는 이질적인 기억의 세계화 원리를 추구하는 것, 그것이야말로 「히로시마 내 사랑」의 모티프이다. 전쟁 중 서로 적국의 국민이었던 남녀의 재회로부터, 어떻게 공통의 기억이, 다시 말해서 승자의 기억의 보편화가 아닌 공통의 기억이 어떻게 싹틀 수 있을까? 이는 반핵의 '지당함'에 대해 국제주의가 던지는 물음이고, 다른 '세계', 다른 '기억', 기억의 다른 '세계화'를 찾아가는 자의 물음이다.

일본인 사내는 평화 공원과 기념관을 둘러보았을 뿐인 프랑스 여인이 원폭의 비참함을 이해하는 체하는 걸 인정하지 않는다. 히로시마의 기억은 '우리'의 비밀이며, 따라서 그날 쾌재를 불렀던 자들이 그것을 이야기하는 일은 허용되지 않는다. 그러나 여인은 다른 빛을 통해서, 그녀 혼자만의 비밀 기억을 통해서 '히로시마'를 발견했다. 독일 점령지였던 고향 느베르에서, 18세 처녀는 한 독일 병사와 사랑을 나누었다. 해방 직전 사내는 살해되고, 대독 협력자 사냥에 광분하는 마을 사람들은 처녀를 린치하고 머리를 빡빡 깎아 버렸다. 집안의 치욕이 된 처녀는 머잖아 느베르를 탈출한다. 그리고 파리에 도착한 날, 원폭 투하 소식을 접한다.

질 들뢰즈는 『시네마 2』의 레네를 논한 장에서, 이 남녀의 해후를 다음과 같이 분석한다.

두 명의 등장인물, 그러나 그들에게는 상대방에겐 소원한, 자신만의 기억이 있다. 여기에는 더 이상 공유되어 있는 것이 없다. 히로시마, 느베르. 그것은 공약 불가능한 과거의 두 영역 같은 것이다. 그리고 일본인 사내는 여인이 자신의 영역에 들어오는 걸 거부하지만("저는 무엇이든지 다 보았어요, 무엇이든지 다." "넌 아무것도 보지 못해, 아무것도."), 반면 여인 쪽은 그녀를 기꺼이 따르겠노라고 스스로 동의하는 일본인을 그녀의 영역 어떤 지점까지 다가오게 한다. 이는 두 사람 각자가 자신의 기억을 잊고, 두 사람의 [공통의] 기억을 만들어 내는 한 방식이 아닐까? 기억이 이제 세계가 되어, 그들의 인격으로부터 분리되기라도 하는 듯이.[1]

영화만이, 그것도 "시간의 직접적 이마주"가 된 영화만이 열어 보일 수 있는 이러한 기억의 '세계화' 가능성, 들뢰즈의 저작을 훤히 꿰뚫고 있는 클레이퍼 입장에서 이것이 극히 소중한 인식임은 틀림없는 사실이다. 같은 시대에 속하는 절대적으로 이질적인 사건, '아우슈비츠'라는 사건이 '히로시마'와 **마찬가지로** '세계화'되었을 때, 같은 과정에 의해서는 결코 '세계'가 될 수 없는 또 하나의 기억이 태어났다. 태어남과 동시에, 아니 태어나기 이전에 잊힌 기억으로서. '팔레스타인'이란 바로 이 기억의 이름에 다름 아니다. 1982년 이스라엘의 레바논 침공부터 인티파다에 이르기까지 완강하게 친(親) 이스라엘적 입장을 계속 견지하던 뒤라스를 팔레스타인인으로서, 영화 작가로서, 클레이퍼가 문제 삼지 않을 수 없는 것은 그 때문이다. 백지 한 장의 차이가 담겨 있는 이 대목의 오마주와 비판을, 그의 말 속에서 읽어 내 보자.

「히로시마 내 사랑」은 보편적인 감수성에 호소하는 작품이지만, 그럼에도 일본인 남성과 유럽인 여성의 관계에는 역시나 자민족 중심주의의 측면이 있습니다. 그래서 저는 이런 식으로 생각한 것입니다. "만일 「히로시마 내 사랑」에서 일본인 남성에게 말을 걸어 온 사람이, 도쿄에서 온 젊은 여성이었다면, 남자와 마찬가지로 일본인인 여성──그녀는 감정적으로 대단히 확실한 태도를 취하지만, 자신이 직접 히로시마의 공포를 체험한 것은 아니다──이었다면 어떨까? 그렇다면 두 사람의 드라마틱한 관계는 얼마간이라도 보편성을 잃게 될까?"라고 생각한 것이죠. 답은 아니오! 입니다. 오히려 그것은 극히 시사성 풍부한 하나의 갭을 만들어 내게 될 것입니다. 요컨대 서양인 관객 관점에서, 등장인물과의 동일화는 그만큼 쉽지 않게 되는 것이죠. 제 영화도 두 사람을 팔레스타인인 남성과 벨기에인 여성, 혹은 팔레스타인인 남성과 이스라엘인 여성으로 할 수도 있었겠습니다. 하지만 저는 이 이야기를 팔레스타인인 남성에게 팔레스타인인 여성이 말을 거는 작품으로 만들고 싶었습니다. 이것은 제가 「히로시마 내 사랑」을 볼 때 아무래도 느끼지 않을 수 없는 자민족 중심주의에 구멍을 뚫는 하나의 방식입니다. 팔레스타인인 등장인물들에 의해 「히로시마 내 사랑」의 이미지에 대한 역(逆) 구도(리버스 쇼트)를 제시하는 것입니다.[2]

이것은 분명히 역설적인 착상이다. 그도 그럴 것이, 커플을 모두 일본인이나 팔레스타인인으로 설정한다고 해서 어떻게 「히로시마 내 사랑」에 여전히 남는 '자민족 중심주의'가 해체될 수 있다는 걸까? 오히려 남녀의 민족적 귀속이 다르고, 나아가 그 귀속에 역사적 대립이 잉태되어 있을 때, 설정은 그만큼 '국제화'될 것이고, 따라서 '자민족 중심적'으로 되지 않는 게 아닐까?

이 말을 이해하기 위해 우선 인티파다라는 것이 미디어 테크놀로지에 의해 지상 어느 구석도 빠짐없이 모두 덮여 버린 시대의 사건이라는 점, 그리고 그 '현실'은 팔레스타인인 클레이피가 피점령지로 발걸음을 옮기는 것만으로 곧장 **눈에 보이는** 것이 되지는 않는다는 점에 주의하자. 왜냐하면 오늘날 인티파다의 주역인 사람들도 어제는 텔레비전의 시청자였고, 따라서 보도 관계자에 대한 대응은 미리 텔레비전을 통해 획일화되어 있기 때문이다. 클레이피의 현지 촬영에 입회했던 셀림 나씨브(Sélim Nassib)는 이렇게 썼다.

나블스의 어떤 의국(醫局)에서 한 소녀가 봉기 희생자의 사진을, 상흔도 분명히 드러나 있는 반라의 사진을 보여 주었다. 그 기세를 타고 그녀는 스스로 '검은 금요일'(1987년 12월 6일, 일거에 십여 명이 살해된 날)의 양상을 이야기하고, 이 도시에서 지금까지 탄압의 희생자가 된 사람들 수를 꼽았다('55인의 순교자'). 감독이 찾고 추구하는 게 이런 류의 정보가 아니라는 걸 알게 되었을 때 그녀는 어안이 벙벙했다. 너무나도 빈번히 저널리스트들한테 이야기하다 보니, 그녀의 말 그 자체가 이미 "뉴스화"되어 버렸던 것이다. [……][3]

오늘날의 미디어 비판은 '현실'의 사건을 '올바로' 표상[재현]하라는 요구만으로는 불충분하다. '현실' 자체에 들러붙어 버린, 아니 알아차릴 새도 없이 침투되어 이미 형태를 부여하고 있는 저널리즘(그 언설, 이마주, 리듬)과의 격투를 거치지 않고서는 **어떤 것도 볼 수가 없고**, 그 누구에**게도, 본다고 하는** 사태는 불가능하다(따라서 문제는 저널리스트 개개인의 양심이나 성실함의 수준을 초월한다). 「돌 찬미가」의 출발점에 자리 잡고 있는 것은 바로 이러한 인식이다. 신문이나 텔레비전에서 대량으로 유포되는 인티파다의 이마주와 말들이 스스로를 진리로서 드러내는 때, 그것을 어떤 픽션과 충돌시키는 작업. 그러한 작업은 이 진리의 기반이 되는 '현재'의 전제(專制)를 '과거'와 '미래'라는 다른 시간의 지평에 의해 이화(異化)시키는 일이다.

　그러나 팔레스타인인 영화 작가를 인티파다의 '현실'로부터 차단하는 것은 미디어의 깊고 넓은 지배만이 아니다. 팔레스타인인은 우선 무엇보다도 공간적으로 분단되어 있다. 저 팔레스타인인 커플의 경우 여자 쪽은 갈릴리 출신이고, 남자 쪽은 요르단강 서안 출신이다. 같은 팔레스타인인이면서도 1948년과 1967년이라는 두 번의 점령 시점에 의해 격리된 두 사람은 70년대 초의 저항 운동 속에서 조우해 사랑하게 된다. 그러나 머잖아 사내는 이스라엘 당국에 투옥되고 여인은 실의에 빠져 미국으로 떠난다. 이리하여 그녀는 추방당해 난민이 된 '외부'의 동포들이 겪는 비애도 알게 된다. 그녀는 15년 뒤 다른 세대에 의해 계승된 인티파다가 한창이던 시점에 예루살렘에서 그와 재회한다. 이 사랑 이야기에는 '팔레스타인'라는 토지, 민족, 사건이 공간적 및 시간적으로 균열함으로써 발생한 특이한 토폴로지(topology)가 집약되어 있다.

　「히로시마 내 사랑」과의 대비는 명확하다. 프랑스인과 일본인 커플은 첫 대면인 데 반해, 이 두 사람은 알던 사이이며 그들의 개인적 과거는 완전히 소원하지 않다. 그렇지만 그들이 과거를 공유하고 있는 것은 아니다. 두 사람이 재회하는 것은 일찍이 알고 있던 것을 다시 인정하기 위함이 아니고, 중단된 사랑의 '결락'(欠落)에 응답하기 위함이다. 그리고 주의해야 할 것은 이 '결락'이 회복되어야 할 어떤 전체의 상실된 부분이 아니라는 점이다. 그 결락은 '지나가 버린 지금'으로서의 과거와는 다른

'과거'의 구조, 즉 '약속(으로서)의 기억'이라는 형태를 취하고 있다.

사내가 들려주는 이야기의 첫 부분은 그가 체포되었을 때 파괴된 그 자신의 집에 대해서고, 이야기의 마지막 이마주는 밖으로 내팽개쳐진 가구, 허공에 떠 있는 아우의 양말이다. "여기에는 이제 바깥도, 안도 없다." 반면 여인은 하나의 키워드 즉, '자기희생'이라는 낱말을 가지고 이렇게 답한다. 인간에게 보편적인 '자기희생'과 '여기서 일어나고 있는 일'의 관계를, 자신은 이 토지 고유의 종교적 신화의 문제로 이해하고 싶다고. 그러나 어두운 표정으로 사내는 대응한다. "여기, 팔레스타인에서는 신화 따위는 의미가 없어. 법도, 신도 공포 앞에서는 무력해."

팔레스타인에 머무른 사내의 말이 진실이고, '도망'친 여인의 말은 전적으로 공허한 것일까? 예루살렘을 떠나지 않는 사내와 달리, 여인은 인티파다의 도시를 마구 돌아다닌다. 다큐멘터리 부분의 카메라는 원칙적으로 그녀의 눈에 포개져 있다. 점령은 폭탄처럼 일순간에 작렬해 버리지 않는다. 전쟁처럼 적의 진지와 아군의 진지가 있는 것도 아니고, 확연한 전선(戰線)이 있는 것도 아니다. 그것은 공간 및 시간에 대한 총체적인 지배다. 폐쇄된 학교. 체포된 스카프 차림의 여학생들을 데려가는 호송차. 병원의 복도. 병실에 가로누운 희생자들. 회복에 힘쓰는 청년들. 이스라엘인의 입식지(入植地) 속에 덩그러니 남아 있는 아랍인의 집 한 채. 차도에 차를 세운 여인이 눈으로 좇는 것은 차도에서 3미터 높이의 자기 집이다. 거기에 사다리를 타고 오르는 할머니의 모습이 있다. 일찍이 300명이나 되는 손님을 맞이하던 유서 깊은 가문의 처녀였던 그녀는 48년에 전화(戰火)를 피해 여기로 이주했지만, 67년에 다시 토지를 빼앗겨 버린다. 결혼도 하지 않고 홀로 이 집에서 계속 사는 노파의 회상으로부터 팔레스타인 비극의 시간적 심연이 드러난다. 다시 병원. 복부에 총격을 받아 장의 일부가 떨어져 나간 청년의 머리맡에서 부모가, 친구가 증언한다. 그리고 그가 퇴원하는 날, 병사의 감시하에 작열하는 뜨거운 축제. 그리고 빙글빙글 돌아가는 사람들에 가담하지 않고, 이 축제를 창과 문을 통해 가만히 바라보는 소녀의 시선…….

그러나 요르단 강 서안의 일상에서는 아직 볼 수 있었던 마부들의 웃는 얼굴도, 가자 지구에서는 이미 마주칠 수가 없다. 경직될 정도로까지 팽팽해져 버린 공기 속에서 군용차와 이스라엘 병사의 영상이 흐르고 거기에 말발굽 소리만이 포개질 뿐이다. 전깃줄에 걸린 팔레스타인 깃발. 트럭 짐칸에 실려 이스라엘에 일하러 가는 노동자들. 아직 천진난만한 소년도 있다. 벽에 적혀 있는 슬로건을 청년들에게 강제로 지우게 하는 병사들. 아들이 사살당한 아버지의 증언과 저주. 의붓아버지가 살해당한 여인의 비탄. 어두운 죽음의 그림자 속에서 이어지는 저항, 그리고 픽션의 사내의 집*이 25년 전에 파괴되었듯이, 체포자가 나왔다는 이유로 불도저로 파괴당하는 집. 폐허에 주저앉은 가족. 울부짖는 노모와 폭거를 규탄하는 며느리…….

외국인 기자로 변장한 여인이 가자 지구를 방문하는 대목은 이 영화 최대의 전환점이다. 그녀는 상황의 처참함에 완전히 무너진다. 그러나 그럼에도 다큐멘터리가 드러내는 흉포한 현실과 여인의 테마인 '자기희생'이라는 말 사이에 팽팽하게 이어져 있는 긴장의 줄이 이 영화의 신경(神經)이라는 사실에는 변함이 없다.

바로 그 긴장의 줄에, 일상생활 속의 희생과 저항 운동이 요청하

---

* 이 영화는 픽션 부분과 다큐멘터리 부분으로 구성되어 있다. 그 중 픽션에 나오는 사내의 집.

는 희생 사이에 ('순교' 이데올로기를 넘어) 연속성을 회복할 수 있느냐가 달려 있기 때문이다. 그리고 신화에 대한 여인의 관심을 부정하면서, 인티파다가 자신의 '문학적 야심'을 날려 버렸다고 이야기하는 사내의 말도 역시 문학적이다. 「돌 찬미가」의 '찬미가'란 차라리 '아가'(雅歌; cantique)이며, 연인들이 이야기하는 말들은 이 땅에서 자라난 『구약성서』의, 그리고 『코란』의 말의 기억을 소생시킨다. 서안(西岸)과 가자 지구의 점령 기간에 대응하는, 두 사람의 배후에 있는 20년이라는 시간, 그리고 이 토지에서 자라난 여러 종교의 수천 년의 시간이 파문처럼 퍼졌다 사라져 간다…….

이리하여 두 남녀 중 어느 쪽에도, 그리고 교차하는 다큐멘터리와 픽션 중 어느 쪽에도 최후의 말은 의탁되지 않는다. 휴지부처럼 삽입되는 하늘, 대지, 바다의 이마주로 율동화된 이 영화의 (간극이 많은 비연속적인) 흐름은 사내가 이야기하는 '시간(時間)의 폐허', 파괴된 시간[時]의 파편의 이마주인 것이다. 피점령지 중에서도 특히 탄압이 심한 가자로 여인이 출발하기 직전, 처음으로 '시간'이 주제화된다. 침상에 가로누운 사내를 여인은 응시하고 있다. 이 설정은 분명히 「히로시마 내 사랑」을 의식한 것이다. 그러나 여기서 여인이 알아차리는 것은 사내의 팔에 시계가 없다는 점이다. 옥중의 시간, 가족과의 면회를 앞둔 시간, 조금이라도 늦어지면 2주간이나 연기되는 면회 시간의 경험이 자기 안에서 시계적인 시간을 무화시켜 버렸다고 사내는 이야기한다. 포옹을 받는 여인의 팔에는 시계가 있다.

그리고 가자에서 돌아온 여인은 15년 전에는 이야기하지 않았던 '첫사랑'의 경위를 털어놓는다. 하이파에서 처음 사랑을 안 그녀는 임신중절을 했다는 이유로 가족으로부터 '명예로운 죽음'을 선고받고, 거의 죽음에 가까운 저주를 받은 상태에서 집을 버린 것이다. 이 대목은 다시 한 번 「히로시마 내 사랑」에 보내는 눈짓이다. 하지만 그것만이 아니다. 그녀가 나라를 떠난 것이 단지 이스라엘의 탄압으로 연인을 빼앗겼기 때문이 아니라, 팔레스타인이라는 공동체 내부의 모순 때문이기도 하다는 사실을 시사하는 것이기도 하다. 처녀성이라는 터부, 여성의 인격에 대한 부정, 인간을 질식시킬 정도의 명예 관념('명예로운 죽음'은 이슬람에서 직접 유래하는 것은 아니다. 지중해 전역에서 지금도 많은 처녀가 가족의 손에 의해 처형당하고 있다). 「히로시마 내 사랑」의 여인은 느베르에서 파리로 도망칠 수가 있었다. 그녀가 히로시마에 온 것도 망명자로서 온 것이 아니다. 그러나 「돌 찬미가」의 여인은 팔레스타인 내부에서 피난소를 발견할 수 없었던 것이다······.

클레이피가 프랑스인과 일본인의 아방튀르(aventure; 모험)를 두 사람 모두 팔레스타인인인 남녀의 이야기로 치환시킴으로써 자민족 중심주의를 해체할 수 있다고 생각한 가장 깊은 이유는, 아마도 여기에 있을 터이다. 왜냐하면 팔레스타인은 외적인 이유뿐만 아니라 내적인 이유에 의해서도 아직 말의 본래적인 의미에서의 공동체가 아니고, 그 때문에 결코 「히로시마 내 사랑」에서의 '프랑스'처럼 중심이 될 수는 없다는 사실을 두 사람의 대화가 증언하기 때문이다. 그러나 그것은 단순히 부정적인 인식이 아니다(15년 전 두 사람의 사랑이 미완이었다는 점이 단순히 부정적인 것이 아니듯이 말이다). 토지의, 민족의, 사건의 이름으로서 '팔레스타인'은 '프랑스'나 '일본'과는 다른 구조로 되어 있고, 거기에 하나의, 어쩌면 수많은 기회가 있다. 여기서도 또한 들뢰즈의 지적은 시사적이다.

[……] 현대적인 정치 영화가 있다고 한다면, 그것은 다음의 확인을 기초로 한 것이리라. 더 이상, 혹은 아직 민중(peuple)은 존재하지 않는다, 민중은 결여되어 있다.

이 진리는 아마 서양에도 타당할 테지만, 서양의 경우에는 이 진리가 권력의 메커니즘과 다수성(majority)의 시스템에 의해 은폐되어 있어서, 그것을 발견한 작가[들뢰즈는 레네와 스트로브-윌레를 생각하고 있다]는 드물었다. 반대로 이 진리는 억압받고 착취당하고 있는 민족(nations)이 영속적으로 소수성(minority)의 상태에 머물러, 집단적 동일성의 위기에 노출된 제3세계에서 드러나게 되었다. [……] 민중이 결여되어 있다는 이 확인은 정치 영화를 체념하는 것이 아니다. 그렇긴커녕 제3세계와 소수성 속에서 이후 정치 영화를 정초해 나가기 위한 새로운 기초인 것이다. 예술은, 특히 영상 예술은 민중을 이미 존재하는 것이라 간주하고 그것에 말 거는 것이 아니라, 민중의 발명(l'invention d'un peuple)에 공헌하는 임무에 참가하지 않으면 안 된다.[4]

이 '민중의 발명'은 어디에서 이루어지는가? 다름 아닌 기억 속에서다. 기억은 우리 안에 축적되는 게 아니다. 반대로 우리가 기억 속을, 몇 겹이나 되는 과거의 '지층'(nappes) 속을 움직이고 있다는 것이다. 지각이란 그러한 잠재적인 기억이 대상과의 접촉에서 현재화(顯在化)되는 일이고, 현재(現在)란 극도로 압축되어 '첨단'(pointes)이 된 과거에 불과하다. 오손 웰즈 이후의 '시간의 영화'가 이러한 기억의 본질을 개시(開示)했다고 한다면, 그것은 또한 '세계'와 '나', '집단'과 '개체', '현실'과 '이야기' 사이에 어떤 침투를 일으키기도 할 것이다. 그것이 '기억의 세계화'를 가능케 할 것이다. 이렇듯 『시네마』의 기본 모티프인 베르그송의 『물질과 기억』을 영화론으로 바꿔 읽기, 그리고 일찍이 『카프카: 소수적인 문학을 위하여』에서 제출했던 '소수 문학' 가설(이 가설은 『시네마 2』에서 명확히 제3세계 영화론으로 전개되어 있다), 이 두 가지가 교차하는 지점에서 들뢰즈는 클레이피를 발견한다.

페로(Pierre Perrault)의 「세계의 연속성을 위하여」(Pour la suite du monde), 샤힌(Youssef Chahine)의 「기억」, 클레이피의 「풍요로운 기억」[5] 등, 제3세계의 많은 영화는 암암리에, 혹은 아예 제목에 드러내놓고 기억에 호소한다. 그것은 추억을 환기하는 능력으로서의 심리학적 기억이 아니고, 심지어 현존하는 민족의 집단적 기억도 아니다. 그것은 외부와 내부, 민족의 과제와 개인의 과제, 결여된 민족과 부재하는 나를 직접 조우시키는 저 기묘한 능력이며, 한 겹의 막이자 이중의 생성인 것이다.[6]

인티파다라는 사건에 내재하는 시간을 가시화하기, 되풀이되는 탄압, 학살, 분단, 하지만 그것을 뛰어넘는 집단적 주체로서의 민족의 서사시를 이야기하는 게 아니라 그것을 계기로 생성되는 민족을, 투쟁과 그 이면에 들러붙어 있는 일상적인 고뇌의 활발한 생성을 증언하기, 증언함으로써 그 생성에 참여하고 그것을 촉진하기, 「돌 찬미가」의 복잡한 구조는 모두 이러한 기도(企圖)를 바탕에 깔고 있다. 들뢰즈는 '시간의 영화'의 창시자 오손 웰즈와의 대비 속에 레네를 위치 짓고, 전자에게는 복수(複數)의 '연장체(延長體)인 과거'가 조우하는 그 조우점으로서 시각적 내지 청각적 정점이 여전히 잔존하고 있는 데 비해, 후자의 작품에서는 그것이 소멸되어 있다고 말한다. 예컨대 「히로시마 내 사랑」에 등장하는 남녀의 경우, 각자의 '과거의 지층'은 제3항(예컨대 화자의 목소리)에 의해 매개되지 않고 직접 마주치며, 서로 상대의 현재로서 기능한다. "히로시마는 여자에게 느베르의 현재가 될 것이고, 느베르는 남자에게 히로시마의 현재가 될 것이다."[7]

그러나 이 작품의 구조를 '팔레스타인'의 시간 이마주를 위해 전용=변형할 때, 클레이피는 더욱 래디컬한(radical) 탈중심화에 호소한다. 들뢰즈도 「히로시마 내 사랑」의 일본인 사내에게서 느껴지는 인격적 희박함을 지적하면서 그 이유를 이 작품에서는 "현재가 망각의 장"이라는 사실에 귀착시키는데, 그것은 또 클레이피가 지적하듯이, 프랑스인 여성이 주로 서양인 관객에게 동일화의 특권적인 극(極)이 된다는 점에서 유래하는 어떤 비대칭성의 드러남이기도 할 터이다. 「돌 찬미가」는 그러한 동일화의 극을 갖지 않는다. 아니 오히려 픽션의 여인에게, 사내에게, 혹은 다큐멘트 부분에 등장하는 모든 사람에게 극은 한없이 산란되며, 그 때문에 동일화는 끊임없이 중단된다. 관객이 서양인인 경우와 아랍인인 경우, 나아가서는 팔레스타인인인 경우에, 동일화의 강도는 다 다를 것이다. 그러나 구조가 끊임없이 중단된다고 하는 사태 자체는 다를 바 없을 것이다. 그 점은 픽션 부분에 등장하는 커플의 관계에도 반향을 일으키지 않을 수 없다. 왜냐하면, 팔레스타인 연인들 사이에서는 주도권이 한 사람에게 독점되는 일이 결코 없기 때문이다.

팔레스타인 영화가 탄생한 날짜는 거의 정확히 확정할 수 있다. 그것은 1967~68년, 당시 요르단 암만에 있던 PLO의 최대 조직 파타하 안에 영화반이 조직된 날이다. 그 이래 투쟁에 깊이 밀착된 빼어난 다큐멘터리가 다수 제작되었다. 그러나 영화적 창조의 관점에서 보았을 때, 미셸 클레이피가 등장하기 전에 '팔레스타인'이라는 사건이 산출한 문제작은 단 한 작품, 클레이피가 평생 본 것 중 최고의 영화라 일컫는 고다르의 「여기 저기」뿐이었다고 해도 과언이 아니다. 세르주 다네의 멋진 정식에 따르면 이 작품의 모티프는 "이마주와 소리를, 그것의 출처인 사람들에게로 반환하기[되돌리기]"[8]인데, 이러한 영화 윤리는 오늘날 '여기'의 등질성을 갖지 않는 '다른 곳' '내부'에서, 한 팔레스타인인에 의해 계승되고 있다.

1 Gilles Deleuze, *Cinéma2: L'image-temps*, Minuit, 1985, p. 154.
2 「フィクションと現実とのはざまで」, 安川慶治 訳, 『インパクション』77号, 127頁[「픽션과 현실의 틈에서」].
3 Sélim Nassib, "I'Intifada, voix off", *Libération*, le 10 avril, 1989.
4 Deleuze, *Ibid.*, p. 282. 대괄호는 인용자.
5 「풍요로운 기억」(1980)은 클레이피의 첫 장편 영화다. 이 영화는 이스라엘에 사는 여성, 그리고 점령하에 있는 요르단강 서안 지구에 사는 여성, 이렇게 두 팔레스타인 여성의 회상과 발언으로 점철되어 있다. 이 영화에 대해 클레이피 자신이 이야기한 인터뷰「パレスチナの女たちの日常こそ最高のドラマだ」, 『イメージフォーラム』, 1993年 3月号[「팔레스타인 여인의 일상이야말로 최고의 드라마다」]를 참조.
6 Deleuze, *Ibid.*, pp. 287~289.
7 *Ibid.*, p. 152.
8 Serge Daney, *La rampe*, Gallimard, 1983, p. 84.

『へるめす』, 1993. 3[『헤르메스』].

무지갯빛 남아프리카를 위하여

둘시 셉템버(Dulcie Evonne September). 남아프리카에 대해 사고할 때 내가 늘 떠올리는 이름. 80년대 중반, 아프리카인 민족회의(ANC)의 주 프랑스 대표로 파리에 체재하던 이 장신의 흑인 여성의 모습을, 나는 집회나 그 밖의 기회에 몇 번이나 본 적이 있었다. 친하게 이야기해 본 적은 없지만, 남아프리카 대사관 앞 항의를 할 때마다 데모를 마칠 때 '아만돌라!'(즐루어로 '힘'을 의미하는 반아파르트헤이트 운동의 표어)라는 슈프레히코르(Sprechchor; 대화적對話的 합창)를 외치는 것은 언제나 그녀였기 때문에, 조금 새된 소리지만 결코 절규라고는 할 수 없는, 유연한 그 목소리의 울림은 지금도 내 귓속에 남아 있다.

내가 마지막으로 그녀를 본 것은 지하철 안이었다. 머리를 틀어 올린 그 갸름한 얼굴이 어두운 차창에 비쳤다. 뭔가를 생각하고 있는 듯했다. 세계에서 가장 가혹한 투쟁의 와중에 있는 해방 조직의 대표가 방탄유리 전용차는커녕 호위하는 사람도 없이, 조국에서 멀리 떨어진 나라의 지하철에서 혼자 앉아 있었던 것이다. 이러한 상황 특유의 고독에 싸여, 이미 그녀는 주위 세계로부터 격절되어 있는 것처럼 느껴졌다.

그 몇 개월 뒤인 88년 여름, 사무실 근처의 노상에서 셉템버 씨는 사살당했다. 그것이 남아프리카 비밀경찰의 범행임을 프랑스 경찰이 확인해 준 것은, 조직의 내부 폭력설을 포함해 듣기에도 섬뜩한 이러저러한 억측들이 신문 지상을 떠들썩하게 하며 여러 날이 지난 뒤의 일이었다. 프랑스 정치가들이 세 치 혀로 보내 준 지지와는 반대로, 사무실 구하는 일 하나에도 그녀의 고생이 여간 아니었다는 사실을 우리는 알고 있었다. 셉템버 씨의 신변을 지키기 위해 프랑스는 문자 그대로 아무 일도 하지 않았음을, 지금으로부터 겨우 6년 전, 이 '인권의 조국'과 인종주의 국가 남아프리카 공화국 사이에 이토록 깊은 공범 관계가 있었음을 우리는 잊어서는 안 된다.

콩고인 친구와 함께 나는 셉템버 씨의 장례식에 참가했다. 그녀의 유해는 1세기도 더 전인 1871년 수많은 코뮌 전사들이 궁지에 몰려 사살당하고 묻힌 파리 19구의 페르 라셰즈 묘지(Cimetière du Père-Lachaise)에 매장되었다. 친구는 내게 그녀가 남아프리카 공산당의 멤버였다고 가르쳐 주었다……. 하지만 이런 사실들을 지금 새삼 상기하는 것은 5월 10일 넬슨 만델라 대통령의 취임 연설 정신에 반하는 일이 아닐까? 27년간 이상 옥중 생활을 강요당했음에도 불구하고 이 위대한 흑인 지도자는 새 정권은 백인 소수파에 대해 보복 의도가 없다고, 역 아파르트헤이트는 절대 하지 않겠노라고 언명하지 않았던가? 이제는 평등한 남아프리카 시민인 전 '인종' 사람들은 과거에 집착하는 대신 미래 지향적인 관계를 구축하기를 요구받고 있는 것 아닌가? 그러니까 흑인들은 용서하지 않으면 안 된다고, 요컨대 잊지 않으면 안 된다고 그들의 지도자 자신이 명한 것 아닌가?

남아프리카만의 일이 아니다. 우리 모두의 현재에 있어서 여기만큼 사고의 경계(警戒)를 강화해야만 하는 지점은 달리 없다. 난폭한 표현이 되겠지만, 미래란 결코 과거의 반대가 아니다. 그것은 과거의 말소 위에 오는 것이 아니다. 그리고 바로 이 점이 지금 결정적으로 중요하다. 오해해서는 안 된다, 만델라는 결코 과거의 '청산'을 호소한 것이 아니다. 저 최악의 날들을, 아파르트헤이트의 시대를, **따라서** 인종차별 없는 남아프리카라는 **약속**을 절대 **잊지 않는** 것, 그리고 이 약속의 이름하에 장차 (이제는 과거가 되어 버린) 아파르트헤이트 시대에 대해 공통의 기억을 가진 남아프리카 시민이 형성되기 위해, 지금까지보다 더욱 지난한 노력을 이어가자고 호소한 것이다.

"[사후의 기억이 아니라] 사전의 기억, 이 전람회를 위해 부여된 것은 아마도 그러한 시간이리라. 긴급한, 그러나 동시에 시의에서 벗어난 이 전람회는 이러한 시간에 몸을 드러낸다. 시간을 건 위험을 무릅쓰면서 내기를 하고, 또 내기의 저편에서 긍정한다. 어떠한 현재에도 의지하지 않고 회화의 형태로, 한없이 침묵에 가까운 형태로, 그것은 단지 이후를 예견케 하며, 아파르트헤이트가 마침내 폐기된 상태[事象]의 이름이 된 미래로부터의 회고라는 비전을 부여한다."

거의 10년 전, '반아파르트헤이트 국제 미술전'의 카탈로그(일본어판은 현대기획실에서 출간되었다)에 부친 「인종주의 최후의 말」이라는 텍스트의 서두에서 자크 데리다는 이렇게 진술했다. 그러나 일본에서도 전국 100곳 이상의 장소에서 개최되어 연인원 34만 명이나 되는 사람들이 찾은 이 순회 미술관이 당초의 서약대로 "보통 선거로 성립된 남아프리카 최초의 자유롭고 민주적인 정부"에 기증되기로 한 조건이 갖춰진 지금, 여기서 데리다가 기술했던 이 전람회의 본질적인 반시대성도 그 어떤 현재와도 일치되지 않은 그 래디컬한 방황도 종언의 시점을 맞이한 것은 아닐까? 이제 원환은 닫히고, 아파르트헤이트라는 '문제'는 '낙착'(落着)된 것이 아닐까?

그러한 일이 원리적으로 있을 수 없다는 점을, 데리다는 3년 후 아파르트헤이트에 관해 쓰인 또 하나의 텍스트 「넬슨 만델라의 감탄」(「ネルソン·マンデラの感嘆」, 『この男, この国』, 増田一夫 訳, ユニテ, 1989에 수록)에서 강조하게 될 것이다. 이 텍스트는 ANC의 무장 조직 '움 콘트 웨시즈웨'(민족의 창槍)의 지도자로서 파괴 활동죄를 추궁당한 만델라가, 1963~64년의 소위 리보니아 재판(Rivonia Trial) 과정에서 행한 변론의 독해다. 변호사("법의 인간") 만델라는 서양에서 기원한 법을 반성=반사(反射)한다. 그러나 만델라가 영미적인 대의제 민주주의에 대한 감탄을 표명할 때, 그는 단지 서양인에게 거울을 들이민 것만은 아니다. 또 만델라가 백인이 도래하기 이전 남아프리카의 원시 공동체 이야기로부터 받은 매혹을 이야기할 때, 그는 단지 기원에의 향수에 사로잡혀 있는 것이 아니다. 이러한 초점의 이중성에 의해 만델라의 감탄은 더 이상 가시적인 기존의 민주주의 제도나 법률을 반성=반사할 뿐만 아니라, 이미, 혹은 아직 가시적이지 않은 '법이라는 것'을 최초로 '보'도록 강제한다. 어떤 물리력과도 무관한 이 힘, 우리에게 이 사람에 대해 감탄하도록 **강제하는** 이 힘에 의해 만델라의 운동은 서양 민주주의 모델의 단순한 모방으로부터 필연적으로 불거져 나온다.

바꿔 말하자면 인류가 낳은 가장 위대한 민주주의자의 한 사람인 만델라와 어떤 종류의 공산주의 운동 사이에는 어떤 우애의 끈이 있고, 거기에는 전술적 공동 투쟁 **이상의 무언가**가 있다는 이야기이기도 하다. 이 "무언가"를 구체적으로 지명하는 것, 사고하는 것은 극히 곤란하지만, 우리는 적어도 남아프리카 공산당이 ANC와 늘 견고한 끈으로 묶여 왔다는 사실, 수십 년 동안 모든 '인종'의 사람들이 전적으로 전혀 차별받지 않고 활동할 수 있는 이 나라 유일의 정당이었다는 사실을 잊어서는 안 된다. 또 이 문제에 대해 어떻게 생각하든 간에, 데리다의 근작 『마르크스의 유령들』이 작년 봄 암살당한 남아프리카 공산당의 지도자 크리스 하니(Chris Hani)에게 헌정되었음은 의미심장하다.

마침내 남아프리카의 수중에 해방의 가능성이 들어왔다. 국내적으로는 아파르트헤이트 시대에 빼앗긴 토지의 재분배, 백인과 다른 '인종'의 생활 수준이 눈이 돌아갈 정도로 벌어져 버린 격차의 해소를 비롯하여 흑인, 백인 기독교도, 주로 아시아계인 무슬림, 동유럽계인 유대교도, 인도인 힌두교도 간의 화합을 보증하는 것이 조만간 요구될 터이고, 또 국제적으로도 남아프리카는 아프리카 전체의 발전을 위해 커다란 책임을 지지 않을 수 없다. 이번 선거에서 당선된 ANC 의원의 약 반수가 공산주의자라고 하는데, 이러한 과제에 부응하기 위해서는 금세기 공산주의 운동이 좌절한 원인을 끊임없이 깊이 물음과 동시에 "마르크스주의의 여러 정신 중 적어도 한 가지로부터 발상을 취하는"(데리다) 일은 불가결할 터이다. 아파르트헤이트의 망령이 바로 그 이름으로 지목되지 않은 채 전 세계를 배회하고 있는 오늘날, 모든 '인종'의 공산주의자와 그 벗들에 의한 이 실험을 방해하는 일은 이제 누구에게도 허락되지 않는다.

『週間読書人』, 1994. 6. 3 [『주간 독서인』].

이란 할레비, 『유대인의 역사』[*]

이브라힘 수스의 『유대인 벗에게 보내는 편지』에 부친 문장 속에서 이타가키 유조(板垣雄三) 씨가 언명하고 있듯이, 팔레스타인 문제에는 어떤 고유한 "정신사"적인 사정(射程)이 있다. 바꿔 말하자면 이 문제가 잉태하고 있는 사상적 과제는 이 문제의 귀추에 직접 관련된 당사자들의 운명만이 아니라, 전 인류의 장래 또한 모종의 형태로 관련되지 않을 수 없는 그러한 성격을 갖고 있다는 얘기다. 팔레스타인 문제에 진즉부터 관심을 기울여 온 사람들에게 이미 자명해진 이러한 인식은, 그러나 현 상황에서는 일반적인 합의를 획득하고 있다고 말하기 어려운 것이 사실이다. 서구를 중심으로 한 국제 여론이 팔레스타인 문제를 이해하는 수준은, 600만을 웃돈다고 하는 생명의 파괴로 끝난 유럽의 유대인 문제가 "유럽"이라는 중요한 역사 현상의 근간에 관련되는 사상 수준의 일대 문제임에 비해, 팔레스타인 문제는 기껏해야 이 장대한 비극의 불행한 에

---

* 『ユダヤ人の歴史』, 奧田曉子 訳, 三一書房, 1981.(원제 『유대인 문제: 부족, 법, 공간』)

필로그, 우연에 불과한 것, 그래서 순전한 정치적 과제로서 해결을 요구하고 있다는 정도일 터이다. 유대인/유대교도의 2000년에 걸친 이산의 역사와 1948년의 이스라엘 건국과 팔레스타인인의 추방 이후의 역사를 연속적인 상(相)으로 포착하면서 복잡하고도 단일한 정치=사상적 과제로서 유대=팔레스타인 문제를 제기하는 것, 바로 이러한 틀을 승인하는 데에는 비서구인인 우리에게는 자칫하면 시야에서 벗어나 버리는 수많은 저항이 있는데, 그 원인이 반드시 경제적 이해관계나 '제3세계'의 현상황에 대한 무관심만은 아니다.

하지만 최근 십수 년 정도 동안, 이러한 상황을 분석하고 그 변혁을 지향하고자 쓰인 노작들이 속속 출간되었다. 그 필두에 에드워드 사이드의 『오리엔탈리즘』(1978)이 있다는 건 말할 필요도 없다. 서구 오리엔탈리즘을 근대의 반(反)셈주의의 모태로서, 따라서 팔레스타인 땅에서 공존해야 할 아랍인과 유대인의 공통의 적으로서 지명하고, 팔레스타인 문제의 근저에 있는 심각한 사상적 과제를 갈파했다는 점에서 이 저작은 의심의 여지 없이 팔레스타인인의 작품이었다. 그러나 바로 이 입장 때문에 역설적이게도 『오리엔탈리즘』은 이스라엘 국가의 특이한 성격, 그것이 다름 아닌 20세기의 유대인이 만든 국가라는 사실에 기인하는 특수성을 분석하는 데 필요한 실마리를 거의 제공하지 못하는 것이다.

이란 할레비의 『유대인의 역사』는 사이드의 작업에 수반되는 그러한 필연적 '결락'을 보완할 수 있는 몇 안 되는 텍스트다. 서구의 정치사상에는 심지어 일견 객관적이고 무해해 보이는 용어 속에도 반(反)셈적인 요소가 침투되어 있는 때도 있고, 그런 만큼 상투적인 반유대주의에 빠지지 않고서 이스라엘 국가의 침략성과 차별성을 유대인의 역사와 관련짓는 일은 지난한 과제인데, 본서는 이 과제에 감히 도전하여 성공을 거둔 드문 예라 할 수 있다. 서두에서 말하자면 부정적인 형태로 게시되어 있는 저자의 방법은 아랍인/유대인/서구인, 오스만 투르크/시온주의/제국주의, 아슈케나지(Ashkenazi)[*]/세파르디(Sephardi)[**]/아랍-유대인 등 그가 "세 장이 한 벌을 이루는 그림"이라 부르는 요소들, 팔레스타인 문제의 배경을 이루는 그 요소들을 결코 "두 장"으로 환원해 버리지 않는다는 점에 있다. 이러한 어려운 과제가 달성되었을 때, 기원 70년의 신전 파괴 이래 스페인에서, 러시아와 동유럽에서, 이슬람 세계에서, 독일에서, 영국과 프랑스에서, 그들을 둘러싼 환경 세계와의 상호 작용 속에서 형성된 다양하고도 갈등에 찬 유대인/유대교도의 역사적 현실이 일체의 신화 작용에서 벗어나 우리 앞에 모습을 드러낼 것이다. PLO의 지도자 중 유일한 유대인으로 사회주의 인터내셔널에서 이 조직을 대표하는 할레비의 필치에는 때로『신학 정치론』의 스피노자를 연상케 하는 면모가 있다. 결코 읽기 쉬운 책이라고는 할 수 없지만, 피점령지의 민중봉기(인티파다), 러시아와 동구 사회에서의 반유대주의의 재연(再燃), 이스라엘 극우정권의 성립이 동시 진행형의 현실인 지금, 본서가 일본어로 옮겨진 의의는 크다.

『図書新聞』, 1990. 7. 7[『도서신문』].

---

[*] 디아스포라 유대인 중, 주로 동유럽 등에 정주한 사람들이나 그 자손들을 가리킨다.
[**] 히브리어(Sefarad)로 스페인을 의미하며, 1492년에 무슬림과 함께 이베리아 반도에서 쫓겨난 유대교도를 가리킨다.

에드워드 사이드, 『오리엔탈리즘』

1917년 11월 2일, 영국 외상 제임스 밸푸어 경은 로스차일드에게 보낸 서한에 팔레스타인 땅에 유대인의 "민족적 향토"를 건설할 계획에 지지를 보낸다고 썼다. 이것이 후에 '밸푸어 선언'이라 불리며 이스라엘 국가의 창설과 팔레스타인인의 수난의 기점이 되었다는 사실은 잘 알려져 있다. 그러나 거의 주목받지 못했던 사실은 한 통의 편지 속에 표명된 개인적인 견해가 어째서 선언이라는 언어 행위의 가치를 가질 수 있었느냐는 수수께끼다. 예컨대 화용론[일본에서는 어용론語用論이라고도 한다]의 관점에서 이를 행위 수행적 언표의 표준적 타입이라고는 간주하기 곤란할 터이다. 사적인 서한이 선언으로 되려면 이 서한 자체가 뭔가 터무니없는 컨텍스트 속에서 즉 이 서한의 발신자를 유대인에게 "젖과 꿀이 흐르는 나라"를 주었던 구약의 신(神)의 환생으로 만들어 줄 정도의 터무니없는 컨텍스트 속에서 발표될 필요가 있었다.

수개월 전이라면 이런 식으로 질문을 던지는 것은 다소 비약적인, 과장이 섞인 것으로 비쳤을지도 모른다. 그러나 소위 걸프 전쟁은 너무나 잔혹한 빛으로 이런 식의 질문의 긴급성을 드러내고 말았다. 문제는 단지 군사적인 혹은 경제적인 힘의 격차가 아니다. 어떤 일정한 컨텍스트 없이는 "후세인=히틀러"라는 표어가 실효적으로 기능하는 일은 없었을 것이다. 이번 전쟁을 "말[言]의 전쟁"이라는 면에서 포착할 경우, 조지 부시는 틀림없이 밸푸어 경의 유산의 상속인이다.

밸푸어의 언설에 대한 분석으로 시작되는 에드워드 사이드의『오리엔탈리즘』(1978)은 이 언설이라는 차원에 주목했다는 점에서 여타의 (소위 제1세대의) 고전적인 서구 비판과 구별된다. 이 책은 무엇보다도 "읽기"와 "쓰기"라는 실천의 어떤 전통에 관한 하나의 독해 작업이며, 이 점은 서구 비판이라는 또 하나의 전통과의 관련에서 몇 가지 의미하는 바가 있다.

1. 사이드는 그가 속한 민족(팔레스타인)을 대표해서 이야기하고 있지 않다. 이 점에서 그가 푸코로부터 섭취한 표상=대표 구조 일반에 대한 비판의 사정(射程)을 오해해서는 안 된다. "팔레스타인=피억압민족 출신의 저자가 오리엔탈리즘을 비판하는 것은 당연"하다는 식의 회로에서 "이해해 버리는" 것은 비록 그것이 사이드의 "입장"을 지지하기 위한 것이라 해도, 그 요해(了解)의 구조에서 오리엔탈리즘과 대동소이한 빈곤한 관계를 산출하고, 지지 자체를 미리 무력화하는 결과를 낳을 것이다. 그의 저서는 그 외부의 뭔가를 표상하는 것이 아니라 "읽기", "쓰기"라는 실천으로서 팔레스타인 해방 투쟁의 한 국면을 이루고 있으며, 한편 우리도 또한 이 책을 "어떻게 읽을까"라는 실천적인 질문의 시련을 통해서, 팔레스타인인이라는 것의 의미에 비로소 접근할 수 있다.

2. 이 투쟁을 감행하는 대상은 아랍·이슬람 세계에 관한 상투적 인식만이 아니라, 그러한 인식이나 그에 바탕을 둔 정치적 언설에 권위를

부여하는 그 무언가도 포함한다. 그리고 이 투쟁을 통해서 그가 발견한 것은 단순히 한 학문 분야가 아니라 학술적, 제도적, 정치적 복합체로서의 성격을 함축하는 앎의 권력 장치로서의 오리엔탈리즘이었다. 따라서 그 과제는 앎의 인식론적 구조에 대한 이론적 비판이라는 틀로부터 불거져 나온다.

3. 이러한 **편견의 힘**, 그 총체와의 격투로부터 산출되는 텍스트는 필연적으로 비(非)-단선적이다. 『오리엔탈리즘』에는 여기저기 균열이 나 있는데 그것을 우리는 처음부터 "불충분성", "자가당착", "결락"(缺落), "모순", "과도함" 등등으로 단정할 것이 아니라, 유례를 찾기 힘든 이런 종류의 투쟁이 남긴 상처로서 **일단** 받아들이고, 그러한 형상의 상처를 남긴 힘들의 충돌에야말로 관심을 기울여야 할 것이다.

따라서 이 저작을 푸코의 방법을 응용한 사례로 보았을 경우, 다수의 문제가 드러나는 것도 과히 이상할 것이 없다. 사이드가 오리엔탈리즘과 식민지 권력의 관련성을 다루는 방식은 푸코가 예컨대 19세기의 부르주아 가족과 동시대의 법 기능의 관계를 검증하는 경우(『지식의 고고학』, 1969)에 비해 상당히 조잡하게 느껴진다. 이 점에서 사이드의 분석은 "말과 사물의 단순한 교차"의 확인에 머물 뿐, 오리엔탈리즘에 고유한 언설 실천의 규칙을 끌어내는 데까지는 이르지 못한다.

그러나 그가 제출하는 명제가 아니라 그 작업 쪽을 보자면, 몇몇 평자들이 단언하는 정도로 단순치가 않고, 상당히 풍부한 뉘앙스가 담겨 있다. 특히 문헌학과 문학의 문제를 다룬 장들을 보면, 알튀세르식으로 말해서 "실천 상태"에서 몇 가지 결정적인 물음이 깃들어 있다. 그중 한 가지만 들자면, 에르네스트 르낭을 다룬 부분(제2장 「오리엔탈리즘의 구성과 재구성」)에서 문헌학자라는 카테고리와 관련하여 니체의 말을 인용할 때, 사이드는 그의 작업의 분석 대상(오리엔탈리즘)과 분석 수단(앞의 고고학)의 계보상의 접점을 언급하고 있다. 여기서 암암리에 질문되고 있는 것은 오리엔탈리즘의 언설이 언제, 어떻게 해서 '오리엔트'를 '창조'했고, 또 그뿐만이 아니라 자신을 분석하고, 또 해체하게까지 된 것일까 하는 것이다. 이것은 단적으로 말해서 서구의 자기 표상의 한계를 둘러싼 질문일 것이다.

사이드는 오리엔탈리즘에 "진정한 오리엔트"를 대치시킨 게 아니라 아랍·이슬람 세계의 고유한 역사성, 바꿔 말하자면 자신이 내발적으로 '오리엔트'가 아닌 것으로 변화할 권리를 옹호했다. 이 옹호의 반면에서 그는 기독교적 유럽이 마침내 '옥시덴트'가 아니게 될 가능성에도 결코 무관심하지 않은 것이다.

『國文學』, 1991. 6[『국문학』].

계간 『aala』 창간호

한 시대가 끝났다고 하는 이야기는 최근 인사말 대신 나누어질 정도가 되어 이제 막 끝나 버린 시대가 언제 시작되었는가와 같은, 역사의 쓰레기통을 뒤지는 흉내는 누구도 내려 하지 않는다. 물론 '역사의 종언' 따위의 거창한 이야기를 전적으로 믿으라는 말도 있지만, 그것은 애당초 무리한 이야기다. 끝났다고들 하는 복수(複數)의 시대에 대해서도 좀 더 눈을 똑바로 뜨고 바라보면 그 기점이 된 사건도, 또 시간의 폭도 완전히 이질적인 것이다. 예컨대 "전후 냉전의 종언"이라 불리는 사태도 그 안에는 최소한 세 가지 시간이 복합되어 있다. 첫 번째 시간은 1차 세계 대전이 한창이던 1917년에 일어난 러시아 혁명으로 시작된다. 그 아래로 인류의 적잖은 부분이 사회주의라 불리는 체제에서 70여 년을 생활해 왔다. 두 번째 시간은 2차 세계 대전이 **공식** 종결된 이후 반세기이며, 세 번째 시간은 2차 대전 이후 식민지 지배로부터 **형식적으로** 탈각한 제3세계의 여러 민족이 비동맹 국가 회의 등에 의지하면서 다소나마 자립적인 발언과 행동을 할 수 있었던 약 30년간이다. 경우에 따라서는 여기에 1968년이라는 근과거(近過去)의 사건으로부터 발원한 네 번째 시간이 더해지기도 한다. 이들 시대는 각각 후속 시대의 조건이 되면서도 저마다 다른 과제를 짊어진, 저마다 다른 얼굴을 가진 시대이기도 하고, 또 자기에게서 태어난 자식의 낯선 면모에 처음에는 상당히 놀라기도 했던 것이다.

이번에 창간된 계간지『aala』는 결국 "잊자", "페이지를 넘겨라"라는 슬로건의 연호(連呼)에 불과한 종언론(終焉論)에 저항하여, 이 세 가지 혹은 네 가지 시대의 겹침 속에서 인류에게 제기된 다양한 물음을, 우선은 소중하게 키워 가자는 취지로 일관하고 있다. 그것이야말로 지금도 "문화"라 불릴 수 있는 것의 임무라는 확신이 여기에는 있다. 그것은 구리하라 유키오(栗原幸夫)의 다음과 같은 말에서 명확히 청취할 수 있는 메시지이다.

> "현대"──확실히 말하자, 이 전쟁과 혁명의 시대──의 모든 시도를 착오와 실패로서 어둠 속에 장사지내는 게 아니라, 정확히 그 반대로 "현대"라는 시대가 우리에게 들이민 과제=프로블레마티크 전체를 재확인하는 작업을 시작하고, 그 과제를 해결하려고 바쳐진 모든 시도──그중에서도 짓밟히고 교살당한 시도의 발굴과 재평가를 통해 크게 다른 "현대"가 가능했을 것이라고 하는 "또 하나의 가능성"을 발견해야 한다. (「"시작"을 향하여」)

이 문장 속에 제시된 또 하나의 중요한 인식은 "걸프 전쟁"으로 개시된 시대의 기본 성격을 UN이 주도하는 세계의 "제어 불가능한 폭주"로 파악하고 있다는 점이다. 여기서 우리는 상기하지 않을 수 없다. 최근 끝났다고들 하는 시대의 기점에도 하나의 전쟁이 있었다는 사실을, 이 전쟁이 개시되었을 때 그 압도적인 인상은 역시나 "세계의 폭주"에 가까운 것이었다는 사실을, 이러한 "폭주"에 대한 공포로부터 국제연맹이 태어났다는 사실을, 그런데도 중동이라 불리는 지역에서는 이 전쟁 ── 제1차 세계 대전! ──이 아직 끝나지 않았다는 사실을, 이 전쟁을 끝내는 것은 국제연맹에게도, 국제연합에게도 불가능했다는 사실을. "걸프 전쟁"과 함께 "돌연 얼굴을 내민" 사실은 선진 자본주의 국가들의 군사=경제적인 힘도, 국가 주권의 정통성을 불문에 부치는 국제법도 모두 이 지구 위의 그 어떤 일에도 진정한 종결을 지을 수 없다고 하는 엄연한 사실이다.

일단 발생한 사건에는 끝이란 없다고 하는 사실, 역사의 무의식은 아무것도 잊지 않는다고 하는 사실, 억압당한 것은 불가피하게 회귀한다는 사실, 거기에야말로 오히려 참으로 심각한 문제가 있으며, 과거를 짊어진 이 새로운 잡지의 찬스도 거기에 있다. 창간호의 집필자들은 세대라든가 현재 주로 관심을 기울이고 있는 지역의 차이에 따라 과거와 마주하는 방식도, 감히 말하자면 부인할 수 없는 노스텔지어의 처리 방식도 모두 다양하게 차이가 난다. 그러나 구리하라 유키오(栗原幸夫)와 에비사카 다케시(海老坂武)의 대담 「"걸프 전쟁" 이후를 생각한다」나 이집트 작가 유스프 이드리스의 단편에 담긴 최상의 유머를 멋지게 일본어화한 오카 마리(岡真理)의 번역 「카이로 출장」도 포함하여, 그 어떤 텍스트도 다양한 기억들이 상호 간섭하는 고성능 매체일 수 있다. 특히 히라이 겐(平井玄)의 「서브린: 혹은 두 개의 트라이앵글」은 예루살렘으로부터 발신되는 아라빅 블루스 속에 파문처럼 퍼져가는 다양한 민족의 기억을 더듬어 가고, 이케다 히로시(池田浩士)의 「"국민"의 눈, "나"의 눈: 히노 아시헤이(火野葦平)와 아시아」는 과거의 망령에, 오히려 긍정적으로, 그러니까 들러붙는 대로 그저 내맡긴 듯이 보이는 어떤 전쟁 협력 작가의 전후(戰後) 행보를 기술하고 있는데, 처음과 마지막에 놓여 있는 이 두 논고가 함께 기억과 망각을 둘러싼 고찰이라는 점에, 이 잡지가 금후 전개되어 갈 축의 하나가 시사되어 있는 듯하다.

『インパクション』81号. 1993. 7[『임팩션』].

❖

3부

1975년에서 1976년, 콜레주 드 프랑스에서 푸코가 했던 강의 주제는 전쟁이었다. 18세기의 전쟁이 여전히 본질적으로 "인종간 전쟁"으로 규정되어 있던 사정을 밝힌 후, 그가 관심을 기울인 것은 19세기적 권력 공간의 성립 과정에서 이 인종이라는 주제가 변모해 가는 자취였다. 그것은 인종주의 일반이 아니라 나치즘이나 아우슈비츠로 귀착된 국가 인종주의의 역사적 근거를 밝히는 작업이었다.

걸프 전쟁이 한창이던 올 2월에 공개된 「살게 하기와 죽게 하기: 인종주의의 탄생」은 『앎에의 의지』[한국어판은 『성의 역사 제1권 지식의 의지』, 이규현 옮김, 나남출판, 2010]에서 부분적으로 다뤄지지만 자칫 간과되기 쉬웠던 국가와 민족 문제에 대한 접근으로서 주목할 가치가 있다. 1975년의 『감옥의 탄생』[한국어판은 『감시와 처벌』, 오생근 옮김, 나남출판, 2016]에서 주요하게 논의된 것은 개체로서의 신체를 대상으로 하는 훈육으로서 권력이 띠는 다양한 상(相)이었는데, 이번 논문은 푸코가 적어도 이 시기에 근대적인 권력의 기술을 상호 보완적인 이중구조하에 포착하고 있었음을 가르쳐 준다.

개체화와 노동 효율에 입각한 훈육 원리가 신체로서의 인간에게 관련되는 것이라고 한다면, 그 대극에서는 집단화와 위생 효율에 입각한 종(種)으로서의 인간, 즉 '인구'에 관련된 생명 기술의 정치=국가화 현상이 발견된다(그리고 이 두 가지 원리가 교차하는 지점에 성性 문제가 있다). 18세기 이전의 권력을 "죽이는" 권력이라고 한다면, 근대 권력의 이 측면은 "살게 하는" 권력이라고 사고되는데, 이 권력의 내적인 모순이 노출되는 국면이 다름 아닌 전쟁이다. 이때 필요해지는 것은 종을 단편화하는 원리, 살려야 할 자와 죽게 내버려 두어야 할 자를 구별하는 원리이고, 이것이야말로 근대적인 의미에서의 인종주의의 제1 기능이다.

"성의 고고학" 구상이 성립하게 되는 이정표로서만이 아니라, 나치즘 이해라든가 19세기 사회주의와 인종주의의 빼도 박도 못할 관계 문제 등, 생(生) 과학의 발전과 이민 문제 등이 교차하는 우리 시대의 정치에 대한 해명에 심각한 시사가 가득 들어 있는 텍스트다.

『図書新聞』, 1991. 10. 5[『도서 신문』].

고슴도치 앞에서

1.

열병에 가까운 번역에의 충동 ──번역이라는 작업의 근저에 가로놓여
있는 이 사실이 그 자체로서 이야기되는 경우는 드물다. 이 침묵의 이유
를 단 한 가지 원인에 귀착시킨다면 아무래도 무리가 될 것이다. 모든 사
회 현상들이 다 그러하듯이, 사회적 규범 중에서도 특히 질문의 대상이
되지 않는 이 침묵도 다원적인 결정의 소산임에 틀림없다. 그렇긴 하지
만 번역자가 그(녀)의 욕망을 이야기하는 데에는 어떤 특유한 제도적 억
압이 작동하고 있다는 것 또한 확실하다. 모어(母語) 이외의 말로 쓰인 텍
스트를, 그 말을 알지 못하는 독자를 위해 모어로 바꿔 옮기는 자는 원문
과 번역문 사이에서 순수한 중개자가 되어야 하고, 따라서 역자 자신의
모습은 지우지 않으면 안 된다. 모종의 욕망이 바꿔옮기는 이 작업에 개
입하며, 이를 왜곡시키는 일은 원리적으로 허용되지 않는다. 번역은 정
확하지 않으면 안 된다는 명령법[命法]은 통상 번역자가 한 명의 독자로
서의 그(녀)의 욕망을 방기 내지는 제어하고, 그렇게 해서 "이상적인" 독

자에게 한없이 다가가야 한다고 하는 요청을 포함하는 것으로 생각되고 있다.

물론 예컨대 문학 번역의 경우, 번역자 자신에게 개인적인 발언의 장이 주어지는 경우가 전무한 것은 아니다. 하지만 쉽게 알 수 있듯이 그러한 기회는 본래의 번역 작업의 외부에 있으면서, 번역자의 욕망이 흘러 들어가는 수로의 기능을 담당하고 있다. 자신이 번역한 작품과 조우하게 된 사적인 회상과, 번역 작업에서 맞닥뜨린 기술적인 곤란의 고백 및 해결 방도의 소개라는 식으로 일반화해 볼 수 있는, 말하자면 공적인 차원에서의 앎의 생산. 이렇게 사적인 회상과 공적인 앎의 생산 사이에서, 표현에 도달하는 일이 용납되지 않는 번역자의 자기애적인 욕망은 분할되고, 합리화되고, 사회의 문화적 생산, 유통, 소비, 재생산의 순환을 보증하는 불가결한 요소로 변형된다. 텍스트에 대해 자기애적 관계가 허용되는 것은 작자와 독자뿐이고, 번역자는, 번역자로서는 그(녀)의 "나르시시즘"을 억압해야만 한다. 직업으로서의 번역의 가능성은 오로지 이 억압에 달려 있다고 말해도 좋으리라.

이러한 직업윤리는 또한 대단히 드문 경우, 강력한 이상화의 대상이 되기도 한다. 그러할 때 번역자의 역할은 임무가, 아니 심지어 사명이 되기도 할 것이다. 벤야민의 「번역자의 사명」*이 그 가장 아름다운 표현임은 말할 필요도 없다. 그러나 서두부터 독자 측의 독해 가능성에 대한 일체의 고려를 배제하고, "두 국어 사이에 있는 가장 내밀한 관계"를 "발현시킨다"고 하는 임무를 번역자에게 부과할 때, 벤야민은 번역자 자신의

---

* 한국어판(『발터 벤야민의 문예 이론』, 반성완 옮김, 민음사, 1994)에는 「번역가의 과제」라는 제목으로 수록되어 있다.

욕망 쪽은 절대로 언급하지 않는다. 그렇긴커녕 전달을 목적으로 하는 "부르주아적인"[1] 언어관에 입각한, 번역자의 욕망에 대한 통상적인 억압, 왜곡, 승화와는 비교도 안 될 만큼 굉장한 폭력으로, 벤야민은 번역자의, 그리고 무엇보다도 우선 번역자로서의 그 자신의 욕망을 "순수 언어"의 제단에 희생물로서 봉헌한다. 번역론의 고전인 이 글은 희생물이 된 이 욕망의 장려한 기념비라고까지 말할 수 있으리라.[2]

벤야민이 말하는 엄청난 중노동[力業]의 밖에서는, 번역자의 역할이 거의 늘 노예의 역할이다. 충성을 요구받으면서, 아니 바로 그것이 요구되지 않을 수 없어서 늘 배신의 혐의가 걸려 있는 자. 잘 알려진 이탈리아어 속담 "traduttore traditore"(번역은 번역이다), 혹은 "번역을 한다는 것은 두 명의 주인을 모시는 일이다"라는 프란츠 로젠츠바이크(Franz Rosenzweig)의 말이 그러한 사정을 잘 표현하고 있다. 작품에 대한, 작자에 대한, 타자의 언어에 대한 충성(이것이 첫 번째 주인에 대한 충성이다)과 독자와 모어에 대한 충성(이것이 두 번째 주인에 대한 충성이다)이라는 전형적인 이중 구속 상황이야말로 번역자 고유의 비극이다.

번역자의 욕망을 (그 욕망을 몇 겹이나 둘러싸고 있는 금기를 깨고) 이야기하는 것, 그리고 긍정하는 것은 이러한 번역의 기본적 성립 조건을 부인하는 것이 아니다. 왜냐하면 그럴 때 그 욕망은 곧장 번역자의 욕망이 아니게 되어 버릴 것이기 때문이다. 여기서 내가 제안하는 바는, 역할 또는 사명이라는 용어로 이야기되는 한 불가피하게 주인과 노예라는 은유에 맞닥뜨릴 수밖에 없는 이 관계를, 일단 욕망이라는 용어로 바꿔 써 보는 것이다. 이렇게만 해도 문제의 틀은 상당히 변해 버리는 게 아닐까?

외국어(하지만 '밖'外에 있는 것이 반드시 '나라'國의 언어는 아니다)로

된 작품을 번역하고 싶다고 느낄 때, 즉 '첫 번째 주인'에게 사랑을 느낄 때, 그리고 또 그 작품을 모어로 바꿔옮겨 [번역자 자신과] 모어가 같은 사람들과 그 사랑을 나누고 싶다는 마음이 동할 때, 그렇게 해서 결코 각광을 받을 일이라고는 없는 비극의 주인공이 되기를 받아들일 때, 이 이중의 자발적 종속의 이면에서는 대체 어떤 일이 일어나고 있는 것일까? 번역자, 더 정확히 말하자면 전(前) 미래형으로 번역자이고자 하는 자는, 이 욕망을 (욕망의 억압에 대해 이의를 제기할 권리가 본래 자신에게 주어져 있는 그러한) 자신의 욕망이라고 확신할 수 있을까? 번역자는 번역에의 욕망에 서명할 수 있을까?

그것은 결코 자명한 문제는 아닐 것이다. 나의 이 욕망, (나의 의식도 알지 못하는) 나의 개인사에 가장 내밀한 형태로 결부된 이 욕망은, 근본적으로 나의 것이 아닌 게 아닐까? 물론 어떤 것이 언어이고 또 작품인 한, 그것은 헤겔이 말하듯이 필연적으로 외화(外化) 운동에 갇혀 있다. 언어도 작품도 작자의 밖으로 떨어진다. 그렇지 않으면 번역이라는 것이 애당초 불가능할 터이다. 하지만 이러한 상실을 메워 주기라도 하듯이 사회가 작자에게 작품을 이야기할 권리를 인정하고 있는 데 반해, 이 작품을 거두어 다른 언어 공동체 속으로 던져 넣는 번역자의 '상실'에는 슬퍼할 권리조차 없다. 번역자와 작품의 관계는 본질적으로 '상실의 상실'이라는 사태로부터만 사고될 수 있는 것이고, 그리하여 그(녀)의 욕망의 비-고유성은 한층 더 깊은 것이다.

그때 번역자에게 어떤 어렴풋한 의념(疑念)이 생겨난다. 이 열병과도 같은, 거의 반사적으로 발생하는 "번역하고 싶다"는 의욕의 배후에서 혹시 내가 속해 있는 민족이, 더 정확히는 그 언어가, 모어가 욕망하고 있는 것은 아닐까? 모어에 대한 충성이란 그 바닥 모를 욕망에의 봉사가 아닐까? 그리고 다른 한편 외국어 작품에 대한 사랑이란, 그 타자성의 유혹에 대한 폭력적인 응답이고, 이 사랑을 자신의 것이라 느끼는 일은 이미 모어의 계산 속에 먹혀 버리는 일이라는 걸 의미하는 것이 아닐까? 나의 번역 욕망은 이렇듯 내적인 분할을 겪으며 탈-고유화한다. 한편에서는 작품의 타자성의 유혹에 몸을 노출시키면서, 그 타자성 자체가 발하는 "나를 번역하시오"라는 명령을 "나의" 욕망 아주 가까이에서 청취하는 것이, 그리고 다른 한편에서는 번역자로서의 "나의" 욕망의 배후에 존재하는 모어의 욕망으로부터 몸을 비틀어서라도 떨어져 나오는 것이 거의 윤리적인 명령으로서 출현한다. 따라서 우선 두 가지 물음을 제기해 보지 않을 수 없다.

외국어 자체의 타자성과는 구별되는 작품의 타자성이란, 그 유혹이란 뭔가? 또 모어의 욕망이란 뭔가?

2.

주지하다시피 근대의 가장 강력한 시학(詩學) 전통의 중심에는 작품의 자율성이라는 사상(혹은 요청)이 있다. 모름지기 작품이란 작자의 사상의 표현으로도, 그 계급적 위치에서 유래하는 이데올로기 작용으로도 환원할 수 없는 고유한 존재론적 지위를 갖는 것이어야 한다. 작품은 그 외부를 지향(志向)=지향(指向)하는 대신, 다만 자기 자신을 지시하는 "작품의 작품"이 되지 않으면 안 된다. 『시의 위기』 속에서 말라르메가 이야기하는 "상호 간의 반사반영에 의해 점화되는" "어군"으로 이루어진 "순수 저작"이라는 이념은 이 전통의 가장 명료한 표현일 터이다.

흥미로운 점은, 같은 텍스트 속에서 이러한 작품의 이념이 번역의 문제와 특별히 결부되어 있다는 사실이다. 즉 "순수 저작"의 요청은 번역을 필요로 하는 인류의 상태, 언어가 복수로 존재하는 상태에 대한 어떤 깊은 불만에 뿌리박고 있는 것이다. "시구(詩句)는 국어의 결함을 철학적으로 보상하는 것이니, 이야말로 [국어를] 보완하는 최고의 것이다."(대괄호는 인용자) 그러나 이 "자기 완결적인", "국어에 속하지 않는" 언어의 "고립"[3]은, 왜 그토록 열렬히 희구되는 것일까? 이 고립의 환혹(幻惑)은 어디로부터 다가오는 것일까? 그것은 작품이 절대적인 나르시시즘의 이미지를 부여하기 때문은 아닐까? 프로이트는 『나르시시즘 입문』에서 이렇게 말한다.

> 소아들이 갖고 있는 매력의 대부분은 소아들의 나르시시즘이나 자기 만족, 접근키 어려움이 그 바탕에 깔린 것으로, 우리 따위는 안중에도 없는 듯 보이는 어떤 동물, 예컨대 고양이나 거대한 육식동물 등의 매력도 그와 같은 것이다. 아니 그 정도가 아니다. 심지어 문학 작품 속에 나타나는 극악무도한 인간이나 익살꾼 등이 우리의 흥미를 끄는 것도, 실은 그들이 자신의 자아를 해치는 일체의 것을 멀찍이 떼어 놓는 요령을 터득하고 있는, 그 나르시시즘적인 수미일관성에 의한 것이다.[4]

이 구절은 여성이 대상을 선택할 유형 중 "가장 순수하고 진정한 유형"을 이야기하기 위해 도입된 것이다.[5] 여자, 소아, 동물, **문학 작품 속의 극악한 인간**⋯⋯. 남자의 욕망에서 타자의 나르시시즘이 작용하는 바를 해명하기 위해 동원된 이러한 "예"는 하나같이 자기 완결적인 작품의, 특히 그 이념의 강력한 주박력(呪縛力)과 어딘가 공통되는 무언가를 갖고 있는 게 아닐까? 이러한 "예" 하나하나로부터 이 시학의 전통 전체를 관통하는 욕망의 계보에 독자적인 조명을 가할 수가 있으며, 그것은 또한 필요한 일이기도 할 것이다. 여기서는 동물의 길을 선택하기로 한다. 왜 냐하면 이 사학의 전통이 프랑스에서는 말라르메와 발레리의 이름과 결부되어 있지만 그 기원은 프랑스에서는 오래도록 거의 알려지지 않았던 초기 독일 낭만주의 속에 있는 것이고, 거기서 완전하고 자율적인 작품이라는 이념=요청이 필시 최초로 정식화되었을 때, 그 자율성의 모델이 바로 어떤 동물이었기 때문이다.

> "단장(斷章)은 하나의 작은 예술 작품처럼 주위 세계로부터 완전히 분리되어, 마치 고슴도치처럼 그 자체로 완성되어 있지 않으면 안 된다."
> (프리드리히 슐레겔, 「아테네움 단장」, 206)[6]

장-뤽 낭시와 필립 라쿠-라바르트[7]는 이 단장에 대해 슐레겔 형제와 노발리스를 대표자로 하는 초기 낭만주의자들이 산출한 어떤 전례 없는 것, 시, 작품, 로망 등등으로 잠정적인 명명을 한 후, 그들이 마침내 문학이라 부른 것의 전형적인 이미지를 바로 이 단장에서 보고 있다. 물론 단장은 "작은 예술 작품"을 그 고절성(孤絕性)의 모델로 삼고 있는 이상, 그대로 곧장 작품인 것은 아니다. "고슴도치"와 "작은 작품"이라는 이중 직유에 의해 시사되고 있는 단장과 대문자 작품의 **바람직한** 관계를 해명하기 위한, 상기 저자들의 면밀하고도 복잡한 분석을 전체적으로 검토하기는 여기서는 불가능하다. 일단 여기서는 두 가지에만 주의해 두자. 단장은 전체의 부분도, 기성의 문학 장르도 아니고, 개체이자 개체의 잔재라고 하는 이중 기능에 의해 부재하는 작품=체계의 윤곽을 그려 내는 것이라는 점, 그리고 이러한 작품이란 완성된 정적인 전체가 아니라, 오히려 스스로 작품화되는 것, 유기체가 되는 것, 자기 생산을 필연으로 삼는 주체의 절대성=분리성(absoluité)이라는 점이다. 이 생산이라는 모티프는 초기 낭만주의의 단장을, 『무한한 대화』에서 모리스 블랑쇼가 이야기하는 무위=탈작품화(désœuvrement)의 단편(斷片)과 확실히 구별한다. 포이에시스(poiesis)라는 희랍어에 의거하여 시를 작품화=생산이라는 견지에서 사고하는 근대 시학의 기원은 여기에 있다. 그리고 여기서 고슴도치는 그 자기 완결성과 마찬가지로, 절대적 주체의 살아 있는 유기성으로서 단장의 모델인 것이다.

그런데 이러한 완결된 작품="고슴도치"는 독자에게, 또 번역자에게 어떻게 호소할 수 있는 것일까? 데리다는 최근 어느 시론[8]에서 이 동물을 새로이 불러내어 새롭게 이야기함으로써 낭만주의에서 기원하는 시학의 전통을 새로 묻고 있다. "고슴도치"의 "자기 완결성", 바꿔 말하자면 그 "틀어박힘"(히키코모리; retrait)은 여기서는 더 이상 절대적 주체의 무한성으로부터가 아니라 동물의 유한성으로부터, 위험, 사고, 즉 시가 그 자의성(字義性)을 빼앗기고, 남김없이 번역되어 버릴 가능성으로부터 사고된다. "고슴도치"가 몸을 둥글게 웅크리는 것은 그러한 시의 소멸이라는 파국의 임박성[切迫]을 알아차리기 때문이다. 그런데 다른 한편 이 경계(警戒)가 한 언어 자체의 고유성 속으로 역시나 하나도 빠짐없이 집약되는 것으로 귀결된다면, 그 경우 역시 시는 파멸되고 말 것이다. 데리다가 그리는 것은 동물(자연)이면서 자동차 도로(문화) 속으로 헤매어 나와, 길 위에서 "죽음에 몸을 노출하면서 동시에 자기 몸을 지키는" 그러한 "고슴도치"이며, 언어 간의 차이를 초월하는 형이상학적 형상이 아니라 언어와 언어 사이에 떨어져 있는 얌전한 물(物)/나머지(res/reste)이다. 시가 언어 바깥으로 헤매어 나오는 것은 언어 내부에서 이해될 수 없다고 하는 이유에서 뿐만이 아니라, 번역되는 것을 자기에게 고유한 가능성이기라도 하듯이 "죽음처럼 욕망"하기 때문이기도 하다. 이러한 "이중 속박, 아포리아를 이루는 구속"에 발기발기 찢긴 "궁지"[窮迫]로부터 "고슴도치"의 명령이, 간청이 들려올 것이다. "나를 파괴해", "내 문자를 먹어, 마셔, 삼켜, 그러한 문자를 익혀 네 내부로 옮겨 넣어", "나를 번역해, 불침번을 서면서 나를 좀 더 지켜 줘", 등등. "고슴도치" 앞에 선 나는 이러한 모순된 호소에 나의 유한성으로부터, 그 박동=율동에 의해 시와 깊은 관련을 갖는 심장이라는 기묘한 기관에 의해 답할 수밖에 없다.[9] 어쨌거나 데리다가 poétique(포에티크)를 poématique(포에마티크)라 바꿔 말함으로써 시사하고 있듯이, 이러한 시의 비전은 시작(詩作)=생산의 시학으로부터 가능한 한 가장 먼 지점에 있다는 사실은 새삼 확인해 두자. "이 고슴도치를 포이에시스라는 서커스 가설극장, 혹은 조련장으로 도로 데려가게 해서는 안 된다. 만들어 내야 할 것 따위는 아무것도 없다. 『순수시』도, 순수 레토릭도, 순수 언어도, 『진리-의-작품-화』도 아니다. 다만 감염이, 이러저러한 감염이, 그리고 이러저러한 교차점에서 발생한 이 사고(事故)가 있을 뿐이다." 번역에의 욕망도, 번역자인 "나"도 이러한 "포에마적 경험" 속에서 그때마다, 그때에만 "타자로부터 도래하는" 것은 아닐까…….

3.

모어의 욕망. 하지만 아마도 그것을 일반적인 형태로 이야기할 수는 없을 것이다. 각각의 모어에는 저마다 고유한 욕망의 존재 방식이 있으며, 그것은 모어가, 단테가 『속어론』에서 이야기한 방언으로서의 모어로부터, 근대 국민국가의 공통어(lingua franca)가 되어 가는 역사적 형성 과정과 불가분할 것이다. 그러한 욕망의 존재 방식의 차이는 나라마다 다른 근대의 욕망의 역사를 가장 깊은 곳에서 규정하고 있을 터이다.

그런데 여기에, 이 문제를 논함에 있어서 하나의 특권적인 사례가 있다. 그것은 바로 근대 독일어와 독일의 번역 역사다. 이는 무엇보다도 근대 독일어가 번역을 통해서 태어난 언어이고, 그 이후 독일의 지식인은 그 점을 늘 의식하였으며, 그리하여 예컨대 프랑스에서는 고찰 대상이 되지 않았던 민족어와 번역의 관계에 대해 지극히 풍부한 사색의 전통을 형성해 왔기 때문이다.

헤겔은 협의의 번역에 대해 나름대로 정리된 형태로 독창적 고찰을 남기지는 않았지만, 철학의 원소가 될 수 있는 언어의 생성 과정에 대해서는 예나(Jena) 시대에 민족정신(Volksgeist)이라는 문제 설정 속에서 고투한 바 있다. 자연 언어, 즉 공통어가 되기 이전의 모어는 자신을 지양(止揚)함으로써 자신의 한계를 해제하고, 개념의 보편성을 향해 스스로 흘러넘침으로써 "자연" 언어로서의 자신의 본질을 완성한다. 이 목적론적 서술 속에서 문제가 되는 것이 바로 근대적인 의미에서의 민족어 성립 과정에 다름 아니라는 점은 명백할 것이다. 이 언어관을 둘러싸고 데리다는 이렇게 쓰고 있다.

언어의 변증법(dialectique)은 사투리먹기(dialectophage)이다.
자기 자신을 꿀꺽 삼키는 언어, 그리고 또 자신이 동화시킬(同化; 소화시킬) 수도 없지만, 개념의 보편적인 힘과 동등한 것으로 간주할 수도 없는 자연적 잔재——그 자신의 잔재——를 토해 내는 언어의 이 흘러넘침(débord) 없이는 언어는 언어 —— 살아 있는 언어라는 의미다 ——가 아닐 것이다. 어떤 민족의 언어가 스스로 그것인 것이 되고, 자신을 사고하고, 그것이어야만 했던 것, 그것이 되도록 정해져 있는 것으로서 자신을 드러내, 그 자신과는 다른 것으로, 인공적, 합리적, 보편적인 것으로 되는 것은, 그 민족이 자연적 민족으로서는 죽는 때이다. 민족은 그 산물을 언어와 노동에 의해 보편화함으로써 자연적 민족으로서는 죽는다.[10]

이것은 말할 필요도 없이 "우리"의 입장에서의 사후적 표상이다. 그리고 여기서 이 "우리"란 철학자의 "우리"임과 동시에 공통어로서의 모어의 성립이라는 기원의 폭력을 망각[11]함으로써 맺어진, 근대적인 의미에서의 민족의 "우리"임을 잊어서는 안 된다. 여기서 중요한 것은 이 표상에서 민족정신의 자기 생산으로서 공통어가 성립되는 과정이, 자기 기식(嗜食; autophagie)의 환상과 포개져 있다는 점이다. 내부의 타자인 방언이 공통어로 "지양"되는 것을 자기 기식이라 간주하는 이 구도는 뒤에 보듯이 19세기 초엽의 독일 지식인들이 외부의 타자인 외국어가 모어로 번역된다고 하는 현상을 표상할 때에 불가피하게 동반되는 환상의 타입과 멋지게 부합하기 때문이다.

번역을 논할 때 이제는 빼놓을 수 없게 된 앙투안 베르망(Antoine Berman)의 명저 『"외부자"의 시련: 낭만주의 독일에서의 문화와 번역』[12]에 의거해, 이제부터 독일에서의 이러한 번역론 전통을 일별해 보자.

근대 독일어의 기원은 지극히 명백하다. 그것은 1521년부터 1534년까지의 기간에 루터를 중심으로 이루어진 성서의 독일어 번역이다. 이 번역 작업의 원칙은 민중 한 사람 한 사람이 성서를 이해할 수 있도록 한다고 하는 목적으로부터 도출된 것이었다. "가정의 엄마"나 "도시의 어린이"나 "시장에 있는 보통 사람"의 말로 성서를 번역하는 것. 그런데 당연하게도 당시 독일어는 다양한 방언의 집합일 뿐이었다. 그래서 루터의 기도(企圖)는 이중의 기도가 된다. 성서를 일개 지방어에 불과한 그 자신의 모어(옛적의 고高독일어) 속으로 번역해 넣고, 이 번역 프로세스 자체를 통해 이 지방어를 공통어로 고양시켜 가는 것이다. 이러한 루터의 성서 번역의 두 계기, 즉 민중의 언어를 선택하고(첫 번째 계기), 번역에 의해 그 언어를 "지양"하는 것(두 번째 계기)은 이후 독일의 교양주의적 번역 사상 속에서, 후자의 모티프를(두 번째 계기) 래디컬화하면서 전자를 잘라 버리는 방향으로 분열해 가게 된다.

그렇다면 교양(Bildung)이란 무엇일까? 개인, 민중, 민족, 나아가서는 언어와 예술 작품도 또한 교양=형성을 통해 자신을 형성하면서 하나의, 자기 자신의 형태의 획득으로 향한다. 특히 언어의 경우, 번역은 이 형성 과정에서 중요한 역할을 수행한다. 많은 외국어 작품들을 원문에 충실하게 독일어로 번역해 넣음으로써, 독일어는 테마나 어휘만이 아니라 무엇보다도 형태를, 그것도 무한히 획득해 간다. 독일 관념론이 교양=형성을 논할 때 어린이가 성인으로, 처녀가 성숙한 여인으로, 꽃봉오리가 꽃으로, 그리고 열매로 성장한다고 하는 은유에 빈번히 의지하는 것은 그것이 유기체적인 이미지로 포착되고 있었다는 사실, 필연적인 과정이면서 자유의 전개라고도 간주되고 있었다는 사실에 대응할 터이다.

괴테에 의한 고전주의적 단계를 거쳐, 우리는 여기서 다시 한번 초기 독일 낭만주의와 조우한다. 낭만주의가 피히테와 맺는 이접(離接) 관계를 치밀하게 분석하면서 벤야민이 강조한 낭만주의적 반성 개념은, 그것이 "형성을 산출하는 사유"라는 점에서 교양=형성이라는 도식의 한 극점을 이루게 된다. "사유의 사유", "시의 시" 등등과 같은 반성의 무한한 연관성은 동시에 "위세(威勢) 고양"(Potenzirung)으로서, 말하자면 수학에서의 누승(累乘)처럼 반성의 단계가 진전됨에 따라 절대자에게 접근해 간다. 앞 절에서 보았던 단장과 대문자의, 부재하는 작품과의 관계는 사실은 이 반성 운동의 구체적인 나타남[현현]이었던 것이다.

여기서 중대한 전기가 찾아온다. 이 반성 개념의 귀결인 낭만주의적인 작품의 이념이 작품의 절대적 자율성이라는 근대 시학 특유의 모티프와 긴밀하게 결부된 형태로, 번역관의 역사에서 어떤 혁명을 초래했기 때문이다. 베르망은 말한다.

우리의 연구가 겨냥하는 바는 낭만주의 사상의 에코노미 속에서 이 [번역] 이론의 아직 오인되고 있는 역할을 밝히는 것이다. 그러나 다른 한편 문제는 이 이론의 몇 가지 공준을 논구하고, 그럼으로써 우리의 [문학적] 근대성 비판에 공헌하는 것이기도 하다. 번역에 대한 사변적 이론과 "자동사적" 내지 "모놀로직"한 문학 이론은 근저에서 서로 통하고 있는 것이다.[13]

고전주의적인 천재 개념과의 단절에 의해 낭만주의는 원문도 반성의 한 단계로 위치짓고, 위세 고양의 도식에 입각하여 번역을 원문 이상으로 "자기를 의식한 작품"이라 보는 입장을 획득한다. "자기 의식" 차원의 고저(高低)만을 유일한 평가 기준으로 삼음으로써, 한편으로는 자기 이외의 어떤 것도 의미하지 않는 "고슴도치"적인 작품의 이념이, 다른 한편으로는 번역이 원문에 대한 열등항의 지위로부터 해방되는 사태가 실현되는 것이다.

이러한 전도의 긍정적인 면과 부정적인 면을 다음과 같이 정리할 수 있을 것이다. 원문에 대한 종속적 지위에서 해방됨으로써, 번역은 대체 불가능한 독자적인 영역[射程]을 갖춘 작업으로 보이는 그 무엇이 되고, 특히 20세기 독일 사상의 풍성한 전개를 준비했다. 이 전도 없이는 (번역을 단순한 해석을 뛰어넘어 전통의 본질을 구성하는 것으로 보는)『준거율』에서의 하이데거의 입장도, 벤야민의「번역자의 사명」도 사유될 수 없었을 것이다. 그런데 바로 그 동일한 무한 반성의 도식으로부터, 낭만주의자가 수학 및 음악에서 모범을 취한 순수 언어로 향하는 운동 속에서 자연 언어와 문화 언어를 구별하고, 후자를 더 진전된 단계로 간주할 때, 번역의 우위성은 원문의 자연성 폐기로 파악되면서 낭만주의의 번역 사상은 민중의 언어를 중시한 루터 사상의 대극에 처하게 된다. 그리고 또한 가장 번역 능력이 높은 언어로 표상된 독일어는 가장 뛰어난, 보편적인 언어로 사고되고, 이리하여 피히테에서 이미 현재화(顯在化)되어 있던 근대 독일어 내셔널리즘으로 방향을 취하는 결정적인 길이 열렸다.[14]

타민족의 시에 대한 다양한 수용성은 가능하다면 보편성으로까지 성숙하고 성장해야 하며, 오직 그것만이 시의 충실한 복원에 있어서의 진보를 가능케 한다. 내가 믿는 바로는 우리는 시적 번역의 진정한 기술=예술을 발명하기 일보 직전까지 와 있다. 이 영광은 이전부터 독일인의 것으로 정해져 있었던 것이다. (빌헬름 슐레겔)[15]

여기서 "수용성"이라 불리는 것을 괴테는 이렇게 표현했다.

한 언어의 힘은 소원(疏遠)한 것을 물리치는 것이 아니라, 그것을 탐식하는 것이다.[16]

교양=형성 운동의 본질적 수동성을 강조하는 베르망은 사고하는 것과 먹는 것을 동질의 작용으로 보는 노발리스*의 입장에도 불구하고, 낭만주의의 번역 이론을 구순적(口脣的) 전유[我有化] 운동(니체가 이야기하는 "정신이라는 위胃")과 엄격히 구별하고 있다. 하지만 이러한 괴테의 말, 그리고 우리 안에 깊숙이 자리잡고 있는 번역에 대한 열병적인 충동을 생각한다면, 이 연관은 더욱 깊이 파고들어야 할 필요가 있지 않을까? 번역이 결국은 먹는 일이라고 한다면, 그 먹는 방식이 문제가 되지 않을 수 없기 때문이다.[17]

어쨌든 베르망의 이 책은 예컨대 데리다의 「시란 무엇인가」**가 시론과 번역론이라는 이중성을 갖지 않을 수 없는 역사적 필연성과 그 맥락이 품는 물음의 심각함, 복잡성을 빼어나게 해명하고 있다. 그리고 주목할 가치가 있는 것은 그가 이 책을 쓴 동기 중 하나가 라틴 아메리카 문학, 특히 호세-마리아 아르게다스(Jose Maria Arguedas)[18]를 비롯해서 원주민의 구전 문화와 깊이 연관된 작가의 작품을 번역한 경험이었다는 점이다. 서구 근대 문학의 폐쇄성의 기원을 독일 낭만주의의 모놀로직한 문학·번역관에서 찾고, (모어와 방언, 억압 언어와 피억압 언어— 예컨대 아르게다스의 경우에 스페인어와 케추아어***—의 관계도 포함하여) 언어 간의 "대화적" 관계에 활짝 열린 문학·번역관의 창조를 지향하는 "번역학"(traductologie)의 제창은 몇 가지 유보할 여지가 없지는 않지만, 그

---

* Novalis(1772~1801) ; 초기 낭만주의에 속하는 독일의 시인이자 철학자. 본명은 게오르크 프리드리히 폰 하르덴베르크 남작이다.

** Jacques Derrida, "Che cos'e la poesia", 1988.

*** 과거 잉카 제국의 공용어로서, 현재는 남미 대륙에서 약 1300만 명 정도가 사용하고 있다. 볼리비아와 페루에서는 공용어의 하나이다.

것이 번역이라는 경험을 통해 구상된 것인 만큼 귀중하고 획기적인 것이다.

라캉 이후, 정신 분석은 드디어 분석가의 욕망을 문제 삼을 수 있게 되었다. 이 문제가 정신 분석의 제도 문제와 깊이 연관되어 있음은 주지하는 바와 같다. 이와 동일하지는 않다 해도, 풍성한 대비가 가능한 어떤 필연성에 따라 번역이라는 제도를 둘러싼 고찰은 조만간 번역자의 욕망을 문제 삼지 않을 수 없을 것이다. 베르망과 데리다의 논고는 확실히 그러한 벡터를 제시하고 있는 것으로 보인다. "생산 장치를──가능성에 상응하여──변혁하지 않은 채 그것에 공급하는 일은, 비록 이 장치에 맡겨지는 소재가 혁명적 성질을 갖는 것처럼 보일 때에도 심히 비판받을 여지가 있다."[19]── 벤야민의 이러한 제언을 진심으로 생각해야 할 시기가 슬슬 도래하고 있는 것이 아닐까?

1 「言語一般および人間の言語について」, 『言語と社会』, 佐藤康彦 訳, 晶文社, 1981, 16頁.
2 하지만 이 폭력 자체에 의해 벤야민이 서명하고 있는 것이라고 한다면 어떨까? Gewalt/Walter Cf. Jacques Derrida, "Force de la loi: le 'fondement mystique de la loi?'", *Cardozo law review*, July/August 1990.
3 『マラルメ全集』 2卷, 筑摩書房, 232~233, 237, 242頁.
4 『フロイト著作集』 5卷, 人文書院, 122頁.
5 Cf. Sarah Kofman, *L'énigme de la femme*, Galilée, 1980, p. 60 sqq.
6 前川道介 責任編集, 『ドイツ・ロマン派全集』 第12卷, 国書刊行会, 1990, 169頁.
7 Ph. Lacoue-Labarthe/J.-L. Nancy, *L'Absolu littéraire*, seuil, 1978.
8 Jacques Derrida "Che cos'è la poesia?", *Poésie* 50 [「詩とはなにか」, 『総展望 フランスの現代詩』, 湯浅博雄・鵜飼哲 訳, 思潮社, 1990 수록].
9 이 시론(詩論)의 또 하나의 주제인 기억 문제는 여기서 다룰 수 없다. 湯浅博雄, 「詩はなぜ暗唱されるか」, 같은 책 참조.
10 Jacques Derrida, *Glas*, Denoël/Gonthier, 1981, pp. 12a~13a.
11 르낭은 근대 민족의 성립 요건으로 집단적인 망각의 작용을 들었다. E. Renan, "Qu'est-

ce qu'une nation?", *Discours et conférence*, Calman-Lévy, pp. 284~285.

12 Antoine Berman, "L'Épreuve de l'étranger: culture et traduction", *l'Allemagne romantique*, Gallimard, 1984.

13 *Ibid.*, p. 37. 대괄호는 인용자.

14 田中克彦, 『言語の思想 − 国家と民族のことば』, NHKブックス, 38頁.

15 Berman, p. 26.

16 *Ibid.*, p. 26.

17 가설적으로 이렇게 생각해 볼 수도 있을 것이다. 독일어 내셔널리즘은 구순성의 특징을 갖는 데 반해, 프랑스어 내셔널리즘은 강한 항문적 성격이 있다고. Cf. Dominique Laporté, *Histoire de la merde*, Christian Bourgois, 1978.

18 아르게다스의 대표작으로 『深い川』, 杉山晃 訳, 現代企画室, 1993[『깊은 강』]이 있다.

19 『生産者としての作家』, 『ブレヒト』, 晶文社, 176頁.

『現代思想』, 1991. 2[『현대사상』].

번역론의 지평

『번역론의 언어학적 측면에 대하여』(1959)에서 로만 야콥슨은 번역을 세 종류로 구별한다.

①　언어 내 번역, 즉 **바꿔말하기**(rewording)는 말의 기호를 같은 언어의 다른 기호로 해석하는 일이다.
②　언어 간 번역, 즉 본래의 **번역**(translation)은 말의 기호를 다른 언어로 해석하는 일이다.
③　기호 간 번역(intersemiotic), 즉 바꿔옮기기(transmutation)는 말의 기호를 말이 아닌 기호 체계의 기호에 의해 해석하는 것이다.

이 분류에는 ②의 의미의 번역만이 원의에서의 번역이고, ①과 ③은 그 전의(轉義)라고 하는 구조, 즉 ①과 ③은 언어 내 번역으로서, ①의 의미에서의 "바꿔말하기"를 필요로 한다고 하는 구조가 바탕에 깔려 있다. 뒤집어 말하자면 야콥슨의 정의의 축을 이루는 원의의 번역 개념은, 닫힌 체계로서의 언어의 자기 동일성에서 출발하여 복수의 언어 간의, 혹은 언어 기호와 비언어 기호 간의 관계를 포착하고 있으며, [그에 반해] 한 언어의 내부와 외부는 결정 가능하다고 하는 전제 위에 서 있다. 비평 개념으로서의 번역은, 이러한 전제를 자명시하는 이론 구조의 안정성 바로 그것을 문제 삼는다.

발터 벤야민의 논고 「번역자의 사명」(1925)이 현대 번역론에서 특권적인 위치를 점하는 이유 중 하나도 바로 여기에 있다. 벤야민에 따르면 어떤 종류의 작품은 그 본질상 번역을 요구하고, 이러한 "요구"는 이 작품이 쓰인 국어의 자기 완결성을 뒤흔드는 어떤 "결여"를 지시한다. 이 "결여"를 긍정적으로 다시 포착한다면, 그것은 "개별 국어들의 상호 보완적인 지향의 총체에 의해서만 달성될 수 있는" "순수 언어"의 "종자" (種子)이고, 그러할 때 번역자의 사명이란 "두 개의 국어 상호 간에 존재하는 가장 내밀한 관계"를 "발현"시킴으로써 이러한 "순수 언어"의 도래를 "고지"하는 것이다.

이러한 번역론은 통상적인 언어=문학 이론의 근저에서 흐르고 있는 세 가지 전제를 기각한다.

① 번역의 본질은 독자 측의 작품 수용으로부터는 생각될 수 없다.
② 문학의 본질, 따라서 그 번역의 본질은 의미의 전달(communication)이 아니다.
③ 원문과 번역의 관계는 표상적인 것도, 복제적인 것도 아니다.

이로부터 암시되어 오는 번역 작업은 더 이상 자기 동일적인 원문을 범형으로 해서 가능한 한 정확히 그 카피(copy)를 제작하는 것도 아니고, 혹은 역으로 모어의 자기 동일성을 전제한 다음 타자의 언어로 쓰인 작품의 이질성을 잘라 버림으로써 "도저히 번역이라고는 느껴지지 않는" 작품으로 만들어 내는 것도 아니다. 숙고해야 할 일은 오히려 벤야민의 이 텍스트를 논하면서 모리스 블랑쇼가 이야기하는 "어떤 타성(他性; 타자성)으로부터 발해지는 동일성"일 터이다.

> 상이한 두 언어 속에서, 그리고 이 두 언어의 이질성으로 인해 동일물인 작품은, 그 점에 의해, 이 작품을 이후에도 늘 **다른 것**이게 해주는 어떤 것을 눈에 보이도록 해준다. 이 운동으로부터, 번역이라는 것을 투명하게 조사(照射)하는 빛을, 바로 그것을 끌어내야 한다. (모리스 블랑쇼, 「번역한다」, 『우애』, 1971)

그렇긴 하지만 이러한 번역관이 모두 벤야민만의 독창물은 아니다. 앙투안 베르망이 『"외부자"의 시련: 낭만주의 독일의 문화와 번역』(1984)에서 밝혔듯이, 루터에 의한 성서 번역을 근대 국어 성립의 중요한 계기로 삼는 독일에서는, 번역과 민족 문화의 관계가 늘 이럴 수도 저럴 수도 없는 문제였다. 이 특이한 번역론의 전통이 이어진 끝에 20세기의 독일 사상은 가장 래디컬한 양극단을 산출했는데, 하나는 고유 언어(idiom)의 번역 불가능성을 철저히 인식하면서, 거기에서 존재의 고유명을 발견하려 하는 관점(하이데거)이며, 또 하나는 순수 언어를 메시아적 텔로스로 설정함으로써 번역 개념의 재편(再編)을 기도하는 관점(벤야민)이다.

현대 번역론은 이러한 두 가지 언어=번역 사상이 제기한 중요한 문제들을 이어받아 양자를 함께 육성해 온 역사=정치적 맥락의 해명을 불가결한 고리로 삼으면서도, 양자가 각각 배태하고 있는, 아직 형이상학적인 구도에 대해 새로이 물음을 던짐으로써, 언어와 언어의 "대화적 관계"(베르망), "절대적 계약"(데리다)이라고 하는, 단일 언어 내부에서는 사고 불가능한 것을 향하여 번역의 이론과 실천을 해방시키는 것을 중심적 과제로 삼고 있다. 또 이러한 번역 개념은 그 자체가 어원적으로 수사학의 "은유"(métaphore), 정신분석학의 "전이"(transfert) 개념과의 번역 관계 속에서 고찰되는 경우가 많은데, 그런 의미에서 전통적인 번역 개념에는 다 포함되지 않는 것이다.

『國文學』, 1991. 6[『국문학』].

"유한성의 왕들"을 위하여

1995년 11월 6일자『리베라시옹』지에 장 보드리야르가「이중 절멸」이라는 제목의 글을 기고하였다. 내용은 여느 때와 마찬가지로 가상 현실(virtual reality)의 확대와 심화에 의해 우리는 이미 현실로부터 결정적으로 차단되고, 현실과의 회로를 회복하고자 하는 어떤 노력도 퇴행적인 향수에 불과하며, 자기와 외계 간의 투명한 벽을 알아차리지 못한다는 점에서 파리가 유리에 머리를 부딪치는 것과 하등 차이가 없다고 하는 몇 년 전부터 해오던 주장의 되풀이인데, 눈에 띄는 새로운 점이라고 한다면 나치의 유대인 학살 사실을 부정하는 소위 "부정론자"의 문제에 대한 언급과, 소위 "리얼 타임"의 본질을 둘러싼 폴 비릴리오에 대한 비판이 포함되어 있다는 점일 것이다. "부정론자"의 주장이 어리석은 농담이라는 점을, 당연하게도 보드리야르는 인정한다. 그러나 이 어리석음이 너무나 명백한데도, 왜 이런 주장에 저항하여 홀로코스트의 진실성을 강조해야만 하는가, 바로 이 점이 도리어 기묘하다고 하면서 논의를 진전시킨다. 다른 시대에는 생각될 수 없었던 이 사태에는 "역사적 진리"가, 그 기준으로서의 "객관성"이 우리 시대에 겪은 회복 불가능한 변질이 뜻하지 않게 나타나 있다. "부정론자"를 비난하는 사람들은 도덕적 격분에 휩싸이기 전에 왜 이런 주장이 가능한 것인지, 그 이유를 찾아 물어야 한다. 또한 "부정론자" 측도 사건이 일어난 이상 증거는 있어야 하는데 증거가 없으니까 사건은 일어나지 않았다, 이런 식으로 우긴다는 점에서 역시나 낡은 실재론자이다.

하지만 지금 우리는 "리얼 타임" 속에 있다. 모든 사건이 그 일어남 [生起]과 전적으로 동시에 이미지로 화하여 편재하게 되는 "리얼 타임"에서는, 이제 "어떤 사건에도 증거는 없다." 그때 우리로부터 박탈되는 것은 현재의 현실성만이 아니다. 과거 사건의 어떤 기술도, 어떤 증언도, 영화 「쇼아」에서조차 모든 것을 "탈실체화하는" 이 "리얼 타임"의 "블랙홀"에 삼켜지지 않을 수 없다. 현실의 "절멸"은 이리하여 다른 종류의, 그 본질에서 훨씬 더 공포스러운 "가상성"의 "절멸"에 의해 완성된다. 비릴리오는 이 과정의 끝에서 기다리고 있는 "최종 사고(事故)"의, "가상성의 아포칼립스"의 위험을 호소하지만, "가상성"이 단선적인 시간 구조를 파괴해 버린 이상, 그러한 미래도 또한 이미 우리로부터 박탈되어 버렸음을 알아야 한다…….

여기서 보드리야르를 끄집어낸 것은 이 기사와 같은 날짜의 『리베라시옹』지에 우리 시대에 고유한 양상을 부여하게 될 두 가지 사건, 즉 이스라엘 수상 라빈의 암살과 질 들뢰즈의 자살이 동시에 보도되었기 때문만은 아니다. 이 우연 때문에 음울한 열락(悅樂)을 끝내 드러내지 않는 보드리야르의 표층적 페시미즘이 이례적으로 이화(異化)되고, 서양 역사에서 이른바 "유대인 문제"가 "가상성"의 주제와 맺는 특수한 관련성에 새삼 주의를 기울인다거나, "잠재성"이나 "사건" 등 들뢰즈와 보드리야르가 공통으로 사용하는, 그렇지만 내포하는 의미와 사정(射程)이 모두 전혀 다른 개념에 대해 재고할 기회가 주어졌기 때문은 아니다. 이러한 주제들은 적어도 직접적으로는 여기서 다루지 않는다. 우리로서는 일단 우리 시대의, 아마도 가장 순수하고 단순한 "니힐리즘"의 언설의 모습을 여기서 확인하는 것으로 족하다.

"니힐리즘"의 언설── 이 '의'는 소위 이중 속격(屬格)이다. 그것은 "니힐리즘"을 이야기하는 언설이, "니힐리즘"이 이야기하는 언설로 반전되는 저 기묘한 필연을 암시한다. 왜 그러한가? 가령 "니힐리즘"이라는 것이 있다고 할 때, 누가 그것을 "대상"으로 삼는 일이, 그 "대상"의 "주체"가 되는 일이, 요컨대 그 "외부"로부터 일정한 거리를 두고 관찰하면서 그것에 관해 이야기하는 일이 가능할까? 보드리야르가 말하는 타입의 언설은 따라서 "니힐리즘"의 "심화"에 관한 진단임과 동시에 그 증후이고, 그 "단순함"은 이 양의성에 대한 오인(誤認)을, 혹은 그 은폐를 대가로 얻어진 것이다.

이 양의성을 누구보다도 깊이 체험하고, 그 복잡한 양상들을 살고, 사유하고, 그러면서 동시에 쓴 것은 말할 필요도 없이 바로 니체인데, 여기서는 우선 좀 더 시대를 거슬러 올라간 곳에서부터 시작하자. "니힐리즘"(Nihilismus)이라는 말이 처음 철학사에 등장한 것은 하이데거도 상기하고 있듯이(『"신은 죽었다"는 니체의 말』), 1799년 가을 공개된 야코비의 「피히테에게 보낸 서한」 속에서다. 피히테의 지식학에서는 모든 것이 자아의 소산이기 때문에, 그 자아에게는 "일체가 무(無)인 것으로 된다"고 생각한 야코비는 피히테의 입장을 "니힐리즘"이라 비판했다. 이 논쟁 속에서 칸트의 "코페르니쿠스적 전회"의 한 귀결을 발견하기는 어렵지 않을 터이다. "물 자체" 가설과 인간 이성의 유한성에 대한 확인은 후속 세대에게 이미 "신의 죽음"의 의미를 포함하고 있었다. 그리고 청년 헤겔은 피히테의 "니힐리즘"을 오히려 철저화하는 방향으로 나아가, 칸트에 의해 열린 유한과 무한의, 주관과 객관 간의 "무(無)의 심연"을, 그로부터 "일체의 진리가 솟아오를" "무와 무한성의 순수한 밤", "사변적인 성(聖) 금요일"이라 불렀던 것이다(『믿음과 지식』).

정치 철학이라는 면에서 **아직** 내셔널리즘 이데올로그는 아니지만 **이미** 국민국가의 철학자이기는 했던 칸트. 그는 여기에서도 또한 **아직** "니힐리즘"의 사색가는 아니지만 **이미** "무"(Nihil, Nichts)의 고찰자이기는 하다는 미묘한 위치에 있다. 이 병행성에 대해서는, 여기서는 언급할 수 없는 많은 이야깃거리가 있을 터이다. 그리고 뒤에 보겠지만 근대의 "니힐리즘"과 시(詩)의 어떻게도 해볼 수 없는 관계도 그와 무관치는 않을 터이다.

『순수 이성 비판』에서 칸트는 「선험적 분석론」 마지막에서 네 종류의 '무'를 구별하고 있다. 이 구분표는 한마디로 '니힐리즘'이라 불리는 현상의 양상들을 분석하고, 그 '심화'의 양태를 기술하는 데에 유효하다.

① 대상을 갖지 않는 공허한 개념으로서의 무(ens rationis)
② 개념에 대한 공허한 대상으로서의 무(nihil privativum)
③ 대상을 갖지 않는 공허한 직감으로서의 무(ens imaginarium)
④ 개념을 갖지 않는 공허한 대상으로서의 무(nihil negativum)

① "대상을 갖지 않는 공허한 개념"이란 지성적 존재인 이념 등, 그 자체로서는 모순이 포함되지 않지만, 직감에 주어지는 그 어떤 것에도 대응하지 않는 개념을 가리킨다. 민주주의나 인권, 과학 기술의 진보 등의 이름 아래 "니힐리즘"을 부인하는 것, "역사의 종언"과 정보화 사회의

다행증(多幸症), 폭력의 합리적 사용에 대한 근거 없는 신뢰, 치안 환상, PKO(UN 평화유지활동), PKF(UN 평화유지군), 인도적 지원, UN 중심주의 등, 우리를 둘러싼 정치, 교육, 미디어의 언설을 가득 채우는 진보주의적인 수많은 "공허한 말들"[空語]이 모두 이 범주에 든다.

이러한 ①을 반전시키면 ④ 즉, "개념을 갖지 않는 공허한 대상"이 된다. 이것은 직감에 주어진 대상에 대응하는 어떠한 개념도 발견되지 않는 사태를 가리킨다. 자기 동일성, 인생의 목적, 역사의 의미, 심지어는 현실감 일반의 상실 내지는 결여의 경험은 "니힐리즘"의 가장 초보적 형태인 이 단계에 위치한다. 이는 현상의 배후에서 의미를 찾지 않고는 못 배기는 지적 충동의 이면이기도 하다. 보드리야르의 논의는 시종일관 거의 이 수준에서 전개되고 있다고 생각해도 좋다.

한편 ② "개념에 대한 공허한 대상"이란 어떤 대상의 결여로 규정되는 "무"를 말하는 것인데, 칸트는 그 예로서 "그림자"와 "추위"를 든다. 여기서 처음으로 이른바 "무" 자체가 직감에 주어진다. 대상의 배후에 의미를 설정하는 일도, 그것을 부정하는 일도 더 이상 문제가 아니다. "사막"과 함께 "니힐리즘"의 대표적인 "은유"인 "밤"은 이러한 "무" 쪽을 가리켜 보이고 있다. 한 사내가 대낮에 제등을 들고 광장에 나타나 우리에게 신의 죽음을 고지하며 물을 것이다. "우리는 무한한 공허 속을 방황하며 가고 있는 것 아닌가? 덧없는 공허가 우리에게 숨을 내쉬고 있는 것 아닌가? 추워지기 시작한 것은 아닌가? 끊임없이 밤이, 가일층 어두운 밤이 찾아오는 것은 아닌가?"(『즐거운 지식』125).

그리고 마지막으로 ③ "대상을 갖지 않는 공허한 직감". 여기서는 개념도 대상도 없으며, 더 이상 그 어떤 것도 직감에 주어지지 않는다. 그것은 현전의 형식적 조건으로 환원된 "무", 순수한 공간 및 시간에 다름 아니다. 이 수준에서는 이미, 그 어떤 형태로든 의미의 회복은 고사하고 니체의 텍스트에 때로 엿보이는 "니힐리즘의 자체 초극"에의 반전 전망조차, "의욕의 의욕"에 의한 "의욕의 의욕"으로서의, "수동적 니힐리즘"에의 "능동적 니힐리즘"의 반전 전망조차 (그러한 사건이 생기生起해 나와야 할 시공 자체가 여기서는 주어지지 않는 이상) 안정된 명제의 형태로 제시하기는 곤란할 것이다. 그러나 주어지는 것 일반은, 존재의 증여는, 이 절대적 박탈로부터 출발해서만 사고의 경험이 될 수 있을 터이다.

　"니힐리즘"을 둘러싼 니체의 사색은 뒤에 나온 두 가지 "무"의 "형상" 사이에서, 아마도, 끝내, 요동하기를 그치지 않았다. 이 사색 자체를 그가 때로 "거대한 마비" 경험으로서 이야기하는 것도 그 때문이리라. 칸트가 여전히 빛의 결여(Nihil privativum)라 규정하고 있던 "밤"은, 니체의 사색이 밟아가는 도상에서 "낮"의 기억을 상실한다. 그러자 그것은 어느 사이에 "밤"과는 다른 것으로, 다른 "밤"으로 변화된다. 그것은 원래의 "밤"과, "낮"과 "밤"이라는 식으로 대립하지 않는다. 그것은 "밤"인 채로, 니체가 예컨대 "서광"이라 부르는 또 하나의 "아침"으로, 또 하나의 "빛"으로, 나아가 "위대한 정오"로 순수히 이행한다.

　『차라투스트라는 이렇게 말했다』에 등장하는 인물들, 나아가 동물들도 또한 이 네 가지 "무"의 다양한 형상화에 불과하다. 그리고 그 형상들 상호 간의 관계는 이 텍스트의 모든 레토릭, 모든 문채(文彩)와 함께 궁극적인 차이, 즉 차라투스트라와 "초인"의 차이로부터 그 독해의 규칙을 지정받게 될 것이다. 그리고 "초인"이란 이 마지막 "무"의, "순수한 시간과 공간"의 경험을 약속받은 자, 영원회귀로서의 시간을 차라투스트라보다도 뛰어난 방식으로 경험할 수 있는 자를 가리킨다.

태풍을 초래하는 것은 가장 정적(靜寂)스러운 말이다. 비둘기 발걸음으로 걸어오는 사상이 세계를 좌우한다. 오, 차라투스트라여! 그대는 오지 않을 수 없는 자의 그림자로서 걷지 않으면 안 된다. (「가장 고요한 시각」)

나는 아직 나의 아이를 낳게 하고 싶은 여인을 발견한 적이 없다. 다만 오직 한 사람, 여기에 내 사랑하는 여인이 있다. 오, 너에게 나의 아이를 낳게 하고 싶다, 나는 너를 사랑하고 있으니까, 오, 영원이여! (「일곱 개의 봉인」)

여기에는 "니힐리즘"과 시의 언어가 차지하는, 그리고 심지어는 시인의 존재가 차지하는 특이한 위치가 단적으로 이야기되어 있다. "초인"이란 일반적으로 생각되는 그러한 인간에게 되돌려진 의미나 목적이 아니고 "순수한 시간과 공간"의 경험, 도래할, "도래하지 않을 수 없는" 경험에 불과하다고 한다면, "초인"에게는 그 고유명이 근원적으로 결여되어 있는 셈이다. 이 "순수한 시간과 공간"이야말로 일체의 존재자에게 장을 부여하는 것이므로, 특정 존재자에게 대응할 하나의 이름으로 그것을 부르는 일은, 정확히 플라톤이 시간 바깥의, 시간보다도 "오래된" 저 "장"을 "코라"라고 부르면서 "어머니와 유모"에 견주었던 때와 마찬가지로, 불가피함과 동시에 부적절한 처사일 것이다. 그것은 또한 『판단력 비판』에서 저——마지막 "무"의 **형상 없는 형상**과 무관치 않은——"숭고"의 토포스에 관해 칸트가 이야기하는 것과도 서로 반향한다.

그러할 때 이름을 부여하는 자, 즉 시인은 자기 자신을, 그리고 때로는 자신의 이름을 "도래하지 않을 수 없는 자의 그림자"로서 바친다. 이 기묘한 공희(供犧)의, "자기" 공희의 구조는 어떤 절대적인 나르시시즘의 필연적 귀결로서 읽혀야 한다. 니체는 차라투스트라가 아니고, 차라투스트라는 "초인"이 아니다. 『이 사람을 보라』의 작자는 표제가 지시하는 "나, 프리드리히 니체"가 아니다. 그러나 이러한 구별은 단순한 설화론적 구조로는 환원될 수 없다. 왜냐하면 이 "아니다"는 여기서 결여의 의미에서 부정이 아니고, 아마도 가장 깊은 긍정의 징표이기 때문이다. 그러나이 긍정(ya)을 발하는 것은 아마도 더 이상 시인의 의지가 아닐 터이다. 여기에는 니체의 사상을 "의지의 형이상학"이라 규정했을 때, 하이데거가 간과해 버린 무엇인가가 있다.

우리가 지금까지 니체에 근거하여 보아 온 사태는 시인의 자아가 비극적으로 분열되는 식의 상황과는 다르다. 시나 시인이 사회 내지는 정치와, 혹은 타자 일반과 가질 수 있는 관계도 **이로부터** 완전히 재고되지 않으면 안 된다. 한번 "니힐리즘"의 양상들을 편력한 시인에게 "무"의 네가지 "형상"은 이제 고정된 단계, 여전히 변증법적인 그런 계기들이 아니며, 예컨대 민주주의나 인권을 위한 투쟁도, 바야흐로 피해야 할 올가미같은 부정적 계기이기를 그친다. 그때 시인은 다양한 "의미"와 (그 의미에 사로잡히지 않으면서) 관련될 수 있는 만큼 "자유"로울 것이다. 그러한지점으로부터 시인이 정치적인 투쟁의 장과, 혹은 일반적으로는 정치라간주할 수 없는 사회적 현실과 특이한, 경이로운, 때로 신비적인 관계를맺는 것은 얼마든지 가능한 일이다.

하지만 근대 유럽의 "니힐리즘"에는 또 하나의 초월적인 규정성이, 본질적으로 정치적인 규정성이 있다. 그리고 여기서도 우선 칸트의 시대까지 돌아가지 않으면 안 된다. 19세기 유럽인의 입에서 흘러나올 때 "신의 죽음"이라는 말에는 원하든 원치 않든 "왕의 죽음"의 충격이 각인되어 있었다. 프랑스 혁명이, 그리고 국왕 루이 16세의 처형이라는 사건이 기독교의 신과 지상의 군주의, 중세 이래의 깊은 유비를 통해서 경험되었다는 사실은 이 맥락에서 되풀이 상기되어야 한다. 1792년, 횔덜린은 튀빙겐에서 이렇게 읊었다.

[……] 형제들이여, 아! 우리 자신에 대한 사랑을 위한
유한성의 왕들이여(Könige der Endlichkeit), 눈을 떠라!

여기에는 젊은 시인이 파리에서의 사건에 얼마나 깊이 공명하고 있었는지, 그리고 이 사건을 얼마만큼이나 깊이 칸트적으로 해석하고 있었는지가 확실히 나타나 있다. 인민, 이 유한한, 본질적으로 복수적인 주체의 출현. 그러나 그들은 또한 왕이 보유해 온, 왕 자체였던 절대적 주권의 상속자이기도 했다.

1년 후, 왕 살해가 현실이 되고 머잖아 자코뱅 독재의 테러가 불어닥치자, 독일의 관념적 혁명가들 중 혹자는 주시자의 열광에서 깨어나 철학자가 되고, 혹자는 천천히 "광기"의 연못으로 침몰되어 갔다. 1805년, 함부르크의 거리를, 횔덜린은 이렇게 외치며 걷고는 그대로 정신 병원에 유폐되어 버린다. "나는 자코뱅파가 아니다. 국왕 만세!"

그 후 200년, '공화국'(res publica; 만인의 것)은, 군주도 신하도 없는 또 하나의 집단적 주권=지고성은, 결코 시행되지 않는 약속이었다. 그 대신 도래한 것은 미증유의 수탈과 전유의 메커니즘이고, 수도(capital)를 중심으로 하는 국민국가와 자본(capital)의, 모든 종류의 cap의 논리가 세계를 제패한 것이었다(데리다, 『다른 곶(岬)』). 잘려 떨어진 왕=머리의 망령에, 이리하여 세계는 끝까지 사로잡힌 채로 남았다.

하지만 최근 200년 동안, 많은 시인이 능동적으로든 수동적으로든 다양한 혁명에 관여하고, 또 다양한 정치적 폭력과 맞닥뜨렸으며, 많은 경우 비참한 결말을 맞이한 것은 시에 있어서나 시인에게 있어서 단지 외재적인 에피소드 혹은 시대 배경에 불과한 것일까? 그 사건들은 그들, 그녀들에게 우연히 닥쳐온 개인적인 비극, 따라서 가능하면 피해야 했던 그런 비극에 불과한 것이었을까? 그들, 그녀들은 개인의 표현의 자립을 인정할 수 없는 정치 논리의 희생물이 되었을 뿐이었던가? 지금 "니힐리즘"에 대한 시적 저항을 이야기한다면, 발견해야 할 것은 아마도 이들 "학살당한 시인"의 비운과, 횔덜린의, 그리고 니체의 "광기"를 이어 주는 선이리라.

19세기부터 20세기 전반까지의 유럽에서, 시인과 함께 특권적인 희생자의 표상을 짊어져 온 것은 "유대인"이다. 오시프 만델스탐*의 운명에 깊이 공명한 파울 첼란은 역시나 러시아의 유대인 시인 마리나 츠베타에바의 "모든 시인은 유대인이다"라는 말을 자기 작품의 에피그램에 내건 일이 있다. 그리고 이 말은 그의 시 속의, 드물기는 하지만 결정적인 "왕"의 은유와 연락하고 있다.

[……]
온갖 망명들이 깊이 스며든
이름들을 지니고.
이름들과 정자(精子)를 지니고,

---

* 한국에는 『오늘은 불쾌한 날이다』(조주관 옮김, 열린책들, 1996)가 소개되어 있다.

인간이여, 너의

왕의 피(Königsblut)로 가득 차 있는 모든

꽃받침 속에, ──

네가, 그토록 많은

아침의 길에서 죽어 간 죽음을 위해, 불사(不死)가 되어, 우리를 응시하

고 있는

저 큰 송이의

게토의 장미, 그 모든 꽃받침 속에

잠겨든 이름들을 지니고.

(「관(冠)이 씌어져」, 『아무도 아닌 자의 장미』, 1963.)

참수당한 왕과 수용소에서, 게토에서 살해당한 "인간", 이 둘 간의
증명 불가능한, 하지만 확실한, 아득한 근연성을 포착할 수 있었던 것은
첼란이 유대인이었기 때문만은 아니다. 그것은 첼란이 시인이란 "유한
성의 왕"이라는 것, 어떤 기묘한 "자기" 공희(供犧)를 통하여 이 칭호를
받아안는 자임을 알고 있었고, 그걸 통해서 자신의 "유대성"을 살고, 사
유하고 그러면서 동시에 쓴 사람이었기 때문이다.

물론 파산한 "공화국"의 희생자는, "유한성의 왕"은 "유대인"만이
아니다. 그것은 "프롤레타리아"이고, "사형수"이고, "하녀"이고, "식민지
인"일 수도 있다. 1942년 독일이나 폴란드에서, 독일 점령하의 모든 지역
에서 어떤 일이 벌어지고 있는지 알지 못한 채, 프랑스 감옥에서 장 주네
는 이미 이렇게 쓴 바 있다.

노트르담은 사형을 선고받았다. 배심석은 기립해 있었다. 그것이 대단

원(=신격화 apothéose)이었다. 모든 게 끝났다. 수위들의 손에 인도되었을 때, 꽃의 노트르담은 그들의 눈에 일종의 신성성이 휘감겨 있는 듯 보였다, 일찍이 속죄의 희생물들(산양이든, 소든, 어린이든)이 준비되어 있던, 그리고 오늘날 여전히 왕과 유대인이 준비되어 있는. (『꽃의 노트르담』)

"니힐리즘"에 대한 저항 ── 이름도 없고, 시작도 없고, 끝도 없는 것에 저항하는 것이 어떻게 가능할까? 이를 위해서는 "저항"이라는 개념도 역시 근저에서 새로 사유되어야 한다. 지금까지 말한 것은 그 작업의 몇 가지 전제이다. 하지만 한 가지만은 이미 분명하다. 횔덜린의, 니체의, 첼란의, 주네의 "어린이"인 오늘의 시인들은 무엇보다도 우선 **존재론적인 공화파**가 아니면 안 된다. 그럴 수 있을 때만, 일찍이 이 나라에도 틀림없이 살아 있었던 저 "순간의 왕"(다니가와 간谷川雁)이 그 혹은 그녀의 말에 깃들고자 올 터이다. 하지만 사람이 공화파일 수 있는 것은 **존재론적인 왕당파**와의 투쟁 속에서뿐이다. 저 "저항"의 외침 ──No Pasarán[*]── 은 영원히 공화파의 표어이므로.

『現代詩手帖』, 1996. 2[『현대시수첩』].[**]

---

[*] 스페인 내전 기간 마드리드에 걸려 있던 인민전선파의 구호로 "통과할 수 없어!" 혹은 "[파시즘은 여기를] 통과할 수 없습니다"라는 뜻.

[**] (원저자의 미주) 니체와 첼란을 인용할 때에는 허락을 받아 『차라투스트라는 이렇게 말했다』 일역본(手塚富雄 訳, 中公文庫)과 『파울 첼란 시 전집 I』(中村朝子 訳, 靑土社)의 번역을 사용하였는데, 문맥을 고려하여 부분적으로 수정하였다.

세계의 밤, 혹은 적으로서의 남·여·천사

J. G.는 구한다, 혹은 찾는다, 혹은 발견하고 싶어 한다, 결코 발견하지 않기를 바란다, 거의 무방비의, 감미로운 적을. 전혀 균형 잡히지 않은 몸에 얼굴 옆모습은 불확실, 정면으로는 도저히 보여진 것이 아닌, 한 줄기 숨결만으로도 무너져 버릴 듯한, 이미 욕을 당한 노예와 같은, 스스로 기꺼이 창밖으로 몸을 던져 기호로 흩어져 버릴 듯한, 철저히 패배당한 그러한 적을. 눈도 뵈지 않고 귀도 들리지 않고 입도 놀리지 못하는, 팔도 없고 다리도 없는, 배도 없고 심장도 없는, 성기도 없고 머리도 없는, 요컨대 완전무결한 적을, 이미 단련해 봤자 소용없는──그토록 나태한──내 동물성의 모든 표시를 이미 몸에 띠고 있는 적을. 내가 원하는 것은 전면적인 적이다. 한없이, 완전히 자발적으로 나를 증오할. 하지만 복종하는 적이다. 나를 알기 전에 이미 내게 철저히 패배 당해 있는. 그리고 어떻게 하든 나와 화해할 수 없는. [……]

맨 앞의 "J. G."는 프랑스 작가 장 주네(Jean Genet)의 이니셜이다. 1970년 모로코의 탕헤르에서 미국 화가 브라이언 지신(Brion Gysin)으로부터 영국의 지하신문 『인터내셔널 타임즈』가 교제란(交際欄) 문제로 당국의 간섭을 받고 있다는 소식을 알게 된 그는, "친구(=연인)를 구한다고? 나라면 적을 모집하겠네"라고 외치며, 교제란의 문체를 모방하여 이 문장을 쓴 것이다.

문학에서 폭력을 표상할 때 적이라는 존재가 반드시 필요한 것은 아니다. 사드에게는 많은 적들이 있었지만, 사드의 소설에는 박해자와 희생자는 있어도 적은 없다. 사드의 문학은 유례를 찾기 힘든 투쟁이었지만, 사드의 문학에는 투쟁을 위한 장소는 없다. 투쟁에는, 적의 경험이 성립하기 위해서는, 독일 정치학자 칼 슈미트가 말하듯이 자신과 대등한 자가 없으면 안 되기 때문이다. 그러나 슈미트도 역설하듯이 고전적인 정치사상에서는 일단 무장 해제된 적은 더 이상 적이 아니다. 주네가 이야기하는 "무방비의 적", "이미 철저히 패배당해 있는 적"은 상식적으로는 형용 모순이다. 하지만 무력하므로, 바로 그 때문에 무저항인 채로 무한한 증오를 "나"에게 보내는 "적"이라는 표상에는, 또 그러한 "적"을 굳이 모집하려고 하는 주네의 기괴한 발상에는, 문학에서밖에는 만날 수 없는 몇 가지 수수께끼가 숨겨져 있는 듯하다.

우선 첫 번째로 이 "적"은 남자일까? 호모 소셜(homosocial)[*] 한 부권제 사회에서 투쟁은 일반적으로 남성들간의 경험인데, 주네처럼 뼛속까지 호모 섹슈얼한 감성을 가진 작가에게도 "적"은 여전히 남성일까? 주네가 구하는 "적"에는 다른 신체 부위와 마찬가지로 성기도 없다. 그것은 인간을 벗어난, 어딘가 천사와 같은 존재다.

---

[*] 동성애 혐오와 여성 혐오를 기본 특징으로 하는 남성끼리의 강한 연대관계를 가리킨다. 동성애적인 것이면서, 남성 동성애자를 배제하고, 이성애자끼리 폐쇄적인 관계를 구축한다.

천사와의 투쟁. 그것은 유럽 문학의 커다란 모티프의 하나다. 그런데 구약성서에는 유대 공동체의 족장 중 한 사람인 야곱이 천사가 아니라 신과, "신"이라 칭하는 자와 격투하여 승리를 거두는 일화가 있다(「창세기」 32장). 어머니 리브가에게 사랑받는 야곱. 그는 형 에서를 속여 장자권(長子權)을 손에 넣고는 형의 분노를 피하려고 외삼촌 라반의 집에 우거(寓居)한다. 20년 뒤, 야곱은 처자를 데리고 가나안 귀로(歸路)에 오른다.

그날 밤 야곱은 일어나 두 아내와 두 명의 첩, 거기에 아들 열한 명을 데리고 얍복 나루를 건넜다. 야곱은 이렇게 식구들은 인도하여 개울을 건너보내고, 자기에게 딸린 모든 소유도 건너보내고 난 다음 뒤에 홀로 남았는데, 어떤 이가 나타나 동이 틀 때까지 격투하였다. 그는 도저히 야곱을 이길 수 없다는 것을 알고서 야곱의 엉덩이뼈를 쳐서 격투하는 중에 엉덩이뼈가 어긋났다. 그가 날이 새려고 하니 놓아 달라고 하였지만, 야곱은 자기에게 축복해 주지 않으면 보내지 않겠다고 떼를 썼다. 그가 야곱에게 물었다. "너의 이름이 무엇이냐?" 야곱이 대답하였다. "야곱입니다." 그 사람이 말하였다. "네가 하나님과도 겨루어 이겼고, 사람과도 겨루어 이겼으니, 이제 네 이름은 야곱이 아니라 이스라엘이다." 야곱이 말하였다. "당신의 이름이 무엇인지 가르쳐 주십시오." 그러나 그는 "어찌하여 나의 이름을 묻느냐?" 하면서, 그 자리에서 야곱에게 축복하여 주었다. 야곱은 "내가 하나님의 얼굴을 직접 뵙고도, 목숨이 이렇게 붙어 있구나!" 하면서, 그곳 이름을 브니엘(하나님의 얼굴)이라고 하였다.[*]

전능의 주 야훼가 인간과 격투하여 패배했다고 한다면, 신과 인간 사이에 무한한 거리를 상정하는 유대교 교의의 입장과는 상당히 동떨어진 이야기다. 물론 종교적 해석을 떠나 읽는다면, 이것은 전형적인 통과의례 이야기임이 분명하다. 개울이라는 경계에서 동이 틀 때까지, 밤과 아침의 경계까지 계속된 이 격투에서 우리는 "어떤 이"로 인격화되어 있는 장애의 극복, 귀향을 수행하기 위해서는 아무래도 넘지 않으면 안 될 난관의 통과라는 테마를 간취할 수 있다. 야곱의 고독은 특별히 강조되어 있다. 그리고 야간에 개울을 건너는 건 일반적으로는 하지 않는 일이므로, 이 격투가 밤에 벌어지는 데에는 깊은 필연이 있는 것이다. 실제로 "어떤 이"가 신이라고 하는 것은 "어떤 이"의 말에 의해서만 증거되고 있다. 게다가 아브라함도 이삭도, 유대의 족장 그 누구도 "신의 얼굴"을 본 일이 없다는 것, 또한 야곱은 20년 전 외삼촌 라반에게 가던 여로에서도 이 격투와 설화론적으로 대칭적인 위치에 있는 일을 겪었다고 하는 것 (어느 날 밤 야곱은 지상과 천상을 이어 주는 사다리를 천사들이 오르내리는 꿈을 꾼 일이 있다—「창세기」 28장), 그리고 야곱의 존재는 늘 형 에서와의 관계하에 놓여 있다는 것 등으로부터, 이 어둠 속 격투의 상대는 전통적으로 다소 형제적인 속성을 띤 천사 같은 존재로 상정되어 왔다. 그리고 이 일화는 자기 자신(의 분신)과의 격투를 통해서 야곱이 새로운 자기를 획득하는 비의(秘儀)의 이야기로서, "천사와의 투쟁"이라는 모티프의 기원으로 간주되어 온 것이다.

천사와 형제, 유럽 사상에서 적의—인간의 적, 남자의 적의—형

---

* 신(新)공동역; 이 대목의 번역은 『성경전서: 표준새번역 개정판』(대한성서공회, 2001)에 주로 의거하였다.

상은 은밀히 이 두 가지 모티프에 의해 침투되어 있다. 몇몇 문학 작품에서 발췌한 텍스트를 살펴보면서, 이제부터 이 점의 의미를 사유해 보자. 우선 천사는 왜 밤에 "나타나는" 것일까? 천사의 모습은 왜 보이지 않는 것일까? 그런 천사와의 투쟁이 왜 문학의 문제일까?

"세계의 밤"이라는 표현은 독일 철학자 하이데거의 것이다. 이 말을 그는 『무엇을 위한 시인들인가』(1946)라는 논고 속에서 사용하였다. 독일의 시인 횔덜린은 그리스도의 십자가에서의 죽음을 마지막으로 신들은 결정적으로 이 세계를 떠났다고 보았다. 하이데거가 이야기하는 "세계의 밤"이란 이 "신의 부재"조차 알아차리지 못하는, 성스러운 것의 흔적조차 볼 수 없게 된, 바닥 모를 심연으로 깊숙이 빠져드는 니힐리즘을 표현하고 있다. 근대적인 주체는 세계를 대상으로 표상한다. 그러한 주체는 존재하는 모든 것을 기술에 의해, "눈에 보이는" 것으로서 자신 앞에 끌어내어 확보하지 않으면 견디지 못한다. 하지만 세계를 구석구석 비추는 이 기술의 빛 때문에, "세계의 밤"은 한층 더 그 어둠을 넓혀 간다.

하이데거는 그때 이렇게 사고한다. 시인이란 "눈에 보이는" 사물을 언어에 의해 "눈에 보이지 않는" 내면에로, "마음"에로 향하도록 방향을 트는 것을 사명으로 삼는 자다. 그리고 릴케의 『두이노의 비가』(1922)에서는 그러한 방향 전환을 이미 이룩하고 있는 피조물이 "천사"라 불린다. 이러한 방향 전환은 표상에 의한 안전의 확보를 지향하는 주체에게 위험하기 그지없는 일이다. 특히 천사와 처음 교섭할 때에는 무시무시한 사태라 느껴질 수밖에 없다. 그때 천사는 "절멸의 천사"로 나타난다.

아아, 내가 아무리 소리를 지른들, 어떤 천사가 아득히 높은 곳에서 그 소리를 듣겠는가? 설령 천사들의 자리에 열석(列席)하는 한 존재가 뜻밖에 나를 안아 준다 해도, 나는 더 격렬한 그 존재에 타 버리고 말 터이다. 왜냐하면 아름다움은 바로 가공할 만한 사태의 시작이기 때문이다. 우리가 간신히 그걸 견디고 탄성을 지르는 것도, 아름다움이 우리를 산산이 바수어 버리고는 일 따위는 멸시하기 때문이다. 모든 천사는 두렵다. (「제1 비가(悲歌)」)

하지만 시인은 말이 조심스러운 것으로 보아 사람이라 여기며, 이러한 천사와 "싸운다". 이탈리아 철학자 마시모 카차리(Massimo Cacciari; 전 베네치아 시장)에 따르면, 시인은 천사에게 외침으로써 그 말의 힘으로 천사를 놀라게 하는 것이라고 한다(『필요한 천사』, 1988). 피조물이면서 영원의 존재인 천사는, 죽을 존재이면서, 아니 바로 그렇기 때문에 말에 의해 사물을 구원할 수 있는 인간, 나아가서는 천사에게 외칠[호소할] 수 있는 인간의 힘에 놀란다. 그리고 인간의 그러한 호소는 동시에 가공할 천사를 견제하는 힘이기도 하다.

마치 높이 내뻗친 팔과 같다, 나의 호소는. 그리고 붙잡으려 한껏 넓게
벌린 손가락들은,
잡을 수 없는 천사여, 그 존귀한 옥체 앞에서
크게 펼쳐져 있을 뿐이다,
마치 거부와 경고의 표시처럼.
(「제7 비가」)

그런데 천사라는 비인간적인 존재와 언어로써 투쟁한다는, 유대=기독교적인 형이상학적 차원의 격투의 반대편 극단에, 인간끼리의, 남자끼

리의, 대등한 전사끼리의 희랍적 육탄전이라는 계보가 있다. 적이란 우선 대등자가 아니면 안 된다고 하는 사상은 깊숙한 의미에서 희랍적인 것이다. 제2차 대전이 한창이던 무렵 프랑스 사상가 시몬 베유는 호메로스의 『일리아스』에 묘사된 전투에는 적에 대한 성스러운 분노, 거룩할 정도의 증오는 있어도 근대의 내셔널리즘에서 태어나 인종차별사상에 의해 성장한, 적대 민족에 대한 혐오스러운 모멸은 그림자도 보이지 않는다는 점에 경탄했다(『희랍의 샘』). 그러나 이 희랍적인 투쟁은 그 반대쪽 극단에 해당하는 케이스, 즉 형제끼리의 대결에 의한 죽음 속에서 그 비밀의 일단을 드러내게 된다. 아이스킬로스의 『테베를 공격하는 일곱 장수』는 오이디푸스와 그 어머니 이오카스테 사이에서 자란 두 아들 에테오클레스와 폴리네이케스의 다툼을 주제로 한 작품이다. 아버지의 발자취를 이어 테베 왕이 된 에테오클레스의 여자 혐오는 테베의 평범한 여인들로 구성된 코러스와의 대화를 통해 되풀이 강조된다. 그리고 그는 마침내 피를 나눈 형제와의 맞대결을 결의한다.

오오, 한없이 탄식스러운 우리 오이디푸스 일족이여,

슬프구나, 이제야말로 아버지의 저주가 성취될 시간이로다.

그렇지만 우는 것도, 탄식하는 것도 내게는 어울리지 않는다.

더욱 견디기 힘든 탄식이 흘러나오지 않을 수 없으니 말이다.

그(폴리네이케스)가 모친의 태내 그 어둠으로부터 빠져나왔을 때도

또 어린 시절이나 성인이 된 후에도

턱이 수염으로 덮이기 시작했을 때에도

디케(정의의 여신)는 그를 돌아보지도, 인정하지도 않았다.

하물며 그가 조상들의 국토를 황폐하게 하려 할 때

신이 지금 저 노예 편에 서시리라고는 생각할 수 없다.

저 불손하기 그지없는 마음을 먹은 사내에게 편을 드신다면,

디케는 실로 그 이름에 거짓이 담겨 있다고 하지 않을 수 없으리라.

이를 의지처 삼아 나는 갈 것이다. 그리고 몸소 맞설 생각이다.

나 이상으로 적임자가 달리 누가 있으리오.

지휘관이 지휘관에게, 형제가 형제에게,

적이 적에게 맞서는 것이다. [……]

하지만 희랍 비극에 해당하는 이 이야기의 이른바 다음 막에서, 기묘하게도 유럽 문학사상 최초로 한 여인이 남자의 적으로서 솟아오른다. 안티고네다. 반역자 폴리네이케스의 유해를 매장하는 일이, 죽은 에테오클레스 대신 테베 왕이 된 크레온에 의해 금지된다. 이 나라(폴리스)의 법[틀]을 깨고 안티고네는 한 줌의 흙을 오빠의 시체 위에 뿌린다. 국사범(國事犯)으로서 왕 앞에 불려온 그녀로 하여금 소포클레스(『안티고네』)는 문자 그대로 이렇게 불멸의 말을 내뱉게 한다.

제우스 님이 저와 같은 포고를 내리신 것은 결코 아니며,

지하의 신들과 함께 계신 디케 님이

인간계에 이러한 법[틀]을 정하신 것도 아닙니다.

전하의 포고라 해도, 전하도 결국은 죽어야 할 인간의 몸이라면,

문자로는 비록 기록되어 있지 않지만 확고부동한 신들의 법보다

우선하는 것은 아니라고, 그렇게 생각한 것입니다.

신들의 법은 어제오늘의 것이 아니며, 시간을 초월하여

살아 있는 것이니, 그 유래는 아무도 알지 못합니다.

이는 법에 입각한 결투가 아니다. 무법지대에서의 장외(場外) 난투도 아니다. 두 가지 법의 다툼이다. "인간의 법"과 "신들의 법"의, "국가의 법"과 "가족의 법"의, "지상의 법"과 "지하의 법"의, 그리고 "남자의 법"과 "여자의 법"의, "낮의 법"과 "밤의 법"의 다툼이다. 독일 철학자 헤겔은 이 극을 통하여 가족과 시민 사회 간의 화해 불가능한 모순을 그려 냈는데(『정신 현상학』, 1807), 헤겔 이외에도 많은 근현대 사상가들이 되풀이해서 안티고네를 논하고, 많은 극작가가 이 극을 새로이 번안하여 그 번안의 가치[정당성]를 세상에 물었다.

이 계보를 꼼꼼히 더듬어 본 『안티고네의 변모』(1984)의 저자 조지 스타이너는 "안티고네의 편집(偏執; daimon)은 고립이라는 데에 있다"고 말한다. 확실히 이 극의 최대 역설은 한편으로는, 가족의 법을 체현하는 안티고네 자신이 일체의 타협을 거부하고 스스로 죽음을 바라면서, 다른 한편으로는 크레온의 아들 하이몬과의 혼례를, 즉 가정과 사랑을 희생물 삼아 홀로 지하의 어둠 속으로 걸어가 버린다는 점이다. 크레온과 안티고네는 어떠한 의미에서도 사랑하는 남녀로서 상대하는 것이 아니다. 그러나 실로 역설적이게도 이 인물 짝은 그 절대적인 비화해성에 있어서, 모든 연애 비극에서 남녀가 대결하는, 사랑과 적대가 일치하는 순간의 범형인 것이다. 스타이너는 연애라는 투기장(鬪技場)에서의 남녀 대결을 그린 3대 극작품으로 라신의 『베레니스』(Bérénice), 바그너의 『트리스탄과 이졸데』, 클로델(Paul-Louis-Charles Claudel)의 『한낮에 헤어지다』(Partage de Midi; 1906년. 초연은 1948년)를 든다. 소설 분야에서는 피에르 쇼데를로 드 라클로(Pierre Choderlos de Laclos)의 『위험한 관계』(Les Liaisons dangereuses) 등도 이 계보상에서 특별한 지위를 얻을 수 있을 것이다. 그러나 남녀가 문자 그대로, 즉 물리적, 신체적으로 폭력의 극한에서 사랑하고 싸우는 가공할 참극으로는, 기이하게도 『정신 현상학』과 같은 해 발표된 클라이스트(Heinrich von Kleist)의 『펜테실레이아』(Penthesileia; 1807)를 들지 않을 수 없다.

펜테실레이아는 여자들만의 나라 아마존의 공주다. 희랍의 영웅 아킬레우스는 그녀가 사랑하는 유일한 남자인데, 여전사는 결투로 상대를 굴복시키는 것 말고는 사랑을 이룰 방법을 알지 못한다. 대결은 아킬레우스의 승리로 끝난다. 그러나 상냥한 사내는 자존심 강한 여자의 마음이 다칠까 저어하여, 실신한 펜테실레이아에게 진실을 숨긴다. 하지만 이윽고 진실을 알게 된 아마존의 공주는 굴욕의 분노에 타올라, 그녀에게 사랑을 고백하려고 찾아온 아킬레우스를 덮쳐서 수행 사냥견 무리 속으로 쳐넣는다. 그리고 자신의 "전리품"을 사냥견에게 물려 죽게 만들어 버린다. 얼마 후 제정신으로 돌아온 펜테실레이아는 연인의 유해를 향해 이 불가능한 사랑을 고백한다.

사랑하는 사람의 머리에 기대고 있을 때의 여자는 대개 "나는 당신이 좋아, 너무나. 사랑하는 나머지 당신을 먹어 버릴 만큼" 이런 말을 하겠지요. 그런데 나중에 그 말을 스스로 잘 생각해 보면, 자기자신조차 그 말에 구역질이 날 만큼 진절머리가 나는 것입니다. 이 얼마나 바보같은 지요! 그런데 저는 그런 짓은 하지 않았어요, 사랑스러운 사람, 마음에 드십니까? 제가 당신 머리에 기댔을 때, 저는 그 말을 문자 그대로 실행했던 것이에요. 저는 일견 미친 것처럼 보일지도 모르지만, 결코 그런 지경에까지 이른 것은 아니에요.

"사랑하는 것"과 "투쟁하는 것"은 "먹음"에 있어서 일치한다. 그때 연인은 적이 되고 적은 연인이 된다. 아니 오히려 적이란 먹을 수 없는, 자기 안에 거두어들일 수 없는 것, 맛없는 것, 몸 안에 있어도 토해내 버릴 수밖에 없는 것, 결코 소화할 수 없는 것이 아닐까? 남자 사이에서는 이 주제가 니체의 『차라투스트라는 이렇게 말했다』가 이야기하는 벗과 적의 양의성으로 나타난다. 그리고 거기에는 불가피하게 근대 사회 특유의 정치적 함의가 침투한다. "자유", "평등"과 함께 프랑스 혁명 표어의 하나인 "박애"는 본래 형제애(fraternité)를 의미하기 때문이다. 보들레르의 『파리의 우울』 중 한 편인 「가난뱅이를 때려라」는 이 이념의 가장 래디컬한, 그러면서도 한없이 풍부한 뉘앙스가 담겨 있는 패러디다.

이러저러한 혁명 이론이나 사회 개혁안을 뒤적이며 망상이 고양되어 있던 "나"는 어느 날 카바레 입구에서 "비렁뱅이"와 만난다. 만일 "정신이 물질을 움직이게 하는" 것이라면 "왕좌도 뒤집어엎지 못하리란 법 없"는 그 시선 앞에서, "나"의 "수호천사인" "행동의 데몬", "투쟁의 데몬"이 귓가에서 이렇게 속삭인다. "평등함을 입증하는 자만이[상대방을 증명해 주는 자만이] 훌륭하게 타자와 평등할 수 있고, 자유를 쟁취하는 자만이 자유를 누릴 가치가 있는 거요". "나"는 즉시 "비렁뱅이"에게 달려들어, 때리고 발로 차는 폭력을 행사한 후, 최대한 공들여 "굵은 나뭇가지"로 철저히 때려눕힌다.

갑자기— 오, 기적이여! 오, 자신의 학설의 탁월함을 확인할 수 있었던 철학자의 환희여! 이 늙다리 해골이, 이렇게까지 심하게 망가진 기계 안에 설마 있으리라고는 생각지도 못한 맹렬한 기세로 다시 일어나 솟구쳐 오르는 것을 나는 본 것이다. 그리고 이 늙어빠진 비렁뱅이는, 내게는 길조로 보이는 증오의 시선을 던지며 내게 달려들어, 내 두 눈을 후려갈겨 부풀어 오르게 하였으며, 내 이빨을 네 대나 부러뜨리고, 게다가 내가 사용했던 그 굵은 나뭇가지로 나를 사정없이 때렸던 것이다.

"나"는 일어서서 "비렁뱅이"에게 말한다. "선생은 이제 나와 대등한 인간입니다. 모쪼록 나의 지갑의 내용물을 귀하와 공유하는 영광을 베풀어 주시기 바랍니다." [……] 여기서는 근대적인 형제애를 복음서가 가르치는 이웃 사랑과 루소식의 연민의 윤리로부터 떼어 내어 대등자=전사라는 희랍적 에토스에 근접하게 하려는 니체적인 모티프와 기독교 문화 특유의 악마주의적 감각이, "억압자에 대한 무력한 분노, 출신 계급에 기인한 떳떳지 못함, 본능적인 혐오, 극히 솔직한 동정, 그 일류(一流)의 비참애(悲慘愛), 격렬한 호기심, 그러한 것을 전부 포함한 후기 보들레르의 우아함"(데구치 유코, 『보들레르』, 1968) 속에서 융합하여, 도시에 사는 시인의 자화상을, 자기 자신에 대한 쓴웃음을 포함한 탁월한 자화상을 그려 내고 있다. 왜냐하면 이 격투를 통해 진실로 박멸해야 할 적이 있다고 한다면, 그것은 "비렁뱅이"의 "위선의 형제"(『악의 꽃』)인 그 자신 말고는 달리 있을 수 없기 때문이다. 이리하여 우리는 주네에게서 출발하여 더듬어 볼 수 있는 가능한 경로의 하나를, 꽤나 무작위하게 경유해 왔다. 마지막으로 주네의 텍스트 속에서 발견되는 수많은 격투 장면으로부터, 역시나 꽤나 무작위하게 하나 골라 보기로 하자. 작품은 『브레스트의 난폭자』(Querelle; 크렐, 1947), 때는 밤이다.*

---

* 작품의 무대 브레스트는 브르타뉴 지방에 있는 도시로 비와 짙은 안개로 뒤덮인 항구 도시다.

"노노가 내게 지껄였어. 그걸로 충분할 테지. 만일 네가 노노한테 비역질을 하도록 해 주었다면, 나라고 손가락만 빨고 있을 이유가 있겠어?" 크렐은 손가락 끝에서 모든 피가 심장 쪽으로 역류하는 걸 느꼈다. 칠흑 같은 어둠 속에서 그는 핏줄이 보일 정도로 새파래졌다. 형사는 형사로서 그를 뒤쫓고 있는 것이 아니었다. 마찬가지로 크렐 또한 살인범도 아니고 도둑도 아니었다. [……]

"그래? 그렇다면……."

돌연 크렐의 철권(鐵拳)이 마리오의 턱에 닿았다. 크렐은 서로 치고받는 게 좋았고(맨손으로 치고받고 있었으니까), 맨손으로 이길 수 있는 데까지는 이겨야 한다고, 마음으로 맹세했다. [……] 경찰을 상대로 싸우고 있는 게 크렐에게는 기뻤다. 그 젊음과 유연한 몸동작 때문에, 크렐 쪽에 유리해지고 있는 이 싸움은 상대를 유혹하면서도 쉽게 몸을 허락하지 않고, 더욱 상대에게 갈망하는 마음을 불러일으키는, 소위 젊은 여성의 요염한 미태(媚態; coquetterie)와도 흡사한 행위임을 이미 크렐 자신이 느끼고 있었다. [……]

프랑스의 군사 항구 브레스트에 '라 페리아'라는 사창가가 있다. 주인 이름은 노르베르(통칭 노노), 여주인 리지안느 부인에게는 로베르 크렐이라는 정부(情夫)가 있다. 그의 쌍둥이 형인 해병 조르주 크렐(Krell)이 브레스트에 기항(寄港)하고, 이 도시에 이중 살인 사건이 발생하며 이야기는 시작된다. 석공 질(Gill)은 분노에 사로잡혀 직장 동료인 테오를 죽여 버리고, 크렐은 군대 동료 비크를 이욕(利慾)에 따라 살해한다. '라 페리아'의 단골인 경찰 마리오는 이 두 사건의 범인을 쫓는다. 크렐은 사창가에 나타나 리지안느 부인을 판돈으로 노노에게 승부를 도발한다. 크렐이 졌을 때는 자신의 몸을 노노에게 바친다는 것이다.* 크렐은 의도적으로 패배하고 이리하여 노노는 부인의 정부(동생 로베르)의 형(크렐)을 제 것으로 만들게 된다. 크렐에 대해, 또 '라 페리아'의 인간관계 전체에 대해 기묘한 욕망을 품고 있던 마리오는 이 건을 구실로 크렐에게 구애를 한 것이다. 살인자와 경찰의 격투는 마리오가 나이프를 꺼냈을 때 전환점을 맞이한다. 나이프 앞에서 "무방비한" 크렐은 상대의 요구를 받아들일 수밖에 없다. 하지만 경찰은 "6.35 구경" 권총을 사용할 수도 있었을 터이다. 맨주먹 승부와 총과 칼, 여기서 남자의 속성이 스펙트럼으로 분광되고, 그 간극에 신비한 여성성이 숨어든다. 나이프를 꺼냈을 때 경찰은 경찰이기를 그쳤다. 경찰이 살인자로, 마리오가 크렐로 변신한 것이다.

어떤 기묘한 힘이 알지 못하는 사이에 크렐의 신체에서 빠져나가, 하늘색 셔츠를 착 달라붙게 입은 건장한 상반신의, 신체의 무게를 한쪽 다리로 튼튼히 받치고 있는 한 사람의 경찰 모습이 되어 크렐 앞에 서게 된 것일까? 그러나 크렐은 원래 이 독──그 자신의 내부에 있는 것이라서 위험성은 없는 독──을 몸속에 담고 있었으며, 그걸 안개벽을 향해 조사(照射)하고 있는 것이었다. 말하자면 그 자신의 독과 같은, 이 밤에 의해, 크렐은 위협을 당하고 있었다. 두려워하고 있었다. 그의 공포는 그가 그 효력을 알고 있는 죽음처럼 창백했다. 이러다가 돌연 공포에 내동댕이 쳐지면 어떻게 하나 하는 생각이 들자, 이중으로 무서웠

---

* '라 페리에' 주인에게 도박에서 지면 그의 소유물이 되거나 그에게 비역질을 당한다는 소문이 선원들 사이에 퍼져 있었다.

다. 마리오는 다시 나이프를 접었다. [……]

짙은 안개 때문에, 그리고 거의 비밀의 속삭임과도 낮은 음성 때문에, 두 사람은 형제처럼 어깨를 의지한 채 안개 속을 헤치며 나아갔다. 두 사람은 왼쪽으로 틀어 성벽 쪽으로 향했다. 크렐은 이제 공포를 느끼지 않았을 뿐만 아니라, 기적처럼 그의 몸속에서 빠져나갔던 죽음이 다시 서서히 그의 내부로 돌아오고 있었기 때문에, 대단히 유연하고도 단단한 뼈와 같은 힘을 회복했다.

이 "밤", 이 "안개", 이 "죽음", 이 "힘", 주네의 세계에서는 이 "것"들이 소위 등장인물과 동일 평면에 있다. 그것들이 인물의 모습을 취할 때도 있고, "인물"이, 혹은 최소한 그 인물의 일부가 액화되고, 기화되고, 물체화 혹은 추상화되어, 사건의 주위를 떠돌기 시작할 때도 있다. 브레스트의 안개는 바다에서 온다. 그리고 프랑스어로 "바다"(mer)와 "엄마"(mère)는 발음이 같다. 그런데 크렐과 그 동생의, 이 근친상간이자 동성애 커플의 부재(不在) 연결부(連結符)인 그들의 어머니 즉 리지안느 부인과 이 "것"들을, 어딘가 천사 같은 이 "것"들을 이어 주는 보이지 않는 실을 탐구할 시간은 더 이상 없다.[*]

하지만 한 가지 확실한 게 있다. 격투 과정에서 무한히 교환되는 이 "것"들[**]은 두 개인을 교감시키는 일이 결코 없다. 반대로 한층 더 깊은 고독으로 두 사람을 덮어 싸는 것이다. 야곱의, 릴케의, 안티고네의, 펜테실레이아의, 보들레르의, 주네의 고독. 이중의 고독——격투의 진리.

---

[*] 필자(우카이 사토시)에게 더 이상 지면의 여유가 없다는 뜻.
[**] 밤, 안개, 죽음, 힘 등을 말하는 듯하다.

사람 하나 없는 커다란 광장의 고독 속에, 당신만이 서 있습니다. 당신들 둘이 일체가 된 상(像)은, 서로 각각의 몸뚱이 반쪽을 비치고 있습니다. 당신은 고독합니다. 그리고 둘이서 한 몸이 된 고독을 살고 있습니다. (『브레스트의 난폭자』)

『文学のすすめ』, 筑摩書房, 1996. 12 [『문학을 권함』].

스가 히데미, 『'초' 언어 사냥 선언』[*]

험상궂게 생긴 한 사내가 들어온다. 그는 거울 속에 비친 자신을 응시한다.

"왜 또 자신의 모습을 거울 속에 비추어 보는 겁니까? 보면 반드시 불쾌해질 거면서?"

험상궂은 사내는 내게 대답한다. "꺼려지긴 하지만, 불멸의 1789년 원리에 따를 것 같으면 만인은 권리상 평등합니다. 고로 나도 거울에 모습을 비출 권리가 있습니다. 쾌락을 맛볼지 불쾌를 맛볼지는, 나의 의식=양심에만 관련되는 것입니다."라고.

『파리의 우울』에 수록된 산문 시 중 가장 짧은 이 시의 제목은 「거울」이다. 스가 히데미의 『'초' 언어 사냥 선언』을 논하는 글의 서두에 이 시를 인용한 것은, 첫째로 히데미가 제기하는 물음의 사정(射程)을 확인

---

* 絓秀実, 『「超」言葉狩り宣言』, 太田出版, 1994.

하기 위해서이고, 다음으로는 그의 이론적 자세를 어떤 각도에서 조명하기 위해서이다.

이 책의 모티프가 겉보기와는 반대로 현재 일본의 논단=문단이라는 틀에 원만히 편입되는 것이 아니라는 점을 우선 확인해 두자. 보들레르 이후라 해도 과언이 아닐 근대의 문학적 감성——그것을 "악의 미학화"라고 총괄할 수 있을지는 차치하고서——의 총체가 지금, 역사적 전망 및 세계적 전망 속에서 재심(再審)에 부쳐지고 있다. 그것은 아직 누구도 조감할 수 없는 그런 인간 사회의 거대한 변동의 하나의 조짐이며, 쓰쓰이 야스타카(筒井康隆) 팬클럽 회원은 아니라 해도 보들레르의 애독자이기는 한 나를 포함한 사람들도 또한, 오늘날 좋든 싫든 이 물음 앞에 세워져 있는 것이다. 바꿔 말하자면 살만 루슈디나 타슬리마 나스린(Taslima Nasreen)*의 수난과 최근 이 나라에서 논의되고 있는 문학과 차별을 둘러싼 논쟁은, 수많은 환원 불가능한 차이를 내포하면서도 어떤 동시대의 각인을 받고 있음이 분명하며, 이런 상황에서 본서는 와타나베 나오미의 『일본 근대 문학과 '차별'』**과 함께, 일본 사회의 일상으로부터는 극히 확인하기 어려운 이 동시대성을 해독(解讀)하는 데 길을 열어 주는 많지 않은 야심적 시도 중 하나라 할 수 있을 것이다.

한데 이러한 "법정"에서는 누구도 단순히 원고나 피고, 혹은 검사나 변호사일 수 없다. 여기서는 늘 적어도 이중의 행위가 불가결해진다. 예

---

* 의사 출신 작가로서, 1994년 이슬람교 국가인 방글라데시에서 박해받는 힌두교도 가족을 그린 『라자』(Lajja, 수치)로 작가 데뷔를 했다. 그런데 이 작품이 "이슬람교를 모독했다"는 이유로 이슬람 과격파에게 살해 예고를 받고, 모국을 떠나 인도 콜카타에서 망명 생활을 보내고 있다.

** 渡部直己, 『日本近代文学と「差別」』, 太田出版, 1994.

컨대 데리다는 역시 『파리의 우울』 중의 한 편인 「가짜 화폐」를 자본주의와 픽션 간의 본질적 관계에 육박할 수 있었던 둘도 없는 텍스트로 보면서 거의 한 자 한 자 따라가며 축어적(逐語的)으로 분석한 『주어진 시간』[*]에서도 잊지 않고 이렇게 주석을 단다. "보들레르의 반(反)벨기에적 외국인 혐오, 심지어는 인종차별주의 앞에서 누가 쉽게 웃을 수 있을까? 그리고 『벌거벗은 내 마음』[**]의 다음과 같은 제노사이드적 구절을 황망해하며 무해한 것이라고 그 누가 단정지을 수 있겠는가? "유대인종의 절멸을 위해 조직되어야 할 멋진 음모. 유대인, 속죄의 문서 관리인이자 증인." 이토록 중대한 발언을 클로드 피슈아(Claude Pichois) 같은 급의 연구자가 여전히 "반유대주의"라 부르기를 거부하고 있고, 지드의 사소한 행위에서 반유대주의의 흔적을 발견한 저 벤야민조차 마치 눈앞에 놓인 "도둑맞은 편지"처럼 이 말에서 "프랑스적 호탕함(gauloiserie)" 이외의 그 어떤 것도 보려 하지 않았다. 그러나 오늘날 우리는 한 작가를 구제하거나 단죄하는 것과는 다른 차원에서 이러한 말을 문제화할 방법을 배워야만 하며, 이러한 요청은 필연적으로 동시적인 "문학"과 "민주주의"의 위기(데리다가 상기시켜 주듯이, 근대의 이 두 가지 제도는 엄밀하게 상보적이며, 상대방 없이는 존재할 수 없다)에 대응한다. 스가 히데미의 작업은 이러한 위기에 대한 하나의 대응이며, 예컨대 토니 모리슨의 『백색과 상상력』[***] 같은 동시대의 수준 높은 비평 작업과 아울러 논의되어야 하며, 그

---

[*] Jacques Derrida, *Donner le temps*, Galilée, 1991.

[**] 창작 메모로 쓰였다고 생각되는 보들레르의 유고.

[***] トニ・モリスン, 『白さと想像力』, 大社淑子 訳, 朝日新聞社, 1994. 원제목은 *Playing in the Dark*.

의 위기의식은 작가의 기득권 방위의 영역을 벗어나지 않는 쓰쓰이 야스타카와 그를 옹호하는 사람들의 그것에 비해 훨씬 더 심각하다.

다음으로 「현실[俗情]과의 결탁」의 비판이라는 방법의 타당성에 대해서도 근대 및 전후 일본 문학이라는 당면의 틀을 뛰어넘어 논의되어야 할 것이다. "현실과의 결탁"이 저 1848년의 혁명 후에 공화제의 표어가 된 "우애=형제애"(fraternité)의 별명이라고 한다면, 보들레르야말로 "문학"이라는 제도가 "현실과의 결탁"에 입각한 것임을 누구보다도 빨리 간파하고, 그것을 역으로 비틀어 "내 형제"인 "위선의 독자"와의 공범 관계를 동시에 도발하고 폭로함(『악의 꽃』 서시)으로써 그에 대응한 시인이 아니었을까? 스가 히데미의 "표상=이미지 비판"은 노마 히로시(野間宏)의 『진공(眞空) 지대』에 대한 오니시 교진(大西巨人)의 비판을 러시아 형식주의로부터 라캉에 이르는 이론을 원용하여 방법화한 것으로, 스가 히데미가 인정하듯이 비록 "잠정적인" 입장이라고는 해도, 지금까지 이 나라에는 존재치 않았던 보편적인 비평 원리를 도입했다는 점에서 주목할 가치가 있다. 현재의 내 관심사와 포개 본다면, 그것은 유대인의 절멸 수용소를 무대로 한 질로 폰테코르보(Gillo Pontecorvo)의 영화 「카포」 (Kapo)*에 대해 자크 리베트(Jacques Rivette)가 가한 것과 같은 종류의 비판이며, 스필버그의 「쉰들러 리스트」에 대한 평가라는 액추얼한 과제와도 무관치 않다. 이 논점을 둘러싼 인식은 스필버그의 작품과는 모든 점에서 대극적인 클로드 란즈만(Claude Lanzmann)의 「쇼아」(Shoah)와 비교할 때 더욱 심화될 것이다.

---

* 일본에 소개될 때의 제목은 「제로 지대」. 카포는 나치 수용소의 여성 수감자 중 성적우수자로 인정받은 자가 되는 감시원을 말한다. 동료들로부터 미움받는 존재다.

그렇기는 하지만 스가 히데미의 언설 중에 약간 마음에 걸리는 점이 없지는 않다. 개별 텍스트로부터 작자 개인의 구제나 단죄와는 다른 차원의 오리지널한 물음을 끌어낼 가능성을 자칫 닫아 버릴 수도 있는, 일종의 단선적 계몽주의의 답답한 분위기가 느껴지곤 하는 것이다. 스가 히데미의 "현실과의 결탁"(=상상적인 것)에 대한 비판에는 미리 그 "외부"(=순수 차이)가 상정되어 있는데, 이 "외부"가 "결탁"을 거부하는 "단독자"──작자 혹은 작중 인물──의 영웅주의의 장소가 되어, 또 하나의 "결탁"=당파성을 산출할 위험은 없는가?

스가 히데미는 본서의 말미에서 일정한 수의 작가(도스토옙스키, 라블레, 셀린, 도노소, 오에, 나카가미)를 "차별적이지는 않다"고 하며 그의 비판 대상에서 제외하고 있는데, 앞서 말한 모리슨이 비판의 도마에 올리는 것은 에드거 앨런 포, 윌리엄 포크너, 마크 트웨인 같은 사람들이다. 이 차이는 어디에서 오는가? 전자는 일류 작가들이고 후자는 이류 이하라고 단정케 하는 그런 기준이 있으리라고는 생각할 수 없으며, 더욱 이상스러운 것은 외견상 보다 엄격한 모리슨의 언설에서는 내가 그 답답한 분위기를 조금도 느끼지 않는다는 점이다. 이는 아마도 본서에 수록된 대담(작가와 『수평운동사 연구』水平運動史硏究의 저자 김정미金靜美와의 대담)에서 나카가미에 대한 평가가 엇갈린 것 등과도 어떤 형태로 관련되는 포인트일 것이다.

마지막으로 『고마니즘 선언』(ゴーマニズム宣言)*의 고바야시 요시노리(小林よしのり)와 스가 히데미 간의 논쟁에 대해서는, 그것이 부락해방

---

* '고마니즘'은 만화 작가 고바야시 요시노리가 '오만'(傲慢, 일본어로 '고만'이라고 발음한다)이라는 단어를 이용해서 만든 조어이다.

동맹(部落解放同盟)이 현재 직면하고 있는 차별규탄 투쟁의 한계로만 환원할 수 없는 다면적인 위기를 배경으로 벌어지고 있는 이상, 충분한 정보를 갖지 못한 상태에서 어떤 판단을 내리는 일은 삼가고 싶다. 단지 한 가지 지적해 두고 싶은 바는, 그 도발적인 자세에도 불구하고 『고마니즘 선언』이라는 작품의 바탕에는 스가 히데미가 말하는 "이미지에 의한 사고"와 최소한 같은 정도로, "(프로의) 자각", "책임", "양식" 같은 근대적 주체와 불가분한 (그리고 내가 일찍이 알고 있던 고바야시의 "남다른 능력을 갖춘 전사"異能戰士라는 이미지와는 아무래도 어울리지 않는) 언어=개념의 전략적이고도 선동적인 사용이 자리 잡고 있는데, 그것은 자나 깨나 기성 가치의 해체에 몰두했던 80년대는 이미 지났으며 바야흐로 90년대는 가치 재건의 시대라고 보는 고바야시의 기본적인 시대 인식과 대응하고 있다. 한편 스가 히데미의 비판은 비가시적인 차별——76회에서 고바야시는 "장애"자 차별, 아이누인 차별, 조선인 차별과 비교해서 부락 차별만을 비가시적인 차별로서 초점화하고 있는데, 이는 물론 명백한 잘못이다—— 을 문제화하기 위해 불가피하게 요청되는 가시화 절차에 내재하는 곤란을 어떤 형태로 언급하고 있다. 한데 스가 히데미가 잘 알고 있듯이, 이미지 **일반**을 "진리의 부정확한 묘사"라고 보면서 논리=언설보다 열등한 지위에 놓는 것은 계몽적 이성의 야만과 표리관계에 있는 오랜 전통을 갖는 형이상학적인 행위다. 이 관점에서 역으로 **계몽 수단으로서**의 만화라고 하는 장르의 비판적 대상화로 향해야 할 지점에서, 스가 히데미가 시종일관 동위적(同位的)인 대립에 근거한 비판만을 가하는데, 나는 이에 대해 다소 기이한 느낌을 갖지 않을 수 없다.

보들레르로 돌아가자. "표현의 자유"를 위한 투쟁에 이토록 크게 공헌한 저 반(反)민주주의자에게로. 우리는 이 작품에서 작자 보들레르가

"추남"(=대중)에 대해 차별적으로 조소하는 소리를 들을 수 있다. "거울" 앞에서 살아가는 것은 댄디(=작가)의 특권이라는 것이다. 그런데 프랑스 혁명 후의 근대에서는 작가와 대중이 "형제"이고, 그 이유는 작가와 대중이 모두 자기 분수를 모르는 나르시스이기 때문이라는 점도 보들레르는 알고 있었다. 그리고 "그"의 것인 "나"의 얼굴의 저편에서 이 "거울"이 표상하는 것은, "이 세상에서 가장 공평하게 분배된"(데카르트) 것일 "양식"과 만인의 권리 평등을 노래하는 "1789년의 불멸의 원리"의 분열이고, "양식"에 대한 "인권" 원리의 때로 코믹한 과잉일 것이다. 하지만 그것은 정의상 표상 불가능한 차별 없는 사회라는 약속의 시간의 별명이기도 하며, 바로 거기에 영구 혁명으로서의 반차별투쟁이 기재되어 있을 터이다.

『図書新聞』, 1994. 10. 22[『도서신문』].

르 클레지오, 『떠도는 별』[*]

1.

프랑스에서 팔레스타인 문제에 대해 명확한 태도를 보인 작가, 사상가라고 하면 『사랑하는 포로』를 남긴 주네 외에 들뢰즈와 가타리 등의 이름이 떠오르지만, 전체적으로 볼 때 그 수는 압도적으로 적다. 시온주의에 거리를 두는 유대계 지식인을 별도로 치면 그 외에는 별로 눈에 띄지 않고, 글쎄…… 에티엔 발리바르 정도가 있을까? 자신의 희생자의 희생자 앞에서 어떠한 입장을 취해야 할까. 지독하게 까다로운 서구 세계의 이 문제 앞에서는 사르트르도, 푸코조차도 뒷걸음질치고 말았던 걸 생각하면, 부인이나 침묵을 넘어 단 한걸음 내딛는 것만으로도 이미 지적인, 정신적인 용기의 증표가 된다. 그리고 이 한걸음이 다름 아닌 바로 이 사람에게 어떻게 가능했던가는 늘 물어야 할 가치가 있는 질문일 것이다.

---

* 『さまよえる星』, 望月芳郎 訳, 新潮社, 1994(한국어판은 『떠도는 별』, 강명호 옮김, 소학사, 1994).

르 클레지오는 『사막』(1980) 이후 아랍 세계에 관심을 심화시켜 온 것이 사실이지만, 그가 어느 무렵에 팔레스타인 문제와 조우했는지는 그리 분명치 않다. 1988년 5월 베이루트에서 창간된 잡지 『레트르(lettre) 파리/베이루트』에 프랑스어로 작품 활동을 하는 레바논의 시인 살라흐 스테티에 등과 함께 「티루스 1982년 전쟁의 주(主)」라는 인상적인 소품을 싣고 있으니, 아마도 82년 6월에 시작된 이스라엘의 레바논 침공이 계기였던 듯 싶다. 그후 『팔레스타인 연구지』에 본서 『떠도는 별』의 일부를 이루는 「누르 샴 난민 캠프: 1948년 여름」*이 발표되게 되는데, 우리는 우선 프랑스에서도 그다지 알려지지 않은 전자의 내용을 언급하기로 하자.

4쪽이 채 못되는 이 텍스트는 1인칭으로 기술되어 있는데 화자는 남성이다. 레바논 남부에 있는 페니키아의 고도(古都) 티루스의 주민인 "나"로 하여금 이스라엘 공군기의 폭격으로 박살이 난 인기척 없는 마을에서 떠나지 못하게 하는 것은, 병으로 거동을 못하고 하루 종일 한마디 말도 없이 창가에서 바다를 보고 있는 어머니와 집안 거실의 어둔 구석에 놓여 있는, 일찍이 프랑스 여행자가 증조모에게 주었다고 하는 이집트 여인 사아리마의 소묘화였다. 창가에 떨어진 소이탄으로 어머니는 즉사, 그녀가 자주 낭독하던 구약 「에스겔서」에 기록된 티루스에 대한 주 하나님의 저주를 떠올리면서 "나"는 중얼거린다. "나와 함께 한 여인이 있어 주었다면, 진행 중인 이 사태를 멈출 수 있었을 텐데. 하지만 이제 늦었다. 전 세계에서 대지는 불타오르고, 아이들이 거지처럼 방황하고, 오래된 궁전은 무너져 내린다. 내가 진정으로 알고 있는 유일한 여인은

---

* 한국어판으로는 제3장 중 첫째 절인 「루미야가 처음 베일을 벗던 날」에 해당된다.

내 이름의 여성형 분신인 그녀, 사아리마다……."

한편 『떠도는 별』의 경우, 때로 1인칭으로 이야기하기도 하는 두 주인공은 아이이고 여성이다. 그녀들, 프랑스·유대인 처녀 에스더와 팔레스타인·아랍인 처녀 네쥬마는 작자 안에서 저 소묘화의 여인, "평안한 사람" 사아리마가 어느 정도 성장한 후의 인물들인 것이다. 에스더가 아버지나 첫사랑 상대인 청년, 혹은 소년들과 여기저기 걸어 다녔던 니스 북동부 생 마르탱 베쉬비의 산악 지대, 마르세이유에서 닻을 올려 "약속의 땅 에레츠 이스라엘"*로 향하는 이민선에서 바라본 지중해, 바로 그 바다를 팔레스타인의 항구 아카에서 보고 자란 처녀 네쥬마가 난민이 되어 방황하게 되는 사막 등, 이 두 처녀의 순간적인 조우에 평화를 위한 기도를 의탁할 수 있는 것은 그녀들의 자연에 대한 감응력 때문임을, 이 작품은 지치지도 않고 반복해서 시사한다. 비종교적인 아버지의 딸 에스더가 고난 속에서 점차 유대교에 이끌려 가는 데 반해, 네쥬마가 사는 세계의 종교는 이슬람이 아니라 작은 마신(魔神)이나 마녀에 대한 토착 신앙이다. "나를 붙잡아 다른 세계, 어떤 새로운 세계로 데려가는", "세계보다 커다란, 죽음보다 강한 언어"는 폴란드·유대인 사내인 랍비 레브 조엘의 말이기도 하지만, 알 쿠드스(예루살렘)의 아랍인 여성 암마 후리야의 말이기도 하다. 르 클레지오에게 그것은 아이만이 알아볼 수 있는, 종파의 차이를 초월한 원(原)종교적인 힘인 것이다.

---

* 유대인들의 성경 「창세기」에 "하나님이 뭍을 에레츠라 칭하시고, 모인 물을 바다라 칭하시니라. 하나님이 보시기에 좋았더라."라고 되어 있다.

2.

어제 신문에서 읽었던 소설가 아오노 소(靑野聰)와의 대담에서 지중해 밤의 별의 아름다움을 강조한 것은 소설가이자 평론가 홋타 요시에(堀田善衛)인데, 그러고 보니 이 지역에서 마주치고, 싸우고, 화합하고, 공존해 온 민족들은 희랍 신화의 풍요로운 별자리 이야기로부터 유대교의 상징 다비드 별, 그리스도 탄생을 동방의 세 박사에게 알릴 수 있게 해준 별에 이르기까지, 무엇보다도 우선 별에 대한 상상력을 둘러싸고 경합해 온 것처럼 볼 수도 있다. 그러나 지중해 문화 속에서 별은 또한 누차 손이 미치지 않는 여인의 상징이 되기도 하고, 페니키아, 카르타고, 희랍, 아랍, 스페인, 프랑스, 터키, 제노바, 베네치아의 선원들에게 북극성, 프랑스어로 "라 폴레르"(la polaire)는 어둔 밤의 항해를 인도해 주는 자비로운 어머니의 모습과도 겹쳤다.

20세기, 이 "별의 여인"의 이미지는 정치의 거친 물결에 씻겨 나가 버린다. 르 클레지오의 『떠도는 별』은 유대인 처녀 에스더와 팔레스타인인의 딸 네쥬마, 이 두 사람의 수난과 일순간의 조우를 평명(平明)하고 리듬감 있는 독특한 문체에 실어 한 올 한 올 짜 나아간 아름다운 작품이다. 네쥬마는 아랍어로 문자 그대로 별을 의미하고, 에스더는 고대의 유대 민족주의를 대표하는 구약성서의 여성 영웅의 이름인데, 들판을 이리저리 휘젓고 다니는 "집시" 처녀처럼 햇볕에 탄 그녀를 아버지는 스페인어로 "에스트렐리타, 작은 별 양(孃)"이라고 불렀던 것이다.

에스더와 부모님이 사는 남프랑스의 산간 마을 생 마르탱 베쉬비는 2차 세계 대전 중 이탈리아군에 점령당하는데, 이탈리아가 항복한 뒤 저항 운동에 가담한 아버지는 전사하고, 에스더와 어머니는 남하해 오는 독일군을 피해 이탈리아의 페스티오나로 달아난다. 전후 한동안 파리에 체재한 후, 모녀는 마르세이유에서 이민선에 올라 "약속의 땅"으로 향한다. 하지만 지중해를 건너는 괴로운 항해 뒤에 상륙한 땅에서도 그녀들을 기다리고 있던 것은 전쟁이었다. 예루살렘으로 향하는 길에서 에스더는 아랍인 난민 무리와 조우하는데, 그때 네쥬마라는 이름의 소녀로부터 노트에 이름을 쓰라는 요구를 받는다. 네쥬마는 영국이 위임 통치하던 지중해에 면한 팔레스타인의 해항(海港) 아카에서 자랐지만, 전쟁고아가 되어 고생 끝에 누르 샴 난민 캠프[수용소]에 다다르게 된다. 식량도 물도 없이, 죽음이 바로 곁에 있는 생활 속에서 그녀는 마신이 날뛰는 암마 후리야의 이야기에 귀를 기울이고, 금발의 여인 루미야의 출산 현장에 같이 있으며, 머잖아 남편이 될 베두인 남성 사디와 조우한다. 캠프에 만연한 전염병을 피해, 네쥬마와 사디는 요르단으로 가는 여로에 오른다. 에스더의 약혼자 자크는 티베리아스 호수(갈릴리 호수) 근처에서 전사한다. 자크의 뜻을 이어받아 의학을 배우기 위해 에스더는 캐나다의 몬트리올로 건너가고, 훗날 돌아온 뒤에 텔아비브에서 개업하는데, 어머니는 만년에 이스라엘을 떠나 신혼 시대를 보냈던 니스로 돌아가 거기서 생애를 마친다. 에스더는 어머니를 화장하고, 아버지가 사망한 장소를 방문한 후 니스로 돌아와 방파제에서 어머니의 유해를 지중해에 뿌린다. 1982년, 레바논의 수도 베이루트가 이스라엘 공군의 폭격을 받아 크게 불타 버리는 시점의 일이다. 초로의 에스더는 네쥬마의 모습을 떠올리지 않을 수 없었다.

두 처녀의 운명은 한순간 교차될 뿐 에스더가 네쥬마와 재회하는 일은 없다. 그럼에도 산이나 계곡, 바다, 사막과 격렬하게 감응하는 그녀들의 운동이 그대로 평화에의 연도(連禱)와 닮았다고 한다면, 그것은 틀림없이 지구 자체가 이미 혹성(planet)*, "떠도는 별"이기 때문이다.

『図書新聞』, 1992. 2. 11[『도서신문』]./『マリ・クレール』, 1995. 4[『마리 클레르』].

---

* 저자는 혹성의 혹(惑)에 '방황하는'이라는 의미가 담겨 있음을 일본어로 표현하고 있다.

샤무아조·콘피앙, 『크레올이란 무엇인가』[*]

카리브에 침묵의 꽃이 필 때 세계는 무한한 메아리(echo)가 된다.

어떻게 세고, 잴 수 있을까, 서경 50°에서 80° 사이, 북회귀선에서 적도에 이르는 바다와 섬과 대륙 연안부로 이루어진 공간에서 1635년부터 1975년까지 흘러간 340년이라는 시간을? 이러한 시간은 만지작거리고, 소리내고, 꽉 깨물고, 짓밟고, 애무하고, 삼키고, 펄쩍 뛰어오르고, 들어보고, 잘못 보는 등, 더할 나위 없이 일상적이고 육감적인 수많은 행위에 의해서밖에는 계산할 수도, 측량할 수도 없는 것임에 분명하다. 바닥 모를 침묵과 헤아릴 수 없는 외침이 층을 이루고, 칠흑같은 어둠 속에서 이야기하는 귀에 듣는 입이 대응한다. 하지만 이 문화의 민중성은 이질성이 배제된 단일한 민족끼리만의 공동성이 아니다. "크레올"이라고 한마디 중얼거리면 "언어"도, "사회"도, "문학"도, "역사"도 모두 본국으로부터 식민지에 가져온 것일 터인 정통적인 의미가 금세 어딘가로 상실되어 버

パトリック・シャモワゾー・ラファエル・コンフィアン, 『クレオールとは何か』, 西谷修 訳, 平凡社, 1995.

샤무아조·콘피앙, 『크레올이란 무엇인가』 197

리고 마니까. 본서의 저자들이 "크레올 문학"이라 부르는 것의 "기원"은, 프랑스인 식민자의 손에 의해 절멸 위기에 내몰린 원주 민족 카리브인의 수난을 그림글자로 이야기하는 작자 불명의 "쓰여진 바위"다. "기원"이 그대로 "종언"(終焉)이 된 이 흔적에, 소멸된 원주민 대신 아프리카에서 강제 연행된 흑인들이 노예선 바닥에서 토해 낸 절규가, 이 "문학"의 제2의 "기원"으로서 접목된다. 나아가 인도에서, 중국에서, 시리아에서 각각 특이한 기억을 지닌 사람들이 그때마다 새로운 "기원"을 이 바탕에 초래하게 될 것이다. 그리고 언젠가 이 사람들은 모두 피도, 문화도 연결되지 않는 저 "쓰여진 바위"의 작자들을 절대적인 선조처럼 느끼기 시작한다. 이식에 의해서만 형성된 기묘한 계보, 다양한 "윤곽선"[描線]들의 교착으로부터 "카오스의 화려함"이라 부를 수밖에 없는 텍스트군이 개화(開花)한다. 카리브 세계는 지금 인구 비율 대비 출판 부수가 세계에서 가장 많은 지역인 것이다.

카리브 식민지 지배의 중심은 "아비타시온"이라 불리는 농원(農園)이다. 하지만 섬의 토지가 좁고 백인들에 의한 토지 전유라는 구조는 같아도 대륙부의 플랜테이션만큼의 규모가 되지 못하는 이 공간에서, 식민지에서 출생한("베케"라 불리는) 백인과 비백인 간에 분리도, 융합도, 공존도 아닌, 물리적이고 상징적인 폭력에 횡단당하면서도 어떤 교통은 허용하는 그런 미묘한 접촉의 기억이 사람들의 신체에, 언어의 신체에 새겨져 갔다. 하지만 혼혈(métissage)을 통해 생성된 이 문화가 문학이라는 거울에 비추어 그 특이성이 그대로 의식되게 된 것은 극히 최근의 일이다. 결정적인 사건은 프랑스어를 간략화하여, 생활에 필요한 어휘를 발명함으로써 형성된 섬 사람들의 공통어 "크레올"에 의한 구전문학과 책의 세계 사이에 마침내 통로가 열린 일이었다. 자신의 흑인성(négritude)

에 침잠함으로써 노예선 바닥의 절규로 회귀한 위대한 시인 에메 세제르에 이어, 프랑스어와 프랑스 문학의 압도적인 문화적 헤게모니와의 긴 격투 끝에 이 통로를 창조한 사람들, 프랑케티엔(Frankétienne, 『데자피』*Dézafi*), 시몬 슈바르츠-바르트(Simone Schwarz-Bart, 『기적의 텔류메에 비雨와 바람』*Pluie et Vent sur Telume Miracle*), 에두아르 글리상(Édouard Glissant, 『의식意識의 태양』*Soleil de la conscience*) 같은 거인적 작가들이 우리와 동시대를 살고 있는 것이다. 이 경이로운 사실의 발견을 향하여 두 젊은 마르티니크인 저자와 정열적인 번역자의 조타술에 몸을 맡기면서, 우리는 유장하게 가혹하고도 풍요로운 기억의 바다를, 그 항해를 만끽할 수 있다.

『マリ・クレール』, 1996. 5[『마리 클레르』].

4부

❖

새삼 말할 필요도 없지만, 통합을 향한 유럽의 최대 문제는 2000만을 넘는 비유럽계 이민자들의 존재다. 거기에 동유럽, 구소련권의 대동란(大動亂)이 더해지면서 이 문제는 가일층 첨예해졌다. 이 와중에 독일에서 벌어지고 있는 외국인 배척 운동의 격렬함은 이미 몇 차례 대중 매체에서도 보도된 바 있다. 프랑스의 상황도 결코 나을 바는 없어서, 사회당 정권이 이민자 통합정책의 비장의 카드로 제기해 온 지방선거권 부여안(付與案)은 8월 여론조사에 따르면 프랑스인 중 겨우 17%의 지지밖에 얻지 못했고, 그에 반해 이민 정책에 관한 한 극우 '국민 전선'을 지지한다고 답한 사람은 20%에 달했다.

그런 가운데 올 가을 프랑스 및 유럽의 외국인 문제를 사고하는 데 결정적으로 중요한 책이 두 권 간행되었다. 『프랑스와 프랑스의 외국인들』의 저자 파트릭 베유는 이민 정책의 현장 경험과 면밀한 자료 검토를 통하여 프랑스의 공화주의적 이민 정책의 일관성을 증명했다. 그것은 이민자를 유럽계에 한정하지 않고 개인으로서 그 출신 민족으로부터 단절시키면서 프랑스에의 동화 내지는 통합을 꾀하는 것을 골자로 삼는 것인데, 이 나라의 독특한 속지주의적(屬地主義的)인 국적법 정신도 거기서 유래한다. 한편 88년에 최초의 이민사(移民史) 『프랑스라는 도가니』를 출간하여 세간에 평가를 물었던 제라르 누아리엘(Gérard Noiriel)의 『국적이라는 이름의 압정(壓政)』은 이번에는 대상을 유럽 전체로 넓혀 비호법(庇護法)의 역사를 추적하고 있다. 1793년의 공화국 헌법이 근대적인 비호권을 정식화한 후에도 현장에서는 난민자의 출신지나 동기를 묻지 않고 받아들여 온 데 반해, 1880년대부터 신분증명서의 발명과 궤를 같이하여 난민자 수용의 선택 기준에 "국익" 관념이 등장하게 된 사정을 밝힌 후, 1951년의 제네바 조약의 정신이 현재 빠져 있는 미증유의 위기에 대한 분석을 제시하고 있다. 우리로서는 이로부터 개별 유럽에 한정되지 않는 인류사적 과제를 길어올려야 할 터이다.

『図書新聞』, 1991. 12. 28[『도서신문』].

프랑스와 그 망령들
— 어떤 휴머니스트의 회귀

1.

차에 치인 비둘기 사체의 단단하게 감긴 눈. 블록과 시멘트로 봉인된 아파트의 창. 이 두 가지 이미지가 내 마음 속에서 포개진다. 그것이 9월말에 방문한 파리의 최신 이미지다.

어찌된 일인지 프랑스의 비둘기는 운동 신경이 둔하다. 일본의 공원이나 노상에서 먹이를 쪼거나 날개를 쉬고 있는 비둘기는 차, 사람, 개나 고양이의 기척만 나도 잽싸게 감지하고 날아가 버리는 데 비해, 프랑스의 비둘기는 차가 통과하기 직전까지 태연히 찻길을 걷고 있다. 그러다가 곤란한 상황을 벗어나는 건 언제나 간발의 차다. 그렇기 때문에 4년 반 동안 파리에 머물면서 비둘기 사체와 수도 없이 맞닥뜨렸다. 그러나 실제로 치이는 걸 본 것은 이번이 처음이었다. 벨르빌(Belleville)에 가까운 11구의 작은 길, 르노 상크가 치고 지나간 노상에 한 줄기 피가 흐르고 비둘기의 눈은 이미 영원히 닫혀 있었다. 그러나 이런 일상적인 죽음을 십수 년에 걸쳐 내려다보았을 이 길 좌우에 있는 건물의 창들도, 오늘의 이 사고를 이미 보지 않고 있었다.

벨르빌만이 아니다. 졸라의 『목로주점』에서 미셸 투르니에의 『황금 구슬』(원제 *La Goutte d'or*; 구트도르)에 이르는 수많은 명작의 무대가 되고, 70년대 초엽에는 이 지구의 해체에 반대하여 사르트르, 푸코 등 지식인을 포함한 수많은 사람들이 결집했던 저 18구 구트도르도 한창 큰 변화를 겪는 중이다. 일의 발단은 사회당 정권의 주택 정책이다. 82년의 킬로법이 다양한 도착적(倒錯的) 효과를 낳으면서도 원칙적으로는 세든 사람들의 보호를 목적으로 한 데 반해, 86년의 메뉘리법*은 "주변에 존재하는 같은 수준의 물건 가격"이라는 애매한 기준하에 주인집 측에 계약 갱신 시 집세 인상을 인정해 주었다. 그 결과 1990년에는 집세 상승률이 인플레율의 두 배로 뛰어올랐고, 지금 이 경향을 간신히 제약하고 있는 것은 세든 사람 측의 지불 능력의 한계뿐인 그런 단계에까지 도달해 있다. 그리고 이 법령의 혜택을 받을 수 없는 저(低) 임대료 주택 소유자들은, 방을 빌려주는 것 자체를 거부하거나 유지 보수 의무를 게을리해서 의도적으로 집의 노후화를 꾀하게 되었다. 게다가 보수파의 지배하에 있는 파리시의 재개발 계획까지 겹쳐지면서, 바야흐로 파리도 토지 투기열에 사로잡혀 대규모 개발업자들이 판치는 도시가 되었다.

이러한 주택 정책의 최대 희생자가 벨르빌, 구트도르, 메닐몽탕 등 전통적인 서민가에 사는 이민자들이나 그 자녀들임은 말할 필요도 없다. 이민자 문제와는 일견 직접 관계가 없는 주택 문제가 결과적으로는 저소득 이민자들, 특히 아랍계, 블랙 아프리카계 사람들을 파리 시내에서 배

---

* 국적법 수정안

제해 가는 메커니즘을 만들어 내고 있다. 주민을 몰아낸 뒤 가옥은 금세 헐린다. 혹은 주민이 퇴거한 뒤 빈집 점거를 저지하기 위해, 창을 블록과 시멘트로 아예 도배를 한다. 파리에는 경관(景觀) 보호를 위해 가옥의 창에 세탁물을 내걸지 못하도록 금지하는 어처구니없는 조례가 있는데, 그런 규제 따위는 무시하고 형형색색의 옷들이 마르고 있던 저 창들이 소멸하고 있다. 벨르빌에 인접한 지구에 한동안 산 적이 있는 내게 그것은 마치 도시의 눈[目]이 으깨어진 듯한 음울한 광경이었다.

이 광경이 이야기해 주는 것은 "다원적 문화의 나라"를 지향한다는 겉포장과는 반대로 이민자 배제가 모든 레벨에서 진행되고 있다고 하는 것이다. 사회당 정권 성립 이후 10년, 극우 '국민 전선'의 지지율이 여전히 계속 상승하고 있는 것만 보아도 이민 정책이 막다른 골목으로 접어들고 있음은 분명하다. 이 나라의 이민 문제를 전반적으로 논하는 일은 내 역량을 넘어서는 일이다. 그러나 이민자들을 그 조용한 주거에서 몰아내고 그 창에 봉인을 해야만 하는 행정의 자세, 그리고 결코 성과가 오르지 않는 반인종차별 운동의 한계를 내 두 눈으로 똑똑히 확인한 이상, 식민지 해방으로부터 30년, 유럽 통합, 동유럽 "사회주의"권의 소멸, 걸프 전쟁 등등의 사건을 통해 형성되고 있는 새로운 역사적 전망하에서, 이 "인권 사상의 조국"의 본질을 다시 한번 나 나름대로 새로 질문하지 않을 수 없다 ── 오늘날 프랑스란 무엇인가?

2.

프랑스란 무엇인가 ── 곧장 덧붙여 두어야 할 것은, 프랑스에는 전통적으로 이런 형태의 질문은 많지 않았고, 있었다고 해도 주변적인 설문에 그쳤다는 점이다. 근대의 서구 국가들, 특히 영국과 프랑스 간의 패권 투쟁은 동일한 형식하에 각자 민족으로서의 자기를 표상하는 복수의 민족 간의 투쟁이 아니라, 자신의 자기 표상 형식을 유일하고 보편적인 민족 개념으로서 다민족에게 승인하게 만들고자 하는 그런 목적의 투쟁이었다. 따라서 프랑스인에게 "프랑스란 무엇인가"라는 물음은 곧장 "민족=국민(nation)이란 무엇인가"라는 질문이 된다. 프랑스의 자기 동일성은 동시에 "보편"이어야 한다("보편"임에 **틀림없다**). 그것은 후진국이었던 독일의 근대 사상 속에서 "독일이란 무엇인가?"라는 물음이 계속 갖고 있던 저 예리하고도 집요한 울림에 대응하는 것이었다.

1882년 3월 11일 에르네스트 르낭이 소르본에서 행한 유명한 강연의 제목은 바로 『국민이란 무엇인가』[1]였다.* 19세기 프랑스 최대의 문헌학자인 이 사람이 여기서 정식화한 사상은 단편적인 인용을 통해 프랑스의 공교육에 편입되었고, 아직도 프랑스인의 국민적 동일성을 가장 깊숙한 곳에서 규정하고 있다. 게다가 최근 몇 년간, 이민 문제와 유럽 통합 문제가 뒤얽히는 가운데 르낭에 대한 재평가의 움직임이 산발적으로 일고 있기도 하다. 이러한 움직임은 무엇을 의미하는 것일까? 오늘날 프랑스라는 공동체는 르낭에게서 무엇을 찾고 있는 것일까?

우선 텍스트를 명확히 해두자. 1882년은 보불 전쟁에서 패배한 지 겨우 10년 남짓이 지난 시점, 이 제3공화제 초기는 후에 발레리가 "방법적 제패(制覇)"라고 부르게 될 독일의 위협이 군사, 정치면만이 아니라, 문화나 사상 전체에 걸쳐 유례없이 강하게 느껴지던 시대였고, 그 정치

---

* 한국어판은 『민족이란 무엇인가』, 신행선 옮김, 책세상, 2002.

적 초점은 말할 필요도 없이 알자스 및 로렌(독일측의 호칭은 엘자스와 로트링겐)현의 귀속 문제였다. 이러한 배경 속에서 르낭이 목표한 바는, 프랑스 형 국민 개념(Peuple)이야말로 인류사상 처음으로 유럽 땅에서 탄생한 "국민"(nation)이라는 집단 유형의 보편적 규정이라는 점을 당시 유럽을 석권하고 있던 독일형 국민 개념(Volk)에 대한 비판 작업을 통해 논증하는 것이었다.

3부로 나뉘어 있는 이 강연의 제1부에서는 서구의 당시 상황을 동유럽이나 오스만 투르크의 당시 상황과 비교하면서, 로마 제국과 기독교의 승리 속에서 인종(race)이나 에스닉 집단(ethnie)에 의거하지 않는 정치체의 성립을 읽어 냄과 동시에, 게르만 침공에 의한 제국의 붕괴로부터 베르됭 조약에 의해 서구 국가들의 지리적 원형이 획정되던 시기에, 오늘날 서구의 특수성, **국민이라는 보편적 규정을 늘 이미 배태하고 있는 특수성**이 성립한 기원을 뒤진다. 특히 제국령(帝國領)에 침공한 게르만 민족들은 자신들이 지배자이면서 자신의 언어와 종교를 방기하고 현지 언어와 기독교를 채용했는데, 이것이 겨우 몇 세기만에 승자와 패자의 융합, 정복에 의해 동거하게 된 여러 에스닉 집단들의 융합을 촉진했다. 그런데 이는 정복이 이루어지던 시점과 다름없이 각각의 에스닉 집단들이 그대로 존속하고 있는 오스만 투르크에서는, 또 같은 기독교권에서도 "민족들의 감옥"이라 불렸던 오스트리아-헝가리 제국에서는 작동하지 않았던 과정이고, 그런 점에서 바로 이러한 역사 과정(르낭에게는 이것이야말로 역사 자체다)이 서구를 세계의 다른 모든 지역과 명확히 구별지어준다.

이러한 "국민" 형성의 결정적 인자란 무엇일까? 르낭에 따르면 그것은 망각이다.

망각, 역사적 오류라 해도 좋을 것입니다. 그것이야말로 한 국민이 창조됨에 있어 본질적인 인자입니다. 바로 이 때문에 역사학의 진보는 왕왕 국민성에 위협이 될 수 있습니다. 역사적 탐구는 모든 정치 구성체, 가장 유익한 결과를 초래한 경우에조차 그것이 비롯될 때 [그 기원에서] 발생했던 폭력적인 사건을 다시 세상에 드러내고 말기 때문입니다.[2]

이리하여 프랑스인은 자신의 조상이 갈리아인, 로마인, 게르만인 중 어느 쪽 핏줄에 속해 있었는지, 또 게르만인 중 어떤 부족이었는지 더 이상 알지 못한다. "프랑스 시민이기 위해서는 성 바르톨로메오 축일의 대학살을, 13세기 프랑스 남부에서 일어났던 학살을 잊지 않으면 안 된다." 기억의 공동체이기 전에, 국민이란 망각의 공동체인 것이다. 이 점을 잊지 말도록 하자. 이렇게 확인된 몇 가지 역사적 사실을 바탕으로, 제2부에서는 르낭의 입장에서 본 잘못된 여러 국민 원리들이 하나하나 반박된다. 그것은 처음에 기각되는 왕조 기원설을 제외하면 하나같이 독일형 국민 개념이 원용하는 설로서, 그 뼈대가 되는 부분은 오늘날 식으로 표현하자면 본질주의적 국민 이론이라 부를 수 있는 것으로, 혈통, 언어, 영토의 고유성을 기준으로 국민을 정의하고자 하는 사상이다. 우선 혈통에 관해서는 인류학적 인종 개념과 문헌학적 인종 개념의 환원 불가능성 ("인류의 동물학적 기원은 문화와 언어의 여명기보다 훨씬 더 이전으로까지 소급해 '올라갑니다'")을 상기시키면서, 현재의 독일인 자체가 결코 순수한 게르만계가 아님을 논증한다. 또 언어에 관해서도 영국과 미국, 스페인과 라틴 아메리카의 예를 들고, 또 스위스의 예도 끌어와서 언어와 국민의 대응 관계를 부정한다("사람들이 언어에 부여하는 정치적 중요성은 그것을 인종의 조짐으로 보려고 하는 데서 유래합니다. 이토록 잘못된 생각은 없습니다. 프러시아[프로이센을 가리킴]에서는 지금이야 독일어만 쓰이고 있지만, 몇 세기 전에는 슬라브어가 사용되고 있었습니다. [……]"). 또한 각 국민에게 "고유한" 영토가 있다고 하는 자연경계설에 대해서도 센 강, 루아르 강 등의 대하(大河)가 라인 강과 같은 정치적 의미를 가질 수 없었던 점 등을 거론하면서 독일의 주장을 물리친다.

그러면 무엇이 국민을 다른 집단 유형과 구별시켜 주고, 그것을 적극적으로 정의하는 것일까? 르낭 자신의 주장이 전개되는 것은 제3부다. 독일형 국민 개념이 과거에 형성되었던 생리학적, 언어학적, 지리적 본질에 정위(定位)하는 데 반해, 르낭에게 국민이란 무엇보다도 현재에 있어서의 자기 결정이다. 바꿔 말하자면 "실현해야 할 동일한 프로그램을 미래를 향해 소유하는" 것이다. 이로부터 저 유명한 정의가 도출된다.

국민은 하나의 과거를 전제하긴 합니다. 하지만 그것은 하나의 확실한 사실에 의해 현재 안에 요약됩니다. 그것은 공동생활을 계속 이어가고 하는 명백히 표명된 합의요, 욕망입니다. 개인의 존재가 생명의 끊임없는 긍정인 것과 마찬가지로, 국민의 존재는 (이런 은유를 양해해 주시기 바랍니다) 매일매일의 인민 투표인 것입니다.[3]

이 강연에는 (방금 인용된 구절과 앞서 인용되었던 부분을 포함하여) 수많은 양의적(兩義的)인 표현들이 발견되지만, 무엇보다도 지금 얘기한 내용이 좌와 우, 체제파와 반체제파의 차이를 초월하여 프랑스의 이민 정책과 관련해 오늘날에도 여전히 공유되고 있다. 이것이야말로 공화제 프랑스의 국민 개념이 가장 간명하게 정식화된 것이라 할 수 있겠다.

1991년 4월에 일본을 방문한 장-프랑수아 리오타르가 고바야시 야스오 (小林康夫)와 가진 대담에서 (독일어인) "Volk"와 (프랑스어인) "Peuple" 이라는 두 가지 국민 개념을 구별하면서 후자야말로 미래와 타자에 대해 열려 있는 공동체 이념이라는 주장을 전개했을 때, 그의 머릿속에 있던 것도 바로 이 국민=공동체관이다.[4] 그리고 오늘날 프랑스에서 가장 광범한 반인종주의 운동체 'SOS 라시즘'의 의장 알렘 데지르도 88년 텔레비전 토론 프로그램 「진실의 시간」에서 국민성=국적(nationalité)의 정의에 대해 질문을 받고 이렇게 답한다.

> 프랑스인이라 함은 어떤 것일까요? 프랑스인이라는 것, 그것은 프랑스에서 생활하고, 모든 성원이 (자유·평등·박애라는 표어를 포함한) 공화국의 가치들 —— 인권의 철학 —— 에 동의하는 사람들로 이루어져 있으며, 공통의 미래를 위해 준수해야 할 공통의 규칙을 스스로 정해야만 한다고 생각하는 사람들로 이루어진 운명 공동체에 참여하는 일입니다.[5]

사상 차원만이 아니라 실효성을 동반한 정책 결정 현장에서도 이 문제를 둘러싼 숨은 합의가 존재해 왔다는 사실이 오늘날에는 알려져 있다. 과거 50년의 이민 정책사를 저술한 파트릭 베유(Patrick Weil)는 확고한 이민 정책의 부재를 탄식하는 통설에 반대하면서, 이 문제에 관한 하나의 명확한 공화주의적 원칙이 1930년대 후반(인민전선 시기)부터 서서히 꼴을 갖추었고, 45년 해방과 함께 정식화되어 있었다는 사실을 밝혀냈다.[6] 그에 따르면 이러한 공화주의적 이민 정책의 골자는 ① 난민·정치 망명자에 대한 특별 대우 부여 ② 이민을 받아들일 때 민족 차별("바람직한 이민자" 유럽계 백인 기독교도와 "바람직하지 않은 이민자" 비기독교도·

비백인의 구별)의 철폐 ③ 커뮤니티 단위가 아니라 개인 단위에서 이민자의 동화(同化) 등으로 집약되는데, 이것은 45년의 정령(政令)을 거쳐 공식 정책이 되었다. 1986년 시라크가 이끌던 보수 정권이 국적법 개혁안을 제출했을 때 격렬한 논의가 야기되긴 했지만, 그때도 결코 이 틀을 벗어난 것은 아니었다. 프랑스 영토에서 태어난 아이는 양친의 국적에 관계없이 성인에 도달했을 때 거의 자동적으로 프랑스인이 되는 현행 시스템의 래디컬한 속지주의를 일부 수정하고, "함께 살 의지"의 표명을 의무화하는 방향을 시사한 정도였다.[7] 그리고 이 법안의 정당화에 원용된 것이 다름 아닌 르낭의『국민이란 무엇인가』이고, 알랭 핑켈크로트 같은 인권파 철학자는 확실히 "보다 주의주의적(主意主義的)인" 이 국적 개념을 지지한 것이었다.[8] 이처럼『국민이란 무엇인가』는 프랑스 공화제 사상의 기본 문헌으로, 오늘날 모든 장소에서 계속 살아 있다. 그러나 르낭에게는 또 하나의 얼굴이 있다. 인종주의자로 정평이 난 사람이라는 얼굴이다. 마르티니크섬 출신의 시인 에메 세제르의 말을 들어보자.

> [······] 원하든 원치 않든 간에, 유럽이라는 막다른 골목, 즉 아데나워, 슈만(Robert Schuman), 비도(Georges Bidault) 등의 유럽이 결국 다다르는 곳은 히틀러다. 연명을 획책하는 자본주의 맞은편에는 히틀러가 있다. 형식적인 휴머니즘과 철학적인 체념 맞은편에는 히틀러가 기다리고 있는 것이다.
>
> 여기서, 바로 그러한 의미에서 히틀러적인 말을 아무래도 상기하지 않을 수 없다.
>
> "우리가 지향하는 바는 평등이 아니라 지배다. 다른 인종의 나라는 농노, 날품팔이 농부, 공장 노동자의 나라로 다시 돌아가야 한다. 인간 간

의 불평등을 없애는 것이 아니라, 이를 확대하여 하나의 법이 되도록 만들어야 한다."

이것은 정말이지 확실하게, 오만하고 노골적인 말이다. 우리로 하여금 미친듯한 야만 상태로 빠져들게 한다. 그러나 음정을 좀 낮춰 보자.

누구의 말인가? 그걸 말하면 우리가 부끄러워지지만, 어쨌든 그 누구는 바로 서구의 위마니스트(휴머니스트), "관념론" 철학자이다. 그것이 르낭이라는 이름임은 우연이다. 이 말이 『지적 도덕적 개혁』이라는 책에 들어 있다는 사실, 프랑스는 무력에 대하여 정의를 원했다고 하는 내용이, 어떤 전쟁 후*에 프랑스에서 쓰였다고 하는 사실은 부르주아의 생태에 대해 많은 걸 시사해 준다.[9]

이 『지적 도덕적 개혁』[10]이 『국민이란 무엇인가』와 동시대 저작이고 독일[당시 프로이센]과의 전쟁에서 패배한 후 프랑스 개혁의 전망을 제시한 텍스트라는 사실, 나아가 60년 후 독일과 또 한 번의 전쟁을 치른 드골 장군이 머리맡에 두었던 책이라는 사실을 안다면, 30년대의 네그리튀드 운동을 대표한 프랑스 국적의 흑인 시인 에메 세제르가 이 인용문과 논평 속에 담은 풍자를 빠짐없이 이해할 수 있을 것이다. 즉 독일 근대의 도달점으로서의 나치즘과 영국·프랑스의 식민지주의는 전후(戰後)의 프랑스인이 그 어떤 왜곡된 역사관을 휘두르든 간에 명확한 역사적 맥락을 공유하고 있고, 따라서 모든 악은 독일에서 유래한다는 식의 믿음은 그야말로 최악의 기만이라는 사실을, 세제르는 여기서 프랑스인들의 눈앞

---

* 보불전쟁을 이른다. 1870년~1871년에 발생했던 프로이센과 프랑스의 전쟁. 프랑스는 개전 후 두 달만에 황제가 체포되면서 패배해 버린다.

에 들이미는 것이다. 그리고 이 텍스트가 쓰이고 30년 뒤, 국적법이라는 공화제의 원칙에, 그리고 이 공화국의 식민지적 과거에 관련되는 공적인 논의의 장에서, 여전히 르낭이 긍정적 준거틀을 제공할 수 있었다는 점을 아는 우리는 이 인용문이 르낭의 것이라는 사실이야말로 세제르의 선택이 "우연"이 아니고 프랑스의 자기 표상=해석의 통점(痛點)=한계를 주도면밀하게 찔러 들어간 전략적 행위였음을 충분히 이해할 수 있다.

물론 르낭의 여러 저작들이 많은 내부 모순을 안고 있었다는 점은 저자 자신도 살아생전에 인정한 바였고, 오늘날 프랑스의 지배적인 문화도 르낭의 작업 전부를 자랑스러운 유산으로 계승하고 있지는 않다. 특히 문헌학자로서의 그의 작업이 오히려 독일 사상과의 깊은 연관성 속에서 성립되었고, 그 세기를 지배하던 비교 문법학의 대표자중 한 사람으로서 인도-유럽어와 셈어의 비교 연구를 통해서 셈계 "인종"(유대인과 아랍인)에 대한 다수의 편견을 생산하고 정당화했다는 점에 대해서는 홀로코스트 이후의 역사관 속에서 엄격한 검증을 받아왔다.『국민이란 무엇인가』에서는 "언어는 그것을 말하는 인종(race)에 대해서는 거의 아무것도 가르쳐주지 않는다"고 말하고, 나아가 "인종 개념이 정치의 장에 적용되어서는 안 된다"고 언명하는 르낭이 다른 한편으로는 말의 본래적인 의미에서 반(反)셈적인 이데올로기를 생산하여, 92년 그의 죽음 직후에 일어난 드레퓌스 사건을 사상적으로 준비한 것이었다.[11]

에드워드 사이드에 따르면 에드가르 키네(Edgar Quinet)나 미슐레의 오리엔트관(觀)은 "연극"적인 것으로 동양이 "제기한"(propose) 문제를 서양이 "해결한다"(dispose)고 하는 역할 분업을 통해 "각자의 아이덴티티를 확인하는" 구성이었는데, 그에 반해 르낭은 기독교까지 포함한 동양의 산물 일체를 자신의 "과학"으로 치환하고자 했다. 르낭의 입장에서 오리엔탈리즘이 전개되는 장은 "극장"이 아니라 "실험실"이고, 거기서 "죽은" 오리엔트는 과학자의 "구축"(構築)을 통하여 소생한다. 이리하여 내적인 생명력을 갖춘 유럽 문화를 담당하는 인도유럽 언어들에 비하여, 셈어는 "윤리적으로나 생물학적으로 모두 타락한 형태"가 되는데, 이러한 셈어는 "누구보다도 우선 르낭이 창조한 것이었다". 그리고 이런 셈어의 "본질"은 르낭의 부인에도 불구하고, 결국은 셈 "인종"이 놓여 있는 "뒤쳐진"[후진적] 현 상황의 설명 원리가 되어 간다.[12]

3.

『국민이란 무엇인가』와 『지적 도덕적 개혁』, 『셈어의 일반사 및 비교 체계』 간에 가로놓여 있는 단층은 무엇을 의미하고 있을까? 그것은 정말로 이 텍스트들 사이에 그어져 있는 것일까? 그렇지 않으면 어느 텍스트에도 두 명의 르낭이 들어 있는 것일까? 합리주의적 민주주의자 르낭과 인종주의자 르낭은 전혀 별개의 사람일까? 혹은 섬뜩할(unheimlich; 꺼림칙할) 정도로 유사한, 그러면서도 분열되어 있는 분신 관계일까? 그리고 이 인물의 특이한 다면성과 1980년대 중반 이후의 프랑스 사상계에 그가 조용히 회귀=부활한 것 사이에는 어떤 관계를 생각해 볼 수 있을까?[13]

이 대목에서 현대 프랑스의 인종주의 이데올로기가 어떠한 시대적 위상을 갖고 있는지 잠시 소묘해 두어야겠다. 이 점에 대해서도 이미 통설이 성립되어 있는데, 그에 따르면 예전의 인종주의는 그 이론적 양상에서 서구 국가들의 현실이 밖으로는 식민지주의, 안으로는 반유대주의를 필연적으로 분비하던 시대의 요청에 따른 것으로서 진화론적 인간학, 사회생물학, 유전학 등, 의사(疑似)-과학적인 가면하에 형성된 "생물학적" 인종주의였다. 반면 오늘날의 인종주의는 포스트 식민지=대량 이민 시대라는 새로운 역사적 시기에 대응하며, 이문화(異文化) 간의 차이를 절대 불변의 것으로 고정화하는 "문화주의적" 인종주의이다. 특히 프랑스 전후 사상사의 차원에서 중요한 것은 식민지 해방기의 소위 "제3세계주의"의 형성에 힘이 되었던 구조주의적 문화인류학의 전제인 "문화의 차이에 있어서의 평등" 사상이 70년대 중기 이후, 신(新)우익 언설의 수중에 떨어졌다는 점이다. 비유럽 문화의 자기 긍정의 표어였던 "차이에의 권리"가 이민자들의 "침략", 프랑스의 동일성의 위기를 외치는 우익에 의해 "개별 문화"로서의 프랑스 문화 방위의 슬로건으로 살짝 바뀌쳐져 갔다. 이러한 사태에 대한 반동으로서, 구조주의 이후 반 인간주의적 사상 조류에 대한 일종의 불신감이 보편주의적 인간주의 재건의 움직임이 되어 소위 신철학파로부터 알랭 핑켈크로트, "칸트로의 회귀"를 제창한 뤽 페리, 알랭 르노 같은 사람들에 의해 형성된다.[14] 계몽주의적·보편주의적 국민 개념을 정식화한 사상가로서 르낭이 회귀=부활하는 것이 이 흐름에 편승하는 것임은 이제 분명할 터이다.

헌데 르낭이야말로 "생물학적" 인종주의와 "문화주의적" 인종주의, 나아가서는 인종주의 일반과 보편주의적 인간주의가 결코 양립 불가능한 사상이 아니라는 점을, 그리고 이 양극의 반전(反轉)이야말로 이데올로기로서의 인종주의의 힘을 만들어 왔음을 보여 주는 적절한 예가 아닐까? 이러한 이항(二項) 도식을 무비판적으로 전제하는 일만큼, 현재의 상황 판단을, 그리고 과거 및 미래의 전망을 오도하는 것은 없는 게 아닐까? 실제로 독일적 국민 개념이라고들 하는 것도 역시 결코 과거에 대한 향수로만 구성되어 있지는 않고, 또 헤르더나 피히테의 실제 발언을 보면 그들이 역점을 둔 것은 독일에 주어졌다고 그들이 본 보편적·전 인류적 사명 위에 놓여 있다.[15] 순수한 "생물학적" 인종주의는 오히려 극히 드문 현상이고, 또 역으로 아무리 명확한 보편적 인간주의를 표방하는 언설도 일단 그것이 국민적 동일성에 토대를 부여하고자 하는 목적으로 조직되면 바로 그 순간, 적어도 잠재적으로는, 일종의 "생물학적" 경향을 잉태하는 게 아닐까?[16]

　에티엔 발리바르는 이매뉴얼 월러스틴과의 공저 『인종·민족·계급』[17]에 수록된 논고 「인종주의와 내셔널리즘」에서 이 점을 해명하려고 시도한다. 그에 따르면 인종주의는 "인간이란 무엇인가"라는 물음에 사로잡힌 사상이고, 그 이론적 언설은 이 수수께끼에 대한 회답으로서 조직된다. 그리고 현저한 특징인 생물학주의도 문자 그대로의 생의 가치화가 아니라 "에너지", "능동성", "남성 지배" 같은 "성적으로 파악된 기존 사회적 가치들의 생기론적 은유"이며, 늘 인류의 "개선", "몰락의 저지"라는 전망 속에서, 인류를 새로이 구성한다고 하는 기도(企圖)하에 의사-생물학적 관념을 동원하는 것이다.[18] 발리바르의 이러한 주장을 이면에서 보강하는 것으로 크리스티앙 들라캉파뉴의 노작 『인종주의의 발명』[19]이 있다. 인종주의와 그밖의 타자 혐오 형태들을 구분 짓는 기준을 차이의 자연화에서 찾는 들라캉파뉴는 그 기원을 고대 희랍의 퓌시스 개념에까지 거슬러 올라가 인종(race)과 이성(raison)이 모두 라틴어 ratio에서 파생한 단어임을 단서로, 인종주의가 유럽의 발명품인 연유를 밝혔다. 르낭의 방대한 저서를 실제로 읽어 보면, 거기에 자주 등장하는 "인종"이라는 용어가 경우에 따라 어떨 때는 순수하게 역사적인, 또 어떨 때는 반대로 거의 생물학적인 의미를 띄고, 기능의 레벨에서도 어떤 대목에서는 순학문적으로 한정되어 있는가 싶다가, 또 다른 대목에서는 최악의 정치적 효과를 발휘하는 데에 놀라게 되는데, 발리바르나 들라캉파뉴의 작업은 그것이 단순한 지적 혼란이 아니고, 인간주의라는 사상이 현실에서 기능할 때 필연적으로 드러나는 양태의 한 측면임을 설득력 있게 증명하고 있다.

4.

지금까지 보았듯이 르낭이 이론적이면서 동시에 실천적인 여러 장(場)으로 편재적(遍在的) 회귀를 하는 것은 '국민 전선'의 세력 확대에서 단적으로 나타나는 프랑스 민주주의의 위기에 대한 대응(민주주의의 "원점" 회귀 = 원리주의화)이라고 간주할 수 있는데, 그것은 또한 징후의 가치를 가진 현상이기도 하다. 식민지의 상실, 특히 알제리 전쟁의 패배라는 외상을 망각하고, 프랑스적 동일성의 역사적 연속성을 회복하기 위해, 그리고 통합 유럽 내부에서 독일에 대한 사상적 패권을 확립하기 위해 프랑스 내셔널리즘은 르낭을 복권할 필요가 있었던 것이다. 그러나 적어도 『국민이란 무엇인가』라는 텍스트는 현재의 시점에서 허심(虛心)하게 읽어 보면 민주주의적 공동체의 본질에 대해 많은 것을 가르쳐 주는 일독의 가치가 있는 명품이기도 하다. 역사가 제라르 누아리엘(Gérard Noiriel)과 철학자 자크 데리다가 각각의 각도에서 이 텍스트를 언급하고 있는 사례를 마지막으로 보도록 하자.

　누아리엘의 저서 『프랑스라는 도가니: 19~20세기 이민사』[20]는 이민 문제에 관한 프랑스 최초의 본격적인 역사 연구다. 그 서두에는 저 망각에 관한 르낭의 발언이 인용되어 있는데, 저자는 이민의 역사가 약 1세기 동안 [아날파까지 포함하여] 지배적인 학파의 연구 대상이 될 수 없었던 원인(遠因)을 『국민이란 무엇인가』 제3부에 정식화되어 있는 계약주의적 국민 개념(그 상관항으로서의 인격적 국민관)이 자유주의파 학자들 사이에서 극도로 깊이 내면화된 결과, 제1부에서 언급된 망각의 공동체로서의 국민 규정 자체가——르낭의 권고에 충실하게—— 망각되어 버린 점에서 찾고 있다. 그러던 프랑스가 지금 돌연 주민 세 명 중 한 명이 겨우 삼대만 거슬러 올라가도 이민자 출신과 맞닥뜨린다는 사실을 발견한 것이다. 이 지적에는 민주주의적 공동체의 공적인 기억 기관으로서 학술 제도가 기능하는 방식에 대한 귀중한 시사가 포함되어 있는 듯 하다.

데리다가 르낭을 언급하는 것은 신칸트파의 지도적 철학자 헤르만 코엔의 1915년 강연 「독일성(獨逸性)과 유대성」의 독해 작업의 말미에서다.[21] 제1차 대전이 한창이던 시점에 코엔은 독일 대학 제도에서 요직을 얻은 최초의 유대인 지식인으로서, 미국의 유대인 동포들에게 미합중국이 영국·프랑스 진영에 가담해 참전하지 않도록 압력을 행사해 달라고 요청하는 성명을 발표했다. 여기서 코엔은 독일이야말로 전 세계 유대인의 정신적 조국이라고 하는, 홀로코스트의 참화(慘禍)를 경험한 후의 세대로부터 혐오스러운 폭론(暴論)으로 경멸의 대상이 되더라도 도리가 없는 주장을 전개하고 있는데, 이 주장을 정당화하기 위해 그는 서양 정신사를 총체적으로 재해석하는 시도를 감행하고, 그리하여 칸트를 정점으로 하는 독일 관념론이야말로 헬레니즘에 매개되어 독일=유대성이 최고로 달성된 것이라 평가한다. 그리고 사회주의·평화주의의 이름에 있어서, 영구 평화에 이르는 불가결한 단계로서 독일의 승리를 열망한다.

코엔이 자신의 입장을 정당화하기 위해 행사하는 논리는 데리다가 "범례성의 역설"이라 부르는 것으로, 독일의 "사례"(Beispiel)가 다른 국민의 "모델"(Vorbild)이 되는 것을, 그리고 그럼으로써 다른 국민이 독일의 "패권"(Vermacht)을 승인할 것을 요구한다. 그리고 이 범례적 단독성

논리야말로 실은 모든 내셔널리즘의 바탕을 이루고 있다. 르낭은 이렇게 말한다.

> 프랑스 혁명에 의해, 국민은 그 자체로 존재한다고 선언했던 일은, 프랑스의 영광입니다. 우리는 다른 사람들이 우리 흉내를 내는 걸 나쁘게 생각해서는 안 됩니다. 그러나 국민의 원리는 우리의 것입니다.[22]

그런데 이 같은 공통점 이상으로 데리다가 착목하는 것은 정신사를 재해석하는 코엔의 작업이 정작 독일인, 나아가 독일계 유대인 자신의 계보의 망각을 전제하고 있다는 점이다. 따라서 코엔은 이러한 망각이 국민의 역사를 구성하는 데에 가담하고 있음을 암암리에 인정하는 것인데, 그것이야말로 르낭이 일찌감치 지적했던 점이다. 그러나 정말 그렇다 해도, 르낭에게 망각은 그것이 가능케 하는 기억과 어떤 식으로 관계되어 있었을까? 현재의 "자유로운 동의"("매일매일의 인민 투표")는 르낭의 복권을 추진하는 사람들이 그렇게 확신시키고자 하듯이, 정말로 과거의 제약을 일체 받고 있지 않는 것일까? 그렇지 않다. 국민은 둘이자 하나인 그런 존재로서, 동시에 과거와 미래를 지향한다.

> 국민은 혼(une âme)이요, 정신 원리(un principe spirituel)입니다. 실은 일체를 이루고 있는 두 가지가 이 혼을, 이 정신 원리를 구성하고 있습니다. 한쪽은 과거에 있고, 다른 한쪽은 현재에 있습니다. 한쪽은 풍부한 기억 유산의 공유이고, 다른 한쪽은 현재의 동의, 함께 생활하려고 하는 원망(願望), 공유물로서 받아들인 유산을 계속 운용하겠다는 의지입니다. 인간이라는 것은, 하루이틀에 생겨나는 것이 아닙니다.[23]

데리다의 접근법의 요체는 이러하다. 데리다는 현재를 회전축 삼아 반조(反照)하는 과거와 미래의 원환적(圓環的) 일치가 르낭적 국민의 동일성을 보증하고 있음을 확인해 둔 다음, 그 위에서 정신 분석의 억압 개념에나 비견될 만한 기원의 폭력에 대한 "망각"을 시간축상의 과거에서 찾을 뿐만 아니라, "현재의 동의", 즉 필연적으로 반복되는 약속에서 구조적으로 결부된 것으로 읽어 들이는 것이다. 이리하여 "망각"은 집단적 기억의 축적을 텔로스로 삼는 변증법의 가능성의 조건이 아니라, 오히려 니체적인 힘의 작용[24]으로 변형되어, "혼"과 "정신"의 예정 조화적 통일성에 약속의 과잉성을 치환해 넣을 수 있게 된다. "약속은 늘 과잉이다. 이 본질적 과잉이 없다면 그것은 미래에 대한 기술(記述) 내지는 인식이 되고 만다. 그 행위는 확인의 행위가 되는 것이지, 행위 수행의 행위는 아니게 된다"라고 데리다는 최근의 다른 저작에서 말하고 있다.[25]

르낭이 단정한 "혼"과 "정신"의 통일은 현대의 이민 문제에 있어서 국적=국민성과 시민권(citoyenneté)의 분리 불가능성이라는 형태로 예리한 액추얼리티를 띠고 있다. 공화제 이념에 충실하는 한, 법적으로 보증된 의지 표명의 권리, 즉 선거권을 갖는 시민일 것 이외에 프랑스인을 비 프랑스인과 구별 짓는 기준은 없다. 여기로부터 역설적이게도 사회당이 10년 전부터 공약해 온 바에 반하여, 프랑스는 지방 선거에서의 이민자의 선거권을 계속해서 거부하는 결과가 되었다. 왜냐하면 파트릭 베유가 심히 걱정하듯이, 이러한 나라에서 외국인에게 비록 부분적이나마 시민권이 인정된다면, "혼"과 "정신"이 분열되는 사태에 맞닥뜨린 진짜 "순수" 프랑스인은 자신의 동일성을 다른 곳에서 찾게 되고, 그리하여 지금까지보다 더 출신, 혈통, 인종 등등에 집착하기 시작할 우려가 있기 때문이다.[26] 그러나 데리다는 발리바르나 가타리와 함께 이민자에게 선거권을 부여하라고 확실히 요구하면서, 국적과는 구별된 신 시민권 제정을 제창하고 있다. 그가 이야기하는 "약속의 과잉"이란 이 맥락에서는 신 시민권에 시간과 장(場)을 부여하는 그러한 "혼"과 "정신"의 간격화 (espacement)를 시사하고 있는 것인지도 모른다.

5.

9월 28일, 우리는 공화국(Republique) 광장에 모였다. 결집 시각보다 한참 뒤늦게 아프리카인, 아랍인 여성들, 남성들이 지하철 출구로부터 가랑비 흩날리는 옥외에 속속 모습을 드러냈다. 그들, 저 부서진 창, 해체된 가옥의 원 주민들, 350명의 어린이를 포함한 백 세대 이상의 사람들은 7월 13일 이래로 13구의 케 드 라 가르(Quai de la Gare)에 있는 파리시(市) 토지에서 텐트 생활을 계속하고 있다. 주택권과 강제 퇴거 정지를 요구하는 약 1000명의 데모대는 수많은 가옥들이 파괴된 11구를 가로질러 벨르빌로 향해, 다시 한번 레퓌블리크(공화국)로 돌아왔다.

내년, 유럽 통합의 해는 기이하게도 르낭 사망 후 100년에 해당하는데, 그것은 또한 몽테뉴 사후 400년, 그리고 "신대륙 발견" 500년이 되는 해이기도 하다. 몽테뉴와 르낭 사이의 300년 동안에 받은 너무나도 거친 취급으로부터, "인간"이라는 말은 아직 회복되지 않고 있다.[27] 1992년이라는 이 다양한 회고와 약속, 그리고 기념과 출발의 해에 "지금 여기"의 망령들, 케 드 라 가르 133번지의 주민들은 "현재"에 자신들을 상기시킬 수 있을까? 아랍계 용모를 한 어떤 청년이 「인터내셔널」을, 그중에서단지 1절을 장난스레 읊조렸다. 이 사람들에게 역사는 끝난 것이 아니다. 아니, 아직 시작조차 되지 않았다——나는 그런 생각을 하고 있었다.

1 Ernest Renan, "Qu'est-ce qu'une nation?", *Œuvres Complètes*, vol.1, Calmann-Lévy, 1887. pp. 277~310 「「国民とは何か」,『批評空間』9号, 鵜飼哲 訳, 1993].

2 *ibid.*, pp. 284~285. 이 모티프는 물론 정신분석적 관점 및 벤야민의 『폭력 비판론』에 들어 있는 명제들과의 관련 속에서 보아야 한다.

3 *ibid.*, pp. 307~308.

4 "왜냐하면 그것[공화제]은 이 동일화에 대한 실체적인 주체를 인정하지 않기 때문입니다. 바꿔 말하자면 주체의 실체는 국민(peuple)의 머리 위에 있는 게 아니라, 그 신체 전체에 분산되고 있는 것이고, 게다가 국민이라 불리는 이 실체는 가장 양호한 경우에는 피나 기원, 심지어는 언어에 의해서도 규정되지 않습니다. 그것은 단지 시민권— 즉 국민에 관한 결정에 몸소 참가할 수 있는 권리—에 의해 규정되는 것입니다. 이 "peuple"(국민)이라는 말이 중요합니다. 프랑스어에서 이 말은 예컨대 독일어의 "Volk"(민중·국민)과는 전혀 다른 말입니다. [……] 기원에 의해 자신을 규정하는 공동체는 오늘날에는 더 이상 전망이 없는, 미래가 없는 공동체입니다. 공동체는 그 지평, 그 미래, 그 계획에 의해 규정되는 것이어야 합니다. [……]"(「湾岸戦争はポストモダンの戦争だった」,『中央公論』, 1991年 8月号, 138~139頁[「걸프 전쟁은 포스트모던 전쟁이었다」]. 대괄호는 인용자). 이 구절이 그의 걸프 전쟁 긍정론의 일부를 이루고 있음을 명기해 두자. 이 발언을 전하자마자, 시리아인인 나의 벗은 그것을 독일, 아랍, 일본이라는, 프랑스에 위협을 주고 있는 세 내셔널리즘에 대한 공통 비판이라고 간주해야 한다고 지적했다.

5 *SOS Désir*, Calmann-Lévy, 1988.

6 Patrick Weil, *La France et ses étrangers–l'aventure d'une politique de l'immigration 1938-1991*, Calmann-Lévy, 1991.

7 르낭의 사상은 프랑스 국적법의 속지주의(droit du sol) 원칙과도 깊은 관련이 있다. 9월 21일, 전 대통령 지스카르 데스탱은 EC 역내의 자유 통행이 일정에 올라 있는 이상, 속지주의 원칙을 방기하고 속인주의(droit du sang)를 채용해야 함을 제기하면서, 이민자 자녀의 프랑스인화를 "침략"(invasion)이라 불러 물의를 일으켰다.

8 *Libération*, 17 octobre 1987.

9 Aimé Césaire, *Discours sur le colonialisme*, Présence africaine, 1989.

10 Renan, "a réforme intellectuelle et morale de la France", *Œuvres Complètes*, vol.13, Calmann-Lévy, 1887.

11 이 점에 대한 최신의 상세한 연구로서 Maurice Olender, *Les Langues du Paradis–Aryens et Sémites; un couple providentiel*, Seuil, 1989가 있다.

12 『オリエンタリズム』, 今沢紀子 訳, 平凡社, 1986, 134~151頁.

13 르낭의 국민 사상을 비판적으로 재검토하는 시도도 이미 몇 차례 있었다. 예컨대 Frédéric Darmau, "les ambiguïtés de Renan: nation, nationalisme, internationalisme", *Raison présente*, no. 86, 1988, pp. 27~35.

14 차이파(差異波) 인종주의자의 동향과 그에 대한 분석으로는 Pierre-André Taguieff, "L' Identité française au miroir du racisme différentialiste", *L'Identité française*, Tierce,

1985, pp. 96~118을, 문화상대주의 비판에 대해서는 Tzvetan Todorov, "Lévi-Strauss entre universalisme et relativisme", *le Débat*, No.42, 1986 참조. 이 논문의 연장선상에서 쓰인 *Nous et les Autres-la réflexion française sur la diversité humaine*, Seuil, 1989에서 토도로프는 르낭에 대해 상술하고 있다. 다만 그가 부여하는 위치는 우리와는 전혀 다르다. 그에 따르면 르낭의 사상은 인간주의로부터의 일탈이고, 구조주의의, 따라서 차이파 인종주의의 선구 형태이다. 인간주의적인 "좋은" 상대주의자 몽테뉴의 유산이 르낭에 의해 과학주의적으로 왜곡되고, 레비-스트로스의 "나쁜" 상대주의를 준비했다고 하는 얘기인데, 이러한 입장은 현재 조성된 위기의 심각성에 충분히 대응하고 있다고는 단언할 수 없다.

15 1933년, 히틀러가 권력을 장악한 그 해에 사회 민주주의의 입장에서 독일과 프랑스의 민족 이론의 화해를 꾀한 귀중한 기록으로서 Ludwig Hintze, "Nation et humanité dans la pensée des temps modernes", *Revue d'histoire moderne*, tome 8, 1933, pp. 1~35가 있는데, 거기에 르낭에 대한 언급도 들어 있다.

16 하이데거는 1936년 니체 강의를 하는 가운데 니체의 생(生) 사상을 의지의 형이상학의 완성 형태로 규정한 바 있는데, 그런 하이데거가 로젠베르크류의 나치 인종주의에 대해 가한 비판의 한계도 이 점과 무관치는 않을 것이다. 데리다,『精神について:ハイデッガーと問い』, 港道隆 訳, 人文書院, 1990, 116~118頁[『정신에 대하여: 하이데거와 물음』]을 참조.

17 Etienne Balibar et Immanuel Wallerstein, *Race, nation, classe-les identités ambiguës*, la Découverte, 1988.

18 이 지점에서 우리는 인종주의와 성차별이 늘 보완적 관계에 있는 이유를 발견할 수 있다. 들라캉파뉴도 이 점을 강조하면서 고대 아테네에서의 최초의 인종차별은 "여인 종족"에 대한 것이었다고 말하고 있다. 사이드는 르낭의 학문을 "미친듯한 남성적 세계"라 평하면서『문헌학이 역사학에 끼친 공헌』의 다음과 같은 말을 인용하고 있다. "남성은 자신의 언어에도, 자신의 인종에도 속하지 않는다. 그는 무엇보다도 우선 자기 자신에게 속한다. 왜냐하면 남성은 무엇보다도 우선 자유로운 존재이고 도덕적인 존재이기 때문이다." 르낭적 국민은 따라서 "남자"이고, 언어나 인종을 고집하는 민족은 그 만큼 "자유"롭지 못하고, "여성적"이다(사이드 앞의 책, pp. 149~150).

19 Christian Delacampagne, *l'Invention du racisme-Antiquité et Moyen Age*, Fayard, 1983.

20 Gérard Noiriel, *le Creuset français-Histoire de L'immigration xix-xx siècles*, Seuil, 1988.

21 Renan, "Qu'est-ce qu'une nation?", p. 287.

22 *ibid.*, p. 306.

23 Derrida, "Interpretations at war - Kant, le juit, l'Allemand", *Phénoménologie et Politique: Mélanges offerts à Jacques Taminiaux*, Ousia, 1989, pp. 209~292.

24 니체,『도덕의 계보』제2 논문 1을 참조.

25 Derrida, *Mémoires-pour Paul de Man*, Galilée, 1988. p. 99. 더 정확하게 말하자면, "혼"

과 "정신"이라는 두 가지 호칭을 함께 받아들임으로써 비로소 하나일 수 있는 그러한 둘
이 문제인 것이다. 바꿔 말하자면 "혼"도 "정신"도 모두 근원적인 내부 분할에 노출되어
있다. 또한 이 약속의 과잉성이라는 데리다적인 모티프와, 발리바르가 "Citoyen sujet",
Cahiers Confrontation no. 20, hiver, 1989, pp. 23~48에서 "과장적 명제"라 부르는
1789년의 인권 선언이 제기한 "평등적 주권"의 역설과의 접점을 찾는 일은 흥미로운 작
업일 것이다.

26 P. Weil, *op. cit.*, pp. 300~301.

27 몽테뉴를 재검토하는 최근의 시도로서는 Claude Lévy-Strauss, "En relisant Montaigne",
Histoire de lynx, Plon, 1991, pp. 277~297이 있다. 여기에는 전술(前述)한 토도로프의
비판에 대한 응답이 포함되어 있다.

『情況』, 1992. 1 [『정황』].

르낭, 『국민이란 무엇인가』에 대하여

1991년 11월, 프랑스의 스트라스부르에서 열린 콜로퀴엄 '유럽의 욕망'(Le désir d'Europe, Carrefour des Littératures Européennes/La Différence, 1992)에서, 이 도시에서 교편을 잡고 있는 철학자이자 프랑스어와 독일어를 자유롭게 구사하는 장-뤽 낭시는 「경계에서, 형상과 색채」("A la frontiére, figures et couleurs")라는 제목의 짧은 발표를 통해 대략 다음과 같이 말했다. 유럽을 정의하는 것이 여전히 가능하다고 한다면, 그것은 그 "경계의 역사"가 강하고 풍요롭다는 점에서 발견되어야 한다. 그 이유는 주로 두 가지 요인에 기인한다. 하나는 공간의 협애함이다. 로마 제국의 판도가 소멸되고 여러 민족이 거기에 각각의 윤곽을 그리기 시작하면서 고대 지중해 세계와 구별되는 하나의 세계가 출현했을 때, 아메리카에서의 프론티어라든가 여타의 광대한 대륙의 경계 경험과는 본질적으로 이질적인 "경계 긋기 방식"이 생겨났다. 또 하나는 이 경계의 철학적, 정치적 성격인데 고대의 도시나 제국에 있어서는 다소 이념적이었던 영토(domaine) 관념이 유럽적 국민(nation)의 등장과 함께 국토(sol)와 비슷하게 변환되고, 각 국민은 그 동일성과 주권을 완결된 형상(configuration)으로서 나타내게 되었다. 유럽이 통합으로 향하고 있는 오늘날, 문제는 이 경계의 논리를 유럽과 비유럽 간에 그대로 가지고 들어와, 동일한 논리로 표상된 무색(無色)의 "유럽적 보편성"에 호소하는 것이 아니다. 또한 기존의 색채가 단순하게 뒤섞여 있는 "문화적 다원성"을 찬양하는 것도 아니다. 군주=주권자를 현양(顯揚)하는 예술인 회화가 동시에 경계와 거기서 [위험스럽게도] 몸을 그대로 노출시키는 색채의 예술일 수도 있는 것처럼, 이 전통을 반복함과 동시에 그로부터 단절도 하는 그러한 "형상"과 "경계"의 경험이 개방되어야만 한다. 생각건대 경계=윤곽이란 주어진 동일성의 표상이 아니라, 거기서 동일성이 보임과 동시에 소멸도 되는 장소이며, 주권=주체는, 그것 없이는 자신을 구성할 수 없는 그 형상을 늘 이미 타자와 분유(分有)하고 있고, 그럼으로써 분할에 노출되어 있는 것이다.

스트라스부르라는 도시, 알자스와 로렌(엘자스와 로트링겐)이라는 두 현(縣), 그리고 프랑스와 독일의 근대사를 다소나마 알고 있는 사람이라면, 낭시의 이 제언에서 단순히 추상적인 도식을 뛰어넘는 역사의 무게를 느낄 터이다. 실제로 주목되는 경우는 그다지 없지만, 근대 유럽 국가 중 서로 점령하고, 점령당한 경험을 가진 것은 독일과 프랑스 두 나라 뿐이고, 이 분유=분할된 특이한 경계 경험으로부터 이 양국의 국민=민족 개념을 한 세기 넘도록 규정하게 되는 두 텍스트가 태어난 것이다. 두 개의 텍스트란 피히테의 『독일 민족에 고함』(Reden an die deutsche Nation, 1807~8)과 르낭의 『국민이란 무엇인가』(Qu'est-ce qu'une nation?)이다.

『독일 민족에 고함』이 나폴레옹 점령하의 베를린에서 했던 강연이라는 사실은 잘 알려져 있지만, 『국민이란 무엇인가』 또한 프랑스가 보불 전쟁에서 패배하고 알자스-로렌을 상실한 민족적 실의 속에서 1882년 3월 11일, 소르본에서 행해진 강연이다. 그것은 청중 앞에서 행해진 고전적인 의미의 언어 행위로서 당시의 맥락(context)과 분리될 수 없을 터이지만, 그럼에도 불구하고, 아니 오히려 그 때문에, 그 후 이 텍스트의 짤막한 문구는 전혀 이질적인 다른 텍스트에 이식되고, 바로 그럼으로써 "전통"이 되었다. 학문 일반의 "정치 이용"을 이만큼 확실히 간언한 문서가 20세기에 여러 공화제의 가장 구체적인 정책 결정의 장에서 끊임없이 인증되고, 공교육의 장에서 어떤 페티시적인 마력을 발휘하게 되리라고는 역사의 역설에 어지간히 친숙한 작자 르낭이라 해도 상상하지 못했음에 틀림없다.

'국민 전선' 등 인종차별주의 조류가 대두된 1980년대 프랑스에서 공화제와 개인주의적 민주주의의 가치들로의 회귀를 제창한 사상가들(알랭 핑켈크로트, 루이 뒤몽 등)은 누차에 걸쳐 독일형 국민 개념과 프랑스형 국민 개념의 대립 도식에 호소하였다. 그들은 '독일형 국민 개념(Volk)이란 민족을 유기체로 보는 "홀리스틱한"(전일론적인) 개념으로 이미 전체주의의 맹아를 포함하고 있고, 그런 점에서 르낭에 의해 정식화된 인민의 발의에 입각한 "선택적이고도 주의주의적(主意主義的)"인 프랑스형 국민 개념(Peuple)과는 절대적으로 구별된다. 전자의 개념은 현대도 여전히 독일 국적법의 속인주의 원칙(=피의 권리; droit du sang)에 살아 있고, 프랑스 국적법의 속지주의 원칙(=토지의 권리; droit du sol)은 후자의 개념의 제도적 표현이다. 현재 이민 문제의 근저에는 독일형 국민 개념의 현대판인 구조주의적인 문화 상대주의의 아포리아가 깔려 있는 바, 이민자들의 자제들의 통합은 유일한 보편적 국민 원리인 프랑스 공화제의 시민권 사상에 의해 원칙적으로 가능하다, 라고 한다.

그러나 한편에서 르낭이 인종차별주의자였음은 분명한 사실이고, 다른 한편에서 피히테의 국민론이 르낭과 마찬가지로 극히 보편주의적인 것임을 알 때(본서에 수록된 「프랑스와 그 망령들—어떤 휴머니스트의 회귀」 참조), 우리는 이런 안이한 이분법을 더 이상 그대로 믿을 수가 없다. 사실 프랑스의 체제 내 배외주의자들은 86년의 국적법 개악 책동 무렵에 프랑스와 알제리 간에 전쟁 가능성을 상정하고, 이민자들의 자제들 중 프랑스 국적을 가진 유자격자가 알제리에서 병역을 이행하는 현 상황을 우려하면서, 프랑스 공화국의 가치들에 대한 더 깊은 충성을 확보하기 위해 르낭의 텍스트를 근거 삼아 보다 "주의주의적인" 국적법을 요구한 것이다. 이렇듯 교육에 의한 도덕적 국민의 형성(Bildung)에 중점이 두어진 『독일 민족에 고함』에 비해 『국민이란 무엇인가』의 국민 개념이 훨씬 깊고, "자유롭게 동의된" 자기 희생에 입각한 공동체 논리를 내세우고 있다는 점을 주의해 두고 싶다. 또한 "망각"을 "하나의 국민이 창조됨에 있어 본질적인 인자"로 보는 인식은 극히 중요하며, 동시대의 니체의 사상(특히 『반시대적 고찰』의 제2편 「삶에 대한 역사의 공과」)이나 정신분석 이론 등과 대비해 상세하게 검토해야 할 것이다. 그러나 그러한 "망각"이 예컨대 프랑스와 알제리 사이에서 발생한다고 한다면, 그것은 물리적이고도 상징적인 폭력적 프로세스의 결과일 수밖에 없다. 가해 민족과 피해 민족 간에, 식민지 지배나 침략 전쟁에 대해 발생하는 거대한 기억의 격차를, 르낭이 말한 바에 따라 정당화하는 일은 결코 용납될 수 없을 터이다(참고로 말해 두자면 프랑스의 언어적 통일이 비강제적으로 이룩되었다는 것은 분명한 역사의 위조이다).

현재 유럽 **전토**(全土)를 석권하고 있는 인종주의적 폭력의 광풍은 이 두 가지 대립되는 국민 개념을 떠받치고 있는 기반 자체를 흔들고 있다. 앞서 언급된 발표를 하면서 낭시는 국적법을 둘러싼 논쟁에 있어서 참정권의 근거가 되는 "피"와 "토지"가 나치의 슬로건 "Blut und Boden"에 이어진다는 것, 그럼에도 불구하고 속인주의와 속지주의 이외 선택지의 가능성(예컨대 구 식민지 출신자의 경우에는 "역사에 의한 권리", 이민 노동자의 경우에는 "노동에 의한 권리")에 대해 그 누구도 언급조차 하지 않는다는 것을 비판하고, 유럽의 현행 국민 개념은 하나같이 동일성의 원리 위에 성립되어 있다고 지적하는데, 지극히 올바른 인식이라 하지 않을 수 없다. 그렇기는 하지만 르낭의 이 텍스트가 피히테의 텍스트와 함께, 민족 문제 특히 그 자결권의 근거, 공화 사상, 유럽, 나아가서는 역사의 본질을 사고하기 위해, 또 우리나라의 현실을 되비춰 보는 거울로서도, 실로 이 시대의 필독서라는 점에는 변함이 없다. 그 역사적 규정력의 비밀을 탐구하면서, 탈(脫)구축적이고도 실천적으로 읽히기를 기대한다.

『批評空間』, 1993. 4[『비평공간』].

그리고 아무도 오지 않게 되었다
—제네바 조약 체제의 위기와 PKO 시대의 "난민"

1983년 파리 클리냥쿠르의 벼룩시장에서 발견된 1930년 전후의 모로코인 노동자의 신분증명서 원본을 단서로 오늘날의 이민 문제와 어제의 식민지 지배의 역사적 연계성을 묻고자 한 순회 전람회 '단절'의 카탈로그에 장 주네가 글을 한 편 기고했다. 「등록 번호 1155」라는 제목의 이 글에서 작가는 그와 동일한 해(1910년)에 태어난 한 노동자를 골라 그 노동자의 신분표, 요컨대 신분표의 존재 자체와 거기에 각인된 다양한 흔적들이 이야기하는 흉포한 역사를 담담하게 기록한다.

리요테[프랑스 장군. 모로코 총독으로 반란 진압을 담당]의 입국, 혹은 1913년 원주민국(原住民局)의 설치 이래, 모로코를 그리기 위해서는 두 가지 수단밖에 없었다. '개발=착취'라는 관점과 '전략'이라는 관점 이렇게 두 가지. 이는 원주민 문제 보고서와 인류학자의 연구에 의해 알려져 있다.

타고난 병졸이자 노동자로서 모로코인을 그리는 방법도 있다. 모로코인 병사이자 모로코인 노동자로서 말이다.

"벼룩시장"의 어떤 오래된 가구에서 발견된 신분표는 당시 그들에 대해 얼마만큼만 알면 충분했던가를 우리에게 이야기해 준다.

"해골"이라는 말이 저절로 떠오른다. 열에서 열두 항목으로 구성된 이 신분표는 사실상 해골이나 마찬가지인 것이, 어떻게든 냉혹한 서체로 기입하려 애쓴 기독교도 하사(下士)의 손에 포위된 이 몸뚱아리들에게 개인적으로나 집단적으로 어떤 사건의 세계——반역, 애도, 혁명, 연애, 살인, 질병——가 생겨났는지, 우리가 이해하는 것을 금하고 있다.

우리 프랑스인들이 일찍이 어떤 사람들이었는가? 그리고 적잖은 경우 그러하듯이, 지금도 여전히 어떤 사람들인가? 너무나도 잘 정리되고 보관된 문서가 우리 코앞에 들이미는 것은 그러한 내용이다. (대괄호는 인용자)

"사생아"로서, 또 "범죄자"로서 출생 증명서, 범죄 기록, 수감자 명부 등 사회적으로는 그 자신 역시 본질적으로 그러한 서류에 의해서만 표상되고, 확인되고, 분류되고, 따라서 존재해 온 주네에게, 그와 같은 해에 출생한 이 모로코인의 상황은 전적으로 남의 일만은 아니었다. 그러나 또한 아무리 불우할지라도 프랑스 국민인 그의 입장이, 이 "보호령"이라는 이름의 식민지, 그 식민지의 노동자와 결정적으로 다르다는 사실도 그는 명석하게 의식하고 있었다.

노동자. 종족=인종(Race): 모로코

종 관념, 어쨌든 인류에 있어서의 종 관념은 1945년에 방기되기에 이른다. 1940년에는 그렇다면 종으로서는 "모로코"만이 남아 있었던 것일까?

성: 살라흐 아하메드 살라흐

이름: 없음. 혹은 성과 혼합됨

신장: 1미터 67

머리카락: 검은색

피부: 밤색

오른손, 그리고 왼손 엄지의 지문이 서명으로 되어 있다. 그러나 그가 양손 엄지로 자신의 특징을 열거한 곳에 서명했다는 식으로 이야기하는 게 어떻게 가능하단 말인가. 글자를 읽을 수 없는 그는 거기에 기재되어 있는 사항을 무엇 하나 읽을 수 없었는데 말이다.

이것은 거의 그대로 근대 일본의 식민지 지배의 현실이다. 얼마나 많은 수의 조선인, 대만인, 중국인들이 완전히 똑같은 방식으로 노동자로서, 병사로서, 위안부로서 확인받기 위해 표상되고, 분류되고, "서명"하도록 강요당해 왔을까? 게다가 일본 정부가 지문 날인 제도를 도입한 것은 패전 후인 1952년이고, 반 외국인 등록법(反外登法)의 오랜 투쟁에도 불구하고 전전과 전후 일관되게 진행되어 온 이 역사에는 아직도 종지부가 찍히지 않았다. 92년 5월의 "개정" 이후에도 지문 날인 제도는 "특별 영주자" 이외의 일반 외국인에게는 여전히 적용되고 있고, 법무성 당국은 "특별 영주자"에 대해서도 이미 등록 보관된 지문의 폐기를 거부하고 있는 것이다.

어떤 "국민"의 "외국인"과의 관련성은 각양각색이다. 그러나 근대라는 시대, 일본 같은 나라의 지배층에 속하지 않는 인간에게 "외국인"이 자신의 눈앞에 나타나는 기본적인 모습은 노동자, 그리고 난민이었다(그렇지 않으면 그 자신이 "이국" 땅에서 병사, 식민자, 때로는 노동자, 난민이었다). 그리고 그때 "외국인"인 그 혹은 그녀들의 몸은 이미 1910년생인 저 모로코인처럼, 국가의 손에 의한 흉포한 식별 작업의 대상이 되었다. 인권 사상의 정화라고들 하는 난민 보호 제도도 이 점에서 예외가 아니다. 이 역사를 해명한다는 것은 현재 우리 나라의 반 외국인 차별이나 난민 인정을 둘러싼 **국내**의 입관(入管) 제도[출입국 관리 및 난민 인정 관련 제도]에 대한 투쟁과, **국외**의 난민 문제의 "해결"을 명목으로 UN 주도하에 전개되고 있는 세계적 규모의 PKO(UN 평화유지 활동)에 반대하며 일본군=자위대의 해외 파병과 대결하는 투쟁 사이에 어떤 연계를 발견하게 해줄까?

역사 속의 비호권

"외국인"의, 나아가서는 "난민"의 개념이 정치적이고도 사회적으로 현재 형태로 정식화된 것은 그리 오래되지 않았다. 그것은 대략 1880년 이후의 일이다. 잘 알려져 있듯이 "자유의 대의를 위해 조국에서 추방된 외국인"을 위한 비호권(庇護權)을 처음으로 주장한 헌법은 1793년 제정된 프랑스 공화국 헌법이다. 그러나 19세기 거의 전 시기에 걸쳐 이 비호권은 구체제하에서 이미 존재하던 불문율을 세속화한 것에 불과했다. 특히 세기 전반의 난민 보호를 둘러싼 의회 토론 과정에서, 이 93년 헌법이 단 한 번도 비교, 대조되지 않고, 오히려 군주제하의 궁박자(窮迫者) 보호의 전통을 근거로 좌파 공화주의자만이 아니라 구 귀족 출신 의원들에 의해서도 "난민 보호"가 무조건 옹호되고 있는 것은 상징적이다. "난민의 정의(定義)" 문제를 최초로 제기한 것은 1832년의 법무부 장관 기조(François Pierre Guillaume Guizot)였다. 그는 "원조금을 교부하기 전에 피원조자가 정말로 정치적 사건을 이유로 나라를 떴는지 그 진위를 확실히 가려야 한다. 그렇지 않으면 부랑자, 범죄자, 모든 불행한 사람들이 원조금을 노리고 쇄도할 것이다"라고 말한다. 그러나 그 이틀 후, 난민을 다른 외국인으로부터 구별하는 기준에 대해 질문을 받고 말이 막혀 "난민이란 각자가 난민 상태라 부르는 상태에 놓인 사람들이다"라는, 전적인 동어반복으로 답할 수밖에 없었다.

프랑스 혁명이 "국민" 관념을 산출한 것은 사실이라고 해도 그로부터 "외국인"이, 나아가 "난민"이 부정적으로 정의되기까지는 약 1세기가 넘게 벌어져 있다. 바꿔 말하자면 정치사가 아니라 사회사에 있어서 "국민"이 성립되는 것은 겨우 1880년대의 일이고, 그때까지 외국인 문제는 사회의 문제일 수는 있어도 국가의 주요한 문제는 아니었던 것이다. 난민에 대한 원조금이 예산 문제로서 의회의 쟁점이 되는 일은 있었고, 그러할 경우 피원조자는 내무부 장관의 감시하에 놓여 장관에게 정기적으로 편지를 보내야 했다. 그러나 그것은 원조를 신청한 외국인에게만 관계되는 일로 다른 외국인은 이 제도와 무관하며, 그럴 경우의 감시는 푸코가 분석한 "범죄자"의 경우와 달리, 구체제하의 논리의 연장선상에서, 가능한 한 직접적이어야 할 "보호" 관념과 분리되기 힘들 정도로 결부되어 있었다. 영국에서도 19세기에 망명을 신청했다가 기각된 사례는 전혀 알려진 바 없다.

제2차 대전 후인 1948년에 발포된 인권 선언 제14조("어떤 사람도 박해로부터의 피난을 타국에 요구하고, 또 타국에서 이를 향유할 권리를 갖는다")는 1793년 프랑스 공화국 헌법을 답습한 것이다. 그러나 이어지는 제 15조("어떤 사람도 하나의 국적을 가질 권리를 갖는다")는 실로 혁명 후 1 세기 동안에 유럽에서 정착되고 세계적으로 보편화된 국민=국적 개념에 입각한 것으로, 이 정신은 전자와 본질적으로 종류가 다르다. 그리고 이 두 조항 사이에 가로놓인 심연이 제네바 조약을 근본에서 규정하고, 오늘날 난민 문제의 지평을 구성하고 있는 것이다.

신분 증명이라는 이름의 폭력 장치

이 사이의 변화를 가장 집중적으로 표현하는 것은 패스포트라는 것의 기능의 변화일 것이다. 혁명의 공포에 떨던 19세기 국가의 입장에서는 외국인의 존재보다 자국민의 관리 쪽이 훨씬 중요했고, 프랑스의 경우각 현의 주민은 현 바깥에 나갈 때 현에서 발행한 국내 패스포트를 휴대할 의무가 있었다. 그에 반해 그 시대의 외국인은 앞서 말한 비호 조치의 대상이 되지 않는 한, 신분증명서의 휴대는 의무가 아니었다. 이 관계가 역전되려면 두 가지 계기를 거칠 필요가 있었다. 하나는 1848년 2월 혁명의 성과로 보통 선거권(성인 남자만)이 제정됨으로써 이 정치적 권리를 갖는 자를 선별할 기준을 정할 필요가 생겼고, 바로 그것이 국적에 요구되었던 것이다. 이리하여 최초로 외국인이 명확한 배제의 대상이 되었다. 그리고 1880년~90년대의 "보호주의" 시대, 국가는 경제 과정만이 아니라 전 사회 영역에 개입을 개시했다. 구체적으로는 국내 패스포트가 폐지되어 각 현 주민은 완전한 이동의 자유를 얻고, 모든 구속이 국경으로 옮겨짐으로써 균질적인 국내 공간이 성립되었다. 이에 수반되어 패스포트 발행이 국가 주권의 독점적인 권리가 된 것이다. 그리고 1889년의 국적법이 프랑스인과 비 프랑스인 사이에 "명료하고도 합리적인" 경계를 최초로 제정하게 된다. 또한 이 법률은 식민지 "원주민"과 귀화자를 정치적 권리가 없는 2급 시민이라 규정함으로써 프랑스 시민 내부에 새로운 히에라르키(위계)를 도입한 것이다.

여기서 프랑스의 예에 입각하여 이야기를 진행하고 있는 것은 이 나라의 내적인 역사가 비호권과 난민 제도의 역사에 긴밀히 결부되어 있기 때문만은 아니다. 국내 패스포트 폐지라는 일견 우리에게는 동떨어져 보이는 이 역사 과정이 오늘날 유럽 통합, 따라서 유럽 각국 국적 소유자들의 유럽 역내 자유 통교권(通交權)의 획득이라는 사태 속에서 정확히 반복되고 있기 때문이고, 또한 이 시기에 외국인과 난민의 경우에 발생했던 일이 그 형태와 규모만 변경된 채 지금 다시 발생하고 있기 때문이다.

이렇게 제도화된 국민적 동일성(=국민으로서의 신분)은 그러나 확인 수단 없이는 행정적으로 기능하지 않는다. 여기서 확인[同定; 식별]이란 개인의 실제 동일성(그러한 것이 있다고 친다면)과는 구별되는 행정적 동일성의 구성 및 그 확인 조작을 말한다. 여기에 본래 경찰 행정의 필요에서 발명된 어떤 것이 모든 국가 관리의 도구로서 원용되게 된다. 앞서 보았듯이 당시 내무성=경찰 기구는 탄압을 위해서든 보호를 위해서든, 직접 감시 시스템을 기본으로 하고 있었고, 주민들에 관련된 자료도 각 현마다 분산되어 있었다. 그러나 교통 수단의 발달에 따라 이 시스템은 서서히 기능 부전에 빠졌다. 그리고 1883년 범죄학자 알퐁스 베르티용(Alphonse Bertillon)이 제창한 새로운 인체 감식법과, 그 자신이 초대 국장이 되었던 "범죄자" 자료의 중앙 관리국 구상이 채용되게 되었다(영국인 골턴이 지문 날인에 의한 감식법을 발명한 것도 동시대의 일이다). 사진의 발명은 베르티용의 발안(發案)보다 수십 년 앞선 일로서, 사진이 곧장 범죄 수사에 이용되었던 것은 아니다. 오히려 베르티용의 등장에 의해 비로소 그 위력을 발휘하게 된 것이다. 그는 개인의 신체에서 그 확인에 유의미한 기호[徵; signe]를 분리 추출하여, 방대한 개별성을 일정수의 타입으로 분류할 필요를 강조했다. 이 발명은 "범죄자"의 몸에 백합 낙인을 찍던 구제도에 비하면 하나의 진보였다. 그러나 이 "진보"는 또한 변별 표지의 장을 신체에서 문서로 이행시킴으로써, "범죄자" 확인을 위한 기술을 "범죄자" 이외 모든 카테고리의 개인에게 적용할 수 있게 한 것이기도 하다. 그 후 몇 년도 채 지나지 않아 대독(對獨) 강경파 국방부 장관 불랑제(Boulanger) 장군의 명령하에, 이 범죄 수사의 신병기는 "위험"하다고 간주된 모든 외국인을 확인하는 데에, 그리고 1893년 법률에서는 모든 외국인을 확인하는 데에 적용되었다. 이리하여 등록된 외국인과 미등록 외국인의 구별이 가능해지고, 이때 최초로 "불법 체재"라는 새로운 카테고리가 생산된 것이다. 그리고 제1차 대전 중, 모든 외국인에게 신분증명서 휴대 의무와 제시 의무가 부과되고, 종전(終戰)이 된 후에도 해제되지 않았던 이 제도가 그 이후 오늘에 이르는 외국인 관리의 기초가 되었다.

유럽 각국의 주민들이 국적을 갖고 있는 한, 국가로부터 보호받는 존재가 되고, 국적 소유자와 비소유자가 확연히 구별되게 되었을 때, 사회 공간은 균질해지고 국가 관리와 관계없이 외국인이 합법적으로 생존할 수 있는 틈은 소멸되었다. 이로부터 두 가지 귀결이 따라 나온다. 하나는 20세기 초엽에 러시아 및 동유럽의 유대인, 투르크의 아르메니아인, 유럽 전역의 집시 등, 정치적 이유보다 민족적 이유로 박해를 받아 난민이 되는 케이스가 비약적으로 증가했다는 점이고, 또 하나는 금세기의 국가가 주민으로부터 국적을 박탈한다고 하는 비장의 카드를 가지고, 양차 대전 기간 동안의 좌우 독재 정권이 하나같이 이 수단을 대규모로 행사했다는 점이다. 그것은 또한 인민이 그 국가 권력을 내면화하고, 나라로부터 보호받음으로써 차별하는 존재, 즉 "국민"으로서 자기를 주체적으로 동정(同定)해 간 과정의 이면이기도 하다.

제네바 조약의 제문제

이상이 금세기의 난민 제도를 낳은 아버지인 노르웨이의 프리초프 난센 (Fridtjof Wedel-Jarlsberg Nansen)이 그 거인적 활동을 전개한 시대의 역사적 환경이었다. 따라서 우리는 다음과 같은 사실에 주의해야 한다. 난센을 비롯해 난민 구제에 헌신한 많은 사람들의 노력에 대한 평가와는 다른 차원의 문제로, 양차 대전 기간 동안에 최초로 기초가 마련되고 제2차 대전의 전후 처리를 통해서 형성된 난민에 관한 국적법은 그때까지만 해도 무수하게 존재하던 난민의 존재에 처음으로 법의 빛을 쪼인 하나의 진보로서보다도, 유럽의 여러 국가들이 19세기말부터 금세기[20세기] 초엽에 걸쳐 **국민적이면서 동시에 사회적인** 국가로 변모한 것의 한 귀결이며, 지금까지 국제 문제일 수 없었던 난민의 존재가 각 개별 국가의 내부에서 해결 불가능한 "문제"가 된 결과라는 사실이다.

1933년의 최초의 난민 조약은 독재 정권에 의한 국적=시민권 박탈의 일상화[常態化]에 입각하여, 난민을 "자국의 보호를 향유하지 못하든가 더 이상 향유하지 않는 자"로 규정하고, 박해를 받은 나라로 송환하는 것을 금지한 소위 농 르풀망(Non-refoulement) 원칙*을 확립했다는 점에서 획기적인 것이었다. 그러나 난민의 범위에 대해 추상적 규정에 입각한 인정이 아니라 개별 사례에 대해 순차적으로 범위를 확대하는 방식을 취했다는 점, 난민 문제를 기본적으로 제1차 대전의 전후 처리 문제로 파악하여 단기적인 임무로 생각하고 있었다는 점, 특히 국제 연맹이 대(對) 나치 독일 융화 정책을 위해 독일인 난민 구제 기관에 실질적인 지

---

* 생명이나 자유에 위협을 받고 있는 사람들(특히, 난민)이 입국을 거부당하거나 본국으로 추방 및 송환되는 것을 금지하는 국제법(즉 난민법)상의 원칙.

원을 게을리했다는 점 등으로 인해, 제2차 대전 개시 전야에는 난센 기관의 활동이 극히 곤란한 상황에 빠져 있었다.

제2차 대전 중 전 세계에서 3000만 명이라는 사상 초유의 난민이 발생했는데, 43년에 연합국 구제 부흥 위원회를 결성한 연합국은 46년에 국제난민기관(IRO)을 설치하여 주로 유럽 난민 문제의 해결에 착수했다. 난민 관리를 위한 재정이 최초로 가맹국 부담이 되었던 것은 진보였지만, 그 후 1951년 제네바 조약이 체결되기까지 IRO는 세 가지 커다란 곤란에 직면하게 된다. 첫째로 자국에서 발생한 난민 중에 귀국을 바라지 않는 사람들의 존재를 인정하지 않는 소련, 동유럽 "사회주의" 국가들의 자세, 둘째로 "독일인"을 어떻게 정의할 것이냐 하는 문제, 세 번째로 비 유럽인 난민의 처리가 문제였다. 여기서는 뒤의 두 가지 문제에 대해 살펴보기로 하자.

대전 종결시에 나치 독일의 점령 지역에 있던 "독일인", 즉 "나치 협력자"는 난민의 틀에서 제외되었다. 이는 어떤 의미에서 당연하게 보이지만, 바로 앞서 보았던 국적에 의한 차별 시스템을 전제하지 않으면 적용 불가능한 기준이다. 그리고 연합국 각국은 각각 별개의 국적법을 갖고 있는 이상, 누가 "독일인"인가를 결정하는 기준은 나치 독일에 의해 "독일 민족"이라고 인정된 자라는 기준 이외에 찾을 수가 없었다. 이리하여 분쇄당한 적(敵)의 인종주의적 국민 개념하에, 수많은 "독일인"이 난민이라 인정될 가능성을 박탈당했으며 이를 바탕으로 유럽 여러 국가에서 추방당했던 것이다. 이것은 법 운용상의 도착(倒着)이 아니라, 국적에 의해 개인을 분류하는 난민 구제 제도의 정신 자체의 필연적 귀결이었다. 한마디 덧붙이자면, 이스라엘 국가가 "유대인"을 나치의 박해를 기준으로 정의했을 때에도 같은 종류의 문제가 출현하였다. 그리고 이스라엘 건국을 유럽 여러 나라가 지원한 것은 거기서 유럽의 유대인 난민 문제에 대한 래디컬한 해결책을 보았기 때문이기도 했다.

　오늘의 관점에서 볼 경우, 제네바 조약 성립 과정에서 가장 주목할 것은 세 번째 논점, 즉 조약이 대상으로 하는 난민의 범위를 유럽에 한정할지 여부 문제일 것이다. 유럽으로 한정해야 한다고 주장한 것은 프랑스인이었고 보편적 적용을 주장한 것은 영국인이었는데, 결과적으로는 "1951년 1월 1일 이전에 유럽에서 일어난 사건의 결과" 발생한 난민에 한정하게 되었다. 프랑스에게는 당시 유럽에서 최대의 난민을 품고 있던 사정도 있었지만, 이 구절이 후대에 끼친 영향은 매우 컸다. 미국이나 일본이 난민 조약에 가맹을 거부할 경우 늘 구실로 내세운 것이 바로 이 정의였으며, 또 이스라엘 정부는 오늘날에도 피점령지에서 추방당한 팔레스타인인의 귀환 요구에 대해 이 규정을 방패 삼아 제네바 조약의 적용을 거부하고 있는 것이다.

　그러나 제네바 조약의 가장 큰 문제점은 난민의 입국에 관해 'UN 난민 고등 변무관(弁務官) 사무소'에 권한을 부여하지 않고, 각 국가의 주권을 전면적으로 인정한 점이다. 그 제한을 지향했던 양차 대전 기간 동안의 난민 구제 활동에 비해, 이는 지향점에서 커다란 후퇴라 하지 않을 수 없다. 그리고 국가가 난민 인정을 행할 경우 ① 난민 자격은 해당 인물의 신청을 필요로 한다, ② 국가는 해당 인물의 확인[同定]을 난민 인정의 전제로 삼는다, ③ 박해의 유무에 대한 증명은 신청자 측의 의무로 한다, 라는 데서 알 수 있듯이, 앞서 본 신분 증명의 논리가 전면적으로 적용되게 되었다. 자칫하면 당연시될 수도 있는 이 세 가지 점은, 그러나 역사적으로는 비호권 행사에 있어서 자명한 전제가 아니고, 지금까지 살펴보았듯이 "국민의 국가"가 형성되고 변모되는 과정에서 수반된 새로운 조건인 것이다. 그러나 이 조건 아래에 있는 난민들은 절차가 진행되는 그 처음 단계부터 "국민"의 시기와 의심의 눈초리에 노출되고("위장 난민", "경제 난민" 등등), 자신이 결백한 몸임을 증명하지 않으면 안 되는 "피고" 입장에 서고 만다. 여기에는 에드워드 사이드의 저서의 제목을 빌리자면 "희생자를 비난하는"(Blaming the victim) 정신이 제도화되어 있고, 비호권의 근저에 있는 인권 사상의 정신은 유명무실화되어 있는 것이다.

이러던 상황이 일시 중단되어 제2차 대전 직후의 유대인 난민에 비교할 수 있는 난민 수용의 특례가 된 것은 주지하다시피 인도차이나 난민, 소위 "보트 피플"을 구제하는 것이 서방 국가들의 "역사적 책무"로 되었을 때였다. 그러나 이 케이스는 어디까지나 특례에 머물렀을 뿐, 국제 난민 조약의 정신을 근본적으로 재검토하는 계기가 되진 못했다. 난민 문제에는 원리적으로 국가 주권의 논리와 저촉되는 측면이 있고, 그래서 난센이 창출한 양차 대전 기간 동안의 난민 구제 활동에 그러한 경향이 여러 차례 드러났던 것이다. 그러나 이 정신을 계승하지 않았던 제네바 조약은 본질적으로 국적 차별에 입각한 세계 질서의 보완물 이상의 것이 될 수는 없었던 게 아닐까?

내정간섭권과 PKO의 논리

말할 필요도 없지만 일본 국가는 81년의 조약 가맹 후에도 장진해(張振海)* 씨나 임계진(林桂珍) 씨에 대한 무도한 대응에서 단적으로 드러나듯

---

* 1989년 12월 16일 북경발 상해 경유 뉴욕행 중국국제 항공공사 CA981편에 승객으로 탑승, 비행기를 폭파하겠다고 협박하여 비행기를 납치했다. 결국 이 비행기는 후쿠오카 공항에 착륙했는데, 실행범은 자신이 천안문 사건에 관련되어 있다는 점, 중국에 송환되면 천안문

이, 제네바 조약의 국제 수준의 운용 기준을 전혀 충족시키지 못하고 있으며, 그 상황을 비판하는 투쟁 속에서, 이 조약은 참조틀로서 여전히 활용되어야 한다. 그러나 오늘날 독일이 기본법 16조의 재검토에 돌입하고, 미국에서도 자유주의 원칙이 무너져 아이티 난민의 대량 송환이 일어나고 있는 때, 그리고 1700만이라고 하는 세계의 난민 중 유럽 국가들이 받아들인 난민이 겨우 100만 명에 불과하고(일본은 10년 간 약 200명!), 난민을 받아들인 나라들 다수가 제3세계 나라인 이때, 철두철미하게 유럽적인 제네바 조약에 입각한 국제 난민 구제 제도는 심각한 위기에 깊이 빠져 있다고 볼 수 있다. 그리고 바로 이때, 난민 구제나 해외 의료에 참가해 온 유럽인들 사이에서 하나의 의문이 일고 있는 것이다. 그것은 냉전의 종결과 걸프 전쟁을 계기로 전 세계에 전개되기 시작한 PKO의 목적 중 하나가 난민을 제1세계에 유입되지 못하도록 방지하는데 있고, 그것은 난민 보호 정신의 근본적 변질을 의미하는 게 아닌가 하는 의문이다.

프랑스의 인권문제 담당장관인 베르나르 쿠슈네르(Bernard Kouchner; 세계 의사단 대표)나 '국경 없는 의사단'은 인도적 지원과 국제 공헌의 모델로 이름이 드높지만, 그 '국경 없는 의사단'에서 쿠슈네르에 대한 비판의 목소리가 높아지고 있다. 이 조직의 대표 중 한 사람인 프랑수아 장은 걸프 전쟁 종결 직후 쿠르드인의 구원 문제에 있어 쿠슈네르의 제창하에 서구 여러 국가들이 인도 지원 현장에 돌연 개입했다는

사건에의 관여를 이유로 부당한 대우를 받을 것임을 주장했다. 그러나 일본 정부는 1990년 4월 28일 장 씨의 신병을 중국 정부에 인도했다. 이에 대해 엠네스티 인터내셔널 등 많은 인권 단체들이 반대의 뜻을 표했다

점과, 92년 5월에 홍콩과 베트남 간에 베트남인 "위장 난민"의 본국 송환 협정이 체결되었다는 점에서 동일한 시대의 징후를 읽어 내고 있다. 프랑수아 장에 따르면 난민은 이제 인권상의 관심 대상에서 "북"으로부터 "남"으로 되밀어 내야 할 존재로 변한 것이고, 이라크 영내의 쿠르드인 구제 활동을 정당화하기 위해 동원된 인도 원조를 위한 "내정 간섭권"이란 난민의 유럽 유입을 현지에서 억지하기 위한 전략적 개념일 뿐이다. 실제로도 쿠르드인 구원의 열기는 난민 유출의 위험이 멀어짐에 따라 식어 갔다.

> 국가에 의한 인도 원조라는 조커에 의해 안정이 회복되었다는 것은 베르나르 쿠슈네르의 근래 저서가 증언하고 있다. "인도적 간섭의 관점에 의해 하나의 전환점이 눈에 들어오기 시작했다. 이주의 흐름이 처음으로 방향을 바꾸려하고 있는 것이다"(『타자의 불행』, 1992). 적용 전(a priori)에는 국가의 전능에 대한 최초의 균열로서 칭찬받았던 간섭권이 기묘한 반전에 의해 적용 후(a posteriori)에는 난민 운동에 대한 국가의 최후 방벽으로서 정당화되고 있는 것이다. (「난민의 망령」, 『에스프리』, 1992년 12월호)

이 지적은 프랑스 일국의 레벨을 넘어서, UN 주도의 인도 원조=국제 공헌론 일반에도 해당되는 것이 아닐까? 선진 자본주의국의 주권을 넘어서 난민의 수용을 요구하는 것이 국제법상 인정되지 않는 것의 음화(陰畵)로서, 지금 "인도 원조를 위한 내정 간섭권"이 제3세계 국가들의 주권 침범의 "필연=필요"로서 출현해 온 것이다. 어쨌든 간에 어제는 자국에 난민을 유입하는 걸 의미하던 바로 그 "인도"라는 말이, 오늘은 현지에서의 "난민 보호", 즉 "유출 저지"를 의미하고 있는 것이다.

물론 이러한 사태는 국민=국가 주권의 강함이라기보다는 약함의 표현이며, 이 주권의 논리도 제네바 조약 체제와 동일한 종류의 위기에 직면하고 있다. 그리고 언제나 그렇듯이, 하지만 다른 형식하에, 국가는 전쟁에 의해 이 위기를 뛰어넘으려 하고 있다. 이 가설에 어느 정도의 타당성이 있다고 한다면, PKO에 대한 일본 정부의 적극성은 난민 인정에 대한 납득하기 어려운 소극성과 표리일체를 이룬다고 할 수 있다. 따라서 일본 국민 사회의 구조 자체는 그 배후에서 PKO에 의한 아시아=제3세계(로부터)의 인구 이동의 강제적 억지를 바라고 있으며, 또한 타자의 생활 공간에 개입하는 것은 오로지 일본인 측이라는 비대칭적인 관계가 유지되기를 바라고 있는 셈이다. 역으로 반PKO 투쟁은 구미 제국보다 훨씬 배외적(排外的)인 일본이라는 국민 사회를, 외국인 노동자나 난민이 "해골"과 마찬가지인 서류상 존재 이외의 상태로 존재할 수 있는 공간으로 (제도와 인심 양면에서) 변혁하는 투쟁과 불가분한 관계에 있다(정주 외국인의 참정권 요구를 지지하는 것은 이런 의미에서도 우리의 가장 중요한 과제여야 한다). 잊지 말도록 하자. 신분 증명된 아시아인들의 "해골"과 같은 서류는, 그 방대한 지문의 누적은, 그들의 현실이 아니라 우리의 현실을 이야기해 주고 있다는 것을. 우리가 예전에, 그리고 지금 어떤 사람인지를 이야기해 주고 있다는 것을.

참고문헌

本間浩, 『難民問題とは何か』, 岩波書店, 1990.

アジア人労働者問題懇談会 編, 『侵される人権: 外国人労働者』, 第三書館, 1992.

Gérard Noiriel, *La tyrannie du national: Le droit d'asile en Europe 1793-1993*,

Calmann-Lévy, 1991.

François Jean, "Le fantôme des réfugiés", *Esprit*. décembre. 1992.

『インパクション』79号, 1993. 3[『임팩션』].

선의로 깨끗이 포장된 길

그럭저럭 10년도 더 된 것 같은데, 반아파르트헤이트 일본 위원회 전국 합숙에 참가한 일이 있었다. 남아프리카 공화국이 점령하고 있던 나미비아의 독립이 드디어 일정에 오르기 시작해서, 독립되었을 때 거행될 선거 관리를 위한 UN 평화 유지군에 일본의 자위관이 참가할 가능성이 항간에 떠돌던 무렵의 일이다. 이 문제의 처리를 둘러싸고, 남부 아프리카의 제문제에 일상적으로 씨름하고 있던 활동가들 사이에서 논의가 있었다. 그때 내게 쇼크였던 것은 만일 해방 투쟁의 주체인 SWAPO(남서 아프리카 인민 기구)로부터 일본 정부에 대해 자위관 파견 요청이 있을 경우, 이를 거부할 수 없다고 하는 입장이 참가자들 사이에서 표명되었던 일이다. 그에 대해 나는 자위대의 해외 파병 및 [자위대의] 국군화로 이어지는 일체의 움직임에 대해, 일본의 인민 고유의 입장에서 반대해야 한다고 주장했다.

헌데 그때 나는 일본의 좌익, 특히 제3세계와의 연대를 추구하는 사람들, 그러니까 세계 속에서 일본의 위치에 대해 결코 자각이 없지 않을 터인 그 사람들의 사상 속에 어떤 커다란 함정이 존재한다는 걸 발견했다는 느낌이 들었다. 그리고 이 약점은 정세의 변화에 따라 치명적인 것이 될 수도 있다고 하는 예감이 일었던 것을 기억한다.

오늘(6월 23일) 『마이니치 신문』은 「자위대 해외 파견: 무너진 터부 의식」이라는 제목의 기사에서 나카소네 총리 시대부터 오늘에 이르는 과거 8년간의 여론 변화를 추적하고 있다. 이 기사는 걸프 전쟁의 임팩트를 최대한으로 이용한 정부 자민당이 4월에 페르시아만으로 소해정(掃海艇) 파견을 강행했던 것에 탄력을 받아, PKO 법안을 작성하여 국회에 상정하는 방향으로, 급속히 여론의 지지를 확보하는 중이라고 보도했다. 83년 나카소네가 열도의 "가라앉지 않는 항공모함화"(不沈空母化)* 구상을 발표한 직후에 이루어진 조사에서는 약 70%가 PKO에 반대를 표명한 데 비해, 이번 6월의 조사에서는 반대가 뜻밖에도 13%로 격감했다고 한다. 도대체 어떤 일이 일어나고 있는 것일까? 걸프 전쟁을 계기로 변동하고 있는 국제 정치 상황은 이 나라의 여론에 구체적으로 어떻게 작용하고 있는 것인가? 『마이니치』의 논설은 근자에 이미 익숙한 "일국 평화주의"로부터 "UN 중심주의"로의 전환이라는, 겉표면만을 그대로 베낀 설명으로 일관하고 있다. 그리고 이 전환의 원인을 걸프 전쟁이라는 외적 요인에서만 일면적으로 찾고, 이러한 전환을 가능하게 한 여러 내적 요인들은 건드리지 않는다. 주지하다시피 여론상으로는 과거 사반세기 동안 "전쟁 포기"를 주장한 헌법 9조와 자위대의 존재를 긍정하는 입장이 모두 80% 전후를 점해 왔다. 이념과 현실의 괴리에 무심한 이 모순된

---

* 당시 총리였던 나카소네가 미국을 방문했을 때 행한 연설 중에서 일본은 "가라앉지 않는 항공모함"(不沈空母)이라고 발언하였다. 일본은 서쪽의 동맹국으로서, 소련에 대한 미국의 태평양 군사거점이라는 의미에서 한 말이었다.

입장 속에, 커다란 위험이 항상적으로 잉태되어 있음은 사실이다. 하지만 이걸 제국주의 본국의 시민 특유의 기만으로 간주하고, 그들은 지금 자신의 이해관계를 방위하기 위해, 거의 무의식적으로 자위대의 국군화에 동의하고 있다고 생각해 버린다면, 이러한 현실에 대해 개입할 수 있는 발판은 어디에서도 얻지 못할 터이다. 다른 건 둘째 치고 그것은 일찍이 나카소네의 "시레인 방위론"*을 부족하나마 거부한 여론인 것이다.

여기서 나는 처음에 언급했던 측면 즉, 일본의 제3세계 연대 운동의 일부에 예전부터 존재하던 사상적 취약함과 어딘가에서 근본적으로 상통하는 몇 가지 요소가 근자의 여론 형성에도 개재되고 있는 게 아닌가 하는 가정 쪽으로 기운다. 그중 두 가지에 대해 간략하게 기록해 두자.

첫째로, 이번 여론 조작은 나카소네의 경우와 달리 "국익"이라는 말을 최소한으로 누르고 오로지 "선의"의 조직화에 진력함으로써 일단 성공을 거두고 있다는 점을 간과해서는 안 된다. "선의"가 자기의 해방이라는 전망을 잃고 대국(大國) 의식에 흠뻑 젖어 자신의 발밑을 검증하지 않은 채 "타인을 돕는다"는 파토스에 굴복할 때, 지옥에 이르는 길이 이미

---

* 시레인이란 본래 선박의 해상 항로를 말하는데, 유사시 국민의 생존과 전쟁 수행을 위해 확보해야 하는 해상 교통로—군사용어로는 SLOC(sea lines of communication)라고 한다—의 의미에서 사용되었다. 자원, 에너지 등의 해외 의존도가 높은 국가에 의해 해상교통로의 안전 확보는 안전보장상의 중요한 문제이기도 하다. 그런데 현대에는 이런 표면적인 의미의 배후에 더 중요한 의미가 깔려 있는 경우가 많다. 특히 일본의 경우 '시레인 방위론'이 그러한데, 미국의 동아시아 관련 주요 관료이자 전문가의 한 사람인 마이클 그린은 논문 「힘의 밸런스」에서 이렇게 설명한 바 있다. "이제 이 동맹[미일 동맹]은 소련에 대한 미국의 글로벌한 군사봉쇄 전략의 중심적인 구성 부분이 되었다." 일본의 시레인 구상은 "유럽에서의 소련 공세에 대해 전지구적인 규모로 대응하는" 전략의 일환이다. 요컨대 일본의 '시레인 방위론'은 경제적인 안전 보장이라는 가면 뒤에 군사적인 측면을 감추고 있는 것이다.

잘 닦여 있다는 사실은, 오래되었지만 여전히 새로운 진실이다. 또 하나는 걸프 전쟁 중의 논의 속에서 누차 보고 들었던 "세계의 고아"라는 말의 의미와 관련된다. 전쟁에 찬성하는 자나 반대하는 자 모두 상대가 "세계의 고아"임을 증명하려고 기를 쓰는 듯한 인상을 풍겼는데, 진짜 "세계의 고아"란 예전의 일본 제국이나 나치 독일이 아니라, 제국주의 지배의 최대 희생자로서 나라를 빼앗기고, 민족성을 부정당하고, 날마다 공포스러운 억압하에 있는 팔레스타인인이나 쿠르드인을 말한다.

고립을 두려워하는 심성에서 세계를 향해 손을 뻗칠 때 그 "세계"는 이미 하나의 추상에 불과하다. UN에 협력한다는 등의 "대의명분"이 들이밀어졌을 때 무력감을 느끼는 원인은 바로 거기에 있다. 그러한 심성을 극복하고 "UN 중심주의"와 싸우기 위해, 우리는 UN으로부터, 따라서 인류로부터 추방되면서 계속 싸우고 있는 사람들에게 여전히 많은 것을 배우지 않으면 안 될 것이다.[*]

『フォーラム90s』, 1991. 7[『포럼 90년대』].

---

[*] 필자는 일관되게 'UN' 대신 '국련'이라는 단어를 사용한다. 이 글에서도 확인할 수 있듯이, 국련 즉 국가 연합(United Nations)은 국가들의 연합이라는 기본 성격으로 말미암아, 국가를 기준으로 타자를 배제하는 체제라고 할 수 있다. 필자는 이 점과 관련하여 '국제연합으로부터, 따라서 인류로부터 추방되면서 계속 싸우고 있는 사람들'에 주목하고, '국제연합 중심주의'와의 투쟁을 호소하는 것이다. 이후 본서에서 편의상 'UN'이라고 번역할 때에도 모두 '국련' 혹은 '국제연합'으로 읽어 주시기 바란다.

지금 국제연합(UN)을 생각한다

"정의는 시비를 부르기 마련이다. 그러나 힘은 매우 용이하게 인정되고 시비의 여지도 없다. 그러기에 사람은 정의에 힘을 부여할 수 없었다. 왜냐하면 힘은 정의에 반대하여 정의가 곧 부정이요, 자신이야말로 정의라고 말하기 때문이다. 이렇듯 사람은 올바른 것을 강하게 만들 수 없었으므로, 강한 것을 올바른 것으로 만들었다." 200년 전 파스칼이 기록한 이 말이 오늘날만큼 액추얼하게 울려퍼진 적은 없었으리라. 이것은 실로 냉전의 종결과 걸프 전쟁 이래, 미국이 UN 지배에 의해 "새로운 세계 질서"를 형성하고 있는 과정 속에 처해 있는 우리가 매일 직면하고 있는 아포리아 그 자체가 아닐까? 물론 파스칼의 시대와는 달리 오늘의 "힘"은 군사적인 것에 한정되지 않는다. 그것은 또한 경제적인 것일 수도 있다. 현재의 안보리 상임 이사국은 하나같이 핵보유국이고, 그런 의미에서 적어도 전자의 의미에서의 "힘"이다. 그에 비해 독일과 일본은 현재 주로 후자의 의미에서의 "힘"이다.

　　UN이라는 기구가 창설 때부터 안고 있는 결함은 크게 두 가지다. 하나는 주권 국가의 연합으로서 기본적으로 국가 간에 발생하는 문제밖에 예상할 수 없다는 점이고, 또 하나는 평화 유지라는 UN의 정치적 임무와 글로벌한 경제 영역에서의 IMF, 세계은행, GATT 같은 조직의 행동 간에 제도적인 접점이 전혀 없다는 점이다. UN 헌장에 묘사되어 있는 국제 민주주의의 이상은 이 조직들을 좌우하는 국제 고리대금업자들의 결정을 전적으로 구속하지 못한다. 현재 제3세계 각지에서 발생하고 있는 분쟁 중 IMF와 세계은행에 의해 들이밀어진 구조 조정 프로그램에 직간접적으로 기인하지 않는 것은 거의 없다고 해도 과언이 아닌데, 그러할 때 독일과 일본이, 이 두 가지 경제적 "힘"만이 새로이 상임 이사국이 된다는 것은 UN의 경제사회 이사회의 기능 태반이 이미 이 조직들로 이관된 것과 맞물려 그 제도적 결함을 국제 금융 기관의 헤게모니하에서 수정하는 것, 즉 "강한 것이 정의가 되도록 하는" 처사일 뿐이다. 대외 채무의 이자조차 변제 불가능해진 나라에 우선 경제적으로 개입하여 국내적, 국제적 대립의 씨앗을 뿌리고 그런 다음에 PKO를 발동하여 정치적, 군사적으로 개입한다 ─ 이것이 우리 시대의 "정의"의 모습이고, UN의 "강화"라 불리는 사태다. 하지만 군사적인 것과 경제적인 것 외에 또 하나의 "힘"이 있음을 잊어서는 안 된다. 이 "힘"은 "정의"의 밖이 아니고 오히려 그 안에 있다. "힘"을 "정의"로 만드는 것이 아니라, "정의"를 "정의"답게 만든다. 그것은 사건에 이름을 부여하고, 정의하고, 해석함으로써 그것을 존재하게 하는 말의 "힘"이다.

다른 시대, 다른 지역의 사건을 현재의 빛 속에서 한데 결부시켜 장래의 방향으로 열리게 할 수 있는 것은 이 "힘"뿐이다. 예를 하나 들어보자. 제2차 세계 대전 중에 일본군이 야기한 소위 "군대 위안부" 문제가 올해의 UN 인권 소위원회에서 최대의 초점이 되었다. 그것은 '평화와 자유를 위한 국제 여성 연맹' 등 NGO(비정부기구) 열 곳이 이 문제에 대

해 처음으로 발언했기 때문이다. 이 소위원회에서 일본 정부의 불성실한 대응 자체도 목불인견이었지만, 그에 더하여 구유고 내전에서 세르비아 군 병사들이 저지른 집단 강간 사건을 재판하기 위해서도 그 선례에 해당하는 "군대 위안부" 문제가 올바른 해결책에 의해 매듭지어져야 한다는 역사적 필연성이 예리하게 의식된 것이다. 세르비아 병사들의 행위가 "인도에 반하는 죄"에 해당한다면 반세기 전의 일본군의 행위도 어김없이 "인도에 반하는 죄"이다. 그리고 이 죄에는 시효가 없다. 전후 일본 정부에 의한 책임자 비(非)처벌이라는 문제가 이리하여 지금, 드디어 백일하에 드러난 것이다(戸塚悦郎, 「日本が知らない戦争責任」, 『法学セミナー』, 1994年 10月号[도쓰카 에쓰로, 「일본이 모르는 전쟁 책임」]).

이러한 흐름에 당황해서 필사적으로 사태를 가라앉히려고 부산을 떠는 것은 상임이사국 진입을 목표로 뒷공작에 전념하고 있는 사람들과 전적으로 동일한 사람들 ─ 일본 외무 관료 ─ 인데, 이 나라의 미디어는 이 사실들을 전혀 전해 주지 않는다. 군사와 경제의 압력에 저항하여 말이 비장하고 있는 약속하는 "힘"을 해방하기 위해서는 각국의 NGO, 저널리스트, 지식인들 간에 네트워크를 형성하여 UN의 각 기관에서 행해지고 있는 논의를 정확하고 신속하며 공평하게 보고하고 또 분석하는 장이 될, 국제 민주주의의 기초가 되어야 할 새로운 공개성의 발명이 꼭 필요하다. 그것은 가능하며 사실 이미 다양한 모색이 시작되고 있기도 하다. UN 안팎을 횡단하는 이러한 국제적 저항, 오직 그것만이 UN에 21세기의 현실을 견딜 수 있는 정통성을 되돌려 주게 될 것이다.

『週刊読書人』, 1994. 11. 4[『주간독서인』].

프랑스 이민 운동과 문화

―샤레흐로부터 클레이피로

1984년 9월부터 1989년 2월까지, 나는 일본을 떠나 유학생으로서 프랑스에 체재하고 있었다. 그러니까 그것은 그리 옛날 일은 아니지만, 오늘의 눈으로 보자면 현재와는 동떨어진 과거의 한 시기인 것 또한 사실이다. 그 당시, 페레스트로이카가 시작되고 있었다고는 해도 소련은 확실히 존재하고 있었고, 걸프 전쟁은 언제 끝날지도 알 수 없는 이란·이라크 전쟁을 의미하고 있었다(이슬람 국가 회의에서 "이제 충분해"[더 이상은 안 돼!]라고 외치던 아라파트의 모습이 떠오른다). 그러던 것이 이제는 냉전은 물론이요, 또 하나의 걸프 전쟁도 끝났다고들 한다. 그러나 이 체재 중에 내게 그 무엇과도 바꿀 수 없는 귀중한 경험이 된 몇 가지 발견을 이야기하려면 이런 조잡한 척도로 시간을 잴 수는 없다. 그것은 무엇보다도 그러한 시간틀의 설정이, 이 발견들과 밀접한 관계가 있고 또한 당시나 지금이나 모두 내 머리에서 분리될 수 없는 문제에 대한 인식을 오도하기 때문이다.

그 문제란 유럽의 인종차별 문제이고, 이를 둘러싼 사회 운동과 "정치"와 "문화"의 관계이다. 말할 필요도 없지마는, 유럽에서의 인종차별적 폭력은 동독이 서독으로 병합된 사태의 부산물도 아니고, 장기적인 불황만이 원인인 일과성 사회 현상도 아니다. 그것은 근대 유럽이 그 외부, 특히 아랍, 아프리카 지역과 맺어 온 관련의 역사에 깊이 뿌리박힌 문제이다. 그런데 이렇게 깊고 복잡한 문제를 논하는 작금의 논조(일본만이 아니다)는 많은 경우 점점 더 천박하고 단순화되고만 있으며, 현실과 말 사이에는 현기증이 일 만큼 거리가 벌어지고 있다. 이렇게 언설이 빈곤해진 결정적인 전기는 역시 걸프 전쟁 시 사실상의 보도 통제에 대한 미디어의 굴복일 것이다. 그러나 이 제2의 걸프 전쟁은 적잖은 수의 프랑스 지식인들로부터, 그리고 그때까지는 굳이 따지자면 좌파라 간주되고 있던 사람들로부터도 단순히 용인된 수준이 아니라 오히려 적극적으로 긍정되었다. 그런 상황에 대해 나는 그리 놀라지 않았다. 왜냐하면 이러한 결과로 이어질 몇 가지 조짐은 이민 운동을 둘러싼 80년대 중반의 동향 속에서 이미 눈에 띌 정도로 확연해졌기 때문이다. 이 문제에 대해 누구나 알아야 할 정보, 누구나 사고해야 할 문제를 전달하는 미디어는 당시부터 프랑스 사회생활 속에서 점점 더 주변으로 밀려나고 있었다. 그것은 이 시대에 현재화(顯在化)된 사회 운동과 정치사상의 동시대적 변질에 수반되는 현상이었다고 나는 생각하고 있다. 오늘의 문제는 극우의 돌출적인 폭력 행위보다는, 기존의 자유주의파나 좌파의 사상이 가공할 정도로 공동화(空洞化)되었다는 사실이 아닐까? 이 점을 밝히기 위해 조금 시간을 거슬러 올라가 우선 이 시기의 이민 상황과 반인종차별 운동의 양상을, 그리고 이 변질의 원인이 된 몇 가지 요인을 조금 세세히 재검토해 보자.

이민 운동이 프랑스 정치 무대에 등장한 것은 1970년대의 일이다. 그 당시 이민자들의 존재는 해방 전 유대인들의 거주구였던 게토를 연상케 하는 "임시 거주 단지"(la cité de transit)의 열악한 환경 속에서 출현하여 누구에게나 눈에 보이는 존재, 좋든 싫든 대응을 강요하는 "문제"가 되었다. 파리 대학 낭테르 분교의 뒤편에 그런 난민 수용소 중 한 군데가 있고, 그것이 이 문제에 대한 학생들의 의식을 비약적으로 고양시켰다는 사실은 흑인 게토에 인접한 콜롬비아 대학이 미국 학생 운동의 한 거점이 된 사실과 함께 당시 운동의 맥락(context)을 아는 데 잊어서는 안 될 정황이다. 60년대 후반에 시작되어 약 10년 동안 다양한 시도를 거듭한 청년들의 반란과 이민 운동의 결부는 70년대 말의 반핵 운동에서 그 정점에 달했다. 그것은 신좌익 특유의 교조적인 정치 언어가 사회적 상상력을 환기할 능력을 상실했음이 분명히 확인된 시기이고, 또 펑크와 록의 전성기이기도 해서 이민 운동과 후에 월드 뮤직이라 불리게 될 음악 운동 간의 최초의 접점도 이 속에서 형성되게 된다.

이 시기 이민자들의 일상과 뵈르(beur; arabe의 철자를 거꾸로 해서 만들어졌다고 하는 신조어)라 불리는 2세, 3세들의 청춘상을 그린 대표적인 작품으로 메디 샤레프(Mehdi Charef)의 『아르시 아흐메드의 하렘 차(茶)』(1983)라는 소설이 있다. 작자 샤레프는 1952년 알제리의 작은 마을 마그니아에서 태어나 11세 때, 이민을 간 아버지를 따라 지중해를 건넜다. 재불(在佛) 모로코 비평가 살림 쟈이에게 이야기한 바로는 그가 문학 활동을 하게 된 계기는 경찰에 의해 불량소년으로 간주되어 수감된 감옥 경험과 "68년 5월"의 경험이었다고 한다. 특히 그에게 "68년 5월"은 같은 세대의 프랑스 청년들의 반란이기 이전에, 아버지가 스트라이크에 참가한 모습을 처음 보았던 때라고 술회하고 있는 점은 흥미롭다.

이 소설의 무대는 파리 교외의 이민자 집단 거주 지구인데, 거기에 살고 있는 것은 마그레브의 아랍인만이 아니다. 스페인이나 포르투갈계

이민자도 있고, 프랑스인이지만 피부색이 달라서 일상적으로 차별을 받고 있는 앙티유 제도(Antilles) 출신의 사람들, 심지어는 저소득층의 백인 프랑스인들도 있다. 가마가사키(釜ヶ崎)를 애린(愛隣) 지구라 부르는 것과 같은 발상으로 "꽃동네"라 불리는 콘크리트로 지어진 이 "인종의 도가니" 속에서, 주인공 마지드(Madjid)는 18세에 일찌감치 실업자가 되어 장래의 전망을 갖지 못한 채, 도둑질과 음악과 섹스 속에서 무위의 나날을 보내고 있다. 작업 도중 추락하여 일을 할 수 없게 되어 버린 뒤로 하루 종일 카페에서 술만 마시는 알코올 중독 아버지를 불러오라고 시키려 해도 섹스 피스톨즈의 음악을 크게 틀어놓고 침상에서 꿈쩍도 않는 마지드. 속에 열불이 나는 어머니 마리카는 알고 있는 프랑스 단어를 전부 늘어놓으며 욕설을 퍼붓는다. 그렇지만 아들에게서 돌아오는 답이라고는 이런 것뿐이다. "뭐야 그거, 프랑스말이야? 뭔 소린지 통 알아먹을 수가 없어." 마침내 폭발한 어머니는 아라비아어로 퍼붓는다.

"나 알제리 영사관에 갔다 온다! 너 알제리에서 병역을 치르게 될 거야! 그러면 너도 자기 나라, 자기 부모의 말을 배워 어엿한 사내가 되겠지! 네 친구들은 모두 갔는데, 넌 병역을 치르려고 하지 않는구나. 그럼 나라 공무원들이 더 이상 신분 증명을 내주지 않아! 그리 되면, 너도 나도 끝장이야! 넌 이제 알제리에 갈 권리가 없어지고, 가 봤자 돼지우리에 처박혀! 험한 꼴 당하게 될 거야! 그리 되면 너한텐 나라가 없어져! 뿌리가 없는 거야! 끝장이야, 끝장! 오~ 하느님!"

하릴없이 밖으로 나온 마지드는 페르티에 신부와 그의 커다란 개, 독일 셰퍼드와 마주친다. 이 셰퍼드는 무슨 애완견 따위가 아니고 이 프랑스인에게는 당연히 아랍인이기 마련인 도둑놈들에 대한 위협이다. 이 불신과 경멸의 시선 앞에서, 마지드는 어느덧 침을 뱉는 버릇을 들이고 말았다. 이런 일촉즉발의 아슬아슬함이 이 마을의 일상인 것이다.

그러나 이 견디기 힘들 정도의 폐색(閉塞) 상황 속에도 생활에 뿌리 박은 연대감이 있다. 동료들 사이에서도 웃음거리가 되어 있는 아버지를 마중 나가는 건 내키지 않아 하는 마지드도 이웃집 아버지가 휘두르는 폭력을 말리기 위한 중재나 투신자살을 꾀하는 여인에게 원조의 손길을 내밀기 위해서라면 어머니 말을 듣자마자 튀어나간다. "웃음도 기쁨도 없이 오직 탄식과 불행밖에 없는" 이 마을에서 타인의 불행은 자신의 불행인 것이다. 그리고 백인인 프랑스인과의 사이에 파인 홈은 메우기 힘들다 해도 이민자들끼리는 출신을 초월한 유대의 끈이 숨 쉰다. 70년대의 반인종차별 운동은 조금 도식적으로 말하자면 이러한 현실 속에서 성장하면서, 그로부터의 탈출을 지향하는 이민 운동과 일체가 되어 확실히 계급적인 성격을 갖고 있었다. 그리고 프랑스의 지배적인 문화에 대해, 반쯤 무의식적이지만 창의와 발견과 의외성이 풍부한 격투를 펼치고 있었는데, 이 점은 이 소설의 제목에서 무엇보다도 잘 드러나고 있다. 마지드가 아직 고교(리세) 학생으로서 글씨를 쓰지 못하는 학생을 위한 "특수 학급"에 있던 무렵, 역시나 아랍계 이민자의 아이인 바르는 수업 중에 칠판 앞에서 마치 죽은 사람처럼 서 있다. 교사가 큰 소리로 되풀이하는 말을 그는 글자로 받아쓸 수가 없다. "몇 번이나 말해야 알아먹겠어?! "아르키메데스의 정리"라고, "아르키메데스의 정리"!" 주뼛주뼛 분필을 쥔 그의 손아래서 '아르키메데스의 정리'(le théorème d'Archimède)는 "아르시 아흐메드의 하렘 차(茶)"(le thé au harem d'Archi Ahmed)로 변신했다!

학생들은 대폭소! 자타공인 폭력 교사인 라후안도 이 절묘한 재주 앞에서는 말문이 막힌다. 앞서 나왔던 재불 모로코 비평가 살림 쟈이는 여기서 단순한 조크가 아니라, "정리(定理)와 분필의 세계와 학생들의 일상 세계 ─ 중요한 일의 서열이 전혀 다른 세계 ─ 간의 거리를 보여 주는 표지"를 보아야 하며, 또한 아랍인과 흑인의 역사에 모두 깊이 관련되는 "하렘"이라는 말의 뒤편에서, 학생들의 생활 공간인 HLM(집세가 낮은 주택=아셰렘)의 울림도 들어야 한다고 말한다. 어쨌든 간에 1981년의 대통령 선거에서 프랑수아 미테랑이 거둔 승리의 이면에는 이러한 매일매일의 "문화 투쟁"이 있었음을 잊어서는 안 된다.

그런데 80년대 중반에 이르는 동안, 반인종차별 운동의 성격은 크게 변모하게 된다. 그 배경은 결코 단순하지 않으며, 또한 거기에 프랑스 국내의 요인만 들어 있는 것도 아니다. 70년대 운동의 기축이 된 것은 뭐니 뭐니 해도 마그레브 제도 출신 아랍계 이민자들의 힘이었는데, 그들 사이에 우선 균열이 생긴다. 1975년에 모로코와 모리타니아에 대한 사하라위인*의 서(西)사하라 해방 투쟁이 개시되고, 폴리사리오 전선**을 지원하는 알제리와 [폴리사리오 전선이 대립하고 있는] 모로코 간의 관계는 급속히 악화되었다. 그리고 몇 년 이내에 국가 수준의 이러한 대립이 서서히 재불 이민자들 간에도 침투하고, 이어서 다른 지역의 제3세계 국가들 간의 분쟁도 이민 운동의 단결을 저해하는 방향으로 작용하기 시작한다.

---

* 사하라위(Sahraoui)는 튀니지 공화국 토즈르(Tozeur)현의 한 지구.

** Frente Polisario(Frente Popular de Liberación de Saguía el Hamra y Río de Oro): 서(西) 사하라에서의 독립국가 건설을 지향하는 무장 정치 조직. 이 지역을 실효 지배하는 모로코와 대립하며, 알제리의 지원을 받는다. 구성원 수는 약 1만 명 정도로 보인다. 사하라 아랍 민주공화국의 지도정당이다.

한마디로 말해서 "제3세계"나 "아랍세계"라고 하는 틀 내에서의 결합이 곤란해지고, 생활의 장에서도 국적별로 동포 사회의 형성이 진전된 것이다. 또 1979년 이란 혁명의 임팩트는 이민자들 사이에 그때까지의 내셔널리즘 대신 아이덴티티의 핵으로 종교를 발견하는 사람들을 산출하게 된다. 그리고 사회당 출신 대통령 미테랑의 등장은 당연히 기존 이민 운동의 지도자들에게 문제의 정치적 해결에 대한 기대를 품게 한다. 요컨대 70년대 이민 운동의 에너지의 원천이었던 '"생활"에서 "사회"로' 라는 회로는 "국가"와 "종교"와 "정치"에 의해 토막 나 버리는 것이다.

80년대 반인종차별 운동의 성격을 규정한 또 하나의 커다란 요인은 공공연히 인종차별주의를 내건 장-마리 르펜이 이끄는 '국민 전선'의 대두다. 그리고 82년에는 20명 가까이나 되는 아랍인들이 인종차별적 폭력의 희생자가 되었는데, 경제 정책에 실패한 사회당 정권은 이러한 최악의 사태가 진행되는 상황에 전적으로 무력했다.

이때 하나의 전설이 태어난다. 'SOS 라시즘'(이하 'SOS'라 약칭함)이라 자처하는 새로운 대중적 반인종차별 운동이 돌연 출현한 것이다. 전설에 따르면 이 운동은 어느 날 지하철에서 만난 앙티유 출신의 프랑스인, 아랍인 이민자 2세, 백인 프랑스인 이렇게 세 청년이 "무에서 창조한" 것이었다. 의기투합한 "젊고, 가난하고, 무명인" 그들은 인종차별 반대와 우애를 호소하는 대형 콘서트를 꿈꾸게 되고, 기획서를 들고 문화부 장관과 대형 서점을 방문했는데, 의외로 많은 사람들로부터 원조와 격려를 받는다. 85년 5월, 콩코르드 광장에서 열린 콘서트에는 무려 30만 명이나 되는 사람들이 운집해서 록, 레게, 아랍 음악에 완전히 취해 버린 채 그 다음날 아침까지 춤으로 지새웠던 것이다.

나는 그날 그곳에 있었다. 그리고 이 사회 속에 잠재해 있는, 반인종차별이라는 한 점에서 결집할 수 있는 거대한 에너지에 경탄하고 있었다. 그런데 동시에 스테이지 양 옆구리에 설치된 초대형 스크린을 비롯한 세트의 거대함에 압도되어, 이미 희미한 위화감을 느끼고 있기도 했다. 밴드가 세팅하는 동안 스크린에 비쳐 나오는 대기업 광고가 이 경비의 출처에 대한 의문을 저절로 해소시켜 주었다. 이 'SOS'의 등장이야말로 86년 학생 운동의 승리를, 그리고 88년의 대통령선거에서 미테랑의 재선을 가능케 한 원동력이었음을 부정할 수 없다. 하지만 다른 한편에서 이 운동 내부에는 실로 많은 문제들이 잉태되고 있기도 했던 것이다.

이 운동이 대체 어떻게 시작될 수 있었는지가 머잖아 분명해졌다. 창설자들이 의도적으로 유포한 전설과는 반대로, 실은 주도면밀한 준비 과정이 존재했던 것이다. "지하철에서 우연히 만난 세 사람" 중 한 사람인 줄리앙 드라이는 전에 트로츠키 계열의 활동가였는데, 바로 그가 "자연발생성"을 연출했던 것이다. 또 시오니스트 학생 단체 '유대인 학생 동맹'이 당초부터 중심적인 역할을 수행했는데, 이 단체는 최근 인종차별적 폭력의 최대 희생자였던 관계로 가장 활발하게 투쟁해 온 아랍계 운동 단체에 대해 이런 조건을 들이밀었다. "여기 프랑스에서는 우리와 그대들의 적이 동일하다. 인종주의자는 반 아랍이고 반 유대니까. 그러니 'SOS' 속에서 우리는 PLO를 테러리스트라 부르지 않기로 한다. 그러니까 그대들도 부디 운동을 분열시키고 적에게 약점을 보이지 않도록 이스라엘에 대한 비난을 그만두기 바란다."

84년 가을 'SOS'의 제창으로 전개된 전국 행진은 그에 공명(共鳴)하는 사람들 대부분에게 1년 전인 83년 리용 교외의 맹게트에 사는 아랍계와 아프리카계 이민 2세들의 이니셔티브로 실현된 '평등을 위한 행진'을 1년만에 다시 시도한 것처럼 비치고 있었지만, 실제 그 이면에서는 저변으로부터 태어났던 그 독창적인 시도를 박수로 환영하고, 중화시키고, 대량 자본을 투입하여 대규모화하면서 기성의 정치틀 속으로 흘려 넣는 프랑스적인, 너무나도 프랑스적인 조작이 이루어지고 있었던 것이다. 그리고 이렇게 확립된 "반인종차별의 챔피언"인 "나치즘의 희생자" 유대인 단체의 헤게모니를 받아들이지 않는 한, 이제 매스미디어에서 반인종차별 운동의 대표격이라 간주되게 된 이 운동 안에서는 누구도 발언권을 얻을 수 없게 되어 버렸다. 태반의 아랍계 운동은 이 "휴전 협정"을 거부하고, 주변화되기를 감수하는 길을 선택한다.

그러나 이 시오니스트의 존재가 후에 역으로 'SOS' 자체의 아킬레스건이 될 거라는 사실을 이 시점에서 누가 예상했겠는가?

하지만 그 전에 이러한 80년대형 반인종차별 운동의 성격을 70년대 이민 운동과 대비하면서 정리해 두자. 우선 첫 번째로 주의해야 할 것은 이 새로운 운동이 프랑스의 정치=문화 전체에 질문 던지기를 그치고, 프랑스 사회의 일부에, 요컨대 확실히 눈에 보이게 된 "인종차별주의 세력"에 초점을 맞추었다는 점, 바꿔 말하자면 'SOS'란 반(反)르펜 운동이었다는 점이다. 이 때문에 이 운동은 알기 쉬워졌지만 그와 동시에 사상적으로는 빈곤해진다. 요컨대 'SOS'의 리더나 이데올로그들은 이민자들이 프랑스 사회에 통합되는 것이 프랑스 사회의 근본적인 변혁을 거치지 않고서도 가능하다는 전제, 즉 르펜적인 노골적 배외주의는 본래 프랑스의 것이 아니라는 전제에 서 있던 것이다. 두 번째이자 이 전제와 불가분한 것으로는 이 새로운 운동이 일찍이 이민 운동이 갖고 있던 계급적 성질을 상실하고, 그 자리에 인권과 보편적인 우애에 대한 호소를 바꿔 넣었다는 점을 들 수 있다. 그런데 '국민 전선'이 대두할 수 있었던 배경에는 심각한 경제 위기와 청년 실업의 증대가 있었다. 같은 "프랑스인"이어도 이민자 자녀들의 실업률은 평균 세 배 이상에 달했는데, 이 시기의 실업 물결은 출생의 차이를 불문하고 덮쳐 온 것이었고, 그러한 실업자들 사이에서 '국민 전선' 지지자들이 급증했던 것이다. 궁박한 청년층에 대한 사회학적 르포르타주 『조역선(漕役船) : 여생을 사는 젊은이들』(La Galère : jeunes en survie, Fayard, 1987)의 저자 프랑수아 뒤베(François Dubet)는 당시 계급적 내용을 결여한 휴머니즘 찬가와도 같은 반인종차별 여론의 고양이 이러한 청년들의 소외감을 더 한층 강화하여 도리어 그들을 '국민전선'측으로 몰아가는 결과가 될 수도 있다고 경고를 보냈는데, 약 10년 후인 오늘, 표면적인 동원 상황만을 보면 매우 화려했지만 그에 비해 'SOS'가 실제로 실현할 수 있었던 바는 적었다는 걸 볼 때 이 예언은 반 이상 적중했다고 생각지 않을 수 없다.

이러한 성격을 가진 80년대의 반인종차별 운동은 87년 이후 세계정세의 격변이라는 시련을 겪게 된다. 70년대 운동 구조의 해체가 외적 요인에 의해 촉진된 것과 동일하게, 이번에도 격렬한 지진은 두 번에 걸쳐 외부로부터, 그리고 이번에도 중동으로부터 닥쳐왔다.

두 가지 데모의 기억을 포개어 그로부터 이 시대의 미묘한 표정을 수면 위로 떠올려 보고 싶다. 85년 12월 'SOS'의 제2회 콘서트가 열리던 날, 파리시는 반인종차별을 호소하는 사람들의 무리로 묻혀 있었다. 록밴드를 태운 트럭 주변을 활기차게 춤추며 행진하는 프랑스인들한테서 조금 떨어져서, 열 몇 명의 소녀들이 웃음도 띠지 않은 채 심각하고 굳은 표정으로 장소에 어울리지 않게 존재하고 있었다. 스스로 '이민자의 딸들'(Les Nanas Beurs)이라 부르는 그 소녀들은 2개월 전에 이스라엘이 튀니스[튀니지 공화국의 수도]의 PLO 사령부를 폭격했던 것을 규탄하고, 그에 대해 어떤 대응도 보이지 않았던 'SOS'를 비판하는 플래카드를 들고 이 데모에 참가했던 것이다.

그녀들이 이 데모에 이러한 형태로 참가하기까지 그녀들 사이에서, 또 그녀들과 아버지와 어머니, 그리고 형제들 사이에서 어떤 논의가 이루어졌던 것일까? 아랍계 운동 중에서 이민자 지구에서의 성차별에 대한 투쟁을 일상 활동으로 삼고 있는 이 그룹만이 이 장소에 있음은 무엇을 의미하는 것일까? 오늘날 이민 2세의 여성 문제라고 하면 89년에 일어난 원리주의자들의 스카프 문제를 곧장 떠올리기 쉽지만, 곤란한 상황속에서도 부모나 남자들과는 별도의 결단을 내리고 독자 행동을 취하는 여성들은 그밖에도 결코 적지 않다.

그리고 2년 후인 1987년 11월 29일, 다시 한 번 'SOS'의 데모 가운데에서 나는 그러한 아랍인 여성 그룹 중 하나인 '풍요로운 기억'의 사람들과 조우하게 된다. 이 날짜는 말하자면 달거리처럼 예정된 것이었다. 그도 그럴 것이 매년 11월 29일은 UN이 정한 '팔레스타인 연대의 날'이고, 마침내 단결을 회복한 팔레스타인 연대 운동의 행동 예정일이었기 때문이다. 팔레스타인 측 주최자는 'SOS' 리더들에게 반인종차별의 통일 행동일과 다른 날을 잡든가, 아니면 친팔레스타인 대열의 참가를 인정하든가 해주기 바란다는 요청을 제출하였다. 그날 아침에 돌아온 회답은 "[우리 행사에] 참가하고 싶으면 참가하라"는 쌀쌀맞은 것이었다. 우리는 나갔다.

그리고 겨우 열흘 후에 팔레스타인 피점령지에서 인티파다는 시작되었다. 해외 인권 문제에도 적극적으로 발언하면서 "인권에 국경은 없다"고 되풀이하던 'SOS' 리더들은 돌연 눈속임이 통하지 않는 모순에 직면했던 것이다. 이 운동의 카리스마적인 리더로 앙티유 출신 아버지와 유대인 어머니를 둔 알렘 데지르는 한동안 주저한 후, 이스라엘의 점령 정책을 공공연히 비난하는 길을 선택했다. '유대인 학생 동맹'은 곧장 'SOS'와의 관계 동결을 발표했다. 이때 그들 간에 발생한 단절은 앞으로 결코 메워지지 않을 것이다. 3년 뒤 걸프 전쟁 시기에 데지르와 줄리앙 드라이 등 'SOS'의 전설적 창설자들은 호전적 민주주의자의 대합창 속에서 단호하게 반전(反戰) 입장을 관철했기 때문이다. 그러나 'SOS'라는 운동도 다시는 결성 당초의 규모를 회복하지는 못할 것이다. 프랑스 사회당은 자신들이 간접적으로 창출하고 또 이용=의거해 온 이 대중 운동의 구조를, 걸프 전쟁에 가담함으로써 회복 불가능할 정도로 파괴시켜 버리고, 93년 하원 선거에서의 패배를 반쯤은 스스로 준비한 것이었다.

그러면 'SOS'의 전성기인 80년대 중반, 이민 운동과 연계된 문화의 동향은 어떻게 되어 있었을까? 메디 샤레프의 작품에서 볼 수 있는 개인과 개인 간에, 또 개인의 내면에서 발생하는 다른 문화들 간의 갈등을 직시하는 리얼리즘은 자취를 감추고, 굳이 따지자면 다민족 사회의 문화적 다양성을 구가하는 풍조가 전면으로 등장했던 것 같다. 그리고 사회당 정권의 문화 정책 또한 모로코인 작가 타하르 벤 젤룬(Tahar Ben Jelloun)에게 공쿠르상을 수여(1987년. 수상 작품은 『신성한 밤』)하는 등의 조치를 통해, 그 이전 시기에 이민 문화가 수확했던 것들을 필사적으로 회수하려 하고 있었다. 그 정신은 "이민자 출신 작가의 등장은 프랑스어의 보편성의 새로운 증거다"라는, 당시 미테랑 대통령의 말에 잘 드러나 있었다. 그러나 다른 한편 벤 젤룬의 친구이기도 했던 장 주네의 유작으로 팔레스타인 문제를 정면에 내세운 『사랑하는 포로』(1986)는 소수의 열렬한 찬사에도 불구하고, 격렬한 거부 혹은 뭐라 형용하기 힘든 모종의 거북함을 불러일으켰던 것이다.

그런 때에 지배-피지배 관계에 있는 문화 간의 갈등과 맞닥뜨림을,

그리고 피억압자의 투쟁 속에도 잠복해 있는 모순을 단순히 파국적으로 그리는 것도 아니고, 또 안이하게 융화시키는 것도 아닌, 그 모순을 정면에서 직시하고 그런 위에서 새로운 조화의 이미지 속에 제시할 수 있었던 표현가로서 벨기에를 본거지로 삼는 팔레스타인 영화 감독 미셸 클레이피가 있었다. 저 1987년 11월 29일의 데모 속에서 나는 그의 이름을 처음 들었다. '풍요로운 기억'이라는 그룹의 이름은 실은 클레이피의 첫 영화 제목에서 취한 것이고, 그의 최신작 「갈릴리에서의 결혼」이 머잖아 공개된다는 것도 이 그룹 여성들이 알려 준 사실이었다.

「갈릴리에서의 결혼」은 1976년 토지 수탈 이후의 이스라엘령 갈릴리 지방의 어느 마을 이야기다. 아들의 혼례를 위해 야간 외출 금지령을 24시간 동안 해제시켜 줄 것을 요구하는 아버지에 대해 이스라엘 군정관은 혼례 자리에 자신들을 초대한다는 조건하에 그 요구를 받아들인다. 그러나 아들 쪽은 자기한테 상의도 없이 사태를 결정한 아버지를 용납할 수가 없다. 이럴 수도 저럴 수도 없는 상황 속에서 어머니, 누이, 신부는 남성 대 남성의 갈등을 어떻게 보고 있는가? 그리고 마을 소년들은? 팔레스타인의 전통 방식에 입각한 호사스럽고 관능적인 시공 속에서 이 수많은 시선들을 마주치게 하기, 그렇게 해서 공동체의 기억과 그 자기 변혁의 가능성을 함께 부둥켜안기, 그것이 아름답고 독특한 리듬을 탄 영상을 통해 추구된다.

클레이피는 그 후 두 번 정도 일본을 방문했는데, 특히 작년에는 잡지를 비롯한 여러 곳에 많은 발언을 남기고 갔다(「パレスチナの女たちの日常こそ最高のドラマだ」, 『イメージ・フォーラム』3月号[「팔레스타인 여성의 일상이야말로 최고의 드라마다」], 「パレスチナのイマージュと"世界記憶"の生成」, 『現代思想』5月号 [「팔레스타인의 이미지와 "세계 기억"의 생

성」, 두 글 모두 1993년). 또 현재는 그의 작품 전부를 일본에서 볼 수 있고, 몇몇 작품에 대해서는 내가 이미 다른 기회에 이야기한 일도 있으니 장황하게 그의 작품을 논하는 일은 피하고자 한다. 그렇지만 꼭 한 가지 말할 수 있는 게 있다. 그것은 클레이피의 작품은 프랑스 이민 사회를 표현한 것은 아니지만 확실히 프랑스 이민 사회에 문화적 임팩트를 주었다고 하는 사실이다. 각 시기의 이민 운동이 외면적으로는 프랑스 바깥에서 발생한 사건에 크게 좌우되어 왔다고 한다면, 이 사회는 역으로 아랍 세계 어딘가에서 획득된 문화적 전진에 극히 민감하게 반응한다고 할 수 있다. 그리고 클레이피 작품의 수용은 또한 80년대 사회당 정권 시대의 가짜 희망이 소실되어 버린, 그러나 70년대의 에너지도 쉽사리 재발견할 수 없는 오늘, 프랑스의 이민 상황이 점차 팔레스타인인들의 상황과 흡사해지기 시작했다고 하는 의식과도 대응하고 있는 듯하다. 그렇다. 냉전 후의 세계란 냉전 시대에 남아공이나 팔레스타인에 갇혀 있던 사태가 전 지구적으로 전반화되고 있는 시대(정확히 이런 이름으로 지칭되는 일은 없지만)가 아닐까? 현재 문제가 되는 보스니아 분할안은 뜻밖에도 팔레스타인 분할과 얼마나 유사한가? 그런 두려운 예감에 사로잡힌 시대에 문화의 역할은 "우리 자신의 내부 분열을 메우고, 사람들이 문제를 정면에서 확인할 용기를 가질 수 있게 하는 것"(앞서 나온 『현대사상』 1993년 5월호)이라는 클레이피의 말은 바로 그 간결함에 의해 문제의 핵심을 건드리고 있는 듯하다.

『グリオ』, 1993年 秋号[『그리오』].

미래의 물음으로서의 포스트 콜로니얼리즘

금년(1996년) 5월 말, 파리의 아프리카·오세아니아 미술관(구 식민지 박물관)에서 프랑스 최초로 '포스트 콜로니얼리즘'을 테마로 한 국제회의가 사흘 동안 열린다. 나는 이 회의에 크게 주목하고 있는데, 그것은 이 기획의 주요 취지가 내가 몇 년째 품어 온 몇 가지 의문 및 관심과 크게 교차하는 바가 있기 때문이다.

사실상 이 회의 조직자는 압델와하브 메데브(Abdelwahab Meddeb)다. 소설『탈리스마노』등을 쓴 작가이고, 9세기의 위대한 수피였던 바스타미의 언행록을 번역·소개한 사람으로 알려진 이 튀니지인 프랑스어 작가는 또한 마그레브계 지식인의 결집축의 하나인 잡지『데달』의 편집장이기도 하다. 작년 한 해 동안 미국 예일 대학에서 교편을 잡은 그는 영어권에서 작업을 하는 동료들이 "포스트 콜로니얼 연구"라는 이름하에 식민지주의의 역사에 대해, 또 이 역사가 인류사의 현재를 어떻게 규정하고 있는가에 대해 에드워드 사이드, 가야트리 스피박, 호미 바바 같은 사람들의 작업에 촉발 받으면서 매우 활발한 논의를 나누고 있는 걸 보고, 그리고 이 논의의 테두리에 구(현) 식민지 출신 연구자만이 아니라 소위 "백인"도 적극적으로 가담하고 있는 걸 보고 놀랐다. 이러한 관심은 프랑스 지식인 사회에서는 80년대 이후, 시대착오적인 것으로 기피되어 왔기 때문이다. 어떻게 해서, 어디로부터, 이토록 달라지고 만 것일까? 회의에 보낸 코뮤니케(communiqué)에서 메데브는 이렇게 말한다.

우리가 이번에 '포스트 콜로니얼리즘'이라는 관념이 프랑스에서 갖는 의미를 고찰하자고 제안한 것은 구 식민지 대국, 그것도 상당한 대국이었던 이 나라에서 '포스트 콜로니얼리즘'이라는 말 자체가 사상의 지평이 되어 있지 않기 때문이다. 이 말의 부재는 어떤 "억압된 것"에 관련이 있는 게 아닌가, 적어도 여전히 분유(分有)되어 있는 언어의 이름에 있어서, 몰락하고 있는 문화적 헤게모니의 재건을 바라고, 그럼으로써 예전 식민지 공간을 회수하고자 하는 시도와 관련이 있는 것은 아닐까, 하는 의문을 품어 볼 수가 있다. 그 때문에 '포스트 콜로니얼리즘'이 아니라 "프랑스어권"이라는 말이 특권화되어 온 것은 아닐까?

프랑스에서는 70년대부터 구(현) 식민지 출신 이민자들에 대한 인종차별주의가 대두되고, 사반세기 후인 오늘, 인종차별 반대를 호소하는 거대한 대중 운동에도 불구하고 이민자 배척을 대대적으로 선전하는 '국민 전선'은 정계의 일각에 확고한 지반을 구축하였다. 시장직을 탈취한 지역도 있고 30% 넘는 높은 지지율을 얻고 있는 지역도 있다. 그런데 80년대 후반 프랑스에 체재하던 중 내가 이 현상에 대해 물었을 때, 프랑스인 친구들로부터 돌아온 대답의 태반은 이러한 인종차별주의는 본래 프랑스의 사상이 아니라고 하는 것이었다. 따라서 문제는 **그것은 어디에서 왔는가**, 라는 형태로 정식화된다. 내가 받은 인상으로는 이 물음의 형태

자체가 그에 대해 다양하게 제출될 수 있는 회답보다 더, 이 시기 이후 프랑스 지식인 사회의 합의의 지평을 형성한 것으로 보인다. 어떤 사람은 제3세계의 내셔널리즘에 대한 반동이라고 말하고, 또 다른 사람은 독일·동유럽형 "종족적 내셔널리즘"의 침투라고 말했다. 하지만 그것을, 식민지 시기의 사상과 감성이 이 사회에 집요하게 존속하고 있다고 하는 사실, 나같은 외부인의 눈에는 일목요연해 보이는 그러한 사실과 관련지은 사람은 극히 드물었다. 이래서는 "포스트 콜로니얼"이 사상의 과제가 될 리 만무하다.

그런데 이것은 다른 나라 이야기가 아니다. 1945년 8월 15일, 대일본 식민지 제국은 해체되었지만, 아이누모시리[*]의 약탈, 류큐 처분^{**}에 의해 개시된 이 나라의 근대의 시간은 현재에 이르기까지 다양한 형태의 식민지주의에 깊이 침투당해 온 것은 아닌가? '홋카이도 구토인(北海道 舊土人) 보호법' 철폐를 요구하는 아이누 민족의 목소리는 니부타니(二風谷)댐 건설 등, 현재 진행 중인 정복에 대한 저항이기도 하고, 또 작년 9월 이후 오키나와인의 투쟁은 안보와 기지 문제를 통하여, "내국"이든 아니든 어쨌든 오키나와는 식민지라고 하는 사실에 새삼 우리가 눈 뜰 수 있게 해주었다. 대만과 중국 간 모순의 심도 또한 반세기에 달하는 일본 지배에 대한 인식과 그 역사적 의미의 고찰 없이는 이해할 수 없을 터이고, 재일 조선인을 비롯한 재일 외국인과 일본인의 관계, 중국, 남북조선, 동남아시아, 폴리네시아 민족들과 일본의 현재 관계가 구석구석 냉전의 그림자에 숨어 식민지 지배의 책임을 회피한 일본 정부 및 일본인의 자세에

---

* 홋카이도를 아이누어로 '아이누모시리'라 한다.
** 메이지 정부하에 류큐가 강제로 근대 일본 국가에 편입되어 간 일련의 정치 과정.

의해 손상된 상태 그대로라는 사실은 말할 필요도 없다.

그런 일본에서도 쇼와 천황 히로히토의 사망 후 90년대에 들어선 뒤로 일본 식민지주의의 역사에 대한 일반적인 관심이 고양되어 왔는데, 상황은 아직 예단을 불허한다. 일본인 태반이 이 문제의 존재 자체를 알지 못하거나 이미 과거의 일로 생각하고 있는 이면에서 외무 관료 등 정책 결정자들은 어떤 반성도 없이 식민지 시기의 발상에 매달리고 있는 구조는 전(前) '종군 위안부'의 고발에 대한 대응 하나만 보더라도 본질적으로 달라진 게 없다는 사실이 분명히 드러난다. 내가 이번 회의에 주목하며 "포스트 콜로니얼"이라고 하는 말이 이후 프랑스에서 어떻게 수용되는가, 혹은 어떤 저항과 맞닥뜨리게 될까에 관심을 기울이고 있는 것은 그것이 일본에서도 이후 보다 세련되어 갈 부인(否認)의 형태들을 분석한다고 하는 우리의 과제와 무관치 않다고 생각하기 때문이다. 이러한 의미에서 "포스트 콜로니얼"이라는 말의 "포스트"란, 식민지 문제가 "과거의 불행한 한 시기"라는 괄호 속에 격리될 수 있는 게 아니라 늘 현재의, 그리고 미래의 물음으로 회귀해 올 것이라고 하는 필연성을 시사하고 있는 것으로 여겨진다.

『思想』, 1996. 6[『사상』].

오키나와와 포스트 콜로니얼리즘
―명명(命名)과 교섭의 폴리틱스

자신이 태어나 자라고 지금도 살고 있는 땅에 하나의 새로운 이름을 부여하는 것, 그것은 터무니없이 사치스런 짓이 아닐까? 적어도 내게는, 언젠가 나한테도 그런 행운이 돌아오리라고는 생각지 않는다. 일본이라 불리는―언제부터 이렇게 불리게 된 것일까?―열도 가장자리에서, 일본어라 불리는―언제부터 이렇게 불리게 된 것일까?―언어의 가장자리에서, 일본어도 아니고 현지어도 아닌 어떤 먼 나라 말을 골라 이러한 명명이 이루어졌다. EDGE(EDGE는 이 글이 발표된 오키나와의 잡지 이름. 아트 프로듀스 오키나와가 발행하는 이 잡지는 이색적인 문화 운동지로서 주목받고 있다)―이제는 고유명사가 된 이 영어 보통명사의 울림에, 이 vocable에 나는 귀를 집중한다. "복귀" 후 사반세기가 "일본과의 거리를 한없이 좁히는 과정"이었다고 해도, 그것이 동시에 오키나와와 미국의 관계=갈등을 일반적인 일미 관계와는 다른 리듬, 다른 강도로 심화시키는 과정이기도 했기 때문에, 오키나와인에게는 미국어일 뿐인 이 말은, 일본인의 귀에 익숙지 않은 울림을 남긴다. 오키나와와 일본, 오키나와와 미국의 관계가 현재 상황 그대로인 한, 점점 더 그것은 들은 기억이 없는 소리가 되어 갈 것이다. 오키나와의 이름으로서. 오키나와의 말로서.

　"크레올", "디아스포라", "하이브리드", "앰비벌런스", "엑사일"……
"포스트 콜로니얼리즘"이라 불리는 문제권에서 지금까지 제출되어 온 이와 같은 수많은 모티프들은 많건 적건 근대 오키나와의 역사 속에서, 특히 "복귀" 후의 현실 속에서 그 대응물을 발견할 수 있다. 도미야마 이치로(富山一郎)*가 미국에서 오키나와를 이야기한다고 하는 경험에 입각해서 지적한 바 있듯이, 얼마나 잘 대응되느냐는 차원에서 말하자면 너무 지나칠 정도로 잘 들어맞는다. 그러한 위험성을 고려하면서 여기서는 논의되는 일이 비교적 적었던 일견 평범해 보이는 모티프를 강조해 보기로 하겠다. 그것은 "교섭"(negociation)이라는 모티프, 혹은 어떤 새로운 "교섭"의 "개념"이다.

　가야트리 스피박이 이 논점을 명확히 내세운 것은 『교육 기계 안의 바깥에서』(*Outside in the teaching machine*, Routledge, 1993)에 수록된 논문 「다시 본 페미니즘과 해체론: 협상들」에 있어서인데, 초고는 1987년으로 거슬러 올라간다. 표제로부터도 상상할 수 있듯이, 출발점의 문제 설정은 상당히 뚜렷하다. 페미니즘 그 자체는 페미니즘이 아닌 탈구축이라는 다른 이론 실천과 어떤 관계를 맺어야 할까? 대립, 무시, 대화, 비판적 섭취 같은 기성 선택지 중에 올바른 대응이 포함되어 있는가? 라는 물음이 그것이다. 약간의 수정을 가한다면, 이와 동일한 종류의 물음이 "오키나와와 포스트 콜로니얼리즘"이라는 커플링에 대해서도 성립할

---

* 『전장의 기억』(이산, 2002), 『폭력의 예감』(그린비, 2009), 『유착의 사상』(글항아리, 2015)등
　이 우리말로 번역되어 있다.

터이다. 사실 스피박에게 페미니즘과 포스트 콜로니얼리즘은 본래부터도 불가분의 물음이지만, 특히 이 논문은 그녀가 처음으로 출신지인 캘커타에서 반년간 강의를 한 직후, 다음과 같은 "인상"에 촉발 받아 쓰인 것이다. 디아스포라 인도인으로서, 또 아카데믹한 작업을 하는 사람으로서 인도에서 보낸 최근 몇 개월을 통해 나는 사람들이 제국주의 문화유산에 대해 얼마나 심각한 불쾌함(unease)을 느끼고 있는지 깨달을 수 있었다. 이 불쾌함은 내가 속한 계급에 대해서도 확실히 진실이지만, 그뿐 아니라 확실히는 표명되지는 않는다 해도 여러 계급을 횡단하며 널리 퍼져 있었다. 그것은 또 젠더 차원과 엮이면서 확산되기도 했는데, 엘리트 현지인주의나 고립주의적 민족주의의 여러 조류들은 그 컨텍스트에 있어서 국내적인 "현실"이나 또 국제적인 "현실"로부터도 모두 심하게 동떨어져 있는 듯이 느껴졌다.[*] 스피박의 제안은 페미니즘이 탈구축과 "교섭"해야만 한다는 것이다. 그러나 여기서 그녀의 논의는 어떤 특유의 루프를 그린다. 왜냐하면 탈구축이라는 것 자체가 이미, 탈구축이 "서양 형이상학", "로고스 중심주의" 등이라 부르는 것과 벌이는 "교섭"에 다름 아니기 때문이다. 바꿔 말하자면 탈구축과 "교섭"한다 함은 탈구축에 의한 "교섭" 개념의 재편(再編)과 "교섭"한다고 하는 이중 작업이 되지 않을 수 없다.

통상 "교섭" 개념은 "교섭"에 선행하는 "자유"로운 주체가 최소한 둘은 존재할 것을 전제한다. 그러나 탈구축적인 전망에서 "교섭"은 처음

---

[*] 이 단락은 원문에 뭔가 문제가 있다. 인용 부호가 빠졌거나 아니면 인칭 대명사가 잘못되었을 것이다. 그렇지만 내용을 이해하는 데에는 크게 지장이 없기 때문에 그대로 번역하였다.

부터 강제적으로 유증(遺贈)된 과거의 유산과의 "교섭"이다. 탈구축이 서양 형이상학의 유산과 "교섭"하듯이, 페미니즘은 부권제의 유산과, 포스트 콜로니얼리즘은 식민지주의의 유산과 "교섭"할 방법을 배우지 않으면 안 된다. 그렇지 않으면 여자나 포스트 식민지인은 강제된 공범성의 효과들을 보지 못하고, 그 결과 환상적인 대립의 주체에 자기 동일화하게 될 터이다. 그 귀결은 때로 파국적일 수도 있다……. 일단 첫 번째 레벨에서 스피박의 주안점은 대략 이상과 같이 정리될 수 있을 것이다.

그러나 여기서 주의할 필요가 있다. 스피박이 제안하는 이러한 "교섭"은 대립의 변증법이 기능 부전에 빠지고 모순이 혁명적으로 지양될 전망이 상실된 포스트 냉전기에 피억압자가 채용하지 않을 수 없는 전략으로서, 최선의 가능성이 소멸된 후의 차선의 방침으로서 제기하는 것이 아니다. 또 반대로 식민지 지배의 결과 생겨난 "포스트 콜로니얼"적 잡종성에 대해 현상을 긍정하는 차원에서 찬양하고 있는 것도 아니다. 그녀의 논점은 다음과 같다. 식민지주의는 피식민자를 공범으로 세우는 일 없이는 기능하지 않는다. 그렇기 때문에 그것은 단순한 대립이나 모순으로 환원할 수 없는 복잡한, **따라서 보다 심각한** 흔적을 식민지 사회에 남겼고, 그러므로 그 "현실"에 응답하고 그것을 변혁하기 위해서는 같은 정도로 복잡한 복수의 "교섭"이 요구되는 것이다. 이러한 "교섭은 협력이 아니다. 그것은 [과거의 유산에 대해] 비판적으로 정통함(critical intimacy)으로써 어떤 새로운 정치를 산출하는 일이다"(대괄호는 인용자). 스피박이 이야기하는 "교섭"은 "면죄(免罪)없는 교섭"이고, 그런 한에서 "투쟁"의 반대물도 아니고, 또 대체물도 아니다. 그 복잡한 실태에 잘 어울리는 하나의 새로운 호칭이다.

현재의 오키나와에는, 그러니까 오키나와와 일본, 오키나와와 미국,

오키나와의 여러 계급, 오키나와의 여러 지역, 오키나와의 여러 세대, 오키나와의 여성과 남성 사이에는 스피박이 이러한 형태로 기술한 과정이 이미 발동이기 시작했다고 나는 생각한다. "교섭"은 이제 오타(太田) 지사와 하시모토(橋本) 수상 사이에서만, 현과 정부 사이에서만 벌어지고 있는 것이 아니다. 현민(縣民) 투표와 그 직후 지사(知事)가 미군용지 강제사용 절차 공고의 종람(縱覽) 대행을 수용한 이후 현(縣) 행정과 민중 운동 간에도, 또 민중 운동 내부에서도, 민중 운동과 그 내부에 일본 좌익과의 역사적 관계들이 남긴 부정적 유산과의 사이에서도 다양한 "교섭"이 시작되고 있다. "섬 전체가 하나"(島ぐるみ)*라는 일체성의 "환상" 외부에는 분열과 대립의 "현실"밖에 없다고 하는 반복 강박을—"뛰어넘는" 것이 아니라—뭔가 다른, 보다 풍요롭게 미래를 잉태한 패턴으로 변형하기 위해 이 "교섭"들을 스피박이 시사하는 방향으로 고쳐 읽어 갈 필요가 있을 것이다.

그런데 이 모티프를 명확히 하려 애쓰는 과정에서 스피박은 니체에 대해 데리다가 취한 스탠스를 반복해서 논한다. 1972년의 저작 『길모퉁이』에서 데리다는, "진리는 '여자'다"라고 쓰는 니체에게 동의하는 걸까? "진리는 '여자'다"라고 씀으로써 대체 니체는 뭘 하고 있는 것인가? 남근중심주의와 니체와의, 니체와 데리다와의 '공범성'은 어떤 성질의 것인가? 그녀는 일단 다음과 같은 이해의 틀을 제시한다.

---

* 이는 본래 시마구루미(島ぐるみ) 투쟁이라는 말에서 왔다. 이 투쟁은 1956년 미군정하에 있던 오키나와에서 일어난 대규모 반기지운동(反基地運動)을 말한다. 중대한 사태 앞에서 오키나와 섬 주민들 전체가 초당파적으로 단결했다는 의미가 담겨 있다.

모든 인간적 현실을 남자(man)의 이름으로 부르는 것은 제1의 운동, 인간주의("인간 즉 남자라면 서로 알 수 있다[이해할 수 있다]")이다. 그 양태 그대로 남자를 여자의 이름으로 치환하는 것이 제2의 운동이다. 여자를 인용부에 넣는 것이 제3의 운동인데, 그것은 종합이 아니라 제2의 운동과 혼동되는 일이 있기 때문에 늘 문제를 낳는 잠정적인, [온전한 해결이 아니라] 절반의 해결이다. 그런 까닭에 이 운동은 제2의 운동을 인용부에 넣으면서 늘 제4의 운동을, 결코 일어나지 않지만 늘 일어날 성싶은(never happens but always might) 운동을 고대하고 있는 것이다.

변증법과 닮아 보이지만 전혀 다른 이 운동은, 수많은 이름을 받아들이면서 그 어떤 이름으로부터도 달아나 버리는, 근원적으로 이름을 결여한 것[존재]의 주위를 계속 떠돈다. 페미니즘의 컨텍스트에서 볼 때 그것은 "페미니즘 이론의 주체인 우리들과는 역사적으로 다른, [……] 우리 입장에서는 원의(原義)에 입각한 어떤 지향 대상으로서 상상할 수 없는, 발언권이 없는(disenfranchised) 여인들"과의, 스피박이 "서발턴"이라고도 부르는 "역사의 타자들"과의 "관계없는 관계"를 소묘한다. 이 운동에서 배운다는 것은 페미니스트에게 이중으로 유익하다. 첫째로는 이 "관계없는 관계"의 환원 불가능성을 강조함으로써, 서양 중심적인 국제 페미니즘이 제3세계 여인들에게 강요하는 제국주의적 보편성("여자라면 서로 알 수 있다")을 비판할 수 있다. 또한 "가장 억압받은 페미니스트"의 자리를 다투는 ─ 페미니즘만이 아니라 좌익 사상에 전반적으로 보이는 ─ 희비극적인 경쟁에 종지부를 찍는다. 여자라는 이름이 환기하는 차별적인 함의를 전통으로부터 이어받아 그 이름을 인용 부호에 넣음으로써 니체가 남근 중심주의를 상대로 행한 "교섭", 또 그러한 니체의 텍스트를 상대로 데리다가 행한 "교섭"에는 이렇듯 페미니즘과 포스트 콜로니얼리즘의 절합점(節合点)에 숨어 있는 다양한 함정들을 회피하는 데에 유익한 시사가 포함되어 있다. 이것이 스피박이 탈구축을 상대로 계속 벌이고 있는 "교섭"으로부터 인출한 잠정적인 교훈이다.

'EDGE' —— 내 귀에 그것은 이러한 "교섭"의 다양한 단절면들을 집약하는 이름으로 들린다. 그것이 지향하는 바는 "경계"의, 때로 "전체"보다 거대해질 수 있는 "부분"의 역설이다. 그러나 그러한 "장소"는 "류큐 처분"이라는 역사적 호칭이, 또한 그 반복적으로서 이야기될 수 있는 오키나와의 근대사가 잔혹할 정도로 보여 주듯이, 누차 가장 전율적인 공희(供犧)의 무대가 되기도 한다. 오키나와만이 아니라, 중국과 조선의 입장에서 "아시아와의 엣지"인 대만(47년 '2·8')과 제주도(48년 '4·3') 역시 동아시아 전후 질서의 형성 —— 법 정립적 폭력*의 발동 —— 과정에서 처참한 학살을 경험한 수난의 땅이라는 사실은 우연일까? 지금 이 지역이 새로운 관계성을 모색하며 격동기에 들어서고 있을 때, 우리는 "엣지"라는 이름이 사고하도록 명하는 또 하나의 함의를 잊을 수 없다.

공희적(供犧的) 폭력에의 회귀, 반복을 회피하는 것, 그것은 늘 오키나와와 일본의, 오키나와와 미국의, 오키나와와 아시아의, 오키나와와 세계의 "교섭"에서 가장 중요한 과제가 되어야 한다. 이 점을 잊지 않고 이미 개시되고 있는 미군 지배로부터의 탈각을 향한, 그리고 어쩌면 일본으로부터의 이탈을 향한 역사적 운동에 걸맞은 민중운동의 새로운 리

---

* '법 정립적 폭력'에 대해서는 데리다, 『법의 힘』, 진태원 옮김, 문학과지성사, 2004 참조

듬과 톤을 더듬더듬 찾아가는 것——장구하고 복잡한 이 "교섭"의 시기를 거치는 동안, "오키나와"는 계속해서 몇몇 이름을 받아들이게 될까. 그 이름들을 스스로(에게) 부여하게 될까?

『EDGE』 3호 1997. 2.

어둠처럼, 신체처럼, 여인들의 목소리처럼

자서전 『수라를 살아간다』(『修羅を生きる』, 講談社, 1995)에 따르면 양석일(梁石日)이 김시종(金時鐘)과 처음 만난 것은 1956년의 일이라고 한다. 오사카시 이쿠노(生野)의 어느 진료소에 친구 병문안 차 방문했을 때, 그 친구로부터 이웃 침상에 요양 중이던 김시종을 소개받은 것이다.

> [……] 친구가 내게 그 젊은 사내를 소개하면서
> "이 사람은 김시종이라는 시인이야"
> 라고 말하길래 놀랐다. 사내는 몸은 야위었지만 얼굴은 예리하고 사나운 느낌을 주었다. 서로 가볍게 인사를 나누었는데, 나는 내심 평온하지를 않았다. 왜냐하면 재일(在日) 조선인 중 시인은 나 한 사람밖에 없다고 생각하고 있던 판에, 친구한테서 시인이라는 사람을 소개받았으니 의구심을 품게 된 것이다. 하여간 **사이비 시인**임에 틀림없다고 내 마음속에서는 초장부터 결정되어 있었다.

오늘날에는 잘 알려지게 되었지만, 그 후 양석일은 김시종이 책임

자였던 서클 '진달래'(ヂンダレ)의 동인이 되고, 허다한 시련을 함께 겪는 가운데 친교를 심화시켜 가게 되는데, 이 첫 대면의 에피소드는 몇 번 되풀이해 읽어 보아도 재미있다. 양석일답구나, 하며 사람됨이 드러난 것으로 이해하고 빙그레 웃어넘길 수도 있겠지만, 생각해 보면 어떤 공동체 속에서 시인은 자기 한 사람뿐이라고 철석같이 믿는 사태는 대단히 기묘한 것이다. 어쩌면 세계 문학사에서도 드문 케이스일지 모른다. 어떤 대시인도 자기 민족 중에서 시인은 자기 한 사람이라고 철석같이 믿지는 않으며, 그렇게 믿을 수 있는 경우 또한 없기 때문이다.

이 "철석같은 믿음"은 어떤 구조를 갖고 있는 것일까? 그것은 어떤 상황의 산물일까? 첫째, 이 시인의 "나"는 자신이 조선인임을 확실히 긍정하고 있다. 유일한 시인이라고 하는 확신은 구름 한 점 없는 이 긍정을 바탕으로 그로부터 출발해서 비로소 획득된 것이다. 그것은 후년의 소설가[양석일]가 기록하게 될 다음과 같은 말에 대응한다.

[……] 나는 어떤 때에도 조선인임을 숨긴 일이 없다. 가족에 대해 질문을 받으면 양친이 조선인이란 사실을 확실히 말했다. 아직 어렸기 때문에 조선인으로서의 자부심을 갖고 있었던 건 아니고, 그저 내 자신이 조선인이라는 사실에 어떤 의심도 갖고 있지 않았던 것이다. (『자궁 속 자장가』, 1992)

내게 양석일 문학의 출발점이자 최대의 매력이며 궁극의 수수께끼는 도대체가 정치의식에 선행하는 어떤 인위적인 힘도 느껴지지 않는 이 쾌청한 생에 대한 의지와 일체가 되어 녹아들어 있는 민족적 자기 긍정의 명증성이다. 그의 작품의 애독자라면 누구든 알고 있을 것이다, 일본인 사회의 차별 구조와, 재일 조선인 조직의 경직된 민족주의=정치 지상주의와 금융 자본 및 임금 노예제의 냉철한 논리 등과 기진맥진할 정도로 격투를 치른 후에도, 또 애증이 첩첩이 겹친 친족이나 여인들과의 격투 후에도, 그의 확신의 이 원질(原質)은 아무런 상처도 입지 않은 상태 그대로라는 사실을.

하지만 둘째, 그는 일본어 시인이다. 김시종과 조우하기까지 그에게 선배 시인이라 할 수 있는 사람들은 일본인 시인들 및 일본어로 번역된 서양 시인들이 전부요, 바꿔 말하자면 시인으로서의 동일화 대상이었다는 것이다. 따라서 재일 조선인 중에서 시인은 틀림없이 자기 한 사람뿐이라고 하는 그의 확신에는 또 한 가지 사실, 즉 유년기, 소년기에 그가 생활 속에서 숨 쉬고 있던 문화와, 이러한 일본어 활자에 의한 문학 공간이 얼마나 격절(隔絶)되어 있었는가, 라는 증언이 포함되어 있다.

> 우리 부모님은 제주도 출신인데, 일본의 식민지 시대인 20세 전후 무렵 바다를 건너 일본으로 왔다. 그러나 아버지와 어머니는 모두 일본 생활에 익숙해지지 못했고, 특히 어머니는 63세로 돌아가실 때까지 45년간을 일본에서 사셨음에도 불구하고 일본어를 전혀 하지 못하셨다. 많은 재일 1세 어머니들은 모두 그렇다. 이 사실은 그녀들이 얼마나 토착적인 조선인이었던가를 이야기해 준다. (『남자의 성해방』, 1992)

이렇듯 일본어 시인 양석일의 문학적인 "나"는 내셔널리즘 이전적인 (나이브하다고도 보일 수 있는) 민족적 확신과, 구 식민지 종주국의 다수파 사회로부터의 문화적인, 무엇보다도 우선 언어적인 격절을 조건으로 성립한 것이다. 그 단독성은 결코 추상적이거나 고립된 개별적 의식이 아니다. 어떤 의미에서는 일본어가 모어라는 사실에 대해 의문을 품어 본 적이 없는, 의문을 품기가 극히 어려운 일본인 독자의 입장에서, 양석일만큼 일견 이해하기 쉽고 접근하기 용이한 듯 보이는 그러면서도 실은 이토록 멀리 떨어져 있는 개성은 달리 없지 않을까?

이 시집에는 1954년이라 적혀 있는 시가 두 편 수록되어 있다. 1954년이라고 하면 김시종과 조우하기 2년 전이니까, 당시 17, 18세의 작자는 아직 "재일 조선인 중에서 시인은 자기 한 사람"이라 믿고 있었을 터이다. 그 중의 한 편 「해후」는 적어도 세 가지 점에서 주목할 가치가 있다. 첫째로 이 산문시에는 '진달래' 시기 이후의 시에서 표면상 모습을 감추는, 하지만 후년의 소설 속에서 충분히 개화되기에 이르는 작자 특유의 유머, 그 스피드감 넘치는 웃음의 멀고 은밀한 맹아 같은 것이 느껴진다. "나"가 마주치는 "한 쌍의 남녀"의 모습은 쉬르레알리즘 회화를 연상시킨다. 특히 "눈도 입도 없는 표정이 자못 절망적인 백색"인 남자의 얼굴은 마치 조르조 데 키리코가 그린 인물 같다.

이때부터다. 내가 두 사람을 감시하게 된 것은. 나는 두 사람이 꼭 자살할 것만 같았기 때문에 그저 방관하고 있을 수만은 없었다. 만의 하나 자살이라도 하려는 것이라면 그것은 내 책임이다. /그래서 우리는 인기척 없는 뒷길 지붕 밑에서 동거 생활을 시작했다.

속도감 있는 전개다. 책임감으로부터 동거를 시작했을 "나"는 사내를 무시하고 여인과의 관계를 심화시켜 가는 것이다. 처음의 "우리"는 "한 쌍의 남녀" 더하기 "나"를 가리키는데, 두 단락 뒤의 "우리"는 "나"와 여인으로만 되어 있다. ("사내는? 사내는 우리를 위해 살고 있다."). 사람을 잡아먹은 듯이 줄거리가 이행된 것, 결코 증오할 수 없는 성적인 에고이즘과 진정한 윤리적 스토이시즘의 독특한 배합으로부터 빚어지는 리듬은 『족보의 끝』(1989)이나 『자궁 속 자장가』 등 훗날 쓰이게 된 소설 작품의 독자에게는 이미 친숙한 것이다.

　두 번째로 느껴지는 바는 "재일 조선인 중에서 시인은 자기 한 사람"이라고 믿던 소년 시인의 이 작품에는 작자의 민족적 동일성을 드러내 주는 요소가 거의 눈에 띄지 않는다는 점이다. 이 시만 가지고는 그가 조선인임을 간파할 수 없다. 물론 반대로 작자가 조선인임을 알고 있는 사람에게는, "그녀가 뽑아"와서 "구석의 항아리에 넣어 둔" "땅 속 깊이 피어 있는 노란 식물"이 여인이 "하루에 한 번" 먹는 것이며, "그녀의 습관에 따라 나도 먹는" "나의 감성의, 나의 사고의 마취약"이 김치일 수도 있다고 맘껏 상상하는 것이 금지되어 있지는 않다. 그런데 무엇보다도 이 명쾌한 오이디푸스적 구도에서 사내의 존재감이 이상하리만치 희박하다는 점("나는 그녀와 함께 사내를 가능한 한 얇게 요리한다. 가능한 한 얇게")과 『피와 뼈』에 이르기까지 소설에서 거듭 이야기되는, 고야의 "제 새끼를 먹는 사투르누스"라고 오인할 만큼 무시무시한 부친상, 이렇게 두 가지를 대비해 보면 랭보의 강한 영향하에 있었던 것으로 보이는 청년 양석일이 시적 조형에 의해 현실과의 사이에 얼마나 커다란 거리를 만들어 내려 했는지 상상이 되는 것이다. 그러나 결말은 확실히 사내가 "나"의 혈족임을 시사하고 있다. "그의 죄업"은 "나"에게 덮쳐서, "나"는 사내와 마찬가지로 "눈이 안보이게 되고, 입을 잃게 되어"버리니 말이다.

　그리고 또 한 가지, 시에서부터 소설에 이르기까지 희랍 신화의 신 프로테우스처럼 모습을, 의미를, 기능을, 함의를 변화시키면서 양석일의 텍스트 전체를 횡단해 가는 "어둠"의 모티프가 일찌감치 여기에서 나타난다고 하는 간과할 수 없는 사실. "세계가 백야(白夜)처럼 아름답고 어 스레하다. 이리하여 나는 그녀의 혐오스럽고 저주스러운 육체, 늪과도 같은 액체와 함께 깊은 어둠의 밑바닥으로 잠겨 간다……." "육체"가 용 해되어 "액체"가 되고, 이윽고 "어둠"과 구별이 불가능해지는 것이다. 양 석일의 소설 세계에서는 역사나 정치의 "어둠"과 관능의 "어둠"이 별개 의 요소로서 외재적으로 이어지는 게 아니라 그것들이 어딘가 미분화(未 分化)된 장소에서 통저(通底)하고 있는 바, 바로 이 지점으로부터 독자적 인 다이너미즘이 생겨나는 것인데, 후에 그가 "아시아적 신체"라 부르게 되는 것을 사고하기 위해서도 이 **심화되어 어둠으로 화하는 육체**라는 이미 지를 기억에 머물게 하자.

* * *

인천시 용현동 풀숲에
한 소녀의 시체가 뒹굴고 있다.

본 시집에 수록된 시 중에서, 조선 반도의 지명이 나오는 가장 이른 시기의 작품은 1956년작 「하늘」이다. 1950년 9월 15일, 조선민주주의 인 민 공화국(북조선) 군대의 맹공을 받고 붕괴 직전이었던 미군·한국군(= 국제연합군)은 일본의 요코하마, 고베, 사세보(佐世保)*에서 출격한 261 척의 대함대와 합류하여 인천 상륙작전을 감행, 거의 조직적 저항을 받 지 않고 북진을 개시한다. 오늘날 남아 있는 "해방" 직후의 인천시 사진

---

* 나가사키 현의 한 도시

을 보면 조선인 시민은 한 사람도 남김없이 손이 올라가 있다. 영국 특파원 레지날드 톰슨(Reginald Thompson)은 『조선의 비극』(*Cry Korea*)에 이렇게 썼다. "압도적인 현대 병기에 대해 한 줌의 농민들이 몇 정의 라이플과 카빈총과 절망적인 용기로 싸움을 걸었다. [……] 그리고 그들만이 아니라 그곳 주민 전원이 네이팜탄으로 전멸했다."[*]

일본 제국주의의 식민지 지배로부터 해방되었다는 기쁨도 잠깐, 조선을 잇달아 덮친 분단·내전·독재의 비극, 기아에 의해, 전화(戰禍)에 의해 살해당한 이루 다 헤아릴 수 없는 "동포"의 죽음, 이 모두를 일본 땅에서 방관할 수밖에 없는 입장에서, 피아(彼我)의 상황 사이에 가로놓인 측량할 길 없는 거리 속에서, 양석일 시의 서정적인 강도는 심히 고조된다. 이러한 조선 반도의 전후사(戰後史)와 직접 닿아 있는 시편들의 본질을 감히 한마디로 언표하자면 그것은 극히 특이한 **분신(分身)의 포에틱**이라고 할 수 있을 터이다.

분신에 대한 관심은 문학과 그리고 어쩌면은 세계와 같은 정도로 오래된 것이다. 신이 아담을 자신의 형상에 따라 짓고, 아담의 갈비뼈로부터 이브가 만들어지고, 최초의 형제가 아벨과 카인 쌍둥이라는 식으로 분신의 증식에 의해 세계의 처음부터 이야기되는 창세기 이야기는 오늘날에는 그 자체가 고대 중동 세계의 더 오래되고 더 넓은 신화적 전승, 예컨대 『길가메시 서사시』 등을 이어받아 성립한 것이라 생각되고 있다. 오토 랑크(Otto Rank, 1884~1939)가 신화, 인류학 보고 등에 의거하면서 진술하듯이 분신 신앙의 기원에는 자신의 그림자에 대한 외경(畏敬)이 있

---

[*] 한국어판은 브루스 커밍스·존 할리데이, 『한국 전쟁의 전개 과정』, 차성수·양동주 옮김, 태암, 1989, 90쪽.

었다. 그림자야말로 내 혼의 모습이고 나의 수호령이었다. 그러나 금기가 위반되었을 때 그것은 나의 죽음을 예고하는 사령(死靈), 죽음의 그림자로 변신한 것이다. 고대의 분신에는 친족과 뿌리가 같다는 의미에서의 가까움과 그로 인한 두려움과 공포가 부여되어 있었다(『분신』, 1914).

근대적 자아의 확립과 함께 분신의 성질은 크게 변용된다. 호프만, 장 파울, 하이네 등 독일 낭만주의 작가들에서부터 에드거 앨런 포, 와일드, 보들레르, 모파상, 도스토예프스키에 이르기까지 분신을 모티프로 한 문학의 경이로운 발전에는, 인간이 자신의 그림자에 대한 친숙함을 상실하고, 분신이 고립되고 완결된 "하나"이어야 할 자기가 분열되어 버린 분열태로서, 심지어는 친밀한, 따라서 숨겨져야 할 내부의 비밀이 소원한 외부로 노출되는 것으로서, "꺼림칙한 것[섬뜩한 것]"(프로이트)으로서 경험되는 시대성이 각인되어 있다. 그런데 프로이트는 근대의 "분신 표상"이 획득한 "새로운 내용" 중에 "양심"을 꼽고 있다. 양석일의 시에 등장하는 분신들에서 우선 확인되는 것도 "눈에 보이는 양심"과 같은 부류의 성격일 것이다.

고문으로 도려내어진 안구가 번쩍 열려
목을 관통한 총살 탄환으로부터 벗어나
타오르는 집과
타오르는 육친 뒤로
현해탄 거친 파도에 흔들리며
그 사내는 내 앞에 나타나
한국은 미증유의 잔학과 기아에 온통 뒤덮여 있다고 말했다
이 사내를 동포라 부르기에는

나는 너무나 상처가 없다

미덥지 못한 나의 코뮤니즘은

이 사내의 육성(肉聲)에 응할 수가 없다

1950년 겨울의 산등성이를 기어다니며

원시적인 무기를 휘두르며 싸웠던

무명의 인민 전사들을

지금 나부끼는 희망으로 바꿀 수도 없다

나는 그때

내 자신을 탈환하기 위해 나 자신과 싸우고 있었던 것이다

사내의 두툼한 손과 악수를 나누고

찌그러진 예리한 눈동자에 흘러넘치는 보복의 빛을

정면으로 받아내려고 아뜩해졌다

(「무명(無明)의 시」)

여기서 주의해야 할 것이 두 가지 있다. 우선 "분신 표상"을 설명하고자 하는 모든 이론적 언설은 현상학이든 정신 분석이든, 그 자신과 문학적 언설의 관계(이 관계 자체가 분신적인 관계이다)를 결국 해소하는 데 성공한 선례가 없다는 사실, 양석일 시를 포함한 강력한 분신 문학은 늘 이론적 언설이 말하는 것 이외를, 그 이상의 것을 이야기한다고 하는 사실이다. 또 하나는 현대의 새로운 제3세계 문학, 혹은 포스트 콜로니얼 문학은 자아의 비대·증식·분열, 그리고 그런 끝에 찾아오는 자기 파멸이라는 낭만주의적 드라마와 언뜻 보기와는 달리 전혀 다른 것이라는 점, 그러면서도 전통 문화로의 단순한 회귀와도 구별되는 "분신 표상"의 새로운 발전이 보인다는 점이다. 코르타사르(Julio Cortázar), 보르헤스, 푸

엔테스 등 라틴 아메리카의 스페인어 작가들이나 카테브 야신을 비롯한 마그레브의 프랑스어 작가들의 작품, 또 영어 문학에서 "남"(南)의 우위를 확립한 살만 루슈디의 『한밤의 아이들』과 『악마의 시』에서부터 토니 모리슨의 『빌러비드』(Beloved)에 이르는 수많은 빼어난 작업들에는 개인과 공동체, 전통과 근대, 과거·현재·미래의 관계, 또 인종적, 민족적, 성적인 차별이나 폭력의 문제를 분신이나 망령의 형상을 통하여 정치하게 재평가하고자 하는 지향이 명료하게 나타나고 있다. 그리고 물론 나는 양석일의 작품을 일본어 문학에서의 이러한 경향의 가장 현저한, 그리고 지금으로서는 유일하다고까지는 할 수 없어도 극히 드문 사례로 생각하고 있는 것이다. 생각해 보면 전후(戰後)의 재일 조선인들이 놓여 있던 상황은 **분신의 언어**에 의한 사고를 강하게 요청하는 것이 아니었을까? 조선과 일본, 북과 남, 조국과 "재일", 부모와 자식…… 이들 수많은 "가까움"과 "멂"을 과부족(過不足) 없이 표상할 수 있는 안정된 단일 시점 따위는 어디에도 있을 성싶지 않기 때문에 분신의 위험한 양의성에 스스로 몸을 노출시키고, 그 정동(情動) 한 가운데서 숱한 모순들에 발기발기 찢겨진 공동체에 필요한 "지혜"를 발견할 수 있는 한 사람의 시인을 재일 조선인 사회는 필요로 했던 것이라고 말하더라도, 아마 그리 큰 과장은 아닐 터이다. 이렇게 생각하기에 족한 환상과 비평의 깊은 결합이 예컨대 다음 몇 행에는 보이는 것이다.

> 모난 뺨, 짧은 이마, 강한 자아를 가진
> 이 사내의 근친 증오도 또한
> 고향을 사랑한 나머지
> 하나의 맹목에 사로잡혀 있다

(「무명(無明)의 시」)

이렇듯 양석일에게는 분신이 강박 관념이나 박해자로서 "나"를 홀리듯 사로잡는 도덕적 추궁을 행할 뿐 아니라, "나"도 또한 "그"를 비판하는 경우가 있다. 여기에 보이는 것은 분신의 "현실성"에 대해 적게 부인하면 할수록, "그"와의 관련이 깊으면 깊을수록 그만큼 대응이 자유로워진다고 하는 역설이다. 또한 분신은 "눈에 보이는 양심", 나의 본래 바람직한 모습이기만 한 것은 아니다. 최악의 얼터 에고(alter ego; 또 다른 자아)로 변신하는 일도 있다.

베트남 촌락에서 카빈총을 한 손에 들고
소년의 시체를 걷어차며 웃고 있는 한국 병사의 사진이 잡지에 실려 있다
앗! 그 사내의 모습이
나와 흡사하다는 데 놀라
나도 모르게 목을 꽉 조른다
(「맥(貘)을 먹는 사내」)

그리고 이런 종류의 부정적 분신과의 대결은 좋든 싫든 형제 살해의 색채를 띤다. 그러나 형제 살해인 이상, 적과 아군의 경계는 결코 명확하지 않다. 형제 살해라는 지상(至上)의 착란 한복판에서 그 점에 생각이 미치는 것도 "지혜"의 한 형태인 것이다.

지금도 그늘에 숨어 노리고 있는 놈
놈은 미국 병사와 흡사한 사촌이다

노예근성에 절어 있는 사촌을 죽여!

살해하지 않으면 우리가 살해당해

우리라구? 누구?

자네? 나? 오~! 사촌 형제일지도……

(「끝없는 환영」)

80년 이후 쓰인 양석일의 소설을 보면, 그의 시에 특징적으로 나타나는 환상성이나 분신 모티프가 일견 후경(後景)으로 물러난 듯 보인다. 그런데 "재일" 사회 내지 조선 민족 역사의 어둔 곳을 일본어로 극명하게 그려내는 그의 작품이 결코 시니컬한 내막의 폭로로 결코 떨어지지 않는 것은 최신작 『Z』의 종장에도 농밀하게 기입되어 있듯이, 몇천 명이나 되는 공산주의자와 민주화 운동 활동가들을 어둠 속에 묻어 버린 '면도칼 사내' 김만의(金滿義) 같은 가장 꺼림칙한[섬뜩한] 인물조차 은밀하고 깊은 차원에서 작자의 분신이며, 그런 한에서 작자의 "사랑"이 깔려 있기 때문은 아닐까?

* * *

그런데 분신의 이러한 양의성은 어디에서 오는 것일까? 아마도 분신이라는 것이 본질적으로 다수라는 사실에 기인할 것이다. 복수가 아니라 다수, 왜냐하면 그것은 단 하나라도 온전히 다 세어지질 않기 때문이다. 바꿔 말하자면 분신은 본질적으로 무한 혹은 무한정이고, 바로 그렇기 때문에 어둠과 은밀히 통하는 것이다. 노발리스의 『밤의 찬가』에 단적으로 보이듯이 분신과 더불어 근대의 어둠의 시학도 독일 낭만주의와 함께 하나의 정점에 달한다. 그리고 분신이 본래 그림자라고 한다면 프로이트가 분신과 함께 "칠흑 같은 어둠"을 "섬뜩한 것"의 범주에 넣는 것도 이상할 게 없다. 양석일이 애독하는 앙리 미쇼도 그렇고 또 장 주네도 그렇듯이, 위대한 분신의 시인들은 탁월한 밤의 가수이기도 하다.

"나"의 "모습"을 정확히 비춰 주기 마련인 거울이 뜻밖에도 암흑의 심연이라는 또 하나의 모습을 나타낸다. 거울은 어둠의, 어둠은 거울의 분신이다. 나르시스가 들여다보는 수면은 무한한 어둠이다. 이카이노(猪飼野)*의 운하처럼, 제주도의 바다처럼…….

그런데 오비디우스가 이야기하는 나르시스에게는 그를 사랑하는 소녀가 있었다. 그녀의 이름은 에코(메아리, 木靈), 이루어질 수 없는 사랑에 지쳐 육체를 잃고 끝내 목소리만 남아 버린 요정이다(『변신 이야기』, 제3권). 양석일 가족의 여인들, 어린 시절에 목숨을 잃은 두 누나, 불행한 결혼 끝에 스스로 목숨을 끊은 누이동생, 그리고 자궁암으로 세상을 뜬 어머니의 목소리는 그의 아버지가 체현하고 있던 유교적 조선 문화의 남성 중심주의의 희생으로서, "나"를 끊임없이 고발한다. 그런데 그 동일한 목소리가 "나"를 최악의 파국에 빠지지 않도록 만류해 준다고 한다면…….

이국땅에서 죽어야만 했던 어머니의 원통함이 상기된 직후에, 더없이 강력한 힘으로 분신이 솟아오르는 것은 우연일까? 그리고 이어서 모습이 보이지 않는 여인의 절규가 들려오는 것은?

---

* 오사카의 한 지명. 본래 농촌으로서 오사카 중심부에 야채를 공급하는 곳이었다. 그러나 러일 전쟁과 1차 세계 대전을 거치면서 이곳 주변에 주택과 공장이 잇달아 세워지고 급속히 시가지화되어 갔다. 또한 오사카-제주도 간 직행편이 취항하기 시작하면서 조선인들이 대거 도항하였다. 이를 계기로 재일 한국인, 재일 조선인 인구가 급증하여 코리아타운이 형성된다.

연대를 배신하고

혈족을 배신하고

무기를 틀어쥐고 싸운 일도 없이

타인의 하늘에서 객사하는 거다

객사한 어머니의 검은 살덩어리여

지금이야말로 사무치게 깨닫지 않으면 안 돼

너는 어떤 존재인가

네 피의 깊은 인과율이여

내 그림자에 전율하며

내 그림자에 몸을 숨긴다

프티 부르주아 패배주의자의 자학망상광(自虐妄想狂)이다

그러자 울부짖는 파도의 이랑에서

무명의 파르티잔의 망령이 나타나

너는 죽을 가치도 없어, 라고 말했다.

뒤를 돌아보자

나의 배후는 유국(幽国)의 어둠이 겹쳐

내 가는 곳마다

어머니의 부패해 버린 검은 살덩어리가

축 늘어져 있을 뿐이다

아무것도 보이지 않는다

그저 새하얀 외침만이 들려온다

갈기갈기 찢겨진 살의 절규가

「겨울 바다」

양석일의 시에서 어머니는 늘 "어머니"(お袋)*라 불린다. "일본어를 거의 하지 못했던" 어머니가 일본어에 고유한 이 표현으로 불린다는 것, 여기에 아무 의미도 없다고 보긴 힘들 것이다. 그것은 이 표현의 근원에 있는 "자궁"이라는 말과 물(物)에 대한 이 작자 특유의 편집(偏執)과 관련된 게 아닐까?** 어머니와 분신 간에 강한 자력(磁力)이 작동하고 있다는 것은 「깊은 물속에서」(深き淵より)***의 서두 몇 행에서도 분명하다.

사신(死神)과 망령들과 함께
지금도 백발(白髮)의 죽은 아이를 자궁에 품고
어머니는 먼 망국의
인습적인 혼례의 관습과
억센 무뢰한에게 학대받은 운명을 사랑하고
치렁치렁 검은 머리를 풀면서
제주도의 농밀한 바다 밑바닥에서
익사하기를 꿈꾸고 있다

양석일의 문학 세계에서 여인들은, 가장 혈연이 가까운 여인들은 이미 죽어 버리고 없다. 그리고 육체를 잃고 목소리가 되어, 역설적이게도 누구보다도 멀리까지 생존한다. 그러면 양석일의 작품에서 여인들이

---

* 성인 남성이 자기 어머니를 남에게 대해 말할 때 쓴다.
** お袋(어머니)에서 袋는 자루, 주머니, 푸대라는 뜻이다
*** '참고로 깊은 물속에서'는 바하의 교회 칸타타 BWV 131번 「주여, 깊은 물속에서 내가 당신을 부릅니다」(Aus der Tiefen rufe ich, Herr zu dir)를 연상시킨다. 한편 『구약성서』 「시편」의 130편 1절은 "주여, 내가 깊은 물속에서 주님을 불렀습니다"이다.

"나"의 육체를 갖춘 분신으로서 나타나는 일은 없는 것일까? 소설에 많이 나오는 수많은 성애 묘사들은 이 점에 대해 무엇을 이야기하고 있는 것일까? 한 가지는 확실하다. 남자와 달리 여자의 경우에는 "나"의 분신이 **일본인일 수도 있다고 하는** 점이다.

> 어제부터 나는 '백조'에 찾아오는 호스티스를 한 사람 한 사람 끈덕지게 설득했다. [……] 그리고 알게 된 것은 거의 대부분이 저축을 하고 있지 않다는 사실이었다. [……] 그녀들이 저 좋아서 각지를 전전하고 있는 것은 아니었다. 저마다 부득이한 사정으로 이 세계에 들어온 인간이다. 사람은 약함으로 인해 타인에게 상처를 가하는 일이 자주 있다. 그 때문에 자신이 있을 곳이 없어져 버리는 것이다. 그것은 나 자신에게도 해당되는 일이었다. 그녀들은 나를 빼어 닮았다. 아니, 내 자신이 그녀들을 쏙 빼어 닮았다. (『자궁 속 자장가』)

그것은 호스티스나 창녀 등 일본 사회의 저변에서 육체를 착취당하고 있는 여자들이다. 그리고 그러한 여자들의 신체 안에 피붙이인 여자들의 빼앗긴, 상실된 신체가 투시될 때, 양석일의 세계 인식 방법인 "아시아적 신체"는 말하자면 그 최초의 골격을 손에 넣는 것이다.

지금까지도 나는 오사카항의 저 파상풍(破傷風)과도 같은 부락을 떠올리면, 기이하게도 세 손가락이 절단된 주인아저씨(마스터)의 끔찍한 모습이나, 대만인에게 거의 살해당할 뻔했던 일에서부터 유방과 검은 털이 비쳐 보이는 마사미, 유키, 사나에 등의 퇴폐적이고 관능적인 슬립 차림의 모습까지가 선연히 되살아나 아프게 쑤시는 것이다. 그녀들의 병든 육체는 누나와 흡사했다. 왠지 그렇게 생각지 않을 수 없었다. 결코 보상받을 길 없는 그녀들의 상냥함이나 절망이 누나의 죽음과 겹치는 것이다. 내 인생에 있어서 이 장소만큼 특이한 장소는 없었다. 이 장소로부터 병든 육체를 통하여 나는 전 세계를 언뜻 볼 수 있었기 때문이다. (『자궁 속 자장가』)

이러한 대목에서 양석일은 여전히 남자의 눈으로 여자의 신체를 표상하고, 물상화(物象化)하고, 수단화하고 있는 것일까? 그렇게 판단하는 것은 몇 가지 점에서 확실히 가능하다. 그러나 또한 이러한 장면에서 그의 욕망은 어느새 여자들의 신체를 자기 안에 맞아들여 모종의 방식으로 그것을 살기 시작하고 있는 것이기도 하지 않을까? 이러한 물음에 그렇다고 단언하는 것은, 명확한 근거를 들어 긍정적으로 답하는 것은 어려운 일이다. 그렇지만 사유되어야 할 사태는 바로 거기에 있다고 하지 않을 수 없다.

우선 다른 물음을 던져 보자. 일본인 남자들의 신체를 양석일은 어디서 발견하게 되는 것인가? 물론 택시 안에서다. 하지만 이 시기에 속하는 유일한 시 「몽마(夢魔)의 저편으로」에서는 손님이 조선인인데, 이 손님은 "승무원증 안의 나와 같은 성(姓)을 가진 / 제주도에서 태어난 '양'(梁)"이라고 자처한다. 말하자면 분신 포에틱의 집대성이요, 소설로 이행하는 과도기적 성격도 아울러 지닌 1972년의 이 작품을 보면서 우리는 양석일의 텍스트에서 택시라는 공간이 수행하는 기능을 다시 한번 되물어 볼 수 있을 것이다.

이연숙(李姸淑)이 이미 정확히 지적했듯이 『택시 드라이버 일기』(1984)에서 "신참 운전수"에게는 차고가 "조국"이고, 그곳을 기점으로 하지 않으면 어디로도 갈 수 없는 것인데, 진정한 "택시 드라이버"라면 그 어떤 장소로부터도 아이덴티티를 탐구하는 여정에 오르기 마련이다, 라고 하는 작자의 "재일"(在日)론이 확실히 표명되어 있다(「정위定位와 이동: "조국"과의 거리」, 『월경하는 세계 문학』, 1992에 수록). "신참 운전수"의 반응이 "귀소 본능"이라 불리는 것처럼 이 구도에서 차고는 부동의 원점이고, 또 어머니 조국, 회귀해야 할 자궁이 될 터이다. 이러한 해석 위에 겹쳐 쓰듯이 또 하나의 해석을 시도할 수는 없을까? 즉 택시도 다른 의미에서 자궁의 이형(異形)은 아닐까라고 묻는 것은 불가능할까?

이동하는 자궁, 유목민의 천막처럼 자식[아들]의 신체와 함께, 자식[아들]의 운전에 의해 이동하는 자궁. 헌데 그것은 회사의 차량이지, 택시 드라이버에게 결코 자신의 신체일 수는 없다. 「몽마의 저편으로」의 "나"는 짙은 안개 속, 칠흑 같은 어둠을 질풍처럼 내달리는("시속 120킬로미터 / 시계(視界) 제로다") 그런 밀폐 공간에서 마치 모태 속의 쌍둥이 형제처럼 백미러를 매개로 분신과 대면한다. 그리고 사내는 어머니의 모어로 떠든다——.

등 뒤[배후]에서 제주도말로 말을 걸어오는 사내의 모습과 내가
백미러에서 하나로 포개진다
오~! 나의 유령
내가 너고
네가 나다

1948년의 제주도 '4·3 사건', 1952년의 "동지 N"(同志 N)에 대한 면죄(免罪) 사건, 그리고 홋카이도 유바리탄광(夕張炭鉱)의 조선인 수용소

로부터 관동 대지진 때의 학살로 이어지는 역사의 악몽을, 그 어둠을 잇따라 편력한 후, 시의 마지막에 이르러 자식[아들]은 자신의 신체가 하나의 "구멍"이라는 것도 발견하기에 이른다.

> 오~ 지금이야말로 나는 사무치게 깨닫는다
> 인간은 구강과 항문이 동일한 하나의 거대한 구멍임을
> 그 구멍으로 떨어져간다
> **"떨어져간다, 떨어져간다. 나는 내 구멍으로 떨어져간다"**[*]

그리고 이 표현이 후에 『자궁 속 자장가』의 마지막쯤에 다시 출현할 때도 「몽마의 저편으로」와 마찬가지로, 처음에는 역시나 부패한 음식을 먹는 노상 생활자의 "붉은 입"에 촉발 받아 태어난 이미지이다.

> 이빨 빠진 입에서 혀가 튀어나온다. 그들은 그 부패물들을 능숙하게 먹고 있었다. 인간은 구강과 항문이 동일한 하나의 거대한 구멍이다. 그 바닥없는 구멍으로 온갖 것을 삼켜 간다.

그런데 바로 이 이미지가 다음 페이지에서는 식욕에 대한, 식욕이라는 환유(換喩)로 표현된 인간의 바닥모를 욕망에 대한 직접적 관련에서 벗어나, 초췌한 나르시스에 의해 체험된 특이하고 깊은 환상으로 변모해 간다. 그것은 양석일의 산문 가운데에서 시적인 부하(負荷)가 가장 높은

---

[*] 원문에서는 이 대목을 가타카나로 표기하여 강조하고 있다.

문장이다.

나는 뭔가를 필사적으로 생각하고 있었다. 풍경의 한 점을 응시하며 뭔가 눈에 뵈지 않는 것을 보려 했다. 들리지 않는 것을 들으려 했다. 왁자한 빛 속에서 나는 칠흑같이 어둔 곳에 있는 듯했다. 나는 내 깊은 구멍 속으로 추락해 간다. 내게 있어 최대의 적은 나 자신이었다. 두개골 공동(空洞)에서 뭔가가 메아리친다. 멀리서 누군가가 나를 부른다. 어머니 같고, 누나 같고, 아내 같고, 아이 같고, 미카(美香) 같고, 유코(裕子) 같고,* 그 소리들은 주문처럼 신비한 음악을 연주하고 있다. 어린 시절 열에 들떠 있던 내 귓가에 방울을 딸랑딸랑 울리면서 무당이 낮은 음성으로 부르던 귀신 쫓는 노래다. 연옥에서 방황하는 망령들을 쫓아내는 노래다. 황도십이궁의 아득한, 끝도 없는 끝으로 데려가 주는 노래다. 그것은 자궁의 요람 속에서 깊은 잠을 유혹하며, 대단히 지복스러운 시간의 흐름에 몸을 맡기고 환생하는 윤회전생의 무한궤도를 어지러이 뛰어다니는 꿈이었다. [……]

그때 스포츠 신문이 발밑에 날아온다. 그리고 그 신문에 실려 있던 모집 광고를 보고 "나"는 택시 운전수의 길에 들어선다.

택시 속에서 "나"는 노동하는 신체의 가혹한 현실을 알게 될 것이다. 또 일본 샐러리맨들의 황폐한 정신과 신체를 알게 될 것이다. 그러나 그곳은 일시적인 자궁이기도 해서, 백미러를 통해 잠시 그 모습을 엿보았

* 미카와 유코는 일본에 흔한 이름으로, 양석일은 평범한 여성들을 가리키고자 한 듯하다.

던 불특정 다수의 손님들은 "나"에게 이미 **어느 정도는** "동포"에 가까운 사람이, 분신이 되어 있을 것이다. 이는 피억압자 측의, 대단히 섬세한 환대의 작법이 아닐까? 하지만 지레짐작은 곤란하다. 분신에 대한 이 관계는 어디까지나 비대칭이어서, 결코 반전 가능하지가 않다. 바로 그렇기 때문에 『광조곡』(狂躁曲) 이후의 작품에서 분명해지듯이, 여기서는 환대의 윤리가 그대로 저항의 원리인 것이다.

양석일이 이야기하는 "아시아적 신체"란, 재일 조선인을 비롯한 아시아인의 신체를 착취 대상으로 보는 법 말고는 알지 못하는 일본인, 그들, 그녀들이 자신의 분신임을 부인하는 일본인, 동화와 배제로 균질화된 공간에서밖에 거주하지 못하는 일본인, 허식의 번영을 얻고 그 대신 그림자를 상실한 근대 일본의 자아에 대한 근원적인 비판의 시점에 다름아니다. 일본인이 이러한 결락을 자각하지 못하는 한, 일본 사회에서 다민족의 "공생"도 결국은 꿈같은 이야기로 끝나고 말 터이다.

"아시아적 신체", 그러나 그것은 한 일본인 시인으로부터 한 조선인 시인에게 건네어진 말이기도 하다. 이미 말한 바와 같은 의미에서 "아시아적 신체"가 "나" 안에 망령처럼 계속 살고 있는 어머니의 신체이기도 하다면 구로다 기오(黒田喜夫)* 도 또한 언어에 의해 어머니의 신체를 새로이 살[生] 수 있었던 드문 시인임을 상기해야 할 것이다. 비록 그의 명작 「독충 사육」과 본서에 수록된 양석일의 시, 예컨대 「피는 넘친다」 사이에 울리는 어떤 공명은 영향 따위의 개념으로는 전혀 담아낼 수 없는

---

* 1926~1984, 시인. 작품으로 시집 『不安と遊撃』, 飯塚書店, 1959.[『불안과 유격』], 평론집 『死にいたる飢餓』, 国文社, 1965.[『죽음에 이르는 굶주림』], 평론집 『人はなぜ詩に囚われるか』, 日本エディタースクール出版部, 1983.[『사람은 왜 시에 사로잡히는가』] 등이 있다.

것이라 해도 말이다. 지금도 여전히 "절망을 절망"(「깊은 물속에서」)함으로써만 미래를 전망할 수 있는 조선과 일본의 관계사에 있어 이 두 시인의 조우는 문자 그대로 예외적이다. 이 예외적인 사건의 빛이 비추어 내는 광경을 우리는 언제까지라도 넋을 잃고 보게 될 것이다.

그런 구로다 기오가 초판에 붙인 「해설」이 이번 판에도 재수록되어 있다. 『불안과 유격』의 시인이 병상에서 광주 인민봉기 압살에 관한 보도를 귀로 접하며 기록한 이 투철한 비평 언어에는 도저히 미칠 수가 없지마는, 나로서는 구로다가 읽을 수 없었던 80년대 중반 이후의 소설로부터 역으로 조사(照射)하는 형태로, 초기 시들의 모티프를 더듬어 보았다.

그렇다 해도 양석일의 젊음은 어디에서 태어나는 것일까? 그의 언어는 점점 더 가속되는 듯 하다. 어둠처럼, 신체처럼, 여자들의 목소리처럼, 불가시(不可視)의 "아시아"를 향하여——.

『夢魔の彼方へ』, ビレッジセンター出版局, 1996[양석일, 『몽마의 저편으로』].

줄리아 크리스테바,
『저편을 향하여: 네이션이란 무엇인가』*

—인생의 우연에 의해 외국인이면서 프랑스에 있는 사람들이 있습니다. 그들 모두에 대해 어떤 시점에서, 어떤 행정적 행위에 의해 프랑스인이 되도록 결단을 요구하는 것이 당연하다고 생각하십니까?

알렘 데지르(이하 알렘): 당신이 말씀하신 것은 프랑스로 넘어온 이민자들에 대한 것인가요?

—또는 프랑스에서 태어난 사람들도…….

알렘: 아~, 그 사람들은 이민자가 아닙니다. 프랑스에서 태어났다면 말이죠. 이게 바로 이 문제를 논의할 때 이상한 대목입니다!

—18세 때 선택의 시점이 오는 것이라면…….

알렘: 아니, 이건 중대한 문제예요. 그들은 이민자가 아니에요. 배나 비행기를 타고 프랑스에 온 게 아니니까. 그들은 여기 출생이에요. 다른 데서 생활한 일은 한 번도 없어요. 이 사람들을 어째서 이민자라 부르

---

* ジュリア クリステヴァ, 『彼方をめざして』, 支倉寿子・木村信子 訳, せりか書房, 1994.

고 싶은 겁니까? 그들 중에는 법률에 비춰 보았을 경우 외국 국적을 가진 사람도 있다고 말하면 되겠죠.

—문제를 다르게 제기해 봅시다. 아시다시피 프랑스인이 아닌 사람이 어떤 시점에 의지를 밝힘으로써, 프랑스인이 될 것을 신청해야 하는가 여부에 관한 논의가 있습니다. 이것은 당연한 일일까요?

알렘: 그거라면 이야기해 봅시다. 국적법과 이민자의 아이들을 생각할 때, 나는 두 가지 원칙에 찬성합니다. 첫 번째 원칙은 권리와 기회의 평등, 두 번째 원칙은 의지입니다. 그런데 이것은 다음과 같은 사실을 의미합니다. 국적법 개정의 목적이 극우의 환심을 사는 데 있다면, [……] 그것은 필연적으로 배제의 조치들로 이어질 그런 맥락에서 이루어지게 될 겁니다. 반대로 이 개정의 목적이 [이민자의 아이들의] 통합을 촉진함에 있다면 이민자의 아이들이 다른 아이들과 마찬가지로 어린 프랑스인이 되도록, 그들이 주변화되지 않도록, 프랑스 사회에 전면적으로 참가할 수 있도록 하지 않으면 안 됩니다.

자! 이제 통합 촉진이 유일한 관심사라면, 우리는 제안을 할 용의가 있습니다. 우리의 제안은 다음과 같은 것입니다. 미합중국의 사례에서 나온 발상인데요, 리버럴한 원칙입니다. 미국 땅에서 태어난 외국인 아이들은 모두 그 탄생 시점부터 미국 국적을 갖게 됩니다. 따라서 저의 제안은 프랑스에서도 프랑스 땅에서 태어난 외국인 아이들은 그 탄생 시점부터 어린 프랑스인이라 간주될 수 있다는 겁니다. 그러니까 그들이 학교에 있을 때, 프랑스인 친구들과 어깨를 나란히 하고 교실 의자에 앉아 있을 때, 같은 교육을 받고, 같은 병원에서 태어나고, 같은 지구(地區)에서 살고 있는 이 아이들에 대해, "지금은 학교에 가게 해주지만, 18세가 되면 어찌 될지 몰라. 넌 진정한 프랑스인이 아니게 될 수도 있어. '너 여기서 뭐 하고 있는 거야?'라는 말을 들을지 어떨지도 알 수 없어. 그때까지 계속 다니게 될지 어떨지도 알 수 없어" 따위의 말을 해서는 안 되는 것입니다.

—하지만 당신이 방금 정의하신 이 운명 공동체의 원리를 그들이 존중한다는 조건이 붙겠지요?

알렘: 그것은 다른 아이들도 똑같습니다, 프랑스인 아이들도요. 그들에게 기회의 평등을 부여해야 합니다. 그리고 프랑스 사회의 여러 가치와 통합 능력을 신뢰하지 않으면 안됩니다.

(르네 라가슈 편주, 『현대 프랑스 사회: 이민문제』, 대괄호는 인용자)

한 권의 책을 서평하면서 서두에 다른 책을 이렇게 길게 인용한 것은 여기서 핵심이 되는 문제의 맥락이 쉽게 단순화되지 않기 때문이다. 이 대화는 80년대 프랑스에서 국적법 문제가 공적인 장(이 경우에는 텔레비전 토론)에서 토론될 때 전형적으로 보게 되는 논의이다. 이 응답 속에서 작동하는 논리, 레토릭, 대화자들이 대립하면서도 공통으로 기반하고 있는 토대 등에 유심히 주의하지 않으면, 세인들이 접하기 쉬운 오해를 피하기 어려울 것이다. 즉, 이 시대의 이민 운동을 리드한 'SOS 라시즘', 혹은 그 리더였던 알렘 데지르의 사상이 "차이에 대한 권리"를 일면적으로 주장하는 "차이주의"(差異主義) 이데올로기이고, 몇몇 지식인들 — 예컨대 크리스테바 — 은 그에 반대하여 프랑스 공화제의 기본 이념을 다문화 사회의 원리로서 찬양했다는 식으로 오해하는 것 말이다.

본서의 제1부 「네이션이란 무엇인가」의 중심적인 텍스트 「알렘 데지르에게 보내는 공개장」에서, 크리스테바가 실질적으로 주장하는 바는 무엇일까? 그녀의 논리(logic)는 일견 명쾌하다. "헤르더와 헤겔" 식의

"민족정신" 개념에 몽테스키외가 제창한 "일반 정신"을 대치시킴으로써, 종교적 정념의 대리물인 "모욕을 당하면 모욕당한 만큼 공격적으로 변한다"는 전제를 거부하고, "풍토, 종교, 법률, 통치의 격률(格率), 과거의 사례, 관습, 생활양식" 같은 "다양한 레벨의 사회적 현실"을, "재통합"하되 "흡수"하지 않는 비종교적인 후자의 길을 "이민 문제" 해결을 위한 유일한 길로 제시하는 것이다. 그리고 '국민 전선' 등 극우파에 의한 이민자 공격을 단죄하면서도, 이민자 측에도 자신들이 왜 프랑스를 이민지로 선택했는가, 경제적인 동기를 초월한 명확한 이유를 제시해야 할 때가 오고 있다고 본다. "이민자를 존중해 준다고 해서, 이민자를 수용하는 측에 대한 감사를 잊어도 된다는 얘기는 아니겠지요"라는 얘기다.

하지만 내가 아는 한, 데지르와 그의 그룹('SOS')이 이민자 측의 "민족정신"을 적극적으로 옹호한 적은 한 번도 없다. 제3세계의 내셔널리즘과 신좌익의 근본주의(radicalism)에 연동된 70년대형 이민 운동의 체제 파괴적, 혁명적 지향과 손을 끊고, 미테랑 사회당 정권을 지지하는 청년 중심의 새로운 대중 운동으로서 이 운동이 창설된 것은 1984년의 일이다. 그 이후 'SOS'는 늘 프랑스 공화제의 틀 안에서 일관되게 문제를 제기해 왔다. 이 틀로부터의 배제에 반대하고 이 틀 속으로의 통합을 요구하며 싸워 온 것이다. 처음에 인용한 1987년의 텔레비전 토론 「진실의 시간」에 출연했을 때도, 마르티니크 출신인 아버지와 유대인 어머니(두 사람 모두 국적은 프랑스)를 가진 알렘 데지르는 사실 "프랑스인"을 다음과 같이 정의했던 것이다. "프랑스인이라는 것, 그것은 프랑스에서 생활하고 그 성원 전체가 일정한 가치, 그 표어에 집약되어 있는 공화제의 가치, 인권의 철학의 가치에 동의하는 사람들의 운명 공동체에, 이 공통의 미래를 위해 존중해야 할 공통의 규칙을 스스로 결정하지 않으면 안 된다고 생각하는 사람들의 운명 공동체에 참가하는 것입니다." 이러한 사상의 소유자에게 1990년의 시점에서 크리스테바는 새삼 무엇을 설파하며 이야기해 주고자 한 것일까? 양자의 차이는 어디에 있는 것일까?

통찰력 있는 논자(예컨대 糟谷啓介, 「"ネーション"と啓蒙」, 『現代思想』, 1993年 5月号[가스야 게이스케, 「네이션과 계몽」])가 이미 지적했듯이, 여기에서 크리스테바가 지지하고 있는 국민 개념은 제3공화제 이래 프랑스 국적법의 강령 문헌이라 불러도 과언이 아닐 에르네스트 르낭의 『국민이란 무엇인가』를 거의 답습한 것이다. 그런데 데지르의 포지션도 역시 혈통, 언어, 영토의 고유성 등을 근거로 삼는 자연주의적인 국민 개념이 아니라 현재의 자기 결정으로서의, "매일매일의 인민 투표"로서의, "실현해야 할 동일한 프로그램을 미래를 향해 소유하는" 것으로서의 정치적, 주의주의적(主意主義的) 국민 개념을 전제하고 있다. 그리고 잘 알려져 있듯이 자연주의적인 독일형 국민 개념은 국적법에서의 혈통주의(속인주의)의 근거가 되고, 반면 프랑스형 국민 개념은 출생지주의(속지주의)로 귀결된다.

데지르와 크리스테바의 입장 차이는 따라서 국민 개념에서의 차이가 아니다. 몽테스키외에서부터 르낭에 이르는 전통 속에서 계승되고, 새로이 주조되었으며, 다원적으로 규정되게 된 **어떤 동일한 개념에 대한 미묘한, 그렇지만 결정적인 해석의 차이**인 것이다. 주의해야 할 것은 프랑스형 국민 개념의 속성이라고 간주하는 두 가지 요소, 주의주의와 출생지주의는 반드시 상반되는 것은 아니지만, 늘 정확히 포개어지는 것도 아니라는 점이다. 왜냐하면 출생지주의의 원칙이 완전히 적용된 경우는 국적이 늘 탄생 시점에 결정되어 버리고, 따라서 이민자 1세가 귀화하는 경우——크리스테바의 케이스는 이에 해당한다——를 제외하면, 개인의 의지가 관여할 여지는 없고, 반대로 주의주의의 원칙이 관철된 경우에는 양친의 국적이나 출신지와 무관하게 18세가 된 아이는 모두 국적 선택을 강요당하게 되기 때문이다.

실제 정책에 있어서는 이 두 가지 원칙이 늘 어떤 형태로 조합되어 적용되며, 앞서 인용한 텔레비전 토론의 쟁점도, 또 크리스테바의 데지르 비판도, 실은 이 병용(併用)의 방식과 관련되어 있는 것이다. 출생지주의를 기본으로 주의주의적 요소를 가미하고자 할 때, 개인의 의지를 국적 결정의 동인으로서 **적극적**으로 이해하느냐 **소극적**으로 이해하느냐가 분기점이 된다. 전자의 경우 의지의 발동은 **의무**가 되고, 이민자의 아이들은 자신의 의지로 프랑스인이 되겠노라 서약해야 한다. 후자의 경우 그것은 **권리**로서, 그 혹은 그녀는 잠자코 있는 한 자동적으로 부여받게 되는 프랑스 국적을 거부하고 다른 국적을 선택할 수 있다. 데지르는 이 두 가지 가운데 후자의 해석을, 크리스테바는 전자의 해석을 지지하는 것으로 보면 크게 틀리지 않을 것이다.

그런데 전자의 입장을 무비판적으로 받아들이면 기묘한 사태가 발생한다. 이러한 주의주의적 해석에 따르면 프랑스 국적을 가진 양친 한테 태어난 아이에게는 의지의 발동이 의무로 부과되지 않고 자동적으로 국적이 부여되는 이상, 혈통주의적 요소가 출생지주의 원칙 속으로 은밀히 섞여들게 되는 것이다. 텔레비전 토론에서 데지르가 격하게 반발하는 것은 바로 이 점이다. 1989년 10월에 소위 "베일 사건"*이 발

---

* 1989년 가을 프랑스 크레이 중학교에서 교내에서도 베일(히잡) 착용을 고집한 두 여학생을 퇴학시킨 사건. 우카이 사토시, 『주권의 너머에서』, 신지영 옮김, 그린비, 2010, 153쪽의 각주 40을 인용.

생했을 때 'SOS'는 공립학교에서 이슬람 부흥주의자를 추방하는 데 대해 반대했다. 크리스테바의 「공개장」은 이러한 결정에 대한 비판으로 쓰인 것인데, 그녀가 "이민자들"이라고 말할 때, 그것이 자신과 같은 제1세대를 가리키는 것인지, 그렇지 않으면 추방당한 여고생 같은 이민자 2세이상의 세대를 가리키는 것인지가 불분명한데, 이 논의에서는 유감스럽게도 이 미묘한 포인트를 명확히 하려는 노력의 흔적을 찾아볼 수 없다.

위니프레드 우드헐(Winifred Woodhull)이 지적하듯이 "베일 사건에서 가장 유감스러웠던 점은 정교 분리 원칙의 **엄격한** 적용을 요구하는 세속주의자와 이슬람 교의의 **엄격한** 적용을 요구하는 이슬람 부흥주의자가 대결하는 가운데, "추방당한 여고생들의 구체적인 이해 관계가 어느 쪽으로부터도 전혀 고려되지 않았다"는 점이다(*Transfigurations of the Maghreb: Feminism, Decolonization, and Literatures*, University of Minesota Press, 1993, p. 48). 그녀들이 학업을 계속할 수 없게 된다면, 부모들은 그만큼 용이하게 그녀들을 강제적으로 결혼시킬 수 있게 되는 게 아닐까? 베일 착용을 포기하는 대신 부모들은 체육이나 성교육, 과외 활동 등에 불참하는 것을 승인하라는 등, 다른 요구를 들고 나오지 않겠는가? 등등. 고교(리세)를 거점으로 '이민자의 딸들'(beurrettes) 등 준 당사자 그룹과 접촉하고 있는 'SOS' 활동가들은 풍부한 현장 감각을 통해 이런 여러 가지 가능성에 대해 충분히 의식하고 있었고, 그것이 그들의 입장 결정의 근거가 된 것인데, 크리스테바는 이러한 사정들을 전적으로 무시해 버리고 있다.

이번에 번역된 에세이들의 저변에 흐르는 기저음은 저자 자신이 프랑스에 동화된 과정에 대한 합리화이자 일반화이며 그와 융합된 프랑스의, 나아가서는 구미 문화의 이상화라고 말하면 과도한 것일까? 하지만 여기서 검토를 시도해 본 구체적인 문제들에 대한 처리방식이 너무나 조잡하다든가, 본서의 마지막에 실려 있는 「회상」 말미의 다음과 같은 구절을 보면, 이 판단도 반드시 빗나간 것이라고 할 수는 없다는 느낌이 든다. "라틴 아메리카나 아랍의 마르크스주의 혁명이 미국의 문전에서 으르렁거리고 있어도 나는 거대화되고 있는 제3세계의 골리앗에 맞서 아마도 다윗이 되려고 하는 이러한 이의 제기의 대상이 된 이 거인의 공간에서 작업을 하고 있을 때, 진실과 자유에 더 가까이 있다고 느낀다."(156쪽). 여기서 "거인"이라 불리는 것은 미국이고, 이 문장이 쓰인 것은 1983년이다. 당시의 대통령 레이건이 니카라과의 산디니스타 정권을 압살하려고 기를 쓰고 있던 시기, 이스라엘군이 레바논을 침공한 바로 다음 해의 발언임을 잊지 말도록 하자. 소련에서 페레스트로이카가 개시되기 전, 팔레스타인 피점령지에서 "돌(石)의 봉기"(인티파다)가 시작되고, 이스라엘이 "골리앗"에, 팔레스타인 소년들이 "다윗"에 비유되기 4년 전, 걸프 전쟁 8년 전의 상황인데, 그럼에도 미국과 제3세계의 관계를 구약성서의 이 고사(다윗과 골리앗 이야기)와 이런 식으로 포개면서 내심 기지를 발휘했다고 여기는 것은 아무리 생각해도 너무한 것 아닐까?

외국인 문제에 대한 크리스테바의 주저는 말할 필요도 없이 1988년에 출판된 『외국인: 우리 안의 존재』(『外国人: 我らの内なるもの』, 池田和子 訳, 法政大学出版局, 1990)인데, 신중히 검토할 만한 통찰이 없지 않은 이 책에도 83년의 발언과 90년의 입장 표명을 잇는 다음과 같은 발언이 있다. "식민지주의의 대두. 단, 그것이 주로 노리는 바는 전 인류에 문화의 은혜를 베풀어 주는 데 있었다. 식민지주의자의 잔학 행위는 그동안 충분히 입길에 올랐다. 그 때문에 세계주의적인 개척자들의 이상 쪽은 완전히 흐려져 버렸다. 그들은 자신의 문화를 상대화하고 "지구의 융화"를 꾀하였던 것이다"(154쪽).

이는 80년대에 프랑스 지식인들 사이에서 지배적인 합의에 다다랐던 내용을 간결하게 표현한 것이다. 그들 사이에서는 이민자 문제도 이 합의의 내부에서 제기되고, 그래서 비근한 해답이 찾아져야 할 그런 것이 되었다. 그리고 이 시기 이후로 식민지주의를 문제삼지 않게 된 대륙의 유럽 지식인들에게 있어서, 프랑스어로 저작 활동을 하는 마그레브 국가들의 작가들이나 에드워드 사이드, 호미 바바, 가야트리 스피박 등 "포스트 콜로니얼"이라 총칭되는 난문(難問)을 들어쥐고 고투하는 구 식민지 출신의 영어권 사상가들과 대화를 나눌 가능성이 소수의 예외를 제외하고는, 거의 완전히 끊겨 버렸다고 할 수 있다. 사상적 상황이 이렇게 심각하다는 사실에 대해 우리도 슬슬 감을 잡아야 할 시기가 아닐까?

『思想』, 1995. 3[『사상』].

오구마 에이지,
『단일민족 신화의 기원: '일본인' 자화상의 계보』[*]

어떤 사회에서 대립하고 있는 자들이 각각 자신의 주장을 정당화하기 위해 내세우는 이데올로기적, 신화적 일탈은 해당 사회에 대한 분석이 뒤쳐져 그 사회가 자신의 과거 및 현재와 어떤 관계를 갖는지가 일체의 학문적 개입을 받지 못할 경우, 그만큼 더 심각해진다.

이는 알제리인 이슬람 학자 무하마드 알쿤의 말이다. 1992년 그는 잡지 『앙테르시뉴』(intersigne)에 「알제리 전쟁에서 걸프 전쟁으로」라는 제목의 글을 기고하여, 걸프 전쟁과 알제리 내전의 가공할 만한 파괴의 근저에 아랍-이슬람 사회가 품고 있는 자기 및 타자와의 관계에 대한 표상 문제가 잠재해 있음을 지적한 것이었다. 여기서 "분석이 뒤쳐져"라고 번역한 것은 직역하면 "저분석되어"(sous-analysé)로 되는 표현인데, 이 것은 쉽게 알 수 있듯이 "개발이 뒤쳐진 – 저개발의"(sous-développé)라

---

[*] 小熊英二, 『単一民族神話の起源─「日本人」の自画像の系譜新曜社』, 新曜社, 1995. 한국어판 은 『단일 민족 신화의 기원』, 조현설 옮김, 소명출판, 2003.

는 종속경제론의 키워드를 변형한 것이다. 또 여기서 말하는 "분석"이 단순한 학술연구를 넘어선 한 사회 전체의 역사적 정신분석이라고나 해야 할 과정을 시사하고 있다는 점도 주의해 두자.

그런데 이러한 정신적 곤경은 현실적으로 엄청난 폭력에 갈기갈기 찢겨져 있는 알제리나 아랍-이슬람 세계에, 혹은 물질적으로도 "저개발"되어 있는 "제3세계"에 고유한 상황일까? 그런 믿음은 오구마 에이지의 노작 『단일 민족 신화의 기원: '일본인' 자화상의 계보』 앞에서 산산이 부서질 수밖에 없다. 본서는 "일본은 단일 민족 국가다"라는 언설의 신화성을 비판하는 책이 아니다. 일반적으로 유포되어 있는 언설의 오인(誤認)을 폭로하고 대신 거기에 바로 그 동일한 대상에 관한 "참된" 언설을 대치시키려 하는 것이 아니다. 그것은 대상——'일본' 및 '일본인'——의 "동일성" 자체를 묻고, "근대 일본인은 과거 일관되게 "일본은 단일 민족 국가다"라는 신화에 사로잡혀 있었다."라는 언설 자체의 신화성을 분석하는, 말하자면 **신화의 신화**를, 혹은 **기원에 관한 신화의 기원**을 해체하는 작업이다. 그도 그럴 것이 1945년의 괴멸 이전에 대일본 식민지 제국의 현실은 의심의 여지 없이 분명한 다민족 국가였고, "일본인"의 "과거"에 대해서도 그 "현재"에 부합하도록, 만세일계(萬歲一系)*라는 천황제 공식 이데올로기와 복잡한 관계들을 결부시키면서 복수의 민족 계통의 융합으로부터 설명하는 설이 압도적으로 우세했었기 때문이다.

이 사실을 발견했을 때 저자가 느낀 놀라움을 우리 독자들도 공유하지 않으면 안 된다. 마치 에드거 앨런 포의 「도둑맞은 편지」처럼, 이러

---

* 천황가의 핏줄은 한 번도 끊어진 적이 없으며, 온 세상이 그런 일본 천황의 한 핏줄이라는 뜻.

한 망각은 누구 하나 알아차리지 못한 채 이 젊은 연구자의 바로 눈앞에 있었다. "전후"(戰後)라 불리는 이 나라의 시공간은 왜, 어떻게 해서 이런 믿기 힘든 사회적, 집단적 건망증에 걸린 것인가? 이러한 망각은 최소한 시간의 경과에 의해 발생한 수동적인 과정, 소위 "기억의 풍화(風化)"일 수는 없다. 그것은 선택적이고 능동적인 기제이며 이 망각에 의해 방위되어야만 했던 상처의 소재(所在)를 암시한다. 자신의 근과거(近過去) ── 겨우 50년! ── 에 대해 이토록 거대한 부인에 빠져 온 전후 일본은 또한 고대 천황의 능묘에서부터 제2차 대전 중의 위안부에 관한 문서에 이르기까지 엄중하게 봉인을 해서 "학문적 개입"을 계속 거부해 온 나라이기도 하다는 점에서 이러한 사회가 알쿤이 이야기하는 "저분석" 사회의 또 하나의 견본임은 불 보듯 명확할 터이다.

　　제1부 「'개국'(開國)의 사상」과 제2부 「'제국'(帝國)의 사상」에서는 메이지 유신에서부터 일청 전쟁, 일러 전쟁으로 치달으면서 타이완 영유, 일한 병합을 통해 일본이 식민지 제국으로 팽창해 가던 시대적 맥락 속에서 모스 등 구미 인류학자들의 견해와 그에 대한 일본인 학자들의 반발, 다구치 우키치(田口卯吉)와 이노우에 데쓰지로(井上哲次郎)의 "내지잡거(內地雜居) 논쟁", "국체론"(國體論)과 "일선동조론"(日鮮同祖論)*, 기독교계 지식인들의 양의성, "사해동포론"의 다른 형태로서의 차별해소론과 동화정책, 다카무레 이쓰에(高群逸枝)에게 있어서 페미니즘과 익찬(翼贊) 사상의 내재적 관계 등, 개별적으로는 기왕에도 정치사나 사상사의 문제로 논의되어 온 여러 사례들이지만, 바로 그 사례들이, 자신을

---

* 일본과 조선은 같은 조상의 후예라는 뜻.

"일본인"으로 여기는 사람들이 스스로 귀속된다고 믿는 민족의 기원에 대해 품었던 **환상의 역사**로서 새롭게 위치지어진다. 그리고 제3부 「'섬나라'(島國)의 사상」에서는 전후(戰後)에 온갖 입장을 가진 사람들로부터 "일본인"의 특수성으로 승인되어 온 "섬나라 성격"이라는 **상식**이 일본―단일민족론을 내세운 민속학, 역사학, 철학 등의 언설 실천의 효과로 성립되고, 그것이 태반의 식민지를 상실한 45년 이후 "일본인"의 자기 표상의 핵이 되어가는 과정이 기술된다. 몇 년 전부터 재검토가 이루어져 온 야나기타 민속학*과 일본의 식민지 정책, 와쓰지 철학**과 상징 천황제의 관계 등도 여기서 새로운 전망 속에 새로이 배치되면서, 사상가 개인의 평가를 초월한 물음으로 그 역사적 필연성 차원에서 검토되고 있다.

지극히 풍부하고 훌륭한 솜씨로 신선하게 시도된 분석들이 포함되어 있기 때문에 본서에서 제출된 논점 중에는 더 심화되어야 할 것도 적지 않다. 여기서는 한 가지만, 본서의 스탠스와 관련해서 중요한 개념인 "동화"(assimilation) 개념에 대해서만 살펴보기로 하자. 일본어로는 잘 드러나지 않지만 구미 언어에서는 동화라는 이 개념에 망각되어 있는 기원이 있다. 그것은 이 단어의 생리학적이고 폭력적인 "원의"(原義)로서, 음식 섭취(씹기, 삼킴, 흡수, 배설, 경우에 따라서는 토사吐瀉도 포함된다) 과정과 분리하기 어렵게 결부되어 있다. 그리고 이 원의의 배후에는 민족을 하나의 생물=유기체에 비유하는 사상이 잠재되어 있다. 일한병합 직후에 일본의 신문계를 떠들썩하게 장식한 "혼합 민족론"의 레토릭 중에

---

* 야나기타 구니오(柳田国男)는 일본을 대표하는 민속학자다.
** 와쓰지 데쓰로(和辻哲朗)는 일본의 대표적인 철학자 중 한 명이다.

는 "일본의 '대(大) 소화력'이라는 표현까지 나타났다는 점을 저자는 기록하고 있는데(105쪽), "동화"는 바로 "레토릭"과 "개념" 사이에서 언제나 동요하는 단어의 하나로 이 결정 불가능성에 배태되어 있는 역설의 심각성은 프랑스와 독일의 상극적인 국민 개념을 둘러싼 현재 유럽의 논의에서도 가장 해소되기 어려운 난문의 하나로 계속 남아 있다.

혼합민족론과 순혈론은 일견 화해할 수 없을 정도로 대립하는 것처럼 보이지만, 저자의 관점에서 보자면 그러한 대립도 새로운 지평에서 즉, 민족 문제에 있어서 "동화"란, "피"란, "유기체"란 무엇을 의미하는가를 둘러싼 해석의 차이로 새로 읽어 낼 수 있지는 않을까?

하지만 그렇다고 해도 현재의 정치=사상적 과제에 부응하기 위해, 근대의 "일본인"은 왜, 매번 불확실한 "기원"으로 소급해 올라가며, 그리하여 그 해석을 둘러싸고 다툼이 벌어져야만 했던 것일까? 최소한 20년 전이었다면 틀림없이 기이하게 느껴졌을 이러한 반문도 푸코, 데리다, 사이드, 라쿠-라바르트 등의 작업이나, 미국에서 포스트 식민지론과 관련하여 진전되고 있는 래디컬한 일본 연구가 소개됨에 따라 드디어 시민권을 얻게 된 듯하다. 요컨대 본서에 의해 이론의 여지없이 밝혀진 것은 근대 일본의 자기 표상 역시, 니체가 "문헌학의 이율배반"이라 불렀던 저 현기증 내부에서 형성되고 또 수용되어 왔다고 하는 점이다.

사실의 차원에서 보자면 사람들은 언제나 고대를 현대로부터만 이해해 왔다. 그러던 것을 이번에는 고대로부터 현대를 이해하자고 하는 것일까? 더 정확히는 다음과 같은 것이다. 사람은 자신의 체험으로부터 고대를 설명하고, 이렇게 획득된 고대에 의해 자기의 체험을 평가하고, 헤아려 온 것이다. 따라서 당연하게도 체험이야말로 문헌학자의 절대적 전제다. (『우리 문헌학자들』)

　　그리고 오늘날의 동아시아에서는 이 점이 더 이상 일본이라는 한 나라만의 문제가 아니다. 이성시(李成市)의 「고대사에서의 국민 국가 이야기—일본과 아시아를 가르는 것」(『世界』, 1995年 8月 号)에는 일본에 의한 침략과 식민지 지배에 대한 반동을 커다란 동인으로 하여 중국 및 남북한에서도, 고대사를 환상적으로 전유(我有化)하려는 욕망이 제도적 표현을 획득하고 있는 사정이 밝혀져 있다. 일본의 침략 전쟁처럼, 오늘날 알제리의 내전처럼, 기원에 관한 환상은 어떤 한계를 뛰어넘을 경우 끝없는 파괴로 전화될 수 있다. 현재 일본에서 "전후 처리"라는 무서운 말로 이야기되고 있는 상황이 "양국 간의 불행한 과거"만이 아니라 **이대로는 불행할 수밖에 없는** 미래에 관련된다고 하는 것도 이 때문이다.

　　"파괴는 당사자들의 자기 파괴를 그들이 알지 못하는 사이에 정당화하는 사고 시스템의 탈구축을 긴급히 요한다."(알쿤) 그렇다고 한다면 반세기 전의 파괴의 기억을 발굴해내면서, 본서와 함께 이 위험하기 그지없는 분유(分有)된 기원의 환상을 탈구축하기 위한 끝없는 분석의 한 걸음을 내딛는 것이야말로, 아직도 자신을 "일본인"이라 부를 수밖에 없는 자들의 역사적 책임에 다름 아니다.

『図書新聞』, 1995. 9. 30 [『도서신문』].

베네딕트 앤더슨,
『말과 권력: 인도네시아의 정치 문화 탐구』*

인도네시아에 대한 나의 지식은 극히 빈곤하여 지금까지 읽은 책도 손에 꼽을 정도밖에 안 된다. 물론 70년대 중반의 학생 시절은 마침 동남아시아 여러 나라에 반일 운동이 고양된 시기였기 때문에 아직 보상되지 않은 이 나라에 대한 일본의 전쟁 책임(그로부터 다시 20년이 흐른 오늘날, 2000명이 넘는 인도네시아인 여성들이 자신이 전前 종군 위안부였다고 밝히고 있다)이나 네덜란드에 의한 식민지 지배에 대해, 또 독립에서부터 1965년의 9·30 사건에 이르기까지의 격동에 찬 역사와 일본, 미국을 비롯한 선진국에 대한 종속적인 경제 구조에 대해 다소나마 배울 기회가 없지는 않았다. 코민테른에서 식민지 혁명의 특수성을 주장하면서 독자적인 사회주의 노선을 추구하다 비명횡사한 공산주의자 탄 말라카(Tan Malaka)**의 사상을 접했던 일도 있고, 이후 북아프리카와 중동의 이슬

---

* 『言葉と権力─インドネシアの政治文化探求』, 中島成久 訳, 日本エディタースクール出版部, 1995.
** 네덜란드령 동인도시기부터 독립혁명기에 걸쳐 인도네시아에서 활동한 혁명가

람 세계에 관심을 갖게 된 이후에는 모로코와 인도네시아 이슬람의 양상에 대한 클리포드 기어츠의 비교 연구(『二つのイスラーム社会』, 岩波親書, 1973.[『두 개의 이슬람 사회』])를 통해 신선한 지적 자극을 받은 적도 있었다. 하지만 이 정도의 산만한 지식이나 간헐적인 관심 따위는 잡학의 영역을 조금도 벗어나지 못하며, 특히 본서를 지역 연구 전문서로 볼 경우 이 책을 논할 자격이 내게 있다고는 도저히 생각되지 않는다. 저자가 베네딕트 앤더슨이라는 이름이 아니었다면, 나는 이 책과 맞닥뜨리는 일조차 없었을지도 모른다. 그렇다. 본서는 내게 ── 그리고 아마도 다른 적지 않은 사람들에게도 ── 우선 저 『상상의 공동체』의 저자가 스스로 주요한 필드의 하나로 상정한 나라에 대한 오랜 기간의 연구 성과이고, 그런 점에서 국민 공동체의 성립 과정이라든가 내셔널리즘의 양의성과 관련하여 그의 사상을 더 깊이 이해하는 데에 중요한 책이다. 만일 이 이외에 이 저자의 작업에 대해 내가 다른 사람들과 조금 다른 측면에서 가치가 있다고 한다면 그것은 『상상의 공동체』에서 앤더슨이 참조한 이론적 틀의 하나인 프랑스 문헌학자 에르네스트 르낭의 『국민이란 무엇인가』를 둘러싼 근년의 언설군(言說群)에, 내가 약간이나마 지속적인 관심을 보여 왔다는 점을 들 수 있을지도 모르겠다.

『사상의 패배』의 알랭 핑켈크로트가 르낭을 선택적, 정치적 국민관의 확립자로 찬양하면서 그것을 피히테에서 파농에 이르는(즉 독일에서

(1897~1949). 초창기 인도네시아 공산당을 견인하고, 공산주의와 이슬람의 양립과 동남아시아 전체에서 오스트레일리아의 열대 지역까지를 포함한 광역적 사회주의 공동체 아슬리아(Aslia)를 구상하는 등, 거대한 스케일의 독자적인 혁명사상으로 인도네시아 근현대사에서 이채를 발한다. http://ja.wikipedia.org 중 'タン・マラカ' 항목에서 인용.

제3세계에 이르는!) "문화주의적" 국민관과 대치시켰다면, 다른 한편 문헌학자로서의 르낭의 작업 전체는 사이드나 올란데르(Olender) 등, 금세기 서양의 안팎에서 극도로 창궐했던 인종차별 사상의 원천 중 하나로 엄혹한 비판적 검토를 가한 대상이 되어 왔다. 이 모순에 찬 (재)평가의 배치에 있어서 대체로 르낭은 식민지주의의 폭력과 파시즘의 폭력 간에 환원 불가능한 질적 차이를 끌어들이고, 그럼으로써 전자를 상대화하려고 하는 네오 서양주의자의 긍정적 레퍼런스였다. 처음 『상상의 공동체』를 읽었을 때, 비서양세계의 구 식민지 지역에서 국민이 형성된 동인으로서 르낭적인 "망각" 작용을 지적하는 앤더슨의 자세에 대해 내가 적잖은 위화감을 느꼈던 것도 그 때문이다. 이러한 인상은 『상상의 공동체』에서 앤더슨이 펼친 주장이 "국민"이란 상상의 산물에 **불과하다**고 하는 식으로 요약되고, 출판 자본주의, 신문, 소설, 엘리트 관료층의 "순례" 등이 "균질하고 공허한" "국민적" 시간의 성립에 의해 매개된 국민 환상이 형성되는, **따라서** 망각의 테크네로서 주목받는 식으로 일본에서 일면적으로 수용되는 양상에 의해 더욱 심화되었다. 헌데 실제로 이 책에는 "크레올 내셔널리즘"이라든가 "원격지 내셔널리즘", 나아가 내셔널리즘과 언어의 복잡한 관계성 등, 원래의 르낭적 문제 설정으로부터 불거져 나오는 풍부한 논점들이 포함되어 있고, 이 부분들이야말로 오히려 일본을 포함한 동아시아의 민족 상황 분석에도 많은 시사를 주는, 지금까지의 이해 수준을 뛰어넘는 전망이 열려 있었다. 다만 이러한 매력의 원천이 되었을 동남아시아의 역사적 현실에 대한 저자의 기본적 스탠스가 이 책만 가지고는 완전히 포착될 수 없었던 것 또한 사실이었다.

　『말과 권력』은 이처럼 신발 위로 발을 긁는 것처럼 성에 차지 않던 답답함을 일거에 해소시켜 주었다. 본서에 의해 우리는 우선 앤더슨이

청조 말기 이래 이 나라에 체재했던 대영제국 관료의 아들로 1936년에 중국의 쿤밍(昆明)에서 태어났다는 사실, 생후 1년째 발발한 일본과 중국의 전면 전쟁 때문에 1941년 부모와 함께 중국을 떠나 전쟁이 끝날 때까지 미국에 머물렀고, 종전과 함께 아일랜드로 "귀향"했다는 사실 등을 알수가 있다(「일본어판 서문」). 고전 문학과 영문학, 불문학 연구에 뜻을 두었던 그는 20세이던 1956년에 케임브리지에서 영국의 이집트 침공(수에즈 동란)에 항의하는 식민지 출신 학생들이 열었던 집회를 영국인 학생이 습격한 현장에 마침 있었다가 그 상황에 말려들게 된다. 이 사건이 그때까지 정치에 무관심하고 "인간의 분개라는 것에 무지했던" 그를 장장 30년에 걸친 인도네시아 연구로 향하게 한 계기가 되었다고 한다. 또 영어를 모어로 하면서도 "미국 학교에서는 잉글랜드 액센트, 아일랜드 학교에서는 미국 액센트, 잉글랜드 학교에서는 아일랜드 어법"이 "소외"의 원인이 되었던 관계로 언어 문제에는 일찍부터 민감했던 듯하다(「서장」).

'반둥 회의' 직후의 인도네시아가 어떤 나라였는지 지금의 시점에서는 상상하기가 쉽지 않다. 그러나 젊은 앤더슨이, 출생지인 중국과 함께 당시 인도네시아를 하나의 중심으로 전개되고 있던 제3세계의 반제국주의 투쟁에 강한 공감을 품고 있었던 것은 틀림없으리라. 10년 뒤 50만 명이라고도 이야기되는 사람들이 공산주의자라고 해서 학살당한 9. 30 사건 이후의 상황에서 그는 이 사건을 공산당의 쿠데타 미수로 보는 인도네시아 정부의 주장을 부정한 논문 「코넬 페이퍼」의 저자로서, 18년 동안 인도네시아 입국을 거부당한다. "나는 1965년부터 66년 겨울까지 인도네시아에 대해 본격적으로 쓰기 시작했는데, 내가 알고 사랑한 인도네시아가 영원히 상실되어 버렸다는 느낌이 명멸하였다."

앤더슨의 작업 원점에 연구 활동의 출발점에서 맞닥뜨린 이 거대한 상실의 경험이, 강렬한 애도의 파토스가 있었다는 점, 이 지극히 중요한 사실은 『상상의 공동체』가 사자(死者)의 기념비에 대한 고찰로 시작되는 데서도 느껴지는 그의 내셔널리즘 이해의 기본 정조라고도 할 것에, 새삼 주의를 기울이도록 촉구해 마지않는다.

이 책에 실린 모든 논문을 추동시킨 문제는 내 인생에서 중요했던 바로 이 전기(轉機)에서 발전하였다. 즉 정신적으로는 그렇지만 어떻게 살인자를 이해하고 사랑할까라는 것이고, 정치적으로는 자바와 인도네시아가 서로 무엇을 해왔는가를 아는 것이며, 윤리적으로는 인간의 연대성을 차이의 존중과 어떻게 결합할까라는 것이며, 이론적으로는 자바라는 세계의 상상력 넘치는 화려함을 지구 규모의 경제적, 기술적 변화라는 가차없는 움직임에 어떻게 결부 지을까라는 것이었다.

이러한 형태로 질문을 제기하는 것만 해도, 현재의 시점에서도 지극히 곤란한 일일 것이다. 하물며 이 질문에 응답하려고 하면 깊은 학식과 섬세한 감성, 대담한 발상과 예민한 사고와 그리고 무엇보다도 불굴의 인내심이 요구될 터이다. 하지만 본서를 일독하고 나는 앤더슨이 이 자질들을 겸비한 드문 지성의 소유자임을 거의 확신하게 되었다. 물론 이것은 비전문가의 무책임한 판단에 불과하지만, 인도네시아에서의 "권력"(카세크텐)의 본질을 서양의 권력관과 대비하여 정리하고, 베버의 카리스마론을 비판적으로 재검토한 후, 수카르노가 어떤 연설에서 제시한 히틀러 평가에 대한 분석으로 나아가는 전개는 "살인자"를 이해하기 위한 예비 작업으로서, 역시나 비범한 상상력이라 여겨진다(제1장 「권력」).

또 네덜란드어, 자바어, "혁명적 말레이어"라는 세 언어와 네덜란드=서양문화와 자바문화라는 두 문화의 복잡한 교착으로부터 현대 인도네시아의 정치 언어가 형성되는 과정의 해명, 만화에 나타난 두 세대의 정치적 감성의 대비, 프라무디아 아난타 토르(Pramoedya Ananta Toer)*의 소설 작품에 대한 정치 문화론적 독해는 문외한에게도 지적 흥분을 느끼게 할 만큼 시야의 광활함과 명쾌함을 충분히 갖추고 있으며(제2장 「언어」), 인도네시아 내셔널리즘의 선구적 지도자 수토모(Raden Sutomo. 1888~1938)의 『자서전』이나 자바의 고전 『스라트 춘티니』(Serat Centini)에 대한 분석(제3장 「의식」)의 경우, 전자는 서양의 자서전 개념과 후자는 프랑스 18세기의 『백과 전서』와의 흥미로운 대조를 통해서 전개되기도 하는데, 특히 서양적 문화 모델을 상대화하는 방식, 그로부터 거리를 취하는 방식에서 배울 바가 많았다.

　　마지막에 지적한 점은 일찍이 내가 앤더슨이 르낭의 국민론을 원용하는 것과 관련해 품고 있던 의문과도 관련된다. 이렇게 말하는 것은 이번에 『상상의 공동체』 개정판의 마지막 장인 11장 「기억과 망각」을 아울러 읽어 보면서 어떤 주(注)에서 그가 이렇게 말하고 있는 걸 알게 되었기 때문이다. "온갖 증거들이 있음에도 불구하고, 이토록 많은 유럽 학자들이 내셔널리즘을 유럽의 발명으로 간주하고 있다는 사실은 유럽 중심주의의 뿌리가 얼마나 깊은지를 보여 주는 놀라운 징표이다." 나처럼

---

* 1925~2006, 인도네시아의 소설가. 수하르토 정권하에서 9·30 사건에 관여했다는 이유로 오랜 유형생활을 했으며, 정권 붕괴후에 석방되었다. 대표작으로 『게릴라의 가족』 *Keluarga Gerilya*, 『인간의 대지』*Bumi Manusia*, 『모든 민족의 아들』*Anak Semua Bangsa*, 『족적』*Jejak Langkah*, 『일본군에게 버려진 소녀들—인도네시아 위안부의 슬픈 이야기』*Perawan Remaja dalam Cengkeraman Militer* 등이 있다.

"구세계"가 주요 연구 대상인 사람의 입장에서, 『말과 권력』을 읽은 덕분에 앤더슨의 자세를 더 선명하게 이해할 수 있게 되었고, 그 결과 그의 이 "놀라움"이 다소나마 잘 이해되었다는 것은 결코 작지 않은 수확이었다. 어리석게도 내가 서양에서 수입된 이론이라고 철석같이 믿어 왔었던 르낭의 강연에는 사실 "국민의 원리는 우리[프랑스인]의 것이다"(대괄호는 인용자)라는 선언이 보이는데, [정작 서양인인] 앤더슨 자신은 그러한 **망언** 따위는 애당초 상대도 하지 않았던 것이다. 물론 내셔널리즘을 구성하는 여러 요소에는 필연적으로 복수의 기원이 있고, 이 점에 관한 논의는 세계적으로도 이제 막 착수된 것이며, 앤더슨의 방법에 의해 민족 운동의, 혹은 전 민족적인 사회 운동의 원기(原基) 형태가 포착되었는지 그 여부에 대한 기본적인 물음도 남는다. 인도네시아에 관해 말하자면 그의 분석에서 이슬람의 위치가 너무 주변적인 게 아니냐는 인상도 불식되지 않는다. 하지만 현실의 감정과 지극히 정묘한 교차극을 연출하는 자바의 가면에 매료된, "다양한 종류의 추궁을 받아 갈기갈기 찢겨진 충성심을 가진"(「서장」) 이 "망명자적 지식인"의 작업으로부터 우리가 이후 배울 수 있는 바는 아직도 헤아릴 수 없이 많다는 느낌을 금할 길 없다.

『図書新聞』, 1996. 3. 2[『도서신문』].

이연숙, 『'국어'라는 사상』*

본서의 입구에서 우리는 두 가지 미지수와 마주하게 된다. 본서의 입구, 그것은 전체 14장인 이 책의 제1장 앞에 놓여 있는 두 장 즉, 「머리말」과 「서장」을 말한다. 「언어와 '상상의 공동체'」라는 제목이 붙은 「머리말」에서 저자는 베네딕트 앤더슨의 말을 인용하되, 거기에 미묘한 수정을 가하면서 이렇게 말한다.

> 앤더슨은 "네이션"이란 눈에 보이는 제도가 아니라 "이미지로서 마음에 그려진 상상의 정치 공동체"라고 한다. 하지만 언어 자체의 동일성도, 또 언어 공동체의 동일성도 "네이션"의 동일성 못지않게 상상의 산물이다. 즉 한 언어 공동체의 성원들은 비록 서로 만난 일도, 이야기를 나눈 일도 없는 경우라 하더라도, 모두가 같은 "하나의" 언어로 이야기한다는 신념을 갖고 있다. 경험으로 하나하나 확인될 수 없는 언어의

---

* イ・ヨンスク, 『「国語」という思想—近代日本の言語認識』, 岩波書店, 2012. 한국어판은 『국어라는 사상』, 고영진·임경화 옮김, 소명출판, 2006.

이연숙, 『'국어'라는 사상』 323

공유 의식 자체는 정치 공동체와 마찬가지로 틀림없이 역사의 산물이
다. 그리고 "네이션"이라는 정치 공동체와 "하나의 언어"를 이야기하
는 언어 공동체라는 두 가지 상상이 포개어져 결부되었을 때, 거기에는
상상 임신에 의해 태어난 "국어"(langue nationale)라는 아이가 또렷이
모습을 드러내는 것이다.

"국어"라는 것. "산수", "이과"(理科)[*], "사회", "체육"과 함께 우리가
초등학교에서 만났던 이 "보통" 명사 뒤에는 한 가지가 아니라 두 가지
상상이 잠복해 있다. 어떤 점에서 그러한가? 영국과 미국, 스페인과 라틴
아메리카 국가들, 독일과 오스트리아, 나아가 스위스 측에서 보더라도
분명하듯이, "상상의 공동체"로서의 "네이션"이라는 틀이 반드시 언어
공동체의 틀과 일치하지는 않기 때문이다. 이 두 가지 상상의 결합은 프
랑스 같은 범례적이면서 동시에 예외적인 케이스에서 처음 실현된 것이
고, 바로 그런 이유 때문에 개념으로서 "국어"의 원산지가 프랑스라고 하
는 것이다.

헌데 일본의 경우 "국어"가 되어야 할 언어 즉, "일본어"의 동일성은
프랑스와는 달리 "국어"의 이념에 선행하여 제도적으로 확립되어 있었
던 게 아니다. 여기서도 역시 의문에 부쳐져야 할 것은 하나가 아니라 둘
이다. "중립적인 객관적 실재"인 "일본어"가 "이데올로기적 세례"를 받
아 "국어"가 된 것이 아니다. "기본적으로 '일본어'라는 언어적 통일체가
진짜로 존재하는가"라는 "의심을 강력하게 해소하기 위해", 바로 그런

---

[*] 예전 우리나라의 교과 체계에서는 "자연"에 해당한다.

연유로 인해 "국어"라는 개념이 창조된 것이다. "'국어' 이전의 일본어"라는 제목의 「서장」은 이리하여 본서의 소위 체계적 필연으로서 제1장 앞에 놓이게 된다. 이 장에서 저자는 실로 빼어난 솜씨로 모리 아리노리(森有礼)의 소위 "일본어 폐지 및 영어 채용론"의 핵심이 통설과는 달리 "일본어" 개념 규정의 문제였다는 점, 그것이 결코 돌출적인 설이 아니라 뒷날의 "국어, 국자(國字) 문제"의 논점 대다수를 선취한 사상사적 정통에 속한다는 점을 논증한다. 그리고 모리에 대한 바바 다쓰이(馬場辰猪)의 비판을 다른 논자들의 비판과 구별하면서, 바바가 비판을 가하게 된 모티프가 "언어가 사회적 지배의 도구가 되는 것"의 거부에 있었다는 점, 바로 이러한 사상에 필시 일본의 언어적 근대의 여명기에 일순간 나타났다가 사라져 간 "언어적 민주주의"의 맹아가 있었다는 점을 확인하는 것이다. "국어"라는 사상의 성립 조건으로서 여기서도 또한 하나가 아니라 두 가지 배제가 지적된다.

하지만 본서의 획기적 의의는 뭐니 뭐니 해도 우에다 가즈토시(上田万年)와 호시나 고이치(保科孝一)라는 두 국어학자의 사상적 궤적을, 이질적이면서도 서로 접속되어 있는 두 영역(학문과 정치)을 횡단하면서 밝혀 냈다는 점일 터이다. 3년 반의 유럽 유학 후에 우에다가 했던 강연 '국어와 국가와'(国語と国家と, 1894)에서 "국어"와 "국가"의 관계가 처음으로 "내적·유기적"으로 규정된다. 바로 그때 "국어" 자체의 규정에 앞서 "국가"라는 제도가 "자연화"되고, 그런 위에서 당초에는 국가를 구성하는 한 요소라 간주되었던 언어가 "국민"의 정신생활 전체를 형성하는 "종합적 요소", "정신적 혈액"으로 새로이 파악된다. 이러한 이중 조작을 통하여 "국체"에 동일화된 "국어"라는 것의 존재가, 이야기하는 개인의 언어적 주체성을 박탈하는 형태로 요청되기에 이르는 것이다.

저자는 이러한 우에다의 이론이 훔볼트로 대표되는 독일의 언어 사상에 의거한 것으로 전통적 국학과의 단절 속에서 성립되었음을 반복해서 강조한다. 야마다 요시오(山田孝雄)로 대표되는 국수파 언어학자들이 서양 언어학의 도입에 완고하게 저항했던 데 반해, 우에다, 호시나를 중심으로 한 개혁파는 서양한테서 배우고자 했고, 경우에 따라서는 서양의 몇 가지 사례를 반면교사로 삼으면서 국어 정책의 지침을 탐색해 갔다. 이렇게 국수파와 개혁파의 보완적 경합에 의해 형성된 일본의 언어적 근대는 패전에 의해 국수파가 무대에서 모습을 감춘 후, 전전(戰前) 개혁파의 "국어" 사상을 축으로 재편되어 현재에 이른다. 전전, 전후의 이 역설적 연속성의 역사적 다이내미즘은 본서에 의해 비로소 다면적, 입체적으로 재구성되었다고 할 수 있다.

하지만 일본의 언어적 근대에는 당연한 얘기가 되겠지만, 식민지에서의 언어 문제가 포함된다. 아니 포함된다고 하는 표현은 적당치 않다. 1902년의 「국민교육과 국어교육」에서 우에다는 이미 일본어를, 그 언어 및 문자를, 아시아 어디에라도 "이식" 가능한 언어로 만드는 것을 국어 개혁의 목표로 내걸었다. 그리고 이 과제는 우에다에게 1894년의 조약 개정과 함께 초점이 된 "내지"(內地) 외국인들의 언어적 동화(同化)라는 또 하나의 과제와 불가분한 과제였다. 이민족의 일본화에 관심이 매우 적었던 국수파에 비해, 개혁파 국어학자야말로 식민지에서의 문화적인 동화, 그중에서도 우선 언어적인 동화 정책의 선도자였다는 것, 본서의 또 하나의 포인트는 여기에 있다.

그런데 이 대목에서도 역시 한 가지가 아니라 두 가지 현실이 고찰되어야 하는데, 그것도 한쪽을 다른 쪽으로부터 파생시키지 않으면서 상관적으로 고찰해야만 한다. 왜냐하면 "국어"는 우선 "내지"에서 완성된 후 식민지에 수출된 것이 아니기 때문이다. 우에다의 "국어" 이념을 계승한 호시나는 조선에서의 일본 언어 정책을 위한 교훈을 독일이 폴란드에서 경험한 것으로부터, 또 다민족 국가로 구상된 "만주국"의 언어 정책을 오스트리아-헝가리 제국의 경험으로부터 도출해 내고자 애썼는데, 그때마다 그가 봉착한 것은 이민족을 동화할 만큼 충분한 "감화력"을 갖춘 표준적 일본어가 부재한다고 하는 현실이었다. 식민지 교육자들의 비명 섞인 요구가 "내지"에 있는 문부 관료들의 언어 정화 충동을 자극한다. 이 전도된 역사 과정의 흔적을 식민지 지배와는 일견 무관해 보이는 전후적 "국어"관(戰後的國語觀)의 내부로까지 추적함으로써, 저자는 일본의 언어적 식민지주의의 본질을 언어라는 대상에 내재하면서 정치(精緻)하게, 철저히 분석해 보인다.

근대 일본의 "국어 정책"이 폭력적이었던 것은 "국어"의 강대함이 아니라 그 취약성의 발로였다. 이는 "대일본제국"의 폭력성이 일본 "근대"의 취약함의 발로였던 것과 비례한다. 식민지에서, 아니 국내에 있어서조차 일본은 결코 일관된 언어 정책을 수립할 수 없었다. (「맺으며」)

이 "폭력성"도, "취약성"도 절대로 과거의 유물이 아니다. 이 기념비적인 노작이 우리에게 가르쳐 주는 것은 무엇보다도 바로 이 점이다. 우리들 전후(戰後) "국어" 교육의 자식들은 말하자면 자신이 동화되었다는 사실을 알아차리지 못하는 언어적 "피(被)식민자"인 것이다. 그리고 그 점을 자각하지 못하는 한, 이 "피식민자"는 현재의 문화적 식민자 ── culture와 colony의 어원이 동일한 라틴어 colo('경작한다', '재배한다',

'거주한다', '돌본다' 등)이다 —— 로서 동일한 "폭력성"을, 예컨대 "일본어의 국제화"라는 이름하에, 매일 발동하고 있다는 사실을 알아차릴 수 없는 것이다.

식민지에서 이루어진 일과 발생한 일을 알지 못하고서는 종주국에서 이루어진 일과 발생한 일을, 따라서 구 종주국인의 **현재**의 아이덴티티를, 모어라는 기초적 제도 수준에서의 그 취약성을 알 수가 없다. 본서는 반론의 여지없이 그 점을 증명했다. 그러나 하나가 아니라 늘 두 가지 대상을 발견하고, 그 두 가지에 동시에 시선을 주면서 주장을 전개하는 이 책에는 주제에서 유래하는 방법론적 필요로도, 또 저자의 민족적 귀속으로도 환원될 수 없는 독특한 개성의 지적 운동이 있다는 느낌을 떨칠 수 없다. 이 때문인지 본서에는 단순한 학술서의 영역을 넘어선 작품의 풍격(風格)이 느껴진다. 지금도 여전히 흉흉한 일본이라는 시스템의 아킬레스건에 장치된 이 고요한 폭탄이 아름다운 텍스트이기도 하다는 점, 이것이 우리의 커다란 행복이 아니고 무엇이겠는가!

『図書新聞』, 1997. 3. 8[『도서신문』].

5부

❖

"냉"전이라 불리던 시대가 지나감과 동시에 진짜 "뜨거운" 전쟁이 우리의 생활 지평에 출현하였다. "UN"이나 "평화"라는 이름하에 해외 파병을 기도하는 이 나라 일부 정치 지도자들의 궤변은 매일 파탄의 정도가 심해지고 있지만, 심상치 않은 논리적 혼란은 지금 일본에만 보이는 현상이 아니다. 그러한 가운데 또 중동 위기의 본질을 생각하는 데서도 실로 흥미로운 논고와 마주쳤다. 자크 데리다 「전쟁 해석: 칸트, 유대인, 독일인」(『현상학과 정치』, 1989 수록)이 그것이다.

1915년 최초의 세계 대전이 한창이던 시기, 신칸트학파의 총수 헤르만 코엔은 독일의 대학 제도에서 요직을 얻은 최초의 유대인 지식인으로서, 미국의 유대인 동포들을 향하여 미국이 영국·프랑스 진영으로 참전하는 것을 저지하기 위해 압력을 행사하도록 요청하는 호소를 발하였다. 「독일성과 유대성」이라는 제목의 이 성명은 독일이야말로 전 세계 유대인의 정신적 조국임을 입증하고자 하는 것이며, 그런 까닭에 홀로코스트의 참화를 경험한 후세의 눈으로는 참고 읽어 내기 힘든 광기의 입론(立論)으로 간주되어 왔다. 그런데 여기에는 동화(同化) 유대인의 병리로서만 치부할 수 없는 터무니없는 내용이 포함되어 있다. 코엔은 그의 입장을 정당화하기 위해 서양 정신사 전체의 재해석을 감행하는데 그 과정에서 칸트를 정점으로 하는 독일 관념론이야말로, 헬레니즘에 의해 매개된 독일-유대 정신이 최고로 달성된 것이라고 여긴다. 그리고 국가 간 연방제에 의한 영구 평화의 실현을 위해 독일의 승리를 열망한다.

데리다는 사회주의자이자 평화주의자인 코엔이 어떻게 해서 국가와 전쟁을 긍정할 수 있었는가를 면밀히 검토한다. 그것은 발생 중이던 사회민주주의에 철학적 질문을 던짐으로써, EC, UN 등 현재의 국제 제도가 맞닥뜨리고 있는 원리적인 아포리아를 탐구하고, 동시에 이스라엘 국가의 부인된 "기원"에 "이성의 빛"을 닿게 하고자 하는 작업이다. 독일 통일이라는 또 하나의 액추얼한 맥락과 관련해서도 시사점이 지극히 풍부하다.

『図書新聞』, 1990. 12. 8[『도서신문』].

전쟁
—내전의 묵시록과 "병"의 레토릭

소련·동구 "사회주의"권의 소멸과 걸프 전쟁 이후, 90년대 들어 전쟁의 유인(誘因)은 더 이상 "이데올로기"가 아니라 오로지 "종교"와 "민족"으로 집약된다는 식의 언설이 유통되고, 그에 대한 특효약이 황급히 탐구되면서 "국민 국가"의 장점이, 심지어는 "제국"의 "장점"조차 새삼스레 찬양의 대상이 되고 있다. 그러나 시간적 범위를 조금 길게 잡아 20세기 전쟁사를 통람해 보면, 억지와 안전 보장의 온갖 수단들의 극한(limit)이, (전쟁이 더 이상 발발 전에 이미 국제적으로 주권 국가로 인지되어 있던 것들 간의 전쟁이 아니게 되는 지점에서 즉,) 그 유인이 무엇이든 간에 내전이라 불리는 사태 속에서 발견된다는 사실이 드러날 터이다.

구유고, 알제리, 르완다에서 계속되고 있는 사태를 어떻게 하면 종식시킬 수 있을까, 현재 이 물음에 답할 수 있는 자는 한 사람도 없다. PKO도, UN 상비군 구상도 사라져 버리는 일은 없을 테지만 그것이 어떤 해결로 이어질 거라는 신빙성은 급속히 상실되었다.

생각해 보면 사실, 내전이라는 건 결코 90년대에 시작된 사태가 아니다. 그리고 이 점에서 엔첸스베르거(Hans Magnus Enzensberger)의 근

작 『냉전에서 내전으로』(『冷戰から內戰へ』, 野村修 訳, 晶文社, 1994)는 흥미로운 조짐을 보여 준다. 금세기에 새로 전쟁이 발발한 시점에 쓰인 텍스트를 몇 권 들춰 보면, 판에 박은 듯이 "이것은 정상적인 전쟁이 아니다"라고 말하는 절망적인 당혹과 맞닥뜨리게 되는데 엔첸스베르거, 보드리야르, 비릴리오 같은 사람들이 최근 수년간 전쟁에 대해 발표한 작업도 이 기묘한 계보에 속한다. 그들의 통찰은 예리하고 계발적이다. 하지만 그 기본 도식은 예전의 전쟁(언제를 말하는 것일까?)에는 일종의 "건강성"이 아직 남아 있었는데 이번 전쟁에서는 그것이 결정적으로 상실되고, 인류는 손을 쓸 수 없는 불치"병"에 걸렸다고 하는 것이다. 늘 미지의 양상을 띠며 나타나는 것, 그것은 아마도 전쟁이라는 것의 본질에 속할 것이다. 그러나 그렇다고 하는 것과 이 경악스러움을 쇠락의 도식으로 이해해 버리고 묵시록적인 어조로 그려 내는 일은 별개의 것이다. 하지만 사상적, 정신적 익사의 공포에 습격을 당한 지성이 용기를 발휘하는 것, 그로부터 뿜어져 나오는 예외적인 빛줄기가 시대의 어둠을 갈라놓는 경우도 없지는 않다. 독일의 정치학자 칼 슈미트가 남긴 작업의 의의도 아마 여기에 있을 터이다.

『정치적인 것의 개념』(1932)에서 슈미트는 평화를 평상 상태라고 한다면 전쟁은 예외적인 긴급 상태이며, 그때 적과 친구(=아군)를 뚜렷이 구별할 수 있는 결단 주체인 주권자의 존재가 없다면 정치는 있을 수 없다고 설파했다. 1933년 나치 당원이 되고, 히틀러 체제로부터는 백안시당하면서도 제3제국의 팽창 정책을 이론적으로 정당화하는 일에 부지런히 힘썼던 슈미트는 1945년부터 47년까지 미군에 의해 투옥당했는데, 그의 옥중기에 이런 말이 기록되어 있다는 점은 흥미롭다.

내전에는 독특한 처참성이 있다. 그것은 형제간의 전쟁이다. 왜냐하면 그것은 적도 포함한 공통의 정치 단위 내에서의 전쟁이며, 양 진영 모두 공통의 통일체에 대해 동시에 절대적 긍정과 절대적 부정의 자세로 임하기 때문이다. 양자 모두 적을 단적으로 절대적인 불법자로 엄히 책망하고, 법이라는 이름하에 상대의 법을 부정한다. 패자가 적의 법적 판단에 복종하는 것, 이것이야말로 내전의 필연적인 수반 현상이다. 이것이야말로 내전과 법의 관계를 긴밀하고 특수변증법적인 것으로 만든다. 내전의 정의(正義)는 독선(獨善)의 정의이고, 이리하여 내전은 정전(正戰), 독선적 정전 일반의 원형이 된다.

의회주의에 의한 정치의 중립화를 우려하며 극단적으로 남성적인 결단주의에 의한 정치신학의 복권을 제창한 슈미트 사상의 이면에는 평화와 전쟁이, 심지어 대외 전쟁과 내전이 결정 불가능해지는 그러한 사태에 대한 공포가 잠재해 있었던 것이다. 이러한 정신은 자기 외부에서 적을 확인하는 것 이외에는 자기를 확인할 방법이 없다. 그것은 심각한 아이덴티티 크라이시스(정체성 위기)의 발로로서, 슈미트는 자신의 이러한 정신적 특질을 독일의 근대사에 포개어 이해하고 있었던 것이었다.

하긴 슈미트의 입장에서 보자면 금세기 유럽에서 일어난 두 번의 세계 대전 또한, 기독교도끼리의 거대한 내전에 불과하였다. 유럽 외부에서도 전쟁의 태반은 내전, 혹은 내전에 기원을 둔 대외 전쟁이며 금세기 초에 국민 국가를 형성한 민족치고 금세기 동안에 내전을 경험하지 않은 민족은 오히려 드물다(같은 시대에 침략 전쟁밖에 하지 않았던 일본은 예외 중의 예외다). 소련·동구의 "사회주의" 체제는 적어도 부분적인 내전을 거쳐 성립된 것이었으며, 나치 독일의 기원에는 1918년 내전의 기억이 있었다. 1936년에 시작된 스페인 내전은 프랑코의 사망(1975년)까지 이어졌고, 이탈리아의 파시스트는 내전으로 권력을 장악했다. 제3공화제, 인민 전선, 비시 체제, 해방, 알제리 전쟁, 68년 5월로 이어지는 프랑스의 정치사는 늘 "내전의 돌입 직전까지 치달았던" 위기의 연속이었다. 1972년의 기자 회견에서 퐁피두*가 탄식한 "프랑스인끼리 증오하는" 시대, 그것은 14년에 걸친 미테랑 통치도 종식시킬 수가 없었다. 미국은 금세기 가장 많은 대외 전쟁을 벌인 나라지만, 그래도 여전히 국내의 에스닉(ethnic) 집단 간에 국민적 합의를 성립시키는 데 성공했다고는 하기 어렵고, 게다가 19세기의 거대한 내전이었던 남북 전쟁은 지금도 이 나라의 정치에 거대한 그림자를 드리우고 있다. 오늘날 이 나라에서『문명의 충돌』을 제창하는 헌팅턴 같은 정치학자의 경우에도 본심에서는 소련이라는 "공공연한 외적"의 상실 앞에서 낭패감을 느끼고 있는 것이다.

그런데 내전이란 무엇인가? 그것은 전쟁이라는 부류의 일종이고, 그 본질은 전쟁 일반의 정의로부터 분석적으로 도출될 수 있는 것일까? 그렇지 않으면 전쟁이라는 예외 상태, 그 예외 상태의 예외 상태인 내전이야말로 전쟁의 본질을 밝혀 주는 특권적 사례이며, 따라서 내전에 대한 사유를 경유하지 않고서는 전쟁의 본질에 육박할 수 없는 것일까? 이는 유럽에 있어서 전쟁에 대한 사유와 더불어 아주 오래된 질문이다. 플라톤은『국가』에서 소크라테스의 입을 빌어 이렇게 말하고 있다.

내가 보기엔 '전쟁'(polemos)과 '내란'(stasis)은, 두 가지 이름으로 불

---

* 프랑스 제5공화국의 2대 대통령(재임기간 1969~1974).

리는 데에도 정확히 드러나듯이, 사태로서도 서로 다른 별개의 것이어서, 두 가지 것에 있어서 찾아볼 수 있는 두 종류의 불화(diaphora)에 대응되는 것 같으이. 내가 둘이라고 하는 것은 하나는 친족·동족이요, 다른 하나는 남, 이민족을 말하는 것이네. 이리하여 친족 사이의 적대 관계에는 '내란'이란 이름이 붙고, 남에 대한 적대 관계에는 '전쟁'이라는 이름이 붙는다네. (470a~b)

'전쟁'과 '내란'은 이름이 다르다. 즉 다른 이데아의 모상인 것이다. 여기서 '친족'이란 희랍인(예컨대 아테네와 스파르타는 모두 희랍인인 한에서 동족이다)을, "남"이란 희랍인 이외의 야만족(바르바로이, 예컨대 페르시아)을 가리킨다. 그리고 이 양자의 다름은 "자연 본래의 것"이라 되어 있다. 소크라테스는 희랍인끼리는 전투가 아무리 격렬해도 머잖아 화해가 성립되고, "불화를 야기한 책임자인 소수의 사람들" 이외에 대해서는 절멸이나 노예화는 행해지지 않는다고 말했다. 그런데 주의해야 할 것은 희랍인에게 "야만족"이 "자연 본래의 적"이고 그들과의 "전쟁"이 "자연"스러운 일이라 해도, 희랍인끼리의 "내란"이 단순히 "부자연"스러운 것은 아니다. "내란" 상태에 있을 때 "희랍은 병들어 내부가 갈라져 있"는 것이다. 그것은 "질병"이고, "질병"이란 **자연 내에 항상 이미 존재하는 악**을 가리키는 것임에 틀림없다. 내전은 "질병"이고 대외 전쟁은 "건강"이다, 또는 오히려 "국민"의 "건강"을 위해서는 대외 전쟁이 필요하다——2100년 후 칸트의 『영구 평화를 위하여』를 비판한 헤겔은 플라톤과 동일한 비유를 사용하여 동일한 결론으로 되돌아간다(『법철학 강요』, 324절). 이렇게 보면 인종주의, 우생학, "피와 대지" 같은 20세기 전쟁의 기억과 떼려야 뗄 수 없는 현상들 역시 민족 유기체설이나 과학주의에만 기인하는 일탈이 아니라 서양의 형이상학과 전쟁(관)의 역사에 깊이 뿌리박고 있는 사건임이 드러난다.

1993년 엔첸스베르거는 말한다. "내전은 외부로부터 오는 것, 바이러스처럼 집어넣어진 것이 아니다. 그 과정은 내인성(內因性) 과정이다. 그것이 시작되는 것은 늘 소수의 사람에 의해서라 해도, 아마도 1%의 인간이 그것을 바라면, 문명적인 공동생활은 대개 불가능해져 버린다. 아직 공업국가들 내에서는 평화가 바람직하다고 여기는 사람들이 강력한 다수파를 점하고 있기 때문에, 우리나라에서의 내전은 지금까지는 대중을 끌어들이지 않고 있다. 내전은 분자적으로 그치고 있다. 하지만 로스엔젤레스 사례가 가르쳐 주듯, 언제 어느 때 그 분자적인 내전이 급속히 발전하여 거대한 화재를 야기하지 말라는 법은 없다."

내전의 "분자적" 성격이란 그 규모가 다수파의 일상생활을 방해할 정도로까지는 이르지 않은 것, 그리고 엔첸스베르거에 따르면 오늘날의 내전 당사자들에게 특징적인 "신념의 결여" 탓에 그 정체(사회적 요인이나 발현 형태)를 확인하는 게 불가능하다는 점을 동시에 의미하고 있는 듯한데, 슈미트와 엔첸스베르거 간의 거리는 이 결정적인 포인트에서는 그리 큰 것 같지 않다. 전쟁과 평화, 대외 전쟁과 내전의 구별에 이어서, 이제 내전과 범죄의 구별이, 따라서 군대와 경찰의 구별이 탈구축되고 있는 것인데, 우리는 공포와 전율 속에서 이러한 현실을 확인하는 목소리의 떨림을 들었던 적이 있음을 확실히 기억한다.

그러나 이 지점 이후와 관련해서는 적어도 두 가지로 사고의 길이 갈리는 듯하다. 유럽 공법(公法)이라는 이상으로 복귀하자고 설파했던 만년의 슈미트처럼 이 무형의 세계를 다시 한번 형태화하려고 시도하든가, 아니면 이 과정을, 적어도 플라톤으로 소급되는 자연 개념과 정치 개념의 상호 규정의 극한이 가시화되고 있는 징후라 포착하고, 그 지점에서 새로이 나의, 친구의, 적의 '생'과 '사'를 둘러싼 사고의 가능성을 열어 가든가.

"친구·적·전쟁이라는 개념들이 현실적인 의미를 갖는 것은 이 개념들이 특히 물리적 살육의 현실적 가능성과 연관되고, 또 그 연관이 지속되는 데에 기인한다"(슈미트). 이 명제는 지금도 여전히 진리다. 하지만 오늘날 내전이란 적과의 거리가 소멸되는 경험이며, 자기 외부에서 적을 확인할 수 없음의 경험이라고 한다면, 이를 뒤집어 기독교적인 "이웃 사랑"의 가르침에 적대하여 니체가 제창한 "[이웃이 아닌] 먼 사람에 대한 사랑"의 가르침, 적이 그대로 친구인 그런 별종의 사랑에 대한 가르침이 가치 전도의 전략을 초월한 액추얼리티를 이 시대에 띠기 시작한다 해도 이미 이상할 게 없을 터이다.

『新潮』, 1995年 4月 增刊号, "大真実" [『신초』].

법의 사막

—칸트와 국제법의 '토포스'

"코라는 저쪽이다. 하지만 어떤 '이쪽'보다도 '이쪽'이다."

(데리다, 『이름을 제외하며』*Sauf le nom*, 1993)

플라톤을 원문으로 읽을 수 있는 수상(首相)께는 굳이 언급할 필요도 없는 일이겠지마는 이 위대한 현자는 철학자에 의한, 오늘날의 언어로 말하자면 지식인에 의한 통치를 바람직하다고 생각했습니다. 그러나 이 사상은 오늘날까지 실현되지 않았습니다(츠비 보이슬랍스키, 「마르쿠스 아우렐리우스!」. 수상 "그는 전쟁을 하는 것 이외에는 생각하지 않았습니다!"). 물론 철학이 소위 부수적인 관심사였던 군주는 존재했습니다. 그러나 플라톤이 생각한 것은 그 점이 아닙니다. 철인왕은 사상사에서의 현상이었을 뿐 역사의 전개에 기입된 것은 아니었습니다. 그러나 플라톤으로부터 2100년 뒤에 또 한 명의 사상가가 나타났습니다. 칸트는 그의 『영구 평화를 위하여』(1795)에서 권력을 사상가들에게 넘겨줄 것을 요구한 것이 아닙니다. 단지 사상가들에게는 말해야 할 것이 있고, 그것이 귀에 가닿기를 요구했던 것입니다. 이 바람도 충족되는

일은 없었습니다. 이번에야말로 이 바람이 충족되어 수상의 선의지(善
意志)가 실천으로 옮겨지기를 신께서 바라시기를!¹

여기서 말하고 있는 사람은 마르틴 부버이고, 수상이라 불리는 사람
은 이스라엘 초대 수상 다비드 벤 구리온(David Ben-Gurion)이다. 1949
년 3월 10일 수상에 취임하고 얼추 2주 후, 벤 구리온은 건국한지 얼마
되지 않은 이 나라의 주요 지식인들을 텔아비브 사저로 초대하여 이 신
생 국가에 부여할 도덕적, 정신적 지침에 대해 토론의 장을 열었다. 첫 발
언자 중 한 명이었던 부버는 국가의 도덕적, 정신적 성격 형성에 책임을
가진 자는 정부가 아니라 지식인이라고 보는 벤 구리온의 입장에 반대하
며 이스라엘의 정치 자체가 도덕적이고도 정신적이기를 요구하고, 그를
위해서는 정치와 사상이, 정치가와 지식인이 긴밀히 협력할 필요가 있다
고 주장한 것이다.

독일어로 행해진 이 발언 속에서 칸트에 대한 언급이 나타나는 것
은 전혀 우연이 아니다. 데리다가 자신의 탁월한 헤르만 코엔론(論)
「Interpretations at war(해석 전쟁): 칸트, 유대인, 독일인」²에서 상세히
추적했듯이, 해방 이후 20세기 전반까지의 독일·유대 지식인은 시오니
스트건 아니면 반(反)시오니스트거나 비(非)시오니스트거나 할 것 없이,
칸트에 대해 수용도 거부도 할 수 없는, 지극히 복잡한 관계 속에서 인간
을, 사회를, 민족을, 국가를, 도덕을, 종교를, 전쟁을, 평화를 고찰해 왔던
것이다. 그러나 부버가 발언한 이 시점(제2차 대전 후의, 홀로코스트 후의,
이스라엘 건국 후의 이 시점)부터는 아마도 코엔 세대의 독일·유대인의
시야에는 들어오지 않았을 문제가, 그리고 그에 조응하는 칸트의 텍스트
의 어떤 측면이 이미 부상하고 있었던 것이다. 그것은 한마디로 말하면

난민 문제, 그것도 유럽 외부의 난민 문제다. 부버에게 이스라엘의 도덕적 증명을 위한 불(火)의 시련이 될 문제, 그리고 어떤 보편적 이념에 인도되면서 동시에 정치적 실천에 의해 해결되어야 할 문제, 그것은 이 시점에 이미 80만을 넘어섰던 팔레스타인·아랍의 난민 문제였다.

예컨대 아랍인 난민 문제가 있습니다. 정부는 모든 시민들 속에서 도덕적 각성을 일으킬 위대한 도덕적 행위를 성취할 수 있었을 터이고, 아마도 그것은 아직 가능할 것입니다. 그리고 이 행위가 이루어질 경우, 세계에 미치는 영향은 우리에게 불리한 것이 되지 않았을 터입니다. 정부는 솔선해서 이 문제의 해결을 위한 국제적인, 여러 종교들에 의한 공동적인 회의를, 우리와 우리 이웃이 협력해야 할 회의를, 아마도 지금까지 한 번도 존재한 적 없었던 그러한 회의를 조직해야 했습니다. 이 한 가지 점에 대해서 저는 이런저런 사정을 이유로 방기할 수 없습니다. 중요한 것은 그것이 우리에 의해 솔선해서 행해지는 것입니다. 왜냐하면 우리 자신이 우리의 망명지였던 나라들에서 바로 난민이었기 때문입니다.

오늘 아침에 저는 이 토론에 참가하기 위해 텔아비브에 오는 도중에, 신문에서 현재 베이루트를 본거지로 한 연락위원회가 난민 문제에 대한 국제회의를 초청할 의도를 갖고 있다는 기사를 읽었습니다. 저는 이 뉴스가 오보(誤報)이기를 바랍니다. 그들에게는 이 문제를 선도할 권리가 없습니다. 이 권리는 우리에게 속하는 것입니다. 그리고 혹여 국가이성이 이에 반대한다면, 그것은 그 이성이 근시안적인 것입니다."[3]

우리의 오늘이라고 하는 더 새로운 시점에서 다시 볼 때(49년 이후 3

차례 발발한 중동 전쟁, 특히 65년에 죽은 부버가 알지 못했던 67년 전쟁, 난민 캠프에서 태어난 팔레스타인 해방 투쟁, 피점령지 민중 봉기, 걸프 전쟁, 이스라엘과 팔레스타인 해방 기구 간의 "상호 승인"과 "잠정 합의"라 불리는 사건등이 이 모든 일들이 일어난 뒤의 시점에서 다시 볼 때), 이 시차(時差) 속에서 이 발언의 광휘에 압도되지 않을 사람은 없을 것이다. 어찌되었든 간에, 오늘날의 "교섭"은 바로 여기서 부버가 문제 삼고 있는 난민 문제에 대해 이스라엘 건국과 동시에 그 기원의 폭력이 발동하면서 발생한 48년의 난민 문제에 대해 손끝 하나 댈 수 없음을 전제로 이루어지고 있기 때문이다. 그러나 또한 이 발언에 포함되어 있는 깊은, 거의 도착적(倒錯的)인 수준의 양의성도 더 이상 간과되지는 않을 터이다. 여기서 부버는 요컨대 이렇게 말하고 있으니 말이다. "우리는 2000년간 난민이었다. 우리는 난민이라는, 또 타민족의 손님이라는 것의 의미를 증언한다고 하는 특권을 갖고 있다. 우리는 그 점에 있어서도 또한, 우리를 차별하고 억압해 온 서양 여러 국가들과는 비교 불가능한 도덕적 민족이다. 그런 우리를 제쳐두고 아랍인 난민 문제를 해결할 수 있는 자가 있을 리 없고, 또 있어서도 안 된다……."

　　이 시기, 승리와 독립의 기쁨에 취해 얼이 빠져 있던 이스라엘의 유대인 가운데, 아랍인 난민에게 집요한 동정과 관심을 기울인 사람은 극소수였다. 그런 점에서 부버의 이러한 처신은 감동적이고 심지어 위대하기까지 하다. 그가 평생토록 주장했던 두 민족 한 국가론(Binationalismus)은 그 유토피아적 성격 자체로 여전히 사상적 중요성을 잃지 않고 있으며, 그런 의미에서 하시디즘(Chassidismus; 초정통파 유대교 운동) 전통과 시오니즘 운동의 접점에서 태어난 이 정신의 행보는 그 정치적 측면까지 포함하여 20세기의 예언자가 이룩한 공적으로서 돌아보고자 하는 사람들이 있는 사실도 이상할 게 없다.

하지만 다른 한편 간과해서는 안 될 것은 이러한 부버의 발언의 기반이 바로 코엔의 유대·독일·내셔널리즘의 기반이 되었던 "범례적 단독성의 역설(逆說)"과 거의 동형적인 이론이고, "선민"(選民) 이데올로기의 다른 형태라는 점이다. 이러한 발언을 접했을 때 우리가 느끼는 저 독특한 감정, 동의와 압박이, 감탄과 분노가, 숭고와 일종의 희비극적인 인상이 뒤섞인 감정은 확실히 만년의 칸트가 정치와 법에 관해 펼친 언설에 접했을 때 느껴지는 촉감과 어딘가 통하는 바가 있다.

이스라엘은 UN 결의로 태어난 나라다. 그러나 적어도 1967년 이후로는 준수를 요구받았던 UN 결의를 모두 무시해 온 무법국가이기도 하다. "잠정 합의" 이후의 사태를 이해하려고 할 때 우리가 한시도 잊어서는 안 될 점은 UN의 이름에 의해 행해진 걸프 전쟁의 자식인 이 "교섭"이, UN 안보리 결의 242호와 338호에 기초해 오랜 기간 동안 PLO가 추구해 온 UN 주재의 국제회의가 아니라 미국·러시아를 공동 의장국으로 하는 '중동지역 평화회의'라는 점이다. 바꿔 말하면 이스라엘은 여전히 자신이 국제법의 예외로서 다뤄져야 한다고 요구하고 있으며, 또 그러한 요구가 실제로 받아들여지고 있는 것이다.

이에 반해 이제 국제적 합법성을 요구하는 쪽은 몇십 년에 걸쳐 국제법 질서의 울타리 바깥에 놓였던 팔레스타인 측이다. 1991년 걸프 전쟁의 "종결"이 선언되고 얼마 되지 않아 로마에 본거지를 둔 법률가 그룹 '민족의 권리와 해방을 위한 국제 연맹'은 『자료 팔레스타인』[4]이라는 제목의 책을 출판했다. 팔레스타인 문제를 국제법의 관점에서 새롭게 논의함으로써 이라크 패배 후 변화된 역관계(지금까지의 투쟁 논리에 따르면 팔레스타인 측에 압도적으로 불리한)에 입각하여 재빨리 게임의 규칙을 변경하고, 이 궁지를 역이용하여 상황을 타개하기 위해서였다.

이는 지적 용기를 요하는 결단이었다. 여하튼간에 그것은 걸프 전쟁 자체가 요란한 선전하에 "국제법의 전쟁"으로 수행된 직후의 일이다. 이라크가 주장한 링키지(linkage)론은 바로 국제법의 이름하에 일축되었다. 이라크에 의한 쿠웨이트 병합은, 사반세기에 걸친 이스라엘에 의한 점령과는 비교도 되지 않는 범죄다. 왜냐하면 이라크는 나치 독일 이래 최초로, 국제적 인지를 얻은 **주권** 국가를 지상으로부터 소멸시킨 것이고, 그에 반해 이스라엘에 의한 점령 지역은 점령 당시 주권을 갖고 있지 않았기 때문이다. 이 논리에 의해 이스라엘이 무시해 온 UN 결의 ——이렇게 무시당한 결의를 한 부씩 쌓아올리면 그 중량은 9kg을 상회한다—— 는 UN의 이름으로는 단 한 명도 파병이 이뤄지지 않았던 데 반해, 이라크를 쿠웨이트에서 철수시키기 위해 "필요한 모든 수단의 행사"를 인정한 겨우 몇 그램짜리의 안보리 결의 678호는 폭우처럼 쏟아부어진 수백만 톤의 폭탄으로 번역된 것이다.

이 전쟁이 법의 이름하에 수행되었다는 점에서, 예컨대 장-뤽 낭시처럼 그것을 "니힐리즘"의 심화라 간주하면서 "사막이 확대되고 있다"는 니체의 말이 확증된 것이라고 본 사람들도 있었다.[5] 국내법을 법의 본래적 모습이라 보고, 강제력을 부여함으로써 국제법을 진정한 법으로 만들고자 하는, 그리고 걸프 전쟁을 그 "호기"로 보는 호전적 민주주의자들의 대합창에 대해, 낭시나 레지드 드브레 같은 사람들은 국제법은 원리적으로 진정한 법이 못되고, 복수 국가 간의 관계는 자연 상태라고 하는 논거에 서서 일관되게 반전(反戰) 입장을 폈다. 나는 그들의 입장을 전면적으로 긍정한다. 그런 전제 위에서 앞서 본 걸프 전쟁 이후 중동에서 발생한 사태에서 즉, 국제법에 대한 당사자의 위치의 교체에서, 국제법을 둘러싼 질문이 지금 새삼 어떤 보편적 차원하에 제기되고 있다는 조짐을 본다. 국가 이전에는, 국가를 초월한 곳에는 국가와 국가 간에 법의 기초가 되어야 할 주권이 존재하지 **않는다**. 그럼에도 불구하고 국제법이 **요청될** 때, 그것은 이 "않는다"에 대한, 즉 "니힐니즘"에 대한 **또 하나의 관계**가 절실히 요구되고 있음을 의미하는 게 아닐까? 그리고 지금 이 물음은, 비록 그 원인은 전적으로 다르지만, 마찬가지로 법의 **일정한** 외부에서 존재해 온 두 공동체 간의 "교섭"의 행방에 하릴없이 달려 있는 것이다.

국제법은 실로 "법의 사막"이다. 그러나 **그곳으로부터** 발해지는 물음에 귀를 기울이는 것은 "니힐리즘"을 계속 자각하지 못하는 것도 아니고, 어쩌면은 또한 그 "초극"의 길을 안이하게 믿는 것도 아니다. 바로 여기서야말로 하이데거라면 "니힐리즘 속에서 끝까지 견디기"라고 부를 그런 "사유의 임무"가 그 가장 첨예한 정치적 위상에 있어서 수행되는 것이 아닐까? 이것이 일단 우리의 작업가설이다.

이 역사적, 사상적 맥락들이 모두 우리를 지금 칸트의 텍스트로 이끈다. 국제법이란 무엇인가? 그것은 어떠한 의미에서 법인가? 그 "고유한 장소"란 어디인가? 그것은 어떠한 권위에 의해 명령하는가? 여기서는 이 질문들에 있어서 전제적이고 예비적인 고찰을 가하기 위해 하나의 극히 짧은 텍스트, 즉『영구 평화를 위하여』[*]의 제2장「국가 간 영구 평화를 위한 확정 조항」제3항에서 몇 가지 논점을 끌어내 보고자 한다.

우선 국제법 역사에서 칸트의 위치를 대략적으로나마 묘사해 두자. 유럽 근대의 국제법은 주지하다시피 30년 전쟁에 종지부를 찍은 1648년

---

[*] 한국어판은 임마누엘 칸트,『영원한 평화를 위하여』, 이한구 옮김, 서광사, 1992.

의 베스트팔렌 조약을 하나의 획기적 계기로 해서 성립했다. 그것은 신성로마제국이 해체되고 그 폐허에서 여러 주권 국가들이 우르르 생겨나는 시대로, 동시대의 법률가 그로티우스는 저서 『전쟁과 평화의 법』에서 이 국가 주권들 간의 규칙 책정과 그에 수반되는 주권의 제한을 목표로 '제국민법'(諸國民法; jus gentium)을 체계화하고, 특히 공해(公海)의 통행 자유 원칙을 확립한 것이었다.

이 '제국민법'의 레벨에서 칸트의 공헌은 극히 한정된 것이다. 모제스 멘델스존의 『예루살렘』을 비판한 『이론과 실천』(1793) 제3장에서 칸트는 당시의 통설이었던 "힘의 균형"에 입각한 평화 이론 대신 "위력을 동반하는 공법 —— 즉 어떠한 국가도 이에 따르지 않을 수 없는 공법에 입각한" 제국민법을 대치시켰다.[6] 그리고 이 법이 무한히 진보한 끝에 "국민들로 구성된 일반적인 국제 국가"(allgemeiner Völkerstaat)를 전망했던 것이다. 그러나 이 시점에서는 아직 "무한한 진보"의 원리 자체는 분명히 밝혀지지 않았고, 다만 인류의 진보의 조건이 도덕이 아니라 그 이상의 규정이 요구되는 특별한 의미에서 **정치적인 것**이라는 사실만이 단언된 상태였다. 바꿔 말하자면 '제국민법'과 구별되는 '세계 시민법'으로 이루어진 칸트의 법사상은 그 2년 뒤 『영구 평화를 위하여』가 나오고서야 비로소 확립되는 것이고, 3부로 구성된 이러한 체계는 『도덕의 형이상학』의 「법론」(1797)에서도 답습된다.

그렇다면 '세계 시민법'이란 뭔가? 제3확정 조항은 이렇게 말한다.

세계시민법(Weltbürgerrecht)은 보편적인 **우호**(allgemeine Hospitalität)를 야기하는 조건들에 의해 제한되어야만 한다.[7]

이 명제는 놀라우리만치 간소하지만 여기에는 온전히 다 헤아리기 쉽지 않은 내용이 감추어져 있다. 우선 여기서 "우호"라 번역되어 있는 말 Hospitalität에 주목해 보자. 이는 통상 "환대"라고 번역되는 단어인데, 여기에는 사적으로든 공적으로든 "환영"이라는 뉘앙스는 없다. 오히려 역으로 아무리 환영받지 못하는 손님이라 해도 어떤 나라에 들어서지 못하도록 거부당해서는 안 된다고 하는 원칙이 기술되어 있는 것이다. 칸트에게 "보편적인"이라는 형용사의 용법이 갖는 의미에 주의한다면 이것이 하나의 정언 명법임은 명백할 터이다. 칸트에게 희랍에서 유래하는 "우애"(philia)나 습속으로서의 "환대"는 그 본성상 남에게 명령받아 이루어져서는 안 된다. 그런 까닭에 보편화가 가능하지 않다. 그에 반해 임의의 영토에 들어갈 권리는 보편적으로 인정되어야 한다. 이 조항에서 "제한되어야만 한다"는 부분의 의미는 '세계 시민법'의 내용을 한정하는 것이라기보다는 이 명령법[命法]의 무조건적인 성격을 강조하는 데 있을 터이다. 다른 국민이나 민족에 대한 호오라든가, 범죄율이나 실업의 증가처럼 그 원인을 "외국인" 탓으로 돌리기 일쑤인 이러저러한 구실들은 칸트에 있어서 그 사실이 맞고 안 맞고 이전에 모두 "감성적"이기 때문에 각하되며, 가언적(假言的)인 것이 아니라 정언적(定言的)인 이 명령법의 무조건성 앞에서 의미를 상실하고 만다.

헌데 두 번째로 주의해야 할 것은 이 명령법은 "수용자 측"의 의무를 규정한 게 아니라는 점이다. 여기서 칸트는 주로 타국의 영토로 넘어오는 쪽의 관점에서 이야기하고 있다. 이 구절에서 전개되는 논의가 지극히 양의적으로 보이는 것은 부분적으로 이 때문이다. 여기서 칸트의 또 하나의 코페르니쿠스적 전환을 볼 수도 있을 것이다.

여기서도 지금까지의 조항에서와 마찬가지로 문제가 되는 것은 인간애(Philanthropie)가 아니라 권리이고, 우호(좋은 대우·Wirtbarkeit)라 해도 그것은 외국인이 타국의 토지에 발을 내딛을 때, 바로 그 이유만으로 그 나라 사람으로부터 적대시당하지 않을 권리를 말한다. 그 나라의 사람은 외국인의 죽음을 초래할 상황이 아니라면, 그 사람을 퇴거시킬 수도 있다. 그러나 그 외국인이 타국 땅에서 평화로이 행동하는 한, 적대적인 취급을 받는 일이 있어서는 안 된다.[8]

따라서 더 고찰해 보아야 할 것은 의무가 아니라 권리다. 그리고 여기서 한정을 받고 있는 것도 권리지 의무가 아닌 것이다. 의무는 철두철미하게 무조건적이다. 그러나 결코 간과되지 말아야 할 것은 칸트가 "수용국"의 입장에서 "외국인"의 권리 제한을 주창한 것이 아니라, 당시로서는 세계의 임의의 지점에 도달할 능력을 갖춘 유일한 "문명" 세계, 즉 유럽인의 권리를 한정하고 있는 것이다. 이 포인트를 가장 웅변적으로 드러내는 곳은 Hospitalität라는 말 자체일 것이다. 독일어에는 거의 동의어로 Gastlichkeit가 있지만, 이것은 "손님"(Gast)이란 말에서 파생된 단어다. 그러나 칸트가 여기서 문제 삼고 있는 것은 독일어 세계에서의 "손님"이 아니다.[9]

헌데 외국인이 요구할 수 있는 것은 **손님의 권리**(Gastrecht)(이 권리를 요구하려면 그를 일정 기간 동안 가족의 일원으로 대한다고 하는, 호의적인 특별 계약이 필요할 것이다)가 아니라 **방문의 권리**(Besuchrecht)이다……[10]

이 부분에 대한 이해는 결정적으로 중요하다. 역점을 어디에 두느냐에 따라 이해하는 내용이 완전히 달라지기 때문이다. 이 확정 조항은 전부 세 항으로 이루어져 있는 바, 제1항이 국내 체제(體制)의 요청("각 국가에서의 시민적 체제는 **공화적**republikanisch이어야 한다")이고, 제2항이 국제 체제의 요청("국제법[제국민법; Völkerrecht]은 자유로운 국가들의 연합 제도Föderalism에 기초를 두어야 한다")인데, '제국민법'과 구별되는 '세계시민법'을 규정한 제3항을 앞의 두 항에 부대적이거나 보족적인 조항으로 볼 것인가, 그렇지 않으면 제3항이야말로 제2항에, 기초를 부여하는 것까지는 아니라 해도, 깊숙이 방향을 부여하는 것이라 볼 것인가에 따라 칸트의 국제법 사상은 정반대로 이해되게 된다. 가령 후자의 길을 취한다면, 사회 계약이라는 정치적 허구의 끝에서 국가의 밖으로까지 확대되는 심연, 그 황량한 풍경을 발견하고 아연했던 루소와 달리, 칸트가 세계시민법에 의해 "인류"라는 레벨 이외에서 공동체가 폐역(閉域)을 형성하는 것을 미리 금하고, 또 외국인 문제를 "수용국"의 시민[主]측에서가 아니라 외국인[客]측에서 갖는 방문권의 보편적 타당성(정언 명법)으로 정식화한 것은 극히 현대적인 의의를 띠게 될 터이다. 그리고 이것이 결정적인 점인데, 앞 두 항이 당시 아무리 혁신적이었다 해도 엄밀히 유럽적인 법사상에 연원하는 것이었던 데 반해, 이 제3항은 지구의 유한성과 그 특수한 형식(둥그런 공 모양)을 자연적 기초로 삼음으로써, 정의상 유럽을 초월하여 "세계"와 외연을 같이 하는 내용을 갖는 것이다.

……한데, 이 권리는 지구 표면을 공동으로 소유하는 권리에 입각하여, 예컨대 서로 교제를 제의할 수 있는 그런 모든 인간에게 속하는 권리다. 지구의 표면은 구면(球面)이어서 인간은 이 지표면 위를 무한

히 분산해 갈 수는 없다. 결국은 병존하며 서로 인내하지 않으면 안 되는데, 인간은 근원적으로 그 어떤 사람도 지상의 어떤 장소에 있는 것에 대해, 타인보다 더 많은 권리를 소유하고 있지 않다.[ursprünglich aber niemand an einem Ort der Erde zu sein mehr Recht hat, als der andere.][11]

이 명제의 래디컬함과 양의성을, 아니 그 래디컬한 양의성을 끝까지 확인하고, 가능한 해석들 사이의 진폭을 측정해야 한다. 여기에는 사고의 형식과 자연의 기하학적 형식 간의 경이로운 일치가 있다. 『판단력 비판』의 정식에 따르면, 구형인 지구가 갖는 특수한 형식은 규정적 판단력을 통해서 순수 지성[悟性]에 의해 보편적 법칙하에 포섭되는 것이 아니라, 반성적 판단력이 자신에게 부여하는 원리로서의 "자연의 합목적성"[12] 이다. 그것은 구성적 이념이 아니라 통제적[규제적] 이념으로서, 이론적 확실성은 요구할 수 없지만 실천적 근거는 갖는다. 그리고 이 "위대한 기교가"로서의 자연이야말로 칸트가 제시하는 영구 평화의 유일한 "보증"인 것이다(「제1 보설: 영구 평화의 보증에 대하여」).

영구 평화라는 의무 개념과 연관되어 "자연의 합목적성"으로 정식화된 "지상의 어떤 장소에 있는 것에 대해 타인보다 더 많은 권리를 소유하고 있지 않은" 인간의 "근원적"(ursprünglich) 존재 양태는 지구 크기의 유한성이라는 특수한 규정하에서 일반화된다. 사람들 각자가 점유하는 장소는 근원적으로 다른 누구의 것일 수도 있기 때문에 누구의 것도 아니다. 이러한 의미에서의 장소란 직관의 순수 형식으로서의 기하학적 공간도 아니고 생활 세계도 아니다. 그것은 근원적인 치환의 가능성이며 그럴 찬스 내지 위협에 다름 아니다. 그리고 장소의 이러한 근원적인 무한정성 때문에 사람들 각자는 이미 그 **출신국에서** 비고유화되는 것이다. 이 점을 칸트의 목적론적 언설로 번역하면, 모든 토지 소유는 (국가의 토지 소유도 포함하여) 인류 전체가 공민(公民) 상태로 조직될 때까지는 **잠정적인** 것에 머무르게 된다(「법론」 61절). 그리고 이 비고유화는 여기서 하등 부정적인 사태가 아니며 거꾸로 각 사람이 지표의 임의 지점에서 외국인일 **권리**를 가질 수 있는 가능성의 조건이다. 앞서 "손님"의 권리를 한정하는 것으로 모습을 드러냈던 "방문권"은 이리하여 "세계 시민"의 상정이라고 하는 적극적 의의를 담당하는 것으로 전화(轉化)한다.

이리하여 이 제3확정 조항이, 앞 두 항에 대해 맺는 내적인 관계가 이해된다. 그것은 부대 조항도 아니고 결론도 아니다. 하물며 앞의 두 항을 폐기하고 그것을 대체하는 것도 아니다. 그것은 그 항들에 포개지고, 그것들과 공존하면서 그것들을 안쪽으로부터 규정하는 것이다. 각 사람이 지상에 있는 임의의 나라의 시민을 방문할 수 있다고 하는 것은 역으로 일국의 시민은 동시에 자국에 대해 외국인일 경우에만 참된 시민, 즉 "세계 시민"일 수 있다고 하는 것이다. 유비적으로 말하자면 국가도 또한, (국법 수준에서는) 안전한 주권을 가지지만 그와 동시에 (세계 시민법 수준에서는) 어떠한 주권도 갖지 못한다.

우리는 바로 여기에서 비판 철학의 기축을 이루는 한계 확정이라고 하는 극히 정묘(精妙)한 작용의, 단적이고 가장 명백하게 정치적인 실례를 갖게 된다. 첫 번째로 어떤 국가도 주권을 가지며, 또 이 국가의 시민도 주권자라고 할 수 있는 것은 이 국가가 **고유의 영토**, 따라서 **특수한 국경**을 가지며, 또 그 시민적 권리가 **특정한** 국가의 시민권인 한에서다. 이 경우 한계 확정은 제한을, 저지를, 금지를 의미한다. 그리고 이러한 한계가 형식, 예컨대 주체라는 형식, 의지라는 형식을 산출하며, 국가나 시민이 정치에서의 주체=형식인 것은 이 한정 작용의 효과=결과이다.

칸트의 법사상에서 최초의 한계, 자연적임과 동시에 전(前) 정치적인 한계는 언어(및 종교 – 이 후자의 문제는 여기서 다룰 수 없다)의 다양성이다. 이 "바벨탑 이후적인" 다양성 때문에 한 국가에 의한 세계 지배는 방해를 받고, 각국 국민들의 법이 전제로 하는 상호 독립적인 인접 국가들 간의 분리가 초래된다. 이러한 "언어의 벽"이 국가의 한계와 겹쳐질 때, 그것은 "자연적"임과 동시에 "인공적=법적"으로 된다. 그런데 "자연적"임과 동시에 "법적"인 이 한계가 갖는 힘의 본질은 무엇인가? 이 한계가 갖는 제한하고 저지하고 금지하는 힘은 어디에서 유래하는가? 칸트에게 그것은 법과 불가분한 "강제할 능력"에 다름 아니다. 그리고 이 강제 그 자체는 하나의 역학적 원리와의 유비로부터 사유되고 있다.

어떤 작용의 방해에 대항하여 이루어지는 저항은 그 작용을 촉진하는 것이며, 그 작용과 일치한다. 그런데 불법인 것들은 모두 보편적 법칙에 비추어 볼 때 자유의 방해다. 다른 한편 강제는 자유에 대해 행사되는 방해 혹은 저항이다. 따라서 자유의 어떤 일정한 사용 자체가 보편적인 여러 법칙들에 비추어 볼 때 자유의 방해인(즉 불법인) 경우, 이 방해에 대해 가해지는 강제는 자유 방해의 저지로서, 보편적인 법칙들에 비추어 볼 때 자유와 일치한다. 즉 정당하다. 따라서 법에는 동시에 법을 훼손하는 자에게 강제를 가할 능력이 모순율에 따라 결부되어 있는 것이다.[13]

법의 작용은 복수(複數)의 자유를 강제하여 균형에 이르게 한다. 법 공간의 내부(국법 수준)에서는 자유와 자유 간의 저항은 평등화되고, 그 결과 각각의 자유가 자기 한정함으로써 보편적 한정이 실현된다. 한편 법 공간 외부에 있는 국가들 간의 힘의 균형은 법이 요청하는 바를 언어의 다양성이라는 "자연"이 실현한다. 그런 점에서 이미 단순한 역사적 사실과는 차원을 달리하는 것이다.

그러나 자유에 가해진 강제로서 사유된 이러한 한계의 작용이 칸트가 한계에 대해 사유한 것의 전부는 아니었다. 한계란 어떤 것(국가, 자유)이 더 이상 나아갈 수 없는 한계만을 의미하지는 않는다. 『존재의 물음에로』에서 하이데거가 강조했듯이 한계의 이러한 **선적**(線的)**인** 표상 혹은 상(Bild)은, 그 자체가 형이상학의 소산에 불과하며, 그것을 뛰어넘어야 한다고 보는 사상들은 모두 형이상학이(따라서 니힐리즘이) 심화된다는 징후다.

한계의 역설(逆說)이란 그것이 결코 극복되는 것은 아니지만, 그러면서 늘 이미 극복되고 있다는 점이다. 그것은 단지 한계에 있어서 "내부"와 "외부"가 혼교(混交)하여 결정 불가능해진다고 하는 이야기가 아니다. 규칙을 제정하는 것인 한계가 그대로 "예외"의 장이기도 하고, 오히려 그러한 장으로의 이행 자체가 ── "내부"로부터 "외부"로의 이행=초월이 아니라 ── 한계의 본질을 이루는 것이다. 여전히 어떤 규칙의 한 사례이면서 이미 예외인 것, 그것은 규칙, 즉 한계를 그 자체의 한계로 데려간다. 거기서 규칙은 규칙으로서는 소거되고 불규칙해진다. 칸트 자신이 이 사태를 확실히 "적극적" 작용이라고 간주하고 있었음을 상기하자.

……한계 자체는 뭔가 적극적인 것이며 그것은 한계 내에 있는 것[경험]에 속함과 동시에, 또 주어진 [현상의] 총괄[로서의 감성계(가감계)]의 외부에 있는 공간[지성적 (오성적) 존재자의 영역]에도 속한다. 그렇

기 때문에 이성은 이 한계까지는 자기 자신을 확장하지만 그러나 감히 한계를 초월하려고 꾀하지 않음으로써만 현실적인 적극적 인식에 참여[관여]하는 것이다.[14]

이성은 그 타자로부터 한정을 받는 것이 아니다. 스스로 한계를 확정하는 바로 그 조치에 의해 한계를 해제하고, "적극적으로" 현실에 관여한다. 이런 한계 확정=해제(dé-limitation)는 미리 균질화되어 있는 공간의 외부 울타리에 의해 "내부"와 "외부"를 설정하는 것이 아니라, 역으로 본래적으로 이질적인 "공간"으로의 열림이다.

······이성이 여기까지 오면서도 한계를 초월하지 않는 것은, 여기서 공허한 공간(ein leerer Raum)에 접한 이성이 이 공간에 있어서 물자체(物自體)에 대해 형식을 사고할 수는 있지만, 그러나 물(物) 바로 그것은 사고할 수가 없기 때문이다.[15]

여기서 "공허한 공간"이란 "순수한 지성적 존재자의 영역"을 가리키며, 그것이 **"소위** 공허한 공간"(강조는 인용자)이라 불리고 있는 것이다. 그런데 『순수 이성 비판』에서 칸트는 "공허한 공간"이라는 것이 "존재"한다는 증명을 "경험으로부터 도출해 내기는 불가능하다"고 말하고 있다(「선험적 분석론」). 그는 동일한 것을 이야기하고 있는 것일까? "공허한 공간"은 감성적인 것이 아니고, 또 본래적인 의미에서 지성적인 것도 아니다. 이성 주위의 "물 자체의 인식을 위한 공간"(Unsere Vernunft aber sieht gleichsam um sich einen Raum für die Erkenntnis der Dinge an sich)에 대해 이야기하는 『프롤레고메나』의 이 구절에서 칸트가 그 어느 때보다도 더 "한계"라는 표현의 "비유"적 성격(Sinnbild einer Grenze)에 주의하고 있음은 흥미롭다.

그런데 여기서 이러한 형태로, 모습 없는 비유의 형태로 모습을 드러내는 것은 아마도 플라톤이 『티마이오스』에서 말하는 '코라'일 것이다. "감성적"이지도 않고 "지성적"이지도 않은 "제3의 종족"이며, 모든 장소의 장소화이고, 장소라는 것의 근원적인 무한정성 이외의 그 무엇도 아닌 '코라', 보편적인 "환대"의 규정에 제한받아야 할 세계시민법이 법공간의 내부에 여는 것이 바로 **그것**이다. 세계시민법은 국법과 제국민법(諸國民法)을 지양하고 그것을 대체하는 게 아니다. 그것들이 긋는 선을 간격화하고, 이중화하며(한 선의 '외변'外邊과 '내변'內邊), 그것들을 그림자처럼 따르면서, 그것들 자신에 대해 이화(異化)하는 것이다.

칸트적인 "세계 시민"은 폴리스에의 귀속을 거부하고 그 한계나 틀을 초월하여 무국적과 방랑을 선택한 고대 스토아파의 세계 시민주의와 전혀 다른 것이다. 그것은 주체=형식을 가장 범례적으로 그려 내면서 **그동일한 조치에 의해**, 그것을 그 한계로 데려간다. 그것은 어떤 주어진 나라의 능동 시민임과 동시에 이 나라에 소원한 세계 시민이고, 이러한 자격에 있어서 "세계"라는 "공공의 사물"(res publica)*에 책임을 진다. 이러한 시민은 우리가 여기서 기술을 시도하고자 한계의 운동에 의해 그 "내부"로부터 추동을 받고, 그럼으로써 시민권 자체를 그 한계로 밀고가지 않을 수 없는 **한계 시민**이다.[16]

칸트의 저작 가운데 이 한계의 운동이 주제적으로, 그 진폭 전체에

---

* 공화국이라는 의미도 있다.

논의되는 것은 『판단력 비판』의 「숭고 분석론」일 것이다. 숭고란 거대한 형상이 아니라 어떠한 형상도 그 한계로 데려가는 **절대적으로 큰 것**이다. "미"가 "상"(像)의 **고유성**에 관련되고, 그 표상이 산출하는 "적의"(適意)라고 한다면, "숭고"는 "상"의 **가능성의 조건**에, 즉 한계 자체에 관련되며, 거기에 있어서 주관적으로 느껴지는 탈-한정화 운동이다. 그러나 또한 그것은 형상을 지양하고 형상 불가능한 것에 초월해 가는 변증법적인 무한화의 운동이 아니고, 어디까지나 형상의 테두리에서 작용하는 한계의 "외변"과 "내변"의 이접(離接) 운동이고, 그때마다의 특이적[独異的]인 리듬이다.

이 운동이야말로 세계시민법이 국법, 제국민법에 대해 갖는 관계에 다름 아니다. 그것은 이 양자를 종합하지도, 지양하지도 않는다. 다만 어떠한 리듬 속에서 접합할 뿐이다. 이런 의미에서 세계시민법은 늘 반시대적이며 제도화된 법보다 더 나아가면서 **동시에 그보다 뒤처진다.** 그것은 한계 너머를, 영구 평화의 이념을 "공허한 공간"으로서 ── 비유적으로 ── 지시하면서 일체의 제도화에 불굴의 태도로 저항한다. 그것이 실정법의 시간과 결코 일치하지 않는 것은 영원한 상(相) 아래 관상(觀想)된 어떤 원리를 고집하기 때문이 아니다. 세계시민법은 실정법의 시간을 간격화한다. 그리고 거기서 태어나는 리듬이 그때마다 상황의 일회성=특이성을 규정하는 것이다.

『영구 평화를 위하여』의 확정 조항 제3항은 이렇게 이어진다.

그런데 우리 대륙의 문명화된 국가들, 특히 상업 활동이 왕성한 국가들의 비우호적인 태도를 이와 비교해 보면 그들이 다른 토지나 민족을 방문(강조는 칸트의 것)할 때 (방문한다 함은 그들에게는 그곳을 정복함과

같은 것을 의미하지만) 보여 주는 부정(不正)은 가공할 정도이다. [……]
게다가 이 모든 일을 행하고 있는 것은 경건에 대해 호들갑을 떨고, 부
정(不正)을 물처럼 마셔 대면서, 정통 신앙에서 선택된 자로 간주되고
싶어 하는 열강 제국인 것이다.[17]

200년 전에 쓰인 이 구절은 우리를 저 땅으로, 팔레스타인으로, 또
한 이스라엘이라 불리는 땅으로 도로 데려간다. 한계를 엄밀히 결정하기
가 불가능한 두 공동체의 우두머리들이 그 땅의 외부에서(마드리드, 오
슬로, 워싱턴, 파리, 카이로, 튀니스……), 또 국제법 제도의——전적으로 외
부는 아니고——한계에서, 공동으로 하나의 한계=선을 긋기 위해 "교섭"
을 계속하고 있는 저 땅으로. 1949년에 부버는 난민 문제를 세계의 유대
인 중에서 누구보다도 명확히 제기했다. 이 문제를, 이런 저런 상황 판단
에 종속시키기를 거부하고 거의 정언 명법처럼 제기했을 때, 그는 아마
도 그 자신이 생각했던 것 이상으로 깊고 올바르게 칸트에 충실했다. 『티
마이오스』의 우주창생론에서 '코라'가 기원 이전의 기원이듯이, 칸트에
게 "보편적 환대"는 온갖 세계 법질서의 기원의 기원이다. 팔레스타인에
입각해서 구체적으로 말하자면, 67년만이 아니라 48년의 난민에게도 귀
환권을 인정하지 않는 해결은 칸트적 정의와는 무관하다.

그러나 한계란 거기서 규칙이 예외가 되고, 예외가 규칙이 되는 장
소다. 일찍이 코엔의 유대·독일 내셔널리즘의 핵심에서 작동하고 있던,
또 부버의 종교=문화적 시오니즘과도 무관치 않은 저 "범례적 단독
성"이라는 역설(逆說)은, 부버가 아랍 난민 문제의 해결을 이스라엘 국
가의 "도덕적, 정신적 사명"으로 지명할 때에도 여전히, 아니 그때야말
로 더 한층 격렬한 형태로 작용한다. 이러한 공동체가, 단순히 한정적인

"선"(線)을 다른 공동체와 분유(分有)하는 것이 과연 가능할까? 이는 부버의 두 민족 한 국가론을 포함한 모든 형태의 시오니즘이 내재적으로 품지 않을 수 없는 아포리아이다. 하지만 다른 한편 이러한 시련을 당사자에 부과하지 않는 국제법은 영원히 정의와는 무관한 것이 아닐까? 이 문제도 또한 칸트를 읽음으로써, 우리가 필연적으로 이끌려 가는 문제의 하나인데, 그것이 바로 칸트가 "연방"이라 불렀던 것의 수수께끼다.

그 본질상 대지의 견고함을 갖지 않는 "법의 사막"인 국제법이 "근거"가 될 때, "니힐리즘"의 심화는 현저하게 가시화될 것이다. 그러나 "니힐리즘"은 초월해야 할 "선"(線)이 아니라, 니체가 절묘하게 표현했듯이 돌연 우리 문 앞에 나타나는 "모든 손님 중에서 가장 꺼림칙한[섬뜩한] 손님"(dieser unheimlichste aller Gäste; 니체, 『권력에의 의지』)이다. 그리고 이 "손님"은 보편적인 "환대의 틀"의 수호천사로서도 이미 "거기"에, 즉 "여기"에 있는 것이다.

---

1 Martin Buber, *Ein Land und zwei Völker*, Insel Verlag, 1983, p. 311. 이 문제에 관한 부버의 사상과 행동은 지금이야말로 널리 알려질 필요가 있다. 부버와 시오니즘의 관계에 대해서는 일단 ウォルター・ラカー, 『ユダヤ人問題とシオニズムの歴史』, 高坂誠 訳, 第三書館, 1987, 244~248頁[월터 라쾨르, 『유대인 문제와 시오니즘의 역사』]를 참조.

2 *Phénoménologie et Politique*, Ousia, 1989.(『現代思想』, 鵜飼哲 訳, 1993年 5月号~8月号 수록)

3 Buber, *Ein Land und zwei Völker*, pp. 314~315.

4 *Le dossier Palestine: La question palestinienne de le droit international*, Ligue internationale pour le droit et la libération des peuples, La Découverte, 1991.

5 Jean-Luc Nancy, "Guerre, droit, souveraineté – TECHNÉ", *Les Temps Modernes*, 1991, no. 539.

6 「理論と実践」, 『啓蒙とは何か』, 篠田英雄 訳, 岩波文庫, 1979, 186頁[「이론과 실천」, 『계몽이란 무엇인가』]. 이 착상은 걸프 전쟁이나 PKO형 "정전(正戰)"론과 무관치 않은데, 칸트의 독자적인 착상은 아니고, 그 기원은 생 피에르에게 거슬러 올라간다. 전쟁론의 역사에서 칸트의 위치에 대해서는 이치다 요시히코(市田良彦)의 지극히 시사점이 풍부한 논고「保証の

転移―国家的抑止の成立」,『戦争の思考』, 平凡社, 1993, 특히 126~150頁[「보증의 전이: 국가적 억지의 성립」]를 참조.

7 『永遠平和のために』, 宇都宮芳明 訳, 岩波文庫, 1985, 47頁[『영구 평화를 위하여』].

8 같은 책.

9 라틴어에서 기원한 Humanität를 싫어하고 Menschheit를 좋아한 피히테는 『독일 국민에게 고함』에서 나폴레옹군을 "손님"(Gast)이라 불렀다. 이 용법의 함의에 대해서는 Etienne Balibar, 「フィヒテと内的国境」, 『現代思想』, 大西雅一郎 訳, 1993年 5月号[「피히테와 내적 국경」]를 참조. 본고는 적지 않은 점에서 이 논고와 관심을 공유하고 있다.

10 『永遠平和のために』, 47頁.

11 앞의 책, 47~48頁. 대괄호는 인용자.

12 「序論」, 『判断力批判』 上巻, 篠田英雄 訳, 岩波文庫, 38頁.

13 「法論」, 『人倫の形而上学』, 吉沢傳三朗・尾田幸雄 訳, 理論社, 1969, 56~57頁.

14 『プロレゴメナ』, 篠田英雄 訳, 岩波文庫, 1977, 231頁. 대괄호는 인용자.

15 앞의 책.

16 이것은 문자 그대로 오늘날 일본을 포함한 수많은 나라에서 문제가 되고 있는 외국 국적 소유자의 시민권 문제다. 실로 지구는 둥글기 때문에 국적과 시민권은 영원히 불가분할 수가 없다. 발리바르가 시사하듯이, 오늘날의 시민권은 점차 "해당국의 시민권"으로부터 "해당국에 있어서의 시민권"으로 변모하고 있다. 이러한 경향에 대한 반동이 특히 유럽에서 가공할 만한 현상으로 출현하고 있음은 주지하는 바와 같다. Cf. Etienne Balibar, "Le citoyen aujourd'hui?", *Raison présente*, no. 103, 1992.

17 『永遠平和のために』, 48~50頁.

『現代思想』 臨時増刊号, "カント", 1994. 3[『현대사상』].

「쉰들러 리스트」의 "불쾌함"에 대해

1.

기억은 유한하고 늘 망각에 노출되어 있다. 그렇기 때문에 기억들은 모두, 특히 사자(死者, 그것은 인간일 수도, 동물일 수도, 사상일 수도, 언어일 수도, 사회 운동일 수도 있다. 유한한 존재라면 어떤 것도 이 사자에 해당할 수 있다. 물론 민족일 수도 있다)에 관한 기억은 우리에게 거의 미신에 가까운 경건한 감정을 품게 만든다. 그것은 그 혹은 그녀의, 이날 이때의 이런 면을 알고 있던 것이 다름 아닌 바로 "나"이기 때문이고, "나"가 잊어버리면 사자가 이 세상에 남긴 흔적은 그 순간 소멸해 버린다고 느끼기 때문이다. 그렇기 때문에 그 혹은 그녀에 대해 입에 올려서는 안 된다. 한번 입에 올리면 끝이다. 말은 말이기 때문에 기억을 배신하고, 입에 올린 당사자까지도 그 후로는 말이 왜곡한 상(像) 쪽을 믿게 될 것이다. 그때 그 혹은 그녀는 진정으로 죽어 버릴 것이다.

그러나 "나"가 언제 죽을지 누가 알겠는가? "나"가 죽으면 "나"의 기억 속의 그 혹은 그녀 역시 죽어 버릴 것이다. 그러니까 이야기하지 않을 수 없다. 이야기하지 않으면 안 된다. 증언의, 하지만 동시에 모든 허구의, 요컨대 이야기의, 유산의, 전통의 기원은 "나"의 유한성이 "나"에게 부과하는 이 불가능한 "의무" 안에 있다.

이 아포리아의 심각성은 사자의 수가 한 명이든, 600만 명이든 조금도 달라질 게 없다. 그러나 표현이라는 것의 근간과 관련된 이러한 곤란이 영화 역사상 가장 예리하게 의식된 것은 "홀로코스트"라 불리는 사건을 주제로 다룬 작품들에 있어서였다. 알랭 레네의 「밤과 안개」에서부터 클로드 란즈만의 「쇼아」, 루이 말의 「애들아 그럼 안녕」까지, 이 작품들은 동일한 물음에 대한 동일한 수만큼의 회답이었다.

그러면 스티븐 스필버그의 「쉰들러 리스트」는 어떤가? 유감스럽게도 나는 이 작품에서 사자의 기억에 대한 경건함을 티끌만큼도 느낄 수 없었다. 이는 저 아포리아에 대한 회답이 아니고, 아포리아의 존재 자체의 부인, 아니 나아가 그러한 물음에 여전히 집착하는 자들에 대한 조소라고까지 느껴졌다. "아우슈비츠 이후 시를 쓰는 것은 야만이다"라고 했을 때 아도르노의 뇌리를 스쳐 지나간 것은 나의 이러한 인상과 전혀 다른 것이었을까?

2.

영화라는 예술과 홀로코스트라는 사건 사이에 어떤 낭패스러운 관계가 있음이 처음 의식된 것은 언제일까? 처음 문제가 제기된 날짜는 비교적 분명하다. 1961년 『카이에 뒤 시네마』(120호)에서 폰테코르보(Gillo Pontecorvo)의 작품 「카포」를 논한 장-리베트는 홀로코스트를 주제로 다룰 경우 종전과 같은 리얼리즘 개념은 필연적으로 파산하고, 작품은

"어정쩡한 것"으로, 따라서 이 경우 곧장 "부도덕"한 것이 되고 만다고 말하며, "'스펙타클'의 어떤 전통적인 접근법도 (이 경우) 엿보기 취미, 포르노그라피에 속하게 된다"고 단언한 것이었다.

「쉰들러 리스트」의 경우, 이 "리얼리즘" 문제가 특히 예리하게 제기되는 것은 이미 너무나도 유명해진 "붉은 옷" 장면일 것이다. 이 영화를 흑백으로 찍은 것에 대해 스필버그 자신은 이렇게 설명했다. "홀로코스트를 직접 알지 못하는 내게 이 기억은 '자료'의 색깔, 즉 흑백의 기억이다." 이러한 세대 의식의 표명은 결코 무의미한 것이 아니다. 하지만 그렇다면 더더욱이 그러한데, 이 작품에서 몇 차례 사용되는 컬러 장면에는 단순히 기술적인 차원을 넘어선 분석이 요청되게 된다. 유대인 소녀의 옷이 붉다는 것은 "붉은 두건" 이야기를 알고 있는 전 세계 사람들의 문학적 기억에 호소한다. 헌데 이 수법은 상품의 알맹이가 아니라 포장으로 관객의 마음을 끌려고 하는 자본주의 사회 특유의 "스펙타클 논리"에 완전히 의거하고 있다. 소녀의 신체(실체)가 옷(가상)에 의해 완전히 대체될 때, 돌연 우리들은 페티시즘의, 심지어는 포르노그라피의 심연과도 같은 형상의 질문에 아주 가까이 와있음을 의식하게 된다. 그럴 때 어떤 종류의 유럽인 관객이 홀로코스트의 기억이라는 지성소(至聖所)에 할리우드적 상업주의가 난입한 차마 믿기 어려운 사태를 보았다고 생각한 것, 그리하여 형언할 수 없는 전율을 느꼈다고 하는 것은 사실이다. 이러한 반응은 아마도 현재의 유럽과 미국의 복잡한 관계에 의해서도 규정받고 있음이 분명하다. 하지만 일시적인 관객 동원이나 아카데미상 같은 차원을 넘어서 홀로코스트에 대한 기억의 장래를 생각할 때, 이 전율에 포함되어 있는 물음의 무게를 누구도 부정할 수는 없을 터이다.

3.

나치가 패배했다는 소식이 전해지고 체포를 피하기 위해 쉰들러가 공장을 떠난 후, 한 소련 병사가 말에 탄 채 유대인들 앞에 등장한다. 병사는 말한다, "동쪽으로는 가지 않는 편이 좋아. 너희들은 증오의 대상이야. 서쪽도 포기하는 게 좋아"라고. 그러고 나서 그는 동쪽도 아니고 서쪽도 아닌 어떤 방향을 가리키며 소리친다, "저쪽에 도시가 있어!" 그 도시가 예루살렘이라 불리는 곳, 쉰들러에게 구제받은 유대인들이 마침내 도달한 "평화"의 상징임은 거의 동시에 울려 퍼지는 「황금의 예루살렘」의 멜로디에서도 분명히 알 수 있다.

　무서울 정도로 치밀하게 이 장면이 환기시키는 것은 소련이 냉전기에는 아랍 국가들을 지원했지만, 1947년에는 UN의 팔레스타인 분할 결의를 지지하고, 다음 해에 무력에 의해 성립한 이스라엘을 맨 먼저 승인했다는 사실이다. 이제 그 소련은 더 이상 존재하지 않고, 러시아는 미국과 함께 '중동지역 평화회의'의 공동 의장국이 된 지금, 이스라엘 국가의 "정통성"을 의문시할 자도 거의 없어진 지금, 이 건국이야말로, 즉 시오니즘이야말로 홀로코스트에 대한 단 하나의 올바른 회답이었다는 관념을 새삼 사람들 뇌리에 각인시킬 것을 스필버그 자신이 의도적으로 꾀했음에 틀림없다.

　이슬람의 많은 국가들이 이 영화의 공개를 금지한 것은 언론이 보도하는 것처럼 "유대인이 호의적으로 그려져 있기" 때문이 아니다. 쉰들러의 묘지의 소재지로서의 이 예루살렘에 2000년 전 이래의 거주민이었던 팔레스타인인 그림자조차 보이지 않고, 이미지 조작에 의해 그들의 존재 자체가 말살되어 있다고 생각할 수밖에 없기 때문이다.

아랍인, 특히 팔레스타인=아랍 사람들(이들의 아이들이 대부분 스 필버그의 다른 작품의 열렬한 팬임을 나는 알고 있다)은 이 장면을 보자마자 절규했을 것이다. 그리고 그 절규는 홀로코스트의 기억에 가능한 한 충실하고자 하는 유럽인이 이 작품 앞에서 느낀 전율에 호응한다. 요컨대 홀로코스트의 기억은 미국과 이스라엘의 손으로 진전되고 있는 중동 신질서의 형성과 더 이상 무관할 수 없는 것이고, 역으로 이 전율과 외침 사이에 지금까지와는 질이 다른 사상과 감성의 교통이 성립할 수 있다면 ── 그런 경우에만 ──「쉰들러 리스트」도 또한, 사후적으로 하나의 적극적인 계기일 수 있으리라.

『未来』, 1994年 5月号~7月号[『미래』].

홀로코스트의 노래

「미지와의 조우」, 「쥬라기 공원」 등, 스필버그의 작품에서는 이미 친숙한 존 윌리엄스가 담당한 「쉰들러 리스트」의 음악은 뭐니 뭐니 해도 이츠하크 펄먼(Itzhak Perlman)의 바이올린이 연주하는 애절한 테마가 귀에 남는데, 사운드트랙 음반에는 그 이외에 12곡이 수록되어 있다. 그중에 「황금의 예루살렘」(예루살라임 셸 자하브)이라는 노래가 있다. 독일이 패배하자 추적을 피하기 위해 쉰들러가 모습을 감춘 후, 해방된 수용소에 잠시 멈춰 있는 유대인들 앞에 한 소련병사가 말에 탄 채 나타난다. 그는 그들에게 말한다. "동쪽으로는 가지 않는 편이 좋아, 너희들은 증오의 대상이야. 내 생각에는 서쪽도 포기하는 게 좋아". 그리고 어떤 방향을 가리키며 이렇게 소리친다, "저쪽에 도시가 있어!" 그것이 어느 방향인지 영상만으로는 곧장 알 수 없지만, 고의적인 이러한 이미지 누락을 바로 이 노래가 대리 보충하는 메커니즘으로 되어 있다.

"내년은 예루살렘에서!" 오랜 고난 끝에 마침내 메시아가 이산민들을 "약속의 땅"으로 데리고 돌아오는 그 날을, 유대교도들은 몇 세기 동안이나 계속 기다려왔다. 나는 이 「황금의 예루살렘」도 그러한 역사에서 태어난 노래로 가사도 구약의 「시편」쯤에서 취해진 것이라고만 여기고 있었다. 그런 점에서 이스라엘 건국이야말로, 홀로코스트에서 그 정점에 달한 유럽·기독교 사회의 반유대주의에 대한 유일한 회답이라고 말하려는 이 영화의 결말에 강한 반발을 느끼면서도, 텔아비브에 있는 키부츠, 리론·헤르젤리야의 소년 합창단이 노래하는 노래 자체에는 그런 반발과는 별도로 나름의 감개를 느끼고 있었다.

그런데 후에 나는 이 노래가 홀로코스트보다, 이스라엘 건국보다 훨씬 뒤인, 1967년 5월에 만들어졌다는 사실을 알았다. 작자는 이스라엘의 대표적인 싱어 송 라이터 나오미 슈메르. 그녀가 이 곡을 쓴 것은 그해의 이스라엘 가요 페스티발을 위해서였다.

언덕의 공기는 포도주처럼 맑아
저녁 바람이 소나무의 향기로운 내음을 종소리와 함께 실어 온다
나무도 돌도 잠들어 포위된 마을은 꿈 속에 빠져 있다
벽으로 소중하게 둘러싸인 고고한 도시여
황금의 예루살렘
금빛의 도시여
당신이 부르는 노래에
나는 바이올린으로 합주를 하자

내게 이 사실을 가르쳐 준 것은 미즈노 노부오의 『유대민족 음악사』(水野信男, 『ユダヤ民族音楽史』, 六興出版, 1980)인데, 이 책은 나아가 "이 노래가 만들어진 직후인 67년 6월, '6일 전쟁'이 일어나 이스라엘이 예루살렘 구시가와 그 근교를 점령하면서 노래에 담긴 예언은 뜻하지 않게 현

실이 되었다"(225쪽)고 말한다.

이미 분명해졌듯 이 노래는 홀로코스트와는 어떤 관계도 없는 다른 전쟁의 기억에 결부된 것이다. 이 장면에서 이 노래를 사용하는 것은 거의 역사 위조에 가깝다. 미국에서도, 아랍 국가들에서도, 이 노래가 울려 퍼지자마자 항의를 하러 일어선 사람들이 적지 않았는데, 거기에는 그럴 만한 이유가 있었던 것이다.

홀로코스트를 '유대'라는 '민족'의 '이야기'로 이야기하기, 스필버그는 이 유혹에 굴복했다. 아니 그렇다기보다는 오히려 의도적으로 이 방향을 추구했다고 해야 하리라. 그래서 외견상 비치는 것과는 반대로 이 영화의 주제는 홀로코스트가 아니다. 그는 전후 유럽에서 홀로코스트와 영화라는 예술의 관계를 둘러싸고 심각한 논의가 수도 없이 벌어져 왔다는 것 따위는 아무래도 좋았던 것이다. 영상도, 노래도, 결국은 이 내셔널 내레이션의 내부에서 기억을 선별하고, 날조하기 위한 장치에 불과하니까 말이다.

하지만 영화는 홀로코스트가 한창이던 시점에 불리운 노래에, 그 노래에 봉인되어 있는 "기억될 수 없는 것, 이야기될 수 없는 것"에 철저히 집착할 수도 있다. 「쉰들러 리스트」 이전에 8, 9년의 세월에 걸쳐 제작된 클로드 란즈만의 작품 「쇼아」를 보자. 수용소의 생존자인 유대인(희생자), 예전 SS 대원(가해자), 수용소 인근에서 살고 있던 폴란드인(방관자) 이렇게 삼자의 증언을 포개어 홀로코스트의 "소리 없는 내부"에 육박해 가는 이 9시간 반짜리 대작 앞에서 「쉰들러 리스트」 따위는 애들 눈속임에 불과해 보일 수밖에 없다.

이 작품에 등장하는 주요한 증인 중 한 사람인 시몬 슬레브니크는 폴란드 중서부의 헤움노(Chełmno)에 있던 절멸 수용소에서 살아 돌아온 사람인데, 그가 살아남은 것은 첫째 그 미성(美聲)을 높이 산 수용소 측에 의해 병사들을 위해 노래를 불러 주는 사람이었기 때문이었다. 헤움노를 다시 찾은 그는 잠시 아연해서 예전에 자신이 여기에 있었다는 사실조차 믿어지지 않는다고 말한다. 그런데 그는 노래를 기억하고 있다, 그 무렵 매일 불렸던 폴란드 속요를. 여기서 노래는 감독이 자유자재로 조작하는 이미지의 결락을 매우기 위한 게 아니라, 증언 자체가 미리 교살(絞殺)당해 버린 장소로 다가오는 것이다. 불가능한 증언을 대리보충하기 위해.

작고 하얀 집이
내 기억에서 아무래도 사라지지를 않아
저 작고 하얀 집이
매일 밤 내 꿈에 나타나

또 일찍이 트레블링카(Treblinka) 수용소*의 SS 하사였던 프란츠 즈호멜은 노동반에 편입된 유대인이 수용소에 도착하면 곧장 모두 외워야 할 노래를 발표한다.

…… 오늘 우리에게 남은 것은 트레블링카뿐
트레블링카는 우리들의 운명
한눈에 우리들은 트레블링카를 소화한다

---

* 바르샤바 북동쪽으로 약 90Km 지점에 있던 나치 독일의 강제 수용소. 폴란드의 유대인 절멸을 목적으로 만들어진 3대 절멸 수용소의 하나다.

우리가 아는 것은 단지 명령의 말

복종과 의무뿐

우리는 받든다, 더 받든다

이런 노래가 당사자 자신의 음성으로 전편에 걸쳐 수도 없이 회귀한다. 그때 홀로코스트는 완결된 이야기로서가 아니라 결코 아물 수 없는 상처, 끝날 줄 모르는 물음으로서 모습 없는 모습을 드러낸다. 「쇼아」란 영화라는 장르의 한계 내에서, 희생자의 흔적마저 소멸시키려 한 "최종 해결", 그 표상에 한계가 있음이 그 본질에 속하는 이 사건*과 격투한 작품인 것이다. 그 작품이 드디어 일본에서도 패전 이후 50년, 영화라는 장르의 탄생 이후 100년째인 내년에 공개될 예정이다. 다행인지 불행인지 이 나라에서는 「쇼아」가 「쉰들러 리스트」보다 나중에 오게 되었지만 이 순서의 역전을 홀로코스트에 대한 우리의 인식에 일대 찬스로 변화시키지 않으면 안 된다.

『カイエ・デユ・シネマ・ジャポン』, 1994年 秋号 [『카이에 뒤 시네마 저팬』].

---

* 이 사건은 본질적으로 온전히 표상(혹은 재현)해 내는 것이 불가능하다는 의미이다.

시효 없는 수치
―전쟁 기억의 정신분석을 향하여

저 하나의,

상처 없는,

결코 탈취당하지 않는

봉기하는

비통

― 파울 첼란

유증(遺贈)된 기억, 사람은 그것을 어떻게 받아들이는가? 다른 세대의 기억, 자신이 주체로서 경험한 적도, 목격자로서 입회한 적도 없었던 사건에 대한 기억, 하지만 좋든 싫든 ― 문자 그대로 우리가 좋든 싫든 불문하고, 좋고 싫고 이전에 ― 우리를 구속하는 그러한 기억을? 이 경우 "어떻게"는 동시에 의무와 기법의 언어다. 윤리 문제이자 기술의 문제. 어떻게 받아들여야 **할까**와 어떻게 하면 받아들일 **수 있을까**는 여기서 동일한 문제다.

그런데 기억은 **사물**[物]이 아니다. 적어도 사물이 대상화되고 축적된 것이 그대로 기억은 아니다. 사물이나 사람에게 기억은 **깃든다**. 그런데 어떤 세대도 기억을 **갖기**는 불가능하다. 사람이 기억을 소유하는 게 아니라, 기억이 사람을 소유하고, 사람에게 들러붙는 것이다. 기억을 부여한다 함은 따라서 갖지 않은 "물"(物)을 부여함이다. 기억의 온갖 위조 가능성도 그리고 또 그 **생각지도 못한** 한계도 모두 이 역설 속에 기입되어 있다. 이러한 "물"(物)을 사람은 어떻게 받아들이는가, 특히 그것이 전쟁의 기억일 때에?

일본이라는 이름의 공동체가 전쟁에 패한 이후 흘러가 버린 시간, 그 시시각각이 전쟁 기억과의 관계 속에 있었다. 그런데 그 어느 시간도 같은 관계 속에 있었던 건 아니다. **지금** 분명해지고 있는 것은, 그리고 상기하지 않으면 안 될 것은 무엇보다도 바로 이 점일 터이다. "1945년 8월 15일"을 원점으로 그 뒤의 시간 경과에 정확히 비례하여 집단적, 국민적 기억은 점점 덜 선명해지고, 이윽고 모든 기억은 고문서화하여 절멸해 버리는── 그런 통속적인 기억의 표상은 오류다. 그것은 윤리적 과오임과 동시에 이론적 오류다. 왜냐하면 "원점"에 있어서의 집단적 기억이라는 것이 본디 사후적으로, **타자의 시선을** 배제함으로써 구성된 것이고, 이 배제야말로 그 날짜를 "쉬볼렛"(schibboleth)*으로, 상대적인 양의성을

---

* 구약성경 「사사기」 12:5~6 "길르앗 사람들은 에브라임 사람보다 앞질러서 요단강 나루를 차지하였다. 도망치는 에브라임 사람이 강을 건너가게 해달라고 하면 길르앗 사람들은 그에게 에브라임 사람이냐고 물었다. 아니라고 하면, 그에게 쉬볼렛이라는 말을 발음하게 하였다. 그러나 그가 그 말을 제대로 발음하지 못하고 시볼렛이라고 발음하면, 길르앗 사람들은 그를 붙들어 요단강 나루터에서 죽였다. 이렇게 하여 그때에 죽은 에브라임 사람의 수는 사만 이천이나 되었다." 참고로 데리다의 저서에 *Schibboleth pour Paul Celan*, 1986[『쉬볼렛: 파울 첼란을 위하여』]가 있다.

품은 하나의 암호로 만든 것이니 말이다.

그런데 **지금**, 저널리즘이 애호하는 "기억의 풍화"라는 자연주의적 은유가 효력을 잃어 가고 있다. 저널리즘의 리듬과 전쟁 기억의 리듬, 이 양자 간의 환원 불가능한 차이가 감지되기 시작하고 있다(저널리즘 분야에서 [공공연하게, 혹은 은연중에 자행되는] 검열이 지금까지보다 훨씬 더 격화되고 있음은 그 징후의 하나일 것이다). 전쟁 기억은 물리학적 시간처럼 경과되는 것이 아니다. 그것은 끊임없이, 하지만 기묘한 리듬으로 회귀한다. 이 운동은 우주론적 시간의 원환도 아니고, 소위 인간적 시간, 현상학적 시간의 구조와도 다르다. 그것은 여러 가지 인공적 제도(1일, 1년, 10년이라는 단위에서부터, 우리 사회의 경우 열도列島의 주민 중 단 한 인물의 수명이 규정하는 원호元号라는 것에 이르기까지 이 시간들을 규정하는 '척도'는 전혀 자연스러운 게 아니며 어떠한 근거도 없다)에 의해 매개되면서 결코 인간화되는 일이 없는, 그래서 그 누구도 조작하거나 관리할 수 없는 리듬이다. 자연 현상도 아니고 인위적 구조도 아닌 이 리듬이 그 특이성에서 **지금** 저 전쟁에 대해 그와 직접 관련된 세대도, 그 뒤의 후속 세대도 알 수 없었던 뭔가를 이야기하기 시작한 것이다.

가해자로서 전쟁에 관련된 민족의 집단적 기억에서 유효한 역사적 유비(類比)의 대상이 될 수 있는 사례는 한정되기 마련이다. 역사의 모든 사건들이 그러하듯이 대일본제국이 행한 전쟁은 특이한 것이다. 그런데 어떠한 특이성도 다 그러하듯이 이 특이성 또한 다른 특이성과의 불가능하고도 필연적인 유비를 바탕[地]으로 해서 부상한다. 우리 사회의 기억의 양상을 이해하기 위해서는 역사적 맥락이라는 견지에서 볼 때 미국의 베트남 전쟁도 아니고, 프랑스의 알제리 전쟁도 아닌, 독일 제3국이 행한 전쟁 및 전후 독일과의 유비야말로 가장 많은 것을 가르쳐 줄 것임에 틀림없다. 이 작업에 내재하는 위험이 어떠한 것이든, 일본과 독일의 전쟁 기억을 대조하는 작업은 모든 각도에서 철저히 수행되어야 한다.[1] 이 작은 글 역시 그러한 작은 시도 중 하나이다.

1. 자부(自負) 전략

1985년 4월 21일, 일찍이 절멸 수용소가 있었던 베르겐 베르젠에서 독일 연방 공화국 수상 헬무트 콜은 이렇게 말했다.

> 독일은 역사 앞에, 나치의 포학(暴虐)이 야기한 피해에 대한 책임을 집니다. 이 책임은 또한 **시효 없는 수치(羞恥)** 속에서 표명되는 것입니다 [……][2] (강조는 인용자).

이러한 표현을 일국의 정치 지도자 입에서 듣는 일은 흔치 않다. 그 이데올로기의 여하를 불문하고 국가의 지도자는 국민의 "자랑", "명예", "자존심"의 고양을 자신의 사명으로 간주한다. 하물며 콜은 우파 기독교민주당의 당수이며, 이 발언 몇 시간 후에 미국 대통령 레이건을 데리고 SS(Schutzstaffel)*를 비롯하여 독일군 병사들이 잠든 비토부르크(Bitburg) 군인 묘지를 방문함으로써 격렬한 비판의 표적이 된 데서도 알 수 있듯이, 독일의 역사적 아이덴티티에 무관심한 것과는 아주 거리가 먼 인물이다. 그런데 전후 독일의 기억 양상은 오히려 이러한 인물의 발

---

* 나치 친위대로서 독일의 국가사회주의독일 노동자당의 조직. 원래는 총통 아돌프 히틀러를 호위하는 당내 조직(친위대)으로 창설되었다.

언 속, 바로 그 말 한 마디 한 마디 속에서 얼굴을 드러내고 있는 게 아닐까? 어찌됐든 간에 이 예외적인 표현이 우리로 하여금 사고하게 해주는 바는 아마도 정치가의 사상이나 자질, 혹은 좁은 의미에서의 레토릭 문제를 뛰어넘는다.

세계 앞에서 자신의 "수치"를 고백하는 것, 나아가 이 감정을 **자기 것으로서** 요구하는 것은 그 자체로 보았을 경우, 결코 불명예스러운 행위가 아니다. 이후 영겁에 걸쳐 치욕의 낙인이 계속 찍혀 있을 것을 콜은 독일인 대표로서 단지 수동적으로, 억지로 받아들인 것이 아니다. 그것은 패전 시의 무조건 항복을 단순히 반복한 것이 아니다. 이 행위는 또 1985년이라는 현재 시점에 조성되어 있는 여러 국제 관계나 이해관계로만 설명될 수 있는 것도 아니다.

"시효"란 시간에 의해, 또는 타자에 의해 허용되는 일이라고 한다면, "시효"를 거부하는 것, 그것은 자신의 책임이 타자의 손으로 해제되는 것을 적극적으로 거부하는 일이다. 독일은 "인류에 대한 범죄"를, 즉 시효 없는 죄를 저질렀다. 하지만 이 죄가 타자로부터 용서받는 것을 떳떳함으로 여기지 않고 역으로 이 형법 개념의 정신을 받아들일 때, 사람은 자신의 자존심을 긍정할 수 있다. 같은 해 5월 8일, 리하르트 폰 바이츠제커 대통령이 행한, 후에 널리 알려지게 된 그 연설 속의 다음과 같은 말에도 "자부(自負) 전략"이라 부를 법한 동일한 행위가 더 명확한 형태로 발견된다.

우리 독일인은 이날을 **우리들** 사이에서만 기념하고 있습니다만, 이는 아무래도 필요한 일입니다. 우리는 (판단의) 기준을 자신의 힘으로 발견해야 합니다. 스스로건 아니면 타인의 힘을 빌어서건 우리 마음을 위로해 볼 순 있겠지만, 거기에 그 이상의 의미는 없습니다. 그럴 듯하게 둘러대거나 일면적으로 되거나 하지 않고, 할 수 있는 한 진실을 직시하는 힘이 우리에게는 필요하며 **실제로 그 힘을 갖추고 있습니다.**[3] (강조는 인용자)

리하르트의 아버지 에른스트 바이츠제커는 바티칸 대사를 역임한 외무 관료로서 뉘른베르크에서 재판을 받는다. 나중에 대통령이 된 아들 리하르트는 이때 아버지 변호단의 일원으로 재판에 출석했는데, 이때 그의 언동에 대해 알아 둘 만한 가치가 있는 이런 일화가 있다.

전범 재판이 진행될 때 뉘른베르크에 있던 젊은 날의 리하르트에 대해 한 가지 일화가 있다. 그는 친구 쪽을 돌아보며 자못 국방군 사관다운 태도로 법정을 습격하여 수인들을 해방시켜야만 한다고 말했다고 한다. 그 친구는 조금 놀라서 도대체 어째서 그런 짓을 해야 하느냐고 물었다. "우리 스스로 놈들을 재판할 수 있게 말이야"라는 것이 바이츠제커의 답이었다고 한다.[4]

이 바람은 20년 뒤, 프랑크푸르트에서 아우슈비츠의 사관과 간수 일부가 "인류에 대한 범죄"로 재판받았을 때 드디어 실현되었다. 여기에는 두 가지의 외적인 요인이 있었다(그런데 이러한 영역에서 '내'와 '외'를 가르는 경계는 무엇인가). 하나는 예루살렘에서 아돌프 아이히만 재판이 진행되었다는 점, 그리고 또 하나는 일반적인 전쟁 범죄가 1965년에 시효가 다 되었다는 점이다. 그리고 이 점이 거의 갑자기, 특히 젊은 세대의 독일인들에게 자신들의 부모란 도대체 어떤 자들인가라는 물음을 던지는 계기가 되었다. 독일의 집단적 기억 속에서, 뉘른베르크에서 재판받은 전쟁 범죄 전체로부터 '아우슈비츠'라는 고유명으로 집약되는 인종차별적 절멸 정책이 확실히 의식되기에 이르는 것은 바로 이 시기부터이다. 바꿔 말하자면 46년의 바이츠제커와 85년의 바이츠제커는 그 자부하는 자세에 있어서 연속되어 있음과 동시에, "극복해야 할 과거"의 내용에 대해서는 필시 불연속인 것이다. 이 짧은 연설 가운데서도 세세히 보자면, 몇 가지 상이한 시간의 층들을 분간할 수 있을 것이다.

『상실된 비애』[5]의 저자 미처리히(Mitscherlich) 부부 같은 냉정한 관찰자의 눈에 60년대까지의 독일인들은 믿기 어려울 정도의 건망증(amnesia)에 걸려 있는 듯 느껴졌다. 죄에 책임이 있다고 하는 고백이 공공연히 행해질 수 있는 기회가 없었던 것은 아니다. 그리고 그것이 때로 총명한 인물의 눈마저 속이는 일도 없지 않았다. 예컨대 아이히만 처형이 "독일의 많은 청년들이 느끼고 있던 죄책감을 해소하는 데 도움이 되는" 것을 두려워한 마르틴 부버에 대해 한나 아렌트는 이렇게 쓰고 있다.

부버처럼 단지 유명하기만 한 것이 아니라 높은 수준의 지성을 갖춘 인물이 이런 방식으로 선전되는 죄책감 따위가 필연적으로 얼마나 작위적인지를 보지 못했다고 한다면 그건 참 이상한 일이다. 어떤 나쁜 짓도 하지 않았는데 죄책감을 느낀다는 것은 실로 사람을 만족시키는 일인 것이다. 얼마나 고결한가! 그에 반해 죄의 책임을 인정하고 후회하는 일은 오히려 괴로운 일, 그리고 확실히 우울해지는 일이다. 독일 청년층은 직업이나 계급을 불문하고 사실 커다란 죄를 저지르고 있으면서도 전혀 그런 것을 느끼지 않는 권위 있는 사람들, 공직에 있는 사람들에 둘러싸여 있다. 이러한 사태에 대한 정상적인 반응은 분노일 터이지만, 그러나 분노하는 것은 심히 위험할 것이다. [……] 우리에게 히스테리컬한 죄책감의 폭발을 보여 주는 독일의 저 젊은 남녀들은 과거의 하중, 부친들의 죄 아래에서 비틀거리고 있는 것이 아니다. 오히려 그들은 현재의 실제 문제로부터 싸구려 감상 쪽으로 달아나려 하는 것이다.[6]

아렌트가 말하는 이 "분노의 위험"을 무릅쓰는 것, 60년대 후반 청년들은 더 이상 그것을 주저하지 않았다. 그 행동의 "과격"함이나 70년대 이후의 그들의 사상 경향의 변천이 어떠한 것이든 간에 독일의 집단적 기억의 현 상황에, 가해 민족의 전후사에 있어서 유례를 찾기 힘든 특질이 나타나고 있다면, 그 대부분은 이 시기 그들의 행동에 기원을 갖고 있음을 잊어서는 안 된다. 다른 각도에서 보자면 이는 기억의 회귀라는 것이, 그 리듬이 때로 격렬한 폭력성을 띨 수 있음을 증언하는 것이기도 할 것이다. 어쨌든 간에 거기서 단순한 "사고"만을 보아서는 안 된다.

베르겐 벨젠에서의 콜의 발언은 실은 한 사람의 타자가 던진 물음에 응답한 것이었다. 독일인 수상의 발언에 앞서 독일·유대인 중앙협의회장 베르너 나하만이 이렇게 말했던 것이다.

유대인만이 아니라 우리 모두는 이제 더 이상, 마치 어떤 일도 없었던 것인 양 생활하고 행동할 수는 없습니다.[7]

이 발언에는 겉으로 표현된 것 외에 이런 함의가 들어 있다. "일정 기간, 즉 40년 동안, 우리는 마치 아무 일도 없었던 것인 양 생활할 수 있었다. 적어도 그렇게 보였고, 그렇게 할 수밖에는 없었던 것이다. 살기 위해서는, 살아남기 위해서는 망각의 시간이 필요했다. 그런데 이제 망각의 시대는 끝났다. 유대인만이 아니라 우리 모두에게……."

적어도 전후 20년 동안 독일 사회에서 관찰된 건망증, 즉 여기서 나하만이 말하는 "마치 아무 일도 없었던 것인 양" 행동하는 것은 엄밀히 말하면 망각이 아니다. 그것은 말하자면 망각의 망각, 망각의 여러 효과들이 우리 일상에서 현실적으로 작용하고 있음을 보지 않는 것, 즉 "네거티브한 환각"이 아닐 수 없다. 우리 사회에서도 사회적으로는 한 번도 지각된 적이 없는 이러한 "사실"을 우리는 "상기"하지 않으면 안 된다.

나하만은 계속한다. "이데올로기적 광기의 시대를 이미 사라져 간 역사의 한 장(章)으로 간주하여 도서관 속으로 치워 버려야 할 고문서 취급하려고 하는 경향을 우리는 깊은 불안 속에서 지켜보고 있습니다."[8]

콜 수상이 "시효 없는 수치"에 대해 언급한 것은 직접적으로는 나하만의 이 말에 답하기 위한 것이다. 그런데 나하만이 여기서 "도서관"을 언급하는 이면에는 또 하나의 맥락이 있었다.

1983년 이래 콜은 서독에 역사박물관을 건설할 구상을 공표해 왔다. 우파에서 나온 이 구상을 사회 민주당을 비롯한 서독의 좌파는 차가운 시선으로 보고 있었다. 12년간의 나치 시대를 괄호 안에 매끄럽게 담아 넣고, 그럼으로써 독일사에 허구적 연속성을 회복하려는 의도에 다름 아니라고 생각했기 때문이다. 혹은 설령 최선의 의도하에 최대한 애를 쓴다 해도 "기억을 박물관에 넣기"란 [역사의] 페이지를 넘겨 버리는 것, 과거에 [어떤 고정된] 형태를 부여함으로써 그 종언을 선언해 버리는 셈이 되어 버리지 않겠는가! 헌데 지금은 그럴 때가 아니다. 나하만이 콜에게 던진 것은 이러한 의문이었다. 콜 또한 무엇이 의심받고 있는지 충분히 이해하고 있었다. 앞서 나왔던 "자부 전략"을 더 깊이 이해하기 위해

서는 이 발화 상황을 분명히 확인해 둘 필요가 있을 것이다.[9]

2. "기억의 해방"과 "해석 전쟁"

어쨌든 간에 독일에게 1985년은 때 아닌 기억의 회귀에 습격을 당한 해였다. 마치 시대착오가 그대로 "지금 여기"의 현실을 구성하고 있는 양, 기억의 회귀가 "사건"이 된 것이다. 바이츠제커의 연설 중 다음과 같은 물음에는 그 자신도 습격을 당한 것으로 보이는 경악의 흔적이 남아 있는 듯하다.

> 세계 대전이 끝나고 40년이 지난 지금, 과거에 대해 이토록 활발한 논의가 진행되고 있는 것은 왜인가─몇 개월 동안에 이렇게 자문하거나, 혹은 우리에게 물었던 젊은이들이 있었습니다. 25주년, 30주년 때보다 활발한 것은 왜인가? 라는 것입니다. 이는 어떠한 내면의 필연성에 의한 것일까요?[10]

주의하도록 하자, 이는 개인적인 반문이 아님을. 바이츠제커만이 아니다. 역시나 개인으로서는 늘 자국의 과거에 대해 깊이 생각하고 엄격한 반성을 거듭해 온 사회민주당의 빌리 브란트도 역시 같은 해에 "과거에 대해 이토록 대규모적인 논의를 개시하기까지 왜 독일인은 해방 40주년을 기다렸던 것일까?"라고 말하는데, 그것은 "애도[喪] 작업"의 수준이 돌연 사적인 기억이나 학문적 기억의 수준을 벗어나 어떤 공공적인 성격을 띠기 시작한 것에 대한 공적인 인물 자신의 놀라움이었다.

이러한 사정은 독일에만 한정되지 않는다. 클로드 란즈만의 영화「쇼아」가 프랑스에서 공개된 것이 역시 같은 85년이었음은 상징적이다. 각 국의 전후(戰後) 상황 —— 승자와 패자 —— 의 차이를 뛰어넘어 집단적 기억 수준에서 범유럽적인 제2차 대전 회상 작업은 이 해에 하나의 획기적인 질적 전환점을 맞이했다고 할 수 있을 것이다. 외국인 노동자에 대한 인종차별주의자들의 습격이나 반(反)유대주의를 포함한 인종차별을 공공연히 내거는 정치 세력의 대두가 이러한 변화를 격발하는 방아쇠 중 하나였음에 틀림없다. 또 89년 소련과 동유럽에서 "현실 사회주의" 체제가 붕괴한 것도 나치와 이제 막 소멸한 체제를 "전체주의"라는 동일 범주 하에 포섭하려는 경향을 조장함으로써 도리어 나치즘의 특이성에 대한 관심을 새로이 불러일으켰다. 유럽통합을 둘러싼 논쟁, 그리고 91년의 걸프 전쟁은 제2차 대전에 대한 유럽적 기억이 배태하고 있는 근본적인 아포리아를 마치 뢴트겐 사진처럼 찍어 보여 주었다. 그리고 이러한 국제정치의 격동 이후, 예컨대 프랑스에서는 1992년에 과거 1942년 7월 16일에 일어난 파리의 유대인 일제 검거, 소위 '벨 디브 사건*과 관련하여 프랑스 경찰의 책임이 50년 만에 관계자나 일부 지식인이라는 틀을 뛰어넘어 일반인들에게도 알려지게 되었다. 또 94년에는 예전의 민병

---

* 벨로드롬 디베르 대량 검거 사건(Rafle du Vélodrome d'Hiver; 1942년 7월 16일~17일)의 약칭(Rafle du Vél' d'Hiv). 2차 세계대전 기간 중 나치 독일의 점령하에 있던 프랑스에서 행해진 최대의 유대인 대량 검거 사건. 본질적으로는 외국에서 피난 온 무국적 유대인을 검거하기 위함이었다고 한다. 1942년 7월, 나치는 유럽 각국에서 유대인 대량 검거를 목적으로 '봄바람' 작전을 계획했다. 프랑스에서는 비시 정권이 프랑스 경찰을 동원하여 작전을 실행했다. 파리에서 무려 9000명에 달하는 경찰관과 헌병이 동원되었다. 경찰청 기록에 따르면 7월 17일이 끝난 뒤 파리 및 근교에서 검거된 사람 수는 13152명으로, 그중 4115명이 어린이였다. 이들은 아우슈비츠를 비롯한 동구 각지의 절멸 수용소로 보내졌다. 결국 전쟁이 끝날 때까지 살아남은 사람은 100명도 채 안 되었고, 그것도 모두 성인이었다.

단원 폴 투비에(Paul Touvier)가 프랑스인으로서는 처음으로 "인류에 대한 범죄"로 재판을 받았다. 이리하여 프랑스인들에게 독일 점령 기간 중 자국의 역사에 대해 그때까지의 공식적 기술이 얼마나 허구에 찬 것인지가 속속 제시되었고, 마침내 현직 대통령 미테랑 자신이 30년대에 우익 조직에 속해 있으면서 페탱 원수(Henri Philippe Benoni Omer Joseph Pétain)*를 숭배하고, 비시 체제**에 협력하였으며, 게다가 유대인 박해에 무관심했었다는 사실까지 밝혀지게 되었다.[11]

이러한 "기억의 해방"은 독일에서나 프랑스에서 모두 사람들이 "마치 아무 일도 없었던 것인 양" 생활하던 시대에 마쳐되어 버린 듯한 정신적 안정을 타파하고, 해방된 기억의 내용을 둘러싼 격렬한 "해석 전쟁"을 야기하였다. 89년에 독일에서 일어난 소위 "역사가 논쟁"은 그 적절한 예이다. 또 역사 기술에 관한 불신과 니힐리즘을 배경으로 홀로코스트, 특히 가스실의 존재 자체를 부정하는 소위 "역사 수정파"의 존재가 지식인들의 사유에, 단순한 비난이나 무시 같은 대응만으로는 처리될 수 없다는 섬뜩한 그림자를 드리우게 된 것도 역시 최근 10년간의 일이다.

이러한 조류에 대해 가장 원칙적인 비판을 가해 온 그리스 역사가 피에르 비달-나케(Pierre Vidal-Naquet)에게 "수정파"의 수법에 대한 주도면밀한 분석과 이러한 주장이 가능한 조건, 나아가서는 역사학의 본질을 둘러싼 원리적 고찰은 분리될 수 없는 작업이다.[12] 또 사회철학자 자

---

* 1856~1951. 프랑스의 군인이자 정치가. 프랑스 제3 공화정 최후의 수상이자 프랑스국(비시 정권)의 주석을 역임했다.
** 2차 세계대전 당시 프랑스의 정권(1940~1944). 프랑스 중부의 도시 비시에 수도를 두었다고 해서 붙은 이름이다. 이 정권 하의 체제를 비시 체제라 부른다.

크 랑시에르는 역사적 사태의 존재는 그 존재 가능성의 모든 조건들이 제출되지 않는 한 증명되지 않는다고 보는 "수정파"의 주장과 역사로부터 예견 불가능한 모든 사건의 가능성을 배제하는 "역사의 종언"파의 신자유주의적인 언설 사이에 은폐되어 있는 공통의 철학적 전제가 있음을 지적하면서 "사건"과 역사의 관계를 둘러싼 새로운 사고를 요청하고 있다.[13] 대국적으로 보자면 이들 고찰은, 홀로코스트라는 사건을 역사적 제조건(실업, 바이마르 체제, 반유대주의선언, 대중의 광신화, 히틀러의 성격 등등)의 소산으로 설명하려고 하는 역사 기술과 ,픽션으로 이 사건을 표상하는 것(텔레비전 드라마 「홀로코스트」, 영화 「쉰들러 리스트」 등)을 공히 기억 전달에 있어서 파국적으로 유해한 조작이라 보는 란즈만의 자세와 같은 배치에 속한다고 생각할 수 있을 터이다. 수용소 생존자인 유대인(희생자)들, 전 SS(가해자), 수용소 인근에서 생활하던 폴란드인(방관자)이라는 세 입장으로부터 나온 증언에 의해 구성된 9시간 반짜리 대작 「쇼아」를 란즈만은 회상의 영화로 간주하기를 거부하며 이렇게 말한다.

이 영화는 회상들로 이루어진 것이 아닙니다. 그 점을 나는 금세 이해했습니다. 회상따위, 소름이 끼칩니다. 회상은 약한 것입니다. 이 영화는 과거와 현재 사이의 모든 거리의 폐기입니다. 나는 이 역사를 현재형으로 새로 체험했습니다. [……] 이 영화는 홀로코스트의 산물이나 파생물이 아닙니다. 이는 역사 영화가 아닙니다. 이는 일종의 근원적인 사건입니다. 왜냐하면 나는 그것을 현재형으로 찍었고, 바로 이 내가 그것을, 흔적의 흔적, 즉 내가 찍은 것 중 강렬했던 것들을 가지고 쌓아 올린 것이니까요.[14]

이상이 85년 이후 과거 10년간 유럽에서 발생한 "전쟁 기억의 해방"의 경위와 그것이 야기한 모순에 찬 "희망과 두려움의 전율"(데리다)이 교착되는 효과들의 개략이다.

3. "죄의 책임"과 "수치"

같은 해인 85년, 일본에서는 "전후 정치 총결산"을 내건 나카소네 야스히로가 수상으로서는 최초로 야스쿠니 신사를 공식 참배하고 "국민 국가는 오욕을 버리고 영광을 추구하며 나아간다"는 강연을 했다.[15] 나카소네에게 "영광", 즉 민족적 자존심이란 "오욕"을 부인하지 않는 한 얻을 수 없는 것이었다. 동시대의 독일과 일본의 거의 대조적이라 할 수 있는 이러한 낙차, 그것이 양국의 전후 과정이나 정치가들의 자질, 혹은 "역사에서 배우는 자 / 역사를 왜곡하는 자"라는 대비로 모두 환원될 수는 없다. 여기에 뜻하지 않게 출현한 것은 "자부 전략"이라는 것에 대한 이해의 유무, 혹은 이 "전략"을 채용하는 것의 불능성(不能性), 어떤 특수한 내적 저항에 다름 아니다.

당연한 얘기지만 콜이나 바이츠제커의 발언은 단지 사실 확인적인 게 아니고 탁월할 정도로 행위 수행적인 것이다. 그들은 독일이, 독일만이 이 책임을 떠맡는다는 것을 알고 있다고 선언한 것이며, 그들의 발언은 부끄러움을 고백함으로써 (아직까지, 혹은 이제는) 부끄러움을 알지 못하는 자들을 크게 부끄럽게 하는 언어 행위였다.

이 차이를 어떤 방식으로 이해하면 좋을까? 여기서 주목할 것은 이 시기 독일 정치 지도자들의 발언이 죄책감 이상으로 수치를 강조하고 있는 듯하다는 점일 것이다. 『국화와 칼』의 저자 루스 베네딕트는 널리 알려졌다시피 "부끄러움을 기조로 하는 문화"와 "죄를 기조로 하는 문화"의 구별을 제창했다. 전자는 비서구 사회에 일반적으로 존재하는 유형으로 늘 타자의 눈을 의식하고 그 "외면적 강제력을 바탕으로 선행을 하는" 데 반해, 서구 사회에 전형적인 후자의 유형은 죄의식, 즉 자기 안의 양심의 목소리에 행동을 합치시킬 것을 규범으로 한다. 요컨대 타율에 대비되는 자율이다. 그런데 80년대 이후 독일의 언설을 보면 이 두 가지 기제가 모두 작동하고 있고, 게다가 점차 "부끄러움" 쪽으로 중점이 옮겨지고 있는 것으로 보인다.

1, 2차 세계 대전 기간 동안 인류학자들이 거의 공통적으로 그러하듯이, 베네딕트의 명제들 또한 정신분석의 명제들 — 특히 오이디푸스 콤플렉스에 관한 명제 — 를 간략화해 응용한 것이었고, 그런 명제를 오늘날 이론적으로 비판하는 것은 그리 어렵지 않다. 그럼에도 불구하고 이안 부루마(Ian Buruma)도 탐구의 출발점에 이 가설을 설정하고, 조사 결과와 연결지음으로써 그 문제점을 부상시키는 수법을 취한 바 있듯이, 베네딕트의 명제는 지금 우리의 관심사에 있어 하나의 유효한 보조선(補助線)일 수 있다. 또한 프랑스의 정신분석가 르네 마조르(Rene Major)는 20세기 세계를 유린한 세 가지 이데올로기(나치즘, 스탈린주의, 미제국주의)를 지도자의 선민(選民) 환상과의 연관 속에서 분석한 노작 『선택에 대하여』에서 역시 베네딕트의 말에 대해 비판적으로 언급하면서 몇 가지 흥미로운 관찰을 행하고 있다.[16]

마조르에 따르면 독일 지도자들이 수치를 고백하면서 민족적 자존심을 긍정할 수 있었던 것은 수치의 대상이 실은 자신이 아니라 다른 사람이라고 간주되기 때문이다. 실제로 콜은 84년에 이스라엘에서 — 이 자체가 지극히 애매한 발언이지만 — "늦게 태어나 다행이다"고 말했다.[17] 이런 식으로 콜은 독일연방공화국과 제3제국의 역사적 단절을 강조한 것이다. 그것은 예전 자신들의 모습에 대해 부끄러워하지 않았었다는 사실을 부끄러워함으로써 예전의 자신들을 결합하고 있던 자아 이상, 즉 "지도자=총통"에 대한 동일시의 잔재를 단절시켜 버리는 것이었다.

이 도식은 일본의 케이스를 생각하는 데에 풍부한 교훈을 시사해 준다. 콜이 독일의 역사적 동일성에, 독일의 재구성에 진심으로 열렬한 우파 정치가이기 때문에, 바로 그렇기 때문에 좌파 정치가들에게 흔히 볼 수 있는 심리적 부인으로 인해 자칫 가려지기 쉬운 어떤 관계, 즉 전쟁이 국민의 집단적 기억과 맺고 있는 관계의 일단이 모종의 형태로 언설의 표면에 떠올랐던 것이다. 이러한 상황 바로 옆에 일본 정치가들이 입으로만 떠드는 "사죄"를 나란히 세워 보면 언제나 결여되어 있는 결정적인 뭔가가 분명히 드러난다. 난폭한 표현을 쓰자면 전쟁 책임을 부정하는 경우는 물론이요, 그것을 인정하는 경우에도 그들의 언설은 엄밀한 의미에서 **파렴치**하다. 그리고 그 이유는 정치가들 각각의 사상이나 자질을 넘어서는 역사적인 것이다.

그것은 전쟁 범죄를 면책 받아 연명하게 된 쇼와 천황 히로히토에 대한 (무의식의) 동일시가 단절되지를 않고, 이 "죄인"과의 동일시를 누구도 부끄러워하지 않기 때문이다(혹은 나중에 보겠지만, 그것이 "고백 불가능한 부끄러움"이기 때문이다). 직업 정치가든 아키히토(明仁)*든 그들의 "사죄" 발언에는 예외 없이 타자에게 "시효"를 요구하는 것("과거의 불행한 한 시기")이 포함되어 있다는 점에 주의하자. 그에 반해 콜이나 바

---

* 1989년에 재위에 오른 일본 125대 천황

이츠제커의 언설에는 "자신의 고유명 혹은 신의 이름에 있어서 선악을 결정했기 때문에, 죄를 범하면서도 부끄러움을 알지 못했던 자"(마조르) 와의 동일화로부터 자력에 의한 해방이 약속되어 있는 것이다.

　물론 이 두 가지 언설이 모든 점에서 —— "죄의 문화"와 "부끄러움의 문화"처럼 —— 대립하는 것은 아니다. 두 가지 모두 내셔널리즘 언설이라 는 점에서는 다를 게 없고, 그런 점에서 독일의 언설을 일면적으로 이상 화하는 것은 오류일 터이다. 그런 전제 위에서 이 두 가지 언설이 어떤 역 사적인 정신분석 과정의 각기 다른 단계에 대응하고 있다는 사실을 확인 해 두지 않으면 안 된다. 일본의 전쟁 기억은 여전히 부끄러워 해야 할 것 을 부끄러워하지 않고, 부끄러워하지 않아야 할 것을 부끄러워하고(국욕 國辱 외교!) 있다. 그런데 베네딕트가 "죄를 기조로 하는 문화"와 "부끄러 움을 기조로 하는 문화"를 구별하는 근거는 제재(制裁)의 심급(審級)이 주체에 내재적이냐 외재적이냐 라는 것이었다.

　부끄러움은 타인의 비평에 대한 반응이다. 사람은 남 앞에서 조소당하 고 거부당하거나, 혹은 조소당했다고 믿을 때 부끄러움을 느낀다. 어떤 경우에도 부끄러움은 강력한 강제력이 된다. 그러나 부끄러움을 느끼 기 위해서는 **실제로 타인이 함께 있든가, 혹은 적어도 함께 있다고 믿는 것** 이 필요하다. 그런데 명예라는 것이 스스로 마음[18] 속에 그리고 있는 이 상적인 자아에 걸맞게 행동한다는 걸 의미하는 나라에서 사람은 자신 의 비행을 누구 한 사람 아는 자가 없더라도 죄의식에 괴로워한다. 그 리고 그의 죄책감은 죄를 고백함으로써 경감된다. (강조는 인용자)

　이 몇 행은 베네딕트가 봉착한 어떤 곤란을 증언하고 있다. "부끄러움"은 "죄"와 같은 정도로 "내면화"되지는 않는다 해도 역시나 "내면화"는 늘 이미 시작되고 있다는 점에서, 그리고 이 최소한의 "내면화" 없이는 실은 "부끄러움"의 정의조차 불가능하다는 점에서 그러하다. "부끄러움"에 있어서 타자의 시선이 늘 외재적이라고 한다면 "부끄러움을 모른다"함은 다른 사람이 보지 않는 곳에서 나쁜 일을 하는 것이 아니다. [부끄러움을 모를 경우] 거기에는 애시당초 "부끄러움"이 있을 수가 없기 때문이다. 그것은 실제로 보이고 있음에도 불구하고 보이지 않는다고 믿는 것, 보이고 있는 걸 보지 않는 것이다. 그리고 이 가능성은 타인이 "함께 있다고 믿는 것"과 동시에 부여되는 것인 이상, 이 "적어도" 이하의 파생적인 양태가 실은 "부끄러움"의 가능성의 조건인 것이다.

4. "수치"의 분석론

사르트르는 『존재와 무』의 유명한 대목에서 "부끄러움"을 현상학적으로 기술하고 있다. 그에 따르면 "부끄러움"이란 대자적인 반성 현상이 아니고 근원적으로 대타적인 경험이다. 전형적으로는 열쇠구멍으로 상황을 엿보고 있다가 뒤에서 붙들렸을 때, 나는 세계를 의식하기를 그치고 "나에게 돌아온다". 하지만 내게 향해진 타자의 시선을 알아차리는 것은 세계 속에서 시선이라는 현상을 지각하는 게 아니다. 그것은 보여지고 있음을 의식하는 것이다. 타자의 눈을 볼 수는 있지만 타자의 시선을 볼 수는 없다. "부끄러움"이란 타자 앞에서, 그 시선하에서, 대상이 된 자기의 존재를 승인하는 일이다.[19]

하지만 "부끄러움"이 이러한 경험인 한, 그것이 "자부 전략"과 양립하는 것은 곤란해 보인다. 또 이러한 타자의 시선은 환원 불가능한 외재적 성격을 갖는다. 여기서 사르트르의 도식에 대한 라캉의 비판을 참조하는 게 도움이 될 것 같다. 라캉에 의하면 사르트르가 기술하는 타자의 시선은 사실 "복도의 발소리"나 "잎의 바스락거림"에서 감지된다는 점에서, 결코 보여진 시선이 아니다. 또한 엿보는 상황 설정에서도 주체는 단순한 지각의 주체가 아니라 욕망의 주체로 사유되고 있다. "부끄러움"은 이러한 주체를 덮치는 것이고, 그가 발견한 타자의 시선이란 실은 "대문자 타자의 영역에서 나에 의해 상상된 시선", 대상 a로서의 시선에 다름 아니다.

> [사르트르의] 이러한 분석이 시선이라는 심급을 출현시켰다 해도 그것은 열쇠구멍을 통해 보는 일에 한창 열중해 있는 주체를 뒤에서 붙잡는 타자의 레벨에서의 시선이 아니다. 타자가 주체를, 완전히 몸을 숨긴 시선으로서 붙잡는 것이다. [……] 시선이란 저 상실된 대상이고, 그것이 돌연, 타자가 들어옴으로써 수치의 불꽃 속에서 재발견되는 것이다.[20]

주체는 이때 단지 타자의 시선의 객체로서 못 박히게 될 뿐만 아니라 욕망에 의해 자기를 떠받치는 주체, 말하자면 "염치"(廉恥)의 주체로 구성될 수 있다. 이리하여 "수치"의 고백이 어떤 이상적인 기억의 재건으로 기능하는 것이다. 상실된 대상으로서의 타자의 시선을 모든 봄의 조건으로 사고하는 이러한 전망하에서는 "부끄러움"과 "죄"의 구별을 "밖"과 "안"의 구별이라든가 "내면화"의 깊이로 귀착시킬 수가 없다.

그러나 우리는 아직 내셔널리즘과 "부끄러움"의 관계를 분석함에 있어서 이제 막 첫걸음을 떼었을 뿐이다. 따라서 우리의 과제는 대단히 많고, 그래서 여기서는 그러한 과제 몇 가지를 꼽아보는 것으로 만족할 수밖에 없다. 그 한 가지는 앞서 독일의 예에서 보았듯이, 우리는 설령 친족이나 아니면 나의 친구라 해도 어쨌거나 타인이 범한 죄에 대해 계속 "죄책감"을 품기는 곤란한데, "수치" 쪽은 자신의 행위만이 아니라 타인의 행위에 대해서도 품는다. 이는 피어즈(G. Piers)의 말마따나 죄책감이 자아와 초자아 간의 긴장에서 태어나는 데 반해, 수치는 자아와 자아 이상(理想) 간의 모순에 관련되기 때문일 터이다.[21] "일본인으로서 부끄럽다"고 말할 때, 우리는 자기의 귀속을 긍정함과 동시에 당사자성을 부인하고 있다. 이는 기억의 유증(遺贈) 가능성의 검토에 하나의 단서를 부여해 준다. 전쟁 기억이 세대를 뛰어넘을 때, 그것이 죄책감 이상으로 수치와 관계된 어떠한 것에 이르는 것은 필연이 아닐까? 이 변화는 책임을 경감하는 것이 아니라 그 질을 변화시킨다. 부모 세대가 범한 죄가 처벌받지도, 찬양받지도 않은 채 방치되고 있을 때, 자식 세대의 이마에는 부끄러움의 낙인이 찍히게 된다. 자식 세대가 이 "부끄러움"을 의식하고 그것을 고백한다고 할 때, 부모 세대가 자신의 죄를 고백하는 경우에 비해 언어와의, 따라서 타자와의 관계가 어떻게 변하는 것일까?

마조르가 말한 것처럼 "고백된 수치"와 "부인된 수치" 외에 무의식의 "고백 불가능한 수치"라는 것이 있는 것 같다. 이것을 사유하기란 극히 곤란한 일이지만, 니콜라 아브라함(Nicolas Abraham)과 마리아 토로크(Maria Torok)가 제시한 "지하 분묘(cript; 地下墳墓)" 구조라는 가설이 아리아드네의 실이 되지는 않을까?[*] "지하 분묘"란, 상실했다는 사실 자

---

* 이 대목과 관련하여 자크 데리다, 『법의 힘』 중 옮긴이의 용어 해설 「애도 작업」, 193~195쪽이 유익하다

체가 부정되는 상황에서("나는 아무것도 상실하지 않았어") 상기될 수 없는 장면, 입에 올릴 수 없는 말 등등이 환상적으로 꿀꺽 삼켜지고, 그럼으로써 거기에 "비밀"로서 보존되는 "장소"를 가리키는데, 주목할 것은 이러한 "지하 분묘"는 다른 세대의 기억을 재료로 해서만 만들어진다는 점이다.

> 수치라고 지하성이라고 말한 이상, 누가 얼굴을 붉혀야 하는가, 누가 몸을 숨겨야 하는가를 확실히 해둘 필요가 있다. [……] 지하 분묘가 건설되기 위해서는 부끄러운 비밀이, 자아 이상(理想)의 역할을 수행하고 있는 대상이 행했던 바여야만 한다. 문제는 그러니까 그의 비밀을 지키는 것이고, 그의 부끄러움을 덮어 가리는 것이다.[22]

이러한 "부끄러움"은 그것이 주체 자신의 억압에 의한 것이 아니기 때문에 전이를 통해서 분명히 드러나는 일은 없다. 일본에서의 전쟁에 대한 기억, 특히 그 공적 차원의 구조와 쇼와 천황 히로히토 및 천황제와의 관계를, "무책임의 체계" 같은 정적인 이해를 뛰어넘어 해명하려고 한다면, 이는 피해 갈 수 없는 분석 시각이라 생각된다.

5. "마음에 새긴다"는 건 어떤 것인가?

마지막으로 다시 한번 바이츠제커의 연설로 돌아가자. 주지하다시피 이 연설의 핵심 용어는 "마음에 새기기", Erinnerung이다. 통상적으로는 "기억", "추억"을 의미하는 이 말에는 일찍이 헤겔이 강조했듯이 강한 "내면화"의 뉘앙스가 있다. 그런데 이 연설이 특이한 것은 연설자가 이 말을 확실히 "유대 신앙"에 결부 짓고 있다는 점이다.

유대 민족은 지금도 마음에 새기고, 앞으로도 늘 마음에 새길 것입니다. 우리는 인간으로서 마음으로부터의 화해를 요구하고 있습니다.
바로 이 때문에, 마음에 새기는 일 없이는 화해가 불가능하다고 하는 것을 이해해야만 하는 것입니다. 수백만 명의 죽음을 마음에 새기는 것은 세계의 유대인 한 사람 한 사람의 내면의 일부입니다만, 이는 단지 그런 공포를 사람들이 잊을 수 없다고 하는 이유 때문만은 아닙니다. 마음에 새긴다는 것이 유대인의 신앙의 본질이기 때문이기도 합니다.

잊고자 하면 추방은 길어지니
구원의 비밀은 정녕 마음에 새기는 데 있으리

이는 자주 인용되는 유대인의 금언입니다만, 신을 신앙한다는 것은 역사 속에서 신께서 하신 일을 신앙함이다, 라고 말하려는 것이겠지요.[23]

바이츠제커가 기독교 프로테스탄티즘의 강한 전통 속에서 성장했다는 것은 일본어 번역에 붙은 해설에 상세히 기록되어 있다.[24] 그러나 이 대단히 흥미로운 몇 행에서 말해지고 있는 것은, 기독교도는 본래 기독교적인 것인 상기를 상기하기 위해 ──독일 교회는 그것을 잊었기 때문에 유대인 박해에 공범이 되었고, 심지어는 적극적으로 가담하기도 하였다── "상기하기"를 처음부터 새로 배우기 위해 유대교도의 상기(想起) 전통을 모범으로 삼아야 한다고 하는 것이다.
그리고 바이츠제커는 앞서 언급되었던 "40주년"이라는 이 "상기"의 타이밍에 대해 자신이 제기한 물음("이는 어떠한 **내면**의 필연성에 의한 것일까요?" — 강조는 인용자)에 다음과 같이 답하는 것이다.

> 인간의 일생, 민족의 운명에 있어 40년이라는 세월은 커다란 역할을 합니다.
>
> 여기서 새삼 구약성서를 펼치는 것을 혜량하여 주시기 바랍니다. 신앙 여하와 무관하게 구약성서는 모든 인간에게 깊은 통찰을 부여해 주는 바, 거기서 40년이라는 세월은 반복해서 본질적인 역할을 수행합니다. 이스라엘 백성은 약속의 땅에 들어가 새로운 역사의 단계를 맞이할 때까지 40년 동안 황야에서 잠자리를 구해야만 했습니다(구약의 「신명기」, 「민수기」).
>
> 당시 책임 있는 입장에 있던 아버지 세대가 완전히 교체되기까지 40년이 필요했던 것입니다.
>
> 그러나 다른 곳(「사사기」)에는 일찍이 몸소 받았던 도움, 구원에 대해 40년 동안밖에는 마음에 새겨둘 수 없었던 적이 누차 있었다, 라고 기록되어 있습니다. 마음에 새겨두는 일이 없어졌을 때, 태평은 종언을 고했던 것입니다.[25]

이 짧은 연설 속에서 두 번씩이나, 그것도 결정적인 포인트에서 반복해서 유대교 전통을 참조했다는 것, 이것을 프로테스탄티즘의 죄책감 고백이나 유대교와 기독교 간에 상정되어 있는 "근친성"으로, 혹은 가해자측이 희생자에 대해 단순히 배려한 것으로 환원하는 것은 불가능할 것이다.

여기에는 "마음에 새길" 만한 것이 두 가지 있다. 하나는 일본 정부가 지금까지 했던 모든 "사죄"——마치 그건 사소한 사고였다고 말하려는 듯한——와 달리, 여기에는 가해자가 **누구**이고, 희생자가 **누구**였는지가 그 특이성에 있어서 확실히 기입되어 있다는 것이다. 그리고 가해자측이 "사죄"의 양식[방식] 그 자체를 자기 문화 안에 가두지 않고, 타자의전통으로 번역하고자 한다(가해자는 다름 아닌 일본인이고, 희생자는 다름아닌 중국인 혹은 조선인이라는 사실에 깊이 뿌리박은 사죄를 일본 정치가들은 행한 적이 없다).[26] 또 하나는 이 새로이 배우게 된 "마음에 새기기"가 그 자체로서는 완전한 내면화=사유화[我有化]를 미리 금지당하고 있다는 점이다. **내면화의 내면화는 불가능하다.** 왜냐하면 그것은 타자의, 희생자의 전통을 외부의 것으로 참조하지 않고서는 이루어질 수 없는 것이기 때문이다. 그것이 비록 기독교의 잃어버린 전통의 회복으로 주관화되어 있다고 해도 이 애도[喪: 상실] 노동에는 원리적으로 끝이 없다.

1985년 당시 일본에는 전쟁에 가장 커다란 책임이 있는 사람이 아직 살아 있었다. 이안 부루마는 "전쟁 기억에 관한 한 일본에서는 1990년대 초엽에 커다란 변화가 있었다"고 하는데, 그것이 1989년 1월 히로히토의 죽음과 무관치 않다는 것은 분명하리라. 그러나 이 나라에서는 지금도 이 수치스러운 사자에의 동일화를 단절할 수 없는 자들이 전쟁 희생자에 대한 개인 보상을 거부하고, 그(녀)들의 죽음을, 마치 사람의 죽음이 기억의 소멸을 의미한다고나 믿는 듯이 그저 말없이 기다리고 있다. 1995년이 독일의 1985년에 비견될 만한 해가 된다는 보증은 어디에도 없다. 하지만 바로 그렇기 때문에, 이 자들과 손을 끊고, **최초로 회귀할** 기억 쪽에 서는 것이 긴급하고도 반시대적인 이 시대 저항의 제1 조건인 것이다.

1 이 비교 작업에 대해서는 주로 다음 두 가지 문헌을 참조했다. 栗屋·田中·三島·広渡·望田·
山口, 『戦争責任·戦後責任: 日本とドイツはどう違うか』, 朝日選書, 1994[『전쟁책임·전후책
임: 일본과 독일은 어떻게 다른가』], イアン·ブルマ, 『戦争の記憶: 日本人とドイツ人』, 石井信
平 訳, TBSブリタニカ, 1994[이안 부루마, 『전쟁의 기억: 일본인과 독일인』]. 독일의 전후 노력
에 비해 일본의 현 상황이 볼품없다는 것은 너무도 분명한 사실이다. 이 사실 앞에서 크게
부끄러워하지 않고서는 어떤 것도 시작될 수 없을 터이다. 그런데 상황이 이렇다는 것과,
독일 사례를 일본의 "전후 처리"(전후 처리…… 전후를 처리한다는 게 대체 말이 되는 소린
가!)에 있어서의 무조건적인 모범이라 간주하는 것은 다른 문제다. 토마스 만부터 하버마
스에 이르는 서구적 이념들에 동일화함으로써 "민족적 자기 비판"을 수행한다고 하는 사
고방식에는 비판적인 분석이 요구되는 많은 문제들이 함의되어 있다. 이 글에서 우리의 목
적은 두 가지 사례의 차이로부터, 우리의 현 상황에 대한 분석에 불가피한 사상적 과제를
도출하는 일로 한정한다. "통합" 후 독일의 상황에 대한 분석은 우리의 역량을 넘어서는
문제이기도 하고, 또 본 논문의 취지에서도 벗어나는 관계로 여기서는 거기까지 들어가지
않기로 한다. 이 점에 대해서는 앞에서 거명한 두 문헌 중 후자 즉, 이안 부루마의 책에서
흥미로운 관찰을 다수 발견할 수 있다.

2 *Le Monde*, le 23 avril 1985; René Major, *De l'élection*, Aubier, 1986에서 인용.

3 『荒れ野の四十年: ヴァイツゼッカー大統領演説』, 永井清彦 訳, 岩波ブックレット, 1986.[리하
르트 폰 바이츠제커, 『황야의 40년: 바이츠제커 대통령 연설』]. 이 문헌에 대해서는 한마디해
둘 필요가 있을 것 같다. 우리가 내리고자 하는 평가의 축은 자주 인용되는 "과거에 눈을
닫는 자는 현재에 대해서도 맹인이다"라는 부분에 있지 않다. 이런 말은 전적으로 당연한
데다가, 정치가 바이츠제커의 행동이 이 발언의 전이나 후에 여러 차례 이 발언을 배신했
다는 사실이 잘 알려져 있기 때문이다. 이 문헌의 아주 소중한 성격은 오히려 다른 부분에
있다고 우리는 판단한다.

4 부루마, 앞의 책, 175頁.

5 『喪われた悲哀: ファシズムの精神構造』, 林峻一郎·馬場謙一 訳, 河出書房新社, 1972[『상실된
비애』].

6 『イェルサレムのアイヒマン』, 大久保和郎 訳, 1969, 194頁[『예루살렘의 아이히만』].

7 *Le Monde; op. cit.*

8 *ibid.*

9 부루마, 앞의 책, 252~272頁.

10 바이츠제커, 앞의 책, 33~34頁.

11 渡辺和行, 『ナチ占領下のフランス: 沈黙·抵抗·協力』, 講談社選書メチエ, 1994.

12 Pierre Vidal-Naquet, *Les assassins de la mémoire*, La Découverte, 1987[『記憶の暗殺者
たち』, 石田靖夫 訳, 人文書院, 1995].

13 Jacques Ranciére, "Les énoncés de la fin et de rien", *Traversées du nihilisme*, Osiris,
1993[「歴史修正主義と現代のニヒリズム」, 『現代思想』, 安川慶治 訳, 1995年 4月号].

14 "Le lieu et la parole", *Au sujet de Shoah–Le film de Claude Lanzmann*, Berlin, 1990, p.

301 과 pp. 303~304[「場処と言葉」, 『現代思想』, 下澤和義 訳, 1995年 7月号].

15 『朝日ジャーナル』, 1985年 12月 27日号.

16 Major, *De l'élection*, p. 159 sqq.

17 부루마, 앞의 책, 305頁.

18 『菊と刀: 日本文化の型』, 長谷川松治 訳, 現代教養文庫, 1967, 258頁[『국화와 칼』].

19 Jean-Paul Sartre, *L'être et le néant*, Gallimard, 1943, pp. 265~266 et pp. 306~307.

20 Jacques Lacan, *Les quatre concepts fondamentaux de la psychanalyse*, Seuil, 1973, p. 166. 대괄호는 인용자.

21 G. Piers and M. B. Singer, *Shame and Guilt: A psychoanalytic and cultural study*, Charles C. Thomas, 1953. 마조르는 "죄"와 "부끄러움"의 구별을 이렇게 심적 장치 내부의 토폴로지컬한 구조로 환원한 다음, 이런 바탕 위에서 "부끄러움"에 있어서 "타자의 시선"이 수행하는 특수한 기능을 새로이 고찰해야 한다고 제창한다.

22 Nicolas Abraham et Maria Totok, "Deuil ou".

23 바이츠제커, 앞의 책, 18頁.

24 村上伸,「ヴァイツゼッカー―演説のいくつかの背景」, 앞의 책, 42~55頁.

25 앞의 책, 34頁.

26 鵜飼哲,「償いについて」, 『文芸』, 1994年 夏号[우카이 사토시,「속죄에 대해서」]를 참조. 하지만 유대교적인 기억이 과연 "내면화" 논리에 의해 번역 가능할까? 적어도 헤겔은 다른 의견이었다(Cf. Jacques Derrida, Glas I, Denoël-Gonthier, 1981, p. 49). 기독교적인 "내면화"의 논리는 바울의 '로마 서한'에까지 소급되는데, 거기서 그가 이야기하는 "마음에 받는 할례"("마음에 새긴다"는 표현은 이 개념을 연상시킨다)는 의도적으로 유대교의 교의로 대치되어 있다. 바이츠제커의 연설에 보이는 이 장면은 아마도 여기서 분석을 시도한 것보다 훨씬 복잡할 것이다.

『現代思想』, 1995. 1月号[『현대사상』].

역사의 어둠 속으로의 여정
— 「쇼아」와 펠만의 『목소리의 회귀』

"10년의 지체" — 클로드 란즈만의 영화 「쇼아」가 이 나라에서 공개되는 게 화제에 오를 때, 이 표현은 이미 습관적으로 따라붙는 게 되어 버렸다는 감이 있다. 프랑스 영화의 소개에 그토록이나 여념이 없는 이 나라에서 왜 이런 결락이 발생했을까? 우리가 간과해 온 것은 무엇이었던가? 무엇을, 왜, 알고자 하지 않았던가? 이 부주의는 우리의 과거와 그 과거가 지금도 우리 사회에 계속 미치고 있는 깊고도 복잡한 작용과 어떤 관계가 있는 것인가? 반성의, 고찰의, 분석의 재료는 산처럼 쌓여 있을 것이다.

이 표현이 우리에게 걸어오는 말은 그것만이 아니다. 왜냐하면 1985년부터 1995년에 이르는 이 10년간은 물리적으로 계측 가능한 단순한 경과 시간이 아니었기 때문이다. 89년에 시작되어 소련의 소멸에까지 다다른 동유럽 "사회주의"권의 붕괴, 또 걸프 전쟁과 그에 이어진 미국 헤게모니하에서 UN의 주도로 "신세계 질서"가 형성되어 온 과정은 20세기 역사를 근본적으로 새로 읽을 것을, 이 세기를 전체적으로 조망하는 퍼스펙티브를 근본적으로 변경할 것을 촉구했다. 86년의 베를린 영화

제, 그리고 다음 해 독일에서의 텔레비전 방영을 계기로 일본에서 영화 「쇼아」를 소개하고자 하는 모색(단행본 『SHOAH』作品社의 역자 다카하시 다케토모高橋武智 선생의 「해설」 참조)은 일본의 배급회사와 텔레비전 방송국의 무관심만이 아니라 80년대 말부터 90년대 초엽의 세계를 뒤흔들었던 그 격동적인 사건들에 직면하면서 좌절하지 않을 수 없었던 것이다. 그 결과 이제 우리는 이 영화를 다른 시대적 맥락에서 받아들이게 되었다.

그러나 어떤 외국 영화가 10년 뒤에 공개될 때, 그것은 더 이상 통상적인 의미에서의 "수입"이라고는 할 수 없다. 나는 지금 이렇게 말해 보고 싶은 기분이다. 10년 동안, 이 영화는 자력으로 여정을 계속 이어와 지금 흡사 태풍처럼 이 열도에 상륙한 것이라고. 이 주제를 이토록 길게 다룬 긴 영화가 프랑스=유럽과 일본을 가르는 공간을, 즉 지정학적, 문화적 차이를, 그리고 85년과 95년을 가르는 시간을, 즉 역사적 차이를 횡단하여 올해 이 나라에 공개되기 위해서는 작품 자체에 여정을 계속 이어 갈 힘이 없어서는 안 된다. 이번 공개에 입회하기 위해 방일한 란즈만에게 이 영화가 일본에 오기 직전에 거쳐야 했던 중요한 기항지는 남아프리카 공화국이었다. 이유는 전적으로 다르지만, 이 나라도 역시 85년에는 일본과 마찬가지로 아직 이 영화가 공개될 조건을 갖추고 있지 못했다. 4세기 가까운 백인 지배와 홀로코스트 이후 제정된 국가 인종차별주의 체제가 드디어 종언을 맞이한 포스트 아파르트헤이트의 남아프리카에서, 흑인 및 유색인종(coloured)과 연대하여 최악의 시대와 투쟁을 전개했던 소수의 백인들 중 대부분이 금세기 초 리투아니아에서 이주해 온 유대인인 이 나라에서, 영화 「쇼아」는 어떻게 받아들여졌던가? 그리고 일찍이 나치 독일의 동맹국이면서 독일과 달리 전쟁 책임을 솔직히 인정하지 않고 회피해 온 동아시아 나라에서 이 영화는 어떻게 받아들여지게 될까? 그리고 이 나라에 의해 식민지화되고 침략 당했던 한국, 중국, 대만에서는? 란즈만은 그의 영화가 상영되는 모든 나라를 이러한 물음을 품은 채 방문해 왔다. 영화 「쇼아」가 지닌, 그러한 여정을 계속할 수 있는 힘, 비교 불가능한 유일한 역사에 깊이 뿌리박으면서도, 아니 바로 그렇기 때문에 역사적, 지역적 맥락의 한정을 초월하여 타자의 맥락 속에 흔적을 남길 수 있는 이 힘을, 휴머니즘을 초월하는 이 "보편성"을 우리는 어떻게 생각해야 할까?

*　*　*

"10년의 지체"——그러나 「쇼아」라는 영화의 출현 자체는 기본적으로 처음부터 좋든 싫든 어떤 "지체" 속에 기입되어 있었던 것은 아니었을까? 일본에서 공개가 "지체"된 것에 대해 언급할 때, 그것이 자책감의 상투적인 표현으로 떨어지지 않기 위해서도 이 영화가, 이 영화의 프랑스에서의 공개가, 이미 40년의 "지체" 속에 기입되어 있었음을 상기해야 할 터이다. 이 근원적인 지연 구조 없이 「쇼아」는 없다. 증언이 갖는 힘, 과거를 현재에 다시 살게 하는 힘은 목격자의 "감각적 확신"을 증인의 "말"로 바꾸는 공간적, 시간적 갭으로부터 태어나는 것이다.

　　란즈만은 홀로코스트라는 사건의 "매그니튜드"(magnitude)라는 표현을 선호한다. 그리고 그 규모를 측정하는 일은 사건이 발생한 직후에는 불가능했다고 말한다. 그의 스승이자 친구였던 사르트르의 『유대인 문제에 관한 성찰』(1946)에 홀로코스트에 대한 언급이 전혀 없다고 하는, 오늘날의 시각에서는 믿기 힘든 결락(缺落)도, 란즈만에 의하면 이 본질적인 불가능성 때문이다. 그러나 이 40년은 또한 이 "매그니튜드"를 측정하기 위한 시행착오의 시간이기도 했다. 「쇼아」는 돌연, 어떤 선행 과정도 없이 태어난 것이 아니다. 비판이라는 부정적 관계에 의한 것일지라도 이 영화는 홀로코스트를 둘러싸고 이미 이루어졌던 언설이나 작품에 입각해서 구상된 것이다. 「쇼아」의 독자성을 보다 잘 이해하기 위해 적어도 프랑스에서의 홀로코스트론의 계보에 대해 잠시 언급해 두는 것이 필요할 것 같다.

"아우슈비츠 이후 시를 쓰는 것은 야만이다"라는 아도르노의 말(『프리즘』, 1947)은 프랑스에서 오랜 동안 지식인의 좁은 서클 바깥에서는 거의 반향을 불러일으키지 못했다. 프랑스에서 제2차 대전의 기억 표면을 점하고 있던 것은 레지스탕스의 서사시였고, 설령 수용소의 현실이 이야기되는 경우가 있었다 해도 "강제 수용소"와 구별되는 "절멸 수용소"의 특수성이 논해지는 경우는 드물었다. 그리고 독일어권에서 유대계 표현자들, 예컨대 아도르노 같은 철학자나 첼란 같은 시인이 제기한 문제에 대해 프랑스에서 다른 각도로 고투한 것은 주로 비 유대계 소설가나 영화작가들이었다. 이러한 상태는 대략 1970년경까지 계속된다.

이 시기에 수용소의 현실에서 태어난 문학으로는 다비드 루세의 『수용소 우주』(1946)나 로베르 앙텔므의 『인류』(1947) 등, 아직도 생명력을 잃지 않은 걸작들이 있다. 그러나 이 현실의 특수한 성격과 언어 및 예술의 관계에 대해 본질적인 물음을 던진 작가는 많지 않다. 그럴 수 있었던 작가들 중에서 여기서는 장 카이롤(Jean Cayrol)과 모리스 블랑쇼의 이름을 들어 두자. 가톨릭 시인 카이롤은 레지스탕스에 참가했다가 체포당해 마우트하우젠의 수용소 생활을 경험한다. 전후에 그는 시집 『밤과 안개의 시』(*Poèmes de la nuit et du brouillard*, 1945)라든가 소설 『타자에의 사랑을 살겠노라』(*Je vivrai l'amour des autres*, 1947)를 발표하는 한편, 자신을 사자(死者)들 가운데서 소생한 나자로라 간주, 사자로부터의 소생을 주제로 한 문학의 계보(사드, 아베 프레보에서 카뮈에 이르는 계보)를 밟아가면서 수용소의 출현이 인류에게 가한 트라우마의 의미에 다가가려 했다(평론『우리들 사이의 나자로』*Lazare parmi nous*, 1950). 이 나자로적 주제는 초기 블랑쇼의 평론에서도 찾아볼 수 있다(『불의 몫』*La part du feu*, 1949). 그러나 블랑쇼가 자신의 사고를 명시적으로 홀로코스트에 대한 고찰과 결부 짓기 위해서는 1969년의『무한한 대화』를 기다리지 않으면 안 된다. 이 후기 작업으로부터 역으로 과거의 작업들을 조명하였을 때 블랑쇼적 비평의 선언(마니페스토)이라고도 할 수 있는「문학과 죽음에의 권리」를 비롯한 그의 작업 전체가 죽음과 문학과 역사를 둘러싼 헤겔=말라르메적인 주제의 변주에, 수용소나 절멸 정책에 대한 집요한 물음이 교차된 지점에서 성립하고 있다는 사실이, 지금의 시점에서 너무나 분명하게 이해되는 것이다.

카이롤과 블랑쇼의 홀로코스트론은 그 출발점에서 하나의 인식을 공유한다. 그것은 수용소의 현실이 근대적 주체의 표상 능력을 뛰어넘는다는 사실, 그것이 일체의 인간적 경험 조건 자체를 파괴해 버렸다는 사실이다. 따라서 이러한 현실을, 일정한 줄거리를 지닌 완결된 이야기 형식하에 확고한 동일성을 갖춘 등장인물의 심리를 통해 표상하는 일은 원리적으로 불가능해졌고, 그리하여 수용소와 절멸 정책의 출현으로 고전적인 이야기의 시대는 결정적으로 종언을 맞았던 것이다. 그러나 그 지점에서부터 카이롤은 20세기 전반의 문학=예술적 전위 운동 속에 도래해 올 것의 예조(豫兆)를 더듬어가는 길을 나선다. 그가 "암흑 요정극"이라 부르는 쉬르레알리즘은 30년대의 악몽에 대한 예언이고, 그의 관심은 최종적으로는 이미 "카프카의 충실한 독자였던" 인간이 수용소의 현실을 어떻게 살았을까, 라는 점에 초점이 맺힌다(『옛날 옛날에 장 카이롤이 있었다』, 1982).

한편 블랑쇼는 카프카의 『유형지에서』를 연상케 하는 1936년에 쓴 자신의 작품 『목가』를 1983년에 재간행함으로써 자신의 텍스트 속에도 수용소 세계의 예감이 기재되어 있었음을 제시함과 동시에, 「사후」(事後)라는 제목의 후기를 덧붙여 이 문제에 대한 자신의 최종적 사유를 밝혔다.

이것[『목가』—인용자]은 모든 면에서 불행한 이야기다. 그러나 실로 이야기인 한 그것은 자신을 진술하면서 말해야 할 모든 것을 말한다. 아니 그 정도가 아니라 이 이야기는 그것이 또한 전사(轉寫)도 행하는 심각하거나 애매한 의미작용 이전의, 그것에 선행하는 바의 명랑함으로서 자신을 고지한다. 목가(牧歌; idyl)란 이 이야기를 가리키며, 그것이 들려주는 바로 그것에 의해 부당하고도 모욕적인 작은 우상(Idol)이 되는 것이다. 그것은 자신이 예감케 하는 불행 속에서 행복하고, 그리하여[또는] 이 불행을 끊임없이 매혹으로 변환시키는 모험을 무릅쓴다. 이것이야말로 이야기의 법칙이고 그 행복이며, 또는 이 법칙 때문에 불행이기도 하다. 그것은 발레리가 파스칼을 비난했듯이 아름다운 형식은 모든 비극적 진리의 무시무시함을 필연적으로 결여하기 때문에 그것을 견딜 수 있는 것으로, 나아가서는 감미로운 것으로(카타르시스) 만들어 버리기 때문이 아니다. 형식과 내용의, 기표와 기의의 모든 구별 이전에, 언표행위와 언표의 분할 이전에, 형용 불가능한 "말"[言]이 들어야 할 사태를 전달되는 것의 불투명함, 수수께끼, 가공할 만한 공포에 의해 결코 어둡게 만들어 버리지 않고 명랑하게 들려주는 "말하기의 목소리"의 영광이 있기 때문인 것이다.

그래서 아도르노가 더할 나위 없이 올바르게 심판[裁定]을 내린 것과는 또 다른 의미에서 아우슈비츠를 허구적으로 이야기화하는 것(내가 염두에 두고 있는 것은 『소피의 선택』*이다)은 있을 수 없다고 보는 것이 내 사견이다. 증언할 필요성은 불가능한 증인—불가능한 것에 대한 증인—들만이 초래할 수 있는 증언의 의무를 가리킨다. [……]

아우슈비츠 이전의 이야기. 금후에는 그 어떤 이야기도 그것이 언제 쓰인 것이든 아우슈비츠 이전의 것이 될 터이다 [……]. (97, 99쪽)

블랑쇼가 영화 「쇼아」를 언급한 발언이 있는지 나는 알지 못한다. 「사후」를 쓴 시점에서 블랑쇼가, 완성 직전이었던 란즈만의 작품이 존재한다는 것을 알고 있었는지도 불분명하다. 그러나 그게 어느 쪽이든 간에 영화 공개 2년 전에 쓰인 이 문장에는 도래할 작품의 윤곽이 상당히 명확하게 포착되어 있다고 할 수 있을 것이다.

* * *

카이롤의 시 『밤과 안개의 시』로부터 알랭 레네의 영화 「밤과 안개」(1955)가 태어난다. 그리고 1960년대에 접어들면 영화 비평 분야에서도 역사적 사실, 특히 수용소 현실의 표상[재현]에 관한 방법론적 질문이 나타나기 시작한다. 획기적인 것은 1961년 『카이에 뒤 시네마』(120호)에 게재된 자크 리베트의 글 「오욕에 대하여」일 것이다. 이 글은 「알제리 전투」

---

* 나치에 의한 홀로코스트를 제재로 한 윌리엄 스타이런의 1977년 소설. 한국어판은 『소피의 선택』, 한정아 옮김, 민음사, 2008. 작가는 이 소설로 퓰리처상을 수상했다.

(La battaglia di Algeri, 1966)의 작자로서 뒷날 세계적으로 알려지게 될 이탈리아의 감독 질로 폰테코르보의 작품 「카포」*에 대한 통렬한 비판으로 쓰인 것이다. 세르주 다네 같은 이색적인 비평가의 작업의 원점이 되기도 했던 이 문장에는 찬반을 떠나 적어도 알려져야 할, 논의의 대상이 될 가치가 있는 내용이 포함되어 있다.

> 최소한 말할 수 있는 것은 이러한 주제(강제 수용소)를 가지고 영화화하려 할 경우, 몇 가지 전제에 해당하는 질문을 제기하지 않기란 어려운 일이라는 점이다. [······]
> 예컨대 리얼리즘의 문제가 있다. 쉽게 이해할 수 있는 여러 가지 이유로 인해 절대적인 리얼리즘, 혹은 영화에서 그것을 대리(代理)하는 것은, 이 경우 불가능하다. 이 방향에서의 어떠한 시도도 필연적으로 **미완으로**("따라서 부도덕으로") 끝난다. 현실을 재구성하려 하는 유치하고 그로테스크한 메이크업이 할 수 있는 그 어떤 시도도, "스펙터클"의 어떠한 전통적인 접근법도, 엿보기 취미와 포르노그라피로 전락하지 않을 수 없다. 연출가는 자신이 "현실"로서 감히 제시하는 바를 관객이 물리적으로 견딜 수 있는 것으로 만들기 위해 아무래도 충격력을 약화시키지 않을 수 없다. 그리고 관객 측은 어쩌면 무의식중에 다음과 같은 결론을 끌어낼 터이다. 물론 이것은 고통스러운 일이다, 이 독일인들은 얼마나 야만적인가? 하지만 생각해 보면 결국 **견딜 수 없는** 일은 아니다, 약간 영리하고 약간 기지가 있는 자부심 강한 인간이라면 어찌

---

* 이 작품은 본서의 3부 「스가 히데미, 『'초'(超) 언어 사냥 선언』」에서 이미 언급된 바 있다.

어찌 빠져나올 수 있었을 것이다, 이런 식으로 말이다. 그와 동시에 누구나 부지불식간에 가공(可恐)할 사태에 익숙해져 간다. 그것은 조금씩 습속에 스며든다. 그리고 얼마 지나지 않아 현대인의 정신 풍경의 일부를 이루게 될 것이다. 이리하여 더 이상 **충격적**이지 않게 된 것에 대해 그것이 다음에 또 일어났을 때, 누가 놀라고 분노하겠는가? (54쪽)

뒤에 이어지는 부분에서 리베트는 「밤과 안개」를 긍정적으로 참조하고 있지만, 후에 란즈만은 이 명작을 자료 영상과 나레이션의 기능("제도화된 앎의 강요") 및 유대인 절멸 정책의 특이성을 무시했다("'타자성'의 말소")고 하는 두 가지 점에서 비판하게 된다. 「쇼아」가 나레이션을 전적으로 쓰지 않은 작품이라는 점에서도 란즈만의 입장이 케롤=레네=리베트의 선(線)보다 블랑쇼에 가까운 곳에서 형성되었다는 걸 알 수 있다. 어느 쪽이 옳든 간에, 이러한 차원에서 논쟁을 불러일으켰던 프랑스의 표현자들에게 텔레비전 드라마 「홀로코스트」나 스필버그의 「쉰들러 리스트」가 어떤 인상을 불러일으켰을지는 상상하기 그리 어렵지 않다.

그런데 1968년 5월을 계기로 유대계 표현자들이 마이너리티의 시점에서 전쟁 기억을 다시 묻는 작업이 시작된다. 파트릭 모디아노나 조르주 페렉의 소설, 혹은 프랑스 리용에서 태어났으면서도 폴란드 유대인이라는 출신을 철저히 고집했던 피에르 골드만의 격렬한 발언은, 오래도록 동화(同化) 지향이 강했던 프랑스의 유대인들 사이에서 종교성 유무를 불문하고 유대적 동일성을 모종의 형태로 적극적으로 회복하고자 하는 경향이 등장했음을 의미하였다. 영화 분야에서는 1971년에 마르셀 오퓰스(Marcel Ophuls)가 독일 점령하 프랑스의 어느 지방 도시(클레르몽 페랑)의 현실을 당시 이 도시에 있던 다양한 입장의 사람들의 증언에 의해,

각자의 기억들 간의 단층을 통해 그려 낸 다큐멘터리 「슬픔과 연민」(Le Chagrin et la pitie)을 세상에 내놓아 커다란 충격을 가했다(이 방법은 「쇼아」에서도 더한층 첨예한 방식으로 사용되었다). 비젤(Elie Wiesel)[*]의 소설이 일반 독자들에게 읽혀지고, 장켈레비치, 레비나스, 데리다, 자베스, 코프만 등의 작업이 그들의 유대적 출신성과의 연관 속에서 논의되게 되는 것도 이 무렵이다. 표상 불가능성이라고 하면 일본에서는 유대교에서 신의 표상을 금지하는 것과 직선적으로 결부 짓든가, 아니면 반대로 장-프랑수아 리오타르가 『문의 항쟁』(文の抗爭; Le différend)에서 최초로 문제를 제기한 것처럼 생각되기 쉽지만, 지금까지 보았듯이 이 문제계(問題系)는 전후 프랑스의 문학·사상·영화 등 각 분야에서 우선 비 유대계 표현자들에 의해 거론되고, 그것이 70년대 이후 유대계 표현자들에 의해 심화되어 간 것이다. 리오타르에 대해 말하자면 그가 아도르노의 물음에 촉발 받아 본격적으로 칸트를 새로 읽어 내기 시작한 것은 1980년의 「토론, 혹은 "아우슈비츠 이후"에 글을 쓴다는 것」 즈음부터로, 그의 케이스는 오히려 유대계 표현자들에 의해 재정식화된 문제를 재차 비유대계 사상가가 받아 안으려고 한 전형적인 사례로서 기억되어야 할 것이다.

*　*　*

란즈만도 또한 사르트르의 압도적인 영향하에서 출발, 비유대계 작가나 사상가들에 의한 수용소 현실의 표상(불)가능성에 대한 고찰을 곁눈질로 보면서, 이 문제계 안에 유대인의 타자성을, 홀로코스트의 이질성을

---

[*] 루마니아 출신의 유대인 작가, 국적은 미국

기입하고자 한 사람들 중 하나였다. 그런데 설령 카이롤=블랑쇼적인 주제(나자로=사자의 부활)가 그의 영화에도 역시 강렬하게 나타나고 있다 해도 그것을 변형, 심화시킨 힘은 그의 선행자들의 시도나 사상으로 모조리 환원될 수가 없다. 이 독자성은 무엇에서 유래하는가? 어떤 점에서 「쇼아」는 유일하고 비교 불가능한 작품인가? 그 단독성의 "비밀"이란 무엇인가?

"10년의 지체"는 이 세월 동안 이 작품의 주위에 이리저리 엮여 있던 텍스트군을 마치 이 작품=표류물에 뒤얽힌 해초처럼 작품과 동시에 이 열도에 상륙하도록 만들었다. 이 해초들 중 가장 크고, 가장 아름답고, 또 감히 말하자면 작품의 본체에 가장 풍부한 애정이 휘감겨 있는 텍스트, 그것은 바로 쇼샤나 펠만(Shoshana Felman)의 『목소리의 회귀』다.

『목소리의 회귀』는 증언이라는 행위에 내재하는 역설을 분석하는 데서 시작한다. 홀로코스트라는 사건을 ─통상적인 의미에서─ 증언하는 것의 불가능성에 대한 확인을 ─결론이 아니라─ 출발점 삼아, 거기로부터 예술의 가능성, 예술과 역사 기술의 관계를 탐구해 간다. 영화 「쇼아」에는 세 종류의 사람들, 일반적인 의미에서 증인이라 불릴 수 있는 사람들이 등장한다. 첫째로 동포와 함께 살해당하게 되어 있던 상황에서 기적적으로 살아남은 유대인(희생자), 두 번째로 수용소에서 학살을 지휘하거나 게토를 통괄하고 있던 전 나치 독일인(가해자), 세 번째로 매일 학살이 행해지던 수용소 바로 옆에서 생활하고 있던 폴란드인(방관자)이다. 이 사람들의 상호 관계에 대해서는 란즈만 자신의 발언이나 이 영화에 대해 쓰인 다른 텍스트에도 다수의 언급이 있으므로, 여기서 새삼 강조할 필요는 없을 터이다.

펠만에 따르면, 이 세 종류의 증인들은 저마다 다른 이유로 인해 보아야 할 것을 볼 수가 없다. 이 사람들은 "목격하지 않은 목격자"이며, "홀로코스트를 본질적으로 목격되지 않는 사건으로서 발생시키는 증언자"인 것이다. 그러나 여기서 역설이 발생한다. 목격자의 "감각적 확신" 자체가 해체되고 일반적인 의미에서의 증언이 불가능해졌을 때, 증언이라는 것은 더 한층 본래적으로 자기의 본질을 향하게 된다. 하지만 이 점이 분명해지기 위해서는 이 장(場)에 "예술"이 개입해야만 한다. 한마디로 말하자면 『목소리의 회귀』는 이 "예술"의 개입에 대한 분석이다. 이 영화에는 전술한 세 가지 입장의 증인들 외에 그들과는 다른 방식으로 "증인"인 몇 사람이 등장한다. 우리가 좁은 의미에서 증인의 말이나 표정에 압도되어 간과하기 쉬운 이 숨겨진 "증인들"의 존재와 기능에 생각이 미치도록 해주는 것이 펠만이 행한 분석의 1차적인 강점이라 할 수 있을 것이다.

「쇼아」는 다언어적인 영화다. 홀로코스트가 범유럽적인 규모의 사건이, 또 유대인 공통의 모어(母語)가 없는 이상, 이는 이 영화에 본질적인 구조다. 그래서 통역의 존재가 불가결해지고, 번역의 시간이 필연적으로 작품에 편입되어 들어온다. 이 작품에서 통역이 차지하는 위치에 대하여 우리는 펠만과 함께, 또 펠만을 떠나, 여러 가지를 생각할 수 있을 것이다. 또 후반에 등장하는 대저 『유럽·유대인의 절멸』(*The destruction of the European Jews*)의 저자 라울 힐버그(Raul Hilberg)[*]도 역사가로서 역시 이 작품에서 특이한 위치를 점하는 증인이다(『목소리의 회귀』, 25쪽).

---

[*] 미국의 유대계 역사가

하지만 이 영화에서 가장 수수께끼 같은 등장인물은 영화 바로 제작자 자신이다. 『목소리의 회귀』의 가장 인상적인 분석은 란즈만이 스크린 상에서 차지하는 위치에 관한 것일 터이다. 그리고 이 "증인으로서의 영화 제작자"의 성격을 규정하는 대목에서 본론의 가장 강력한 모티프, 여정이라는 모티프가 증언의 문제계와 밀접히 결부되면서 떠오르는 것이다.

영화 속에서 산 자와 죽은 자 사이를 여행하면서, 다른 장소와 다른 목소리 사이를 오가면서, 영화 제작자는 단속적이긴 하지만 끊임없이 스크린의 구석에 현전하고 있다. 필시 가장 과묵하게 표현하는 증언자로서. 동시에 또한 최고도로 과묵을 표현하는 증언자로서. (31쪽)

그렇다. 「쇼아」는 영화 제작자가 증언자로서 여정을 이어가는 이야기이고, 이 여정을 통하여 증언이라는 것 또한 본질적으로 하나의 여정임이, 생각할 수 있는 여정 중에서 가장 위험한 여정임이 시사되는 것이다. 여기서 나는 펠만의 논고가 열어젖힌 풍부한 분석 지점으로부터 이 여정 모티프만을 더듬어 보고자 한다.

수용소 체험에 대한 저명한 증언자 중에는 장 아메리, 브루노 베텔하임, 프리모 레비 등, 수십 년 뒤에 자살한 사람이 적지 않다. 이러한 사건에 대해 한 번 증언한 자는 증언된 사실만이 아니라 증언했다고 하는 이 사실도 남겨진 인생 동안 계속 짊어지지 않을 수 없다. 홀로코스트를 가장 가까이에서 체험한 사람들에게 증언을 요구하는 일은 따라서 스스로 이 너무나도 무거운 책임을 지겠다는 각오 없이는 불가능하다. 일본을 방문한 란즈만과 접하면서 나는 그가 이 영화를 만들었다는 사실, 이 책임을 스스로의 요구로 짊어졌다는 사실에 대해 커다란 자부심과 함께 어떤 끝없는 질문을 품고 있다고 하는 인상을 받았다. 왜 자신이 이 영화를 만들었는지, 그 동기는 란즈만 자신에게도 완전히 분명치는 않은 것이다.

펠만의 고찰이 작자 및 작품[즉 란즈만과 「쇼아」]에 대해 맺는 특이한 관계가 드러나는 것은 바로 이 대목에서다. 쇼샤나 펠만은 아마도 작자 자신이 품고 있는 이 "수수께끼"의 존재, 그 중요성을 알아차린 최초의 관객이었던 것이다. 그리고 그녀가 자신에게 부과한 사명은 작자와 함께, 작자 대신 이 "수수께끼"의 해명을 시도하는 일이었다. 이 논고[즉, 펠만의 『목소리의 회귀』]의 프랑스어 번역은 란즈만 자신이 하였는데, 그것은 펠만의 분석이 란즈만의 작품에 대해 란즈만 자신이 알지 못했던, 적어도 명료하게 의식하지는 못했던 많은 것을 분명히 드러냈다는 것, 그리고 이 공헌에 작자 자신이 감사한다는 것을 보여 주는 게 아닐까? 펠만의 말을 사용하자면, 작자란 자기 작품의 제1의 "증인"이며, 바로 그런 까닭에 필연적으로 그것을 "보지 못하는" 존재이기 때문이다.

이리하여 펠만은 영화 속에서 란즈만이 취하는 행보를 더듬는다. 이때 그녀[펠만]는 또 한 명의 특별한 "증인", 폴란드 망명 정부의 일원이자 연합군 사령부에 파견된 밀사였던 얀 카르스키(Jan Karski)*와의 대비에 호소하면서, "홀로코스트의 내부"라고 그녀가 부르는 것으로 향하는 두 명의 발자취, 거기로부터 "외부"로 돌아오는 발자취를 극명하게 비교·검토한다. 홀로코스트의 "내부", 그것은 지각의, 감각의, 경험의 주체 자체

---

* 그는 나치 친위대로 위장하여 폴란드의 강제 수용소에 침투, 나치의 유대인 대학살을 목격한 뒤 서방국가 지도자들에게 폭로함으로써 홀로코스트의 참상이 세상에 알려지게 되었다.

가 파괴된, 언어가 소멸된, 죽음의 정적만이 지배하는 세계다("내부에는 목소리가 없다"). 그것은 카르스키 같이 성실하고 희생자에 대해 깊이 공감하는 "증인"조차 "영원히 일개 외부자"일 수밖에 없는 그런 장소다. 카르스키의 증언은 따라서 "외부"로부터의 증언의 불가능성을 증언한다. 그에 반해 란즈만의 과제, 따라서 이 영화의 과제는 "내부와 외부 쌍방에 몸을 두는 것", "전쟁 중에는 존재하지 않았으며, 오늘날에도 존재치 않는 내부와 외부 사이의 관련을 창출하는 것"으로 정식화되는 것이다.

*   *   *

헌데 란즈만은 카르스키가 갖지 못한 어떤 이점을 자신이 갖고 있다고 하는 것일까(카르스키는 바르샤바 게토의 "내부"를 방문하여 어쨌든 자기 눈으로 직접 본 사람이다)? 펠만에 따르면 하나는 그[란즈만]가 카르스키와는 달리 "예술"이라는 수단을 사용하여 "내부"와 "외부"의 전달을 꾀하려 한다는 점이다. 그러나 그도 "외부자"이긴 마찬가지고, 따라서 "외부자"로서 "내부"로의 여정을 시도한다는 점에서는 다를 바가 없다. 이 영화의 "말하기의 본질은 하나의 여정, 인생의 여정을 이야기하는 것"이고, 이 여정은 "실제 여정"이기도 하지만 "정신적 여정"이기도 하다. 이러한 맥락에서 이스라엘은 이 여정의 출발점이나 도착점이라기보다는, 하나의 불가피한 **이정표**로서 나타나는 것이다. 「쇼아」에서의 이스라엘이 「쉰들러 리스트」나 바이다(Andrzej Wajda)의 「코르작」*과는 다른

---

* 야누슈 코르작(Janusz Korczak, 1878~1942)은 폴란드의 교육자이자 아동문학가였으며 아이들을 돌보는 고아원을 운영하였다. 세계 2차 대전 중 나치에게 잡혀 트레블링카 수용소 가스실에서 아이들과 함께 사망했다.

위상에 있다는 점은 이 문제를 엄밀히 다루기 위해서도 간과해서는 안 된다. 하지만 그 문제와는 별도로, 란즈만을 카르스키와 구별시켜 주는 또 하나의 요소로 펠만이 드는 것은 그와 이스라엘의 **어떤 관계**이다.

1952년에 이스라엘을 방문한 것은 란즈만이 그의 내부의 "타자"로서의 유대인을 발견하게 해준다. 리포터로 방문한 그는 이후 이 나라의 현실에 대해 관찰자가 갖는 "외부"성의 자유를 박탈당한다(펠만은 폴 드 만의 만년의 논문 제목 「이론에의 저항」을 바로 여기서, 관찰=관상[theoria]에 저항하는 "내부"의 정의의 하나로 사용하는데, 이 점을 후에 보게 될 이 논고의 성립 사정과 함께 포개어 생각해 보면 흥미롭다). 그런데 이스라엘인이라는 것, 유대적 동일성을 자각한 유대인이라는 것은 그대로 "내부자"라는 것과 동일한 것일까?* 그렇지 않다. 란즈만은 적어도 단순하게 그 점을 긍정하지는 않는다. 그렇긴커녕 그는 얼마 지나지 않아 "유대인들 자신도 그들 자신의 역사, 그들 자신의 홀로코스트에 대해 단순한 외부자임을 발견하는" 것이다. 왜냐하면 홀로코스트는 "앎과는 균형이 맞지 않는 것으로서 자신을 드러내기" 때문이고, "의도치 않게, 그러나 현실적으로 자신의 망각을 불러일으키고, 특히 자신이 내부로부터 알려지는 데 저항하기" 때문이다. 이리하여 이 영화의 과제는 다음과 같이 정식화된다.

이 영화로 향하는 여정, 홀로코스트에 대해 [밝은] **빛** 아래서 이야기하려는 분투는 [……] 단지 **말살로 향하는** 전례 없는 역사적 여정일 뿐만 아니라, 동시에 [작자가—인용자] 자신 안에 있는 검은 태양의 **내부와**

---

* 참고로, 란즈만은 동유럽에서 프랑스로 이민 온 유대 가문에서 출생하였다.

외부 양쪽으로 모두 향하는 여정이다. 「쇼아」를 이해한다 함은 홀로코
스트를 아는 것이 아니라, 모른다고 하는 것이 의미하는 사태에 대해 새
로운 통찰을 획득하는 것이며, 말살 그 자체가 우리 역사의 기능 일부가
되었음을 이해하는 일, 바로 그것이다. (108쪽)

* * *

펠만에 따르면, 이 과제에 부응하는 열쇠는 "예술"과, 이스라엘에서 발견
된 유대인으로서의 "내부", 즉 란즈만을 카르스키와 구별시켜 주는 그 두
가지 요소의 교점에 있다. 그것은 "나" 란즈만이 이스라엘에서 "찾은" 헤
움노(Chełmno)*의 절멸 수용소에 보내졌던 40만 명의 유대인 중 단 두
명의 생존자 중 한 사람인 시몬 슬레브니크**이고, 그의 증언이며, 특히 펠
만이 "이 영화 전체의 메타포"라 부르는 그의 노래다. 이 노래와 작품에
나오는 다른 (불리어지는, 혹은 증언되는) 노래에 대한 그녀의 분석은 이
논고 중에서도 가장 강력하고, 가장 아름답고, 또 동시에 모든 난문이 응
축되어 있는 대목이다.

　여기서 우리는 펠만이 이 작업을 하게 된 동기가 되었던 또 하나의
맥락에 눈을 돌려야 한다. 1987년에 펠만이 예일 대학에서 했던 '문학과
증언'에 대한 세미나 ──『목소리의 회귀』의 원형이 된 강의는 이때 행해
졌다 ──에 참가했던 미국문학자 시모코베 미치코(下河辺美知子)씨에 따
르면, 이 영화에 대한 펠만의 관심은 그녀의 스승이었던 폴 드 만이 전쟁
기간 중 독일 점령하 벨기에에서 친 나치파 신문 『르 수아르』지에 반 유

─────────

* 폴란드의 중서부에 있다.
** 이에 대해서는 본서 5부의 「홀로코스트의 노래」에서도 언급된 바 있다.

대주의적인 문학 비평을 발표했던 과거가 그의 사후에 폭로되었다는 점으로부터도 영향을 받았다(시모코베가 쓴 「미국 문학 비평과 '쇼아'」, 『쇼아의 충격』 『アメリカ文学批評と『ショアー』』, 『ショアーの衝撃』, 未来社, 1995을 참조). 그리고 폴 드 만을 중심인물의 한 명으로 하는 디컨스트럭션[탈구축, 해체] 비평에 흔히 상정되는 몰(沒)윤리성과 그 이론가의 과거를 직선적으로 결부시키는 언설이 횡행하는 가운데, 이스라엘에서 태어난 유대인 펠만도 어떤 대응을 하지 않으면 안 되겠다는 심경에 내몰렸다. 그리고 그녀는 「쇼아」라는 영화를 어떻게 볼까, 어떻게 읽을까라는 과제 속에서 이 상황에 가장 적합한 돌파구를 발견했다. 이 작품에 수많은 이론들을 충돌시켜 보기. 그럼으로써 "이론에 저항하는 것"을 목표로 여정을 이어가기. 펠만에게도 그것은 하나의 위험한 여정이었음에 틀림없다.

헌데 이를 위해서는 프랑스에서 만들어지고 미국에서 공개된 이 영화에 대해 이스라엘 태생의 유대인이 수행하는 분석 중에서 우선 많은 이론들이 그 원산지로 상정하는 곳에서부터 여정을 출발해야 했다. 란즈만의 스승인 사르트르, "보지 못하는"[봄이 결여된], "조우하지 못하는"[마주침이 결여된]이라는 중요한 개념을 펠만에게 공급해 준 라캉, 증언에 대한 그녀의 논의를 가장 깊은 곳에서 규정하고 있는 언어행위론의 오스틴, 복제예술론의 벤야민, 그리고 탈구축 비평의 중심인물 두 명 바로 폴 드 만과 데리다…… 여정의 영화인 「쇼아」에 대해 쓰인 이 텍스트는 또 이렇듯 수많은 "이론들을 더듬어 간 여정"의 흔적이 새겨져 있기도 한 것이다.

우리는 이 지점 속으로, 예외적일 정도로 긴밀하게 결합되어 있는 작품과 논고 사이의 이 작은 틈 속으로 밀고 들어가 예술과 증언과 역사의 관계에 대해 반드시 펠만의 견해에 이의를 제기하지 않으면서도, 그녀와는 다른 여러 가지 물음들을 구성해 갈 수가 있다. 그리고 실제로는 이것이야말로 「쇼아」를 본다고 하는 경험의 공유에서 출발하여, 이후 반드시 수행하지 않으면 안 될 작업이다. 예를 들어 증언이란 과연 펠만이 말하듯이 증인이 **참**으로 그 "나"를 받아들여 "나"라 서명할 때 **진정한 증언**으로서 위증과 구별되는 것일까? **참** 증언과 **거짓** 증언이라는 이 구별 안에 잠재되어 있는 폭력, 이 폭력에 대해 홀로코스트와의 관련 속에서, 또 역사에 있어서 진리란 무엇인가, 라는 물음과의 관련 속에서, 혹은 이 영화 및 논고에서 이스라엘이 차지하는 위치와의 관련 속에서 질문할 필요는 없는 것일까? "거짓을 말할 권리"를 부정한 칸트의 철학은 나치즘과 단순히 대립할 뿐일까? 오히려 「쇼아」를 증언이라는 것에 내재하는 폭력에 대한 영화로 볼 수는 없을까? 이런 질문들을 구성하는 것, 특히 "유일하고 비교 불가능함"과 "반복" 개념을 이중 초점으로 삼아 펠만이 원용하는 오스틴이나 라캉의 언어론과, 데리다의 오스틴론(「서명, 사건, 맥락」, 「유한 책임사회 abc」) 및 라캉론(「진리의 배달부」)을 **이 맥락에서** 새로이 대질시켜 보는 작업을 통해 그런 질문들을 구성하는 것은, 펠만이 개척한 사고 공간에서 「쇼아」론을, 증언론을 더 심화시키기 위한 과제의 하나일 터이다.

나의 사견에 따르자면 증언이라는 문제계를 통해 추구되는 것은 어떤 새로운 **경험** 개념이다. 고전적인 경험주의 개념도, 헤겔의 개념도, 또 현상학의 개념도 아닌 경험, [경험보다] 선재(先在)하는 어떤 주체가 전유[我有化]하는 대상도, 초월론적인 것의 반대항 ─ 홀로코스트의 "내부"에서 사멸한 것은 이러한 경험개념들이다 ─ 도 아닌 "경험". "경험"(expérience)의 어원인 라틴어 동사 ex-periri는 "경계선 밖으로 내딛기", "위험 속에 몸을 밀어넣기", "내부"에서 "외부"로, 또 "외부"에서

"내부"로 이행하기이며, 아니 다른 그 무엇보다도 우선 회귀하리라는 보증 없이 여정에 나서기일 것이다. 그리고 펠만이 훌륭하게 보여 주었듯이 증언 경험이야말로 이러한 의미에서의 경험 그 자체, 경험의 경험이고, 뒤집어 보자면 모든 경험에는 구조적이고도 근원적으로 증언이라는 계기가 포함되어 있는 것이다. 필립 라쿠-라바르트의 『경험으로서의 시』(1987), 장-뤽 낭시의 『자유의 경험』(1988), 그리고 데리다의 『쉬볼렛』(1987)은 하나같이 이러한 경험을 어떻게 사유할 것인지를 둘러싸고, 펠만의 작업과 같은 시기에 "하이데거 논쟁" 전후의 거의 동일한 맥락에서 프랑스의 탈구축파 철학자들에 의해 성취된 작업이며, 특히 라크-라바르트와 데리다가 수행한 첼란 시에 대한 독해는 『목소리의 회귀』 마지막 장에서 수행되는 노래에 대한 분석과 엄밀히 대조·검토되어야 할 것이리라.

* * *

마지막으로 나는 지금까지 한 번도 거명되지 않았던 또 한 사람의 비평가, 역시나 여행하는 자이며 "여행하는 이론"의 이론가이기도 한 비평가의 이름을 들어야 하겠다. 이 사람과 란즈만은 1979년에 파리에서 사르트르와 보부아르가 주재한 중동에 대한 세미나 자리에서 적어도 한 번은 대면했음에 틀림없다. 이 사람, 바로 에드워드 사이드가 란즈만과 같은 시기에 처음 이 나라를 방문했다는 사실은 전적으로 우연이다. 하지만 "조우하지 못함"이 무관심을 의미하는 것이 아니라 반대로 최고도의 긴장을 품은 동시(대)성이기도 하다면, 이 두 객인(客人)에 대한 우리의 지적 환대는 오히려 바로 이 우연에 응답하는 것이어야 한다. 왜냐하면 영화 「쇼아」가, 그리고 펠만의 논고가 우리의 맥락에서 수용되는 조건을 탐색하기 위해서는 에드워드 사이드가 자신의 근작 『지식인의 표상』*에서 제시한 다음과 같은 과제를 고려하지 않을 수 없기 때문이다.

> 지식인이 해야 할 일은 위기를 보편적인 것으로 포착하여 특정한 인종이나 민족이 겪은 고난을 인류 전체에 관련된 것으로 간주하고, 그 고난을 다른 고난 경험과 결부 짓는 것이다.
>
> 어떤 민족이 토지를 잃었다든가, 탄압을 받았다든가, 학살당했다든가, 권리나 정치적 생존을 인정받지 못했다고 주장해도, 동시에 파농이 알제리 전쟁에서 행한 일을 하지 않는 한, 즉 자기 민족을 덮친 참사를 다른 민족이 겪은 동일한 고난과 결부 짓지 않는 한 불충분하다. 이는 특정한 고난의 역사적 특수성을 저버리는 것과는 다르다. 그것은 어떤 장소에서 배우게 된 교훈이 다른 장소나 시대에서 망각되거나 무시되는 것을 저지하는 일이다[……]. (76쪽)

여기서 사이드가 말하는 바는 개개의 사례들을 미리 구성된 어떤 보편적 이념하에 포섭하라는 것이 아니다. 또 예컨대 홀로코스트의 참화를 상대화하라는 것도 아니다. 절대화된 것을 상대화하는 것으로는 결코 "보편적인 것"이 태어나지 못한다. 개개의 사건, 개개의 비극의 절대적 유일성과 비교 불가능성을, 그 바닥을 계속 파내려 감으로써, 절대적 유일성과 비교 불가능성을 가진 다른 것과 통하는 통로를 발견해야 한다는 것이다. 그리고 그것이야말로 마르티니크 출신의 흑인 정신과 의사 프란

---

* 한국어판은 『지식인의 표상』, 최유준 옮김, 마티, 2012. 영어판 제목은 *Representation of the intellectual*.

츠 파농이 알제리 해방 투쟁에 참가해서 실천한 바였다.

란즈만과 사이드 사이에서, 두 사람의 "조우하지 못함"의 간극에서 출현하는 하나의 이름으로서의 파농. 왜 파농인가? 그것은 파농을 사르트르와 대면시켜 준 것이 다름 아닌 란즈만이었기 때문이다. 그리고 사르트르가 [프란츠 파농의] 『대지의 저주받은 사람들』*에 붙인 서문은 이 마주침에서 탄생하였다. 그 자신도 알제리 전쟁 중이던 1960년에 병역 불복종 권리를 요구하며 블랑쇼 등이 기초한 '121인 선언'의 호소자 중 한 사람으로서 소추(訴追)를 받은 바 있는 란즈만은, 방일 중에도 만년의 파농과 나누었던 교우에 대해 열렬히 이야기했다.

남아프리카공화국에서 「쇼아」가 상영된 데 대한 란즈만의 열렬한 마음은 파농에 대한 그런 기억과도 연결되어 있음에 틀림없다. 그런 견지에서 볼 때, 남아공에서 그의 영화를 본 유대인들은 스크린에 나타난 홀로코스트 증인들의 모습에 그들의 동포 시민인 아프리카인의 모습을 포개어 보고 있었던 셈이다. 그렇다고 한다면, 「쇼아」는 여전히 여정을 계속 이어가지 않을 수 없다. 언젠가는, 그렇다, 언젠가는 팔레스타인에, 팔레스타인인의 나라에 도달하기 위해서 말이다. 그날에는 시몬 슬레브니크의, 아브라함 봄바의, 필립 뮐러의 모습에서 이스라엘인들은 그들 자신의, 그들 동포 시민의 모습만이 아니라, 그들의 희생자이자 이웃인 팔레스타인·아랍인들의 모습을 그 절대적으로 유일하며 비교 불가능한 성격에 있어서 포개어 볼 수 있게 되지 않을 수 없을 터이다. 영화 「쇼아」가 우선 자기 자신에 대해서, 어쩌면 작자의 정치적 입장을 뛰어넘어 약

---

* 한국어판은 『대지의 저주받은 사람들』, 남경태 옮김, 그린비, 2010이고 프랑스어 제목은 *Les Damnés de la Terre*이다.

속하는 "보편성", 그리고 이 작품과의 "조우하지 못함"에 있어서 사이드가 이야기하는 "보편성"이란 이러한 "여정"을, 정의상 무한한 "여정"을 대가로 치르고서야 비로소 내다볼 수 있는 것임에 다름 아니다.

　「쇼아」를 완성하고 10년이 지난 지금도 란즈만은 자신이 유대인이라는 것의 의미를 계속 묻고 있다. 그리고 사이드도 또한 PLO 지도부와 결별한 지금 팔레스타인인이라는 것의 의미를 지금까지보다 더욱 래디컬하게 묻기 시작했다. 이 두 사람의 단독자는 우리의 "증언의 시대"가 요구하는 어떤 미지의 정의를 모색하면서 힘닿는 데까지 투쟁을 이어 온 전사이며, 순교자 ─ martyr ─ 라는 강한 의미에서의 증인이다. 각각의 투쟁 속에서 얻은 심각한 질병에 침습당한 신체를 끌고, 그들이 조우하지 못한 동시성 속에서 이 나라에 그 발자취를 남겼다는 점에서 나는 우연의 신이 우리에게 보내는 다음과 같은 신호를 읽어 내지 않을 수 없다. 지금이야말로, 이번에야말로, 일본인은 **여정에 오르지 않으면 안 된다**, 자신의 역사의 어둠을 향하여, "50년의 지체"와 함께.

『声の回帰』解說, 太田出版. 1995[쇼샤나 펠만, 『목소리의 회귀』 해설].

"제3의 눈"을 찾아서
―라빈 암살의 사상적 매그니튜드

1988년 4월 15일 이른 아침, 튀니스 교외의 시디 부 사이드(Sidi Bou Said)의 자택에서 PLO의 간부 할릴 알 와지르(Khalil Ibrahim al-Wazir), 일명 아부 지하드*는 이스라엘 첩보기관 모사드에 소속된 암살자의 총탄 세례 속에 쓰러졌다. 아부 지하드는 걸프 전쟁 개전 직후에 역시 튀니스에서 암살당하게 되는 아부 이야드와 함께 파타하 창설 이래 아라파트의 맹우로서 팔레스타인 저항 운동의 전설적인 지도자 중 한 명이었다. 이 시기에 이스라엘이 그의 살해를 감행한 것은 어째서인가? 개시된 지 5개월, 조금도 수그러들 기미가 없던 피점령지 민중봉기(인티파다)가 단순한 자연발생적 반란이 아니라, PLO와의 밀접한 연락 하에 전개되고 있는 조직적 저항이라는 사실, 그리고 현지와 망명 지도부를 연결하는 그림자 조정역이 바로 아부 지하드라는 사실을 알아냈기 때문이다. 당시 체재하던 파리에서 라디오로 이 사건을 알게 된 후, 나는 레퓌블릭 광장

---

* '투쟁의 아버지'라는 뜻.

에서 열린 항의집회에 아랍인 친구들과 함께 참가했다. 비가 세차게 내리던 날이었다.

　이츠하크 라빈*이 암살당한 이래, 과거 인티파다가 개시되었던 시점에 국방장관이었던 라빈이 수하 병사들에게 "놈들의 팔다리를 꺾어 버려"라고 명령했다는 사실은 오슬로 협정** 이전에 이 인물이 갖고 있던 매파(鷹派)적인 측면을 보여 주는 에피소드로 신문 등에서도 누차 언급된다. 그러나 이 말이 즐겨 인용되는 이면에는 동시에, 인티파다에 대한 탄압 속에서 2000명이 넘는 청년들이 골절이나 투옥 정도가 아니라 진짜로 살해당해 버렸다는 사실, 그리고 그들의 죽음에 대한 라빈의 책임을 은폐하려는 의도가 감지된다. 마치 이스라엘의 치안 부대에는 살해 허가가 나지 않았다는 듯한, 그들의 희생은 모두 "사고"였다는 듯한 인상을 독자에게 안겨 줄 우려가 없지 않은 것이다. 그리고 근래 — 오슬로 협정 이래 — 신문에서 볼 수 있는 이스라엘·팔레스타인 분쟁 관련 연표에는 아부 지하드의 암살은 커녕, 1982년 이스라엘이 레바논을 침략해 벌인 전쟁도, 사브라와 샤틸라에서의 학살도 기재되어 있지 않다. 그러므로 주의 깊지만 팔레스타인 문제에는 그리 익숙지 못한 독자가 이러한 기사를 읽었을 경우, 가자에 오기 전에 PLO 지도부는 왜 튀니스 같은 곳에 있었는지 이해하기 쉽지 않을 것이다.

---

* 1922~1995. 1995년 11월 4일 텔아비브에서 열린 중동 평화회담 지지 집회 연설 후 차에 타려던 중 유대인 극우파 청년 이갈 아미르의 총을 맞고 암살되었다.

** Oslo Accords. 1993년 9월 13일 PLO의 아라파트 의장과 이스라엘의 라빈 총리가 합의한 협정. 이 협정으로 PLO는 이스라엘의 존재 근거를 인정하고 이스라엘은 PLO를 합법적인 팔레스타인 정부로 인정함으로써 공존 가능성을 제시하였다. 『주권의 너머에서』, 그린비, 259쪽의 옮긴이 주3)에서 인용.

이 모든 정보 조작들 — 정보 조작이 아니라면 무엇일까? — 의 목적은 이스라엘 당국의 폭력 발동을 늘 정당방위로 제시함에 있다. 바꿔 말하자면 헤브론 학살의 범죄자 바루크 골드슈타인(Baruch Kappel Goldstein)*의 행위와 이스라엘 국방군의 치안 활동은 절대로 구별되어야 한다는 것을 독자의 머릿속에 박아 넣어야만 하는 것이다. 그런데 헤브론 학살에 항의하는 데모를 진압하는 과정에서 이스라엘군이 살해한 팔레스타인인의 수는 실제로는 골드슈타인이 살해한 사람의 수(공식적으로는 29명)와 동등하거나 그 이상이다. 이 분쟁에 대한 보도는 모두 이런 태도다. 그래서 우리로서는 이스라엘군 장교로서, 국방장관으로서 라빈이 발동해 온 폭력과 그를 암살한 이갈 아미르의 폭력 간에 분명한 역사적 연속성이 있다는 사실, 이번 "테러"의 희생자 라빈이 일찍이 아부 지하드 암살이라는 "테러"의 가해자이기도 했다는 사실을 우선 상기해 둘 필요가 있는 것이다.

바야흐로 구도는 명백하다. 라빈을 평화의 영웅으로 추존(追尊)할 것, 이를 통해 과거의 수많은 사건들에 대해 망각을 강요할 것. 하지만 장례식에 참가한 요르단 국왕 후세인이나 라빈의 자택에 조문한 아라파트의 행동과는 정반대로, 아라비아어 신문기사에는 이러한 흐름에 대한 위

---

* 이스라엘의 의사이자 테러리스트. 뉴욕시에서 정통파 유대교도 가정에서 태어나 성장하였다. 오슬로 협정이 체결된 직후인 1994년 2월 25일, 이스라엘 점령하에 있던 팔레스타인의 이브라히미모스크에서 난사 사건을 일으켜 29명의 이슬람교도를 살해하고 125명에게 부상을 입혔다. 그는 현장의 이슬람교도 생존자들에 의해 그 자리에서 살해당했다. 이 사건에 이어 폭동이 발생하여 팔레스타인인 26명과 이스라엘인 9명이 사망했다. 그는 입식지(入植地)의 메이르 카하네(Meir David Kahane) 기념묘지에 매장되었는데, 묘석에는 "성스러운 바루흐 골드슈타인. 유대인, 토라, 이스라엘을 위해 인생을 바쳤다"고 적혀 있다.

화감을 솔직히 표명한 것도 있다. 근자에 아라파트가 일 있을 때마다 현재의 이스라엘을 알제리 독립 전야의 프랑스와 비교하는 것을 염두에 두었기 때문일 터이다. 런던에서 발행되는 『알 콧즈 알 아라비』(Al-Quds Al-Arabi)지는 라빈을 평하며 이렇게 말한다. "그는 드골이 아니었다. 남아프리카의 백인 지도자 데 클레르크(Frederik Willem de Klerk)[*]의 근처에도 가지 못했다." 또 역시나 런던을 본거지로 하는 『아사르크 알 아삿』(Asharq Al-Awsat)지는 이스라엘 당국과 극우 세력의 역사적 공범성을 상기시키면서, 다음과 같은 비유를 써서 이번 사건을 논평하고 있다. "두루 알려진 바와 같이 유대인 입식자(入植者)들은 평화 프로세스에 대한 반대 세력의 기둥이었다. 그런데 그 입식자들을 무장시킨 것은, 그들에게 직접 무기를 제공하거나 무기 휴대를 허가한 것은 바로 이스라엘 당국이다. 이스라엘 당국은 입식자들의 암약에 눈을 감아 왔다. 그리고 지금 입식자들은 자신들이 마치 프랑켄슈타인이나 되는 양 자기들에게 숨을 불어넣어 준 자 쪽으로 돌아서, 그를 목 졸라 죽인 것이다."

우리는 지금까지 이 분쟁 과정에서 벌어진 정보 조작의 고전적 측면에 대해 한편으로는 아랍이나 이슬람을 "테러"라는 표상에 가두고, 다른 한편으로는 이스라엘의 범죄를 가능한 한 축소 보도하려는 구미나 일본의 미디어가 보여 온 이중 기준적인 경향을 이번 사건에 입각하여 새로이 더듬어 본 것에 불과하다. 그러나 라빈 암살은 지금까지 이 분쟁에 대해 이스라엘 측에서 관찰해 온 자들만이 아니라, 팔레스타인의 입장에서 보아온 자들에게도 깊은 충격을 가했다. 물론 입식자를 중심으로 한 이

---

[*] 남아프리카공화국의 정치가로 아파르트헤이트 체제의 해체, 아파르트헤이트 관계법의 전면 폐기에 큰 역할을 수행했다.

스라엘 극우가 얼마나 위험한 존재인지에 대한 인식이 전혀 없었던 것은 아니다. 그러나 헤브론 학살에서 그러했듯이 늘 그 총부리가 아랍인 쪽으로만 향할 것이라고 상정해 온 이상, 그들이 유대인에 대해 이토록 근본적인(drastic) 형태로 어금니를 쑤셔박을 거라고는 예측할 수 없었다. 그렇기 때문에 팔레스타인/이스라엘 관계의 이후 전개 양상을 분석하기 위해서는 분쟁 당사자 쌍방의 시각을 모두 고려한 복안적(複眼的)인 접근법만으로는 충분치 못하다고 하는, 말하자면 "제3의 눈" 같은 것의 필요성이 이번 사건을 계기로 제기된다고 해도 그리 이상할 게 없다. 물론 이 "제3의 눈"이 어떠한 성질의 것인가를 곧장 명확히 하기란 불가능하지만, 그것이 이 분쟁에서 종교라는 요소를 어떠한 형태로 고찰에 편입시킬 것인가 하는 과제와 불가분하리라는 사실만은 확실할 것이다. 그리고 이번 사건에 관해서 말하자면, 그것은 시오니즘을 단일한 현상으로 표상하기 쉬운 아랍·팔레스타인 측에게는 잘 보이지 않는, 또한 라빈 같은 구세대 시오니스트의 자기상(自己像)으로부터도 숙명적으로 벗어나 있는 시오니즘 운동과 유대교 역사 간의 아직 완전히 모습을 드러내지는 않은 역설적 관계들을 읽어 내는 방식과 관련될 것이다.

암살 사건이 일어나기 2주 전, 프랑스의 주간지 『누벨 옵세르바퇴르』, 『에벤느망 뒤 죄디』(Événement du jeudi), 『엑스프레스』에 거의 같은 내용의 기사가 일제히 게재되었다. 그것은 라빈과 미국의 유대인 조직 간에 모종의 심각한 대립이 표면화되었다는 보도였다. 뉴욕에서 라빈은 유대인 커뮤니티의 리더들 앞에서 "구약 성서는 토지대장도 아니고, 지도장(地圖帳)도 아닙니다. 성서가 가르치는 것은 여러 가치들입니다. 성서의 경계선을 존중하려 한다면 우리는 성서 시대에 페리시테인*의 영토였던 아슈케론이나 아슈도드[가자 지구 북쪽 지중해 연안의 중요한 도시]

에서 철수해야만 할 것입니다"라고 말하며, 나블루스(Nāblus)나 헤브론 등 구약 성서에서는 유대인의 도시라고 되어 있는 요단강 서안 도시를 팔레스타인인에게 반환하는 화평 정책을 정당화했다. 더 나아가 그는 "우리의 문제에 참견하지 말아 주시기 바랍니다. 이스라엘에 살면서 자신의 자녀들이 차하르[이스라엘 국방군]에서 병역을 치르고 있는 자만이 우리나라의 정치에 개입할 권리를 갖습니다"라는 격렬한 표현으로 화평 프로세스에 반대하며 미국 의회에 압력을 가하는 미국의 유대인 일부를 비판했다고 한다.(대괄호는 인용자)

이러한 라빈의 말에는 시오니즘의 원점을 뒤흔드는 중대한 주장이 포함되어 있었다. 한마디로 말하면 이스라엘 국가는 누구의 것이냐 하는 물음에 라빈은 지금까지와는 다른 회답이 있을 수 있음을 시사한 것이다. 종래의 시오니즘 입장에서는 이스라엘 국가는 유대인의 것, 즉 이스라엘에 사는 사람의, 그리고 전 세계의 유대인의 것이고, 이스라엘 이외의 땅에 사는("이산") 유대인에게는 누구라도 이스라엘에 "귀환"할 권리가 있다고 되어 있었다. 그런데 라빈은 **이스라엘은 이스라엘인의 것이다**, 라고 주장하기 시작한 것이다. 그리고 그 "이스라엘인"에는 20% 좀 못 되는 비유대인(그 태반이 아랍인인)이 포함되어 있는 것이다.

라빈의 정치적 자세가 이렇게 전환된 것과 관련해서 우리는, 구소련 유대인의 유입으로 인한 사회 변동을 온전히 제어하지 못했던 쓰라린 경

---

* 일명 필리스티아인(Philistines). 고대 가나안 남부 지중해 연안에 들어온 민족군. 아슈케론, 아슈도드 등 5개 자치도시 연합을 형성하고 있었다. 고대 이스라엘의 주요한 적으로 삼손 이야기나 다윗과 골리앗 이야기로 유명하다. 팔레스티나(Palestina, '팔레스타인'의 라틴어 이름)는 '페리시테인의 토지'라는 의미인데, 사실 페리시테와 팔레스타인 사이에는 직접 관련이 없다고 한다.

험에서 도출된 교훈이라든가, 그가 이스라엘 수상으로서는 최초의 사브라(팔레스타인에서 출생한 유대인)라고 하는 개인적 자의식 외에도 96년에 개시될 예정인 팔레스타인 측과의 교섭 제2 라운드에서 의제가 될 팔레스타인 난민 문제에 대한 대응이라는 측면도 읽어 낼 수가 있다. 왜냐하면 전 세계의 유대인에게 2000년 전의 "이산"을 근거로 "귀환권"이 부여되어 있는 이상, 겨우 50년 전으로만 거슬러 올라가면 되는 팔레스타인인 "망명자"와 그 자손들에게 "귀환권"을 인정하지 않는다는 것은 국제법상 분명한 차별을 의미하기 때문이다. 그렇기 때문에 팔레스타인인에게 "귀환권"을 인정치 않아도 되는 해결책을 향한 유일한 출구로서 유대인의 "귀환권"을 재고하는 방향으로 그가 기울어졌다 해도 그리 이상할 게 없다. 그러나 이스라엘과 "이산" 유대인 사회의 지금까지의 관계를 생각한다면 이는 도저히 전술로서 채택할 수 있는 방책이 못된다. 필시 전략으로 제시되기도 어려울 것이다. 그것은 유대인 일부의 입장에서는 "신성한 가치"에 손을 대는 "만용의 실착"이었다. 이 발언 직후, 재미 하시디즘(Chassidismus)* 운동의 대표적 랍비인 코르프는 이미 "라빈이 살해당하는 일이 있어도 나는 유감스레 여기지 않을 것"이라 공언하였으며, 이스라엘에서는 일군의 카발라 학자들이 라빈의 집 앞에서 주살(呪殺) 의식을 아람어로 집행했다.

　암살 후 보도에서 마음에 걸리는 것은 이스라엘 극우가 라빈 살해를 공공연히 부르짖었으며 경찰이나 정보기관의 경우 통상적으로는 생각할 수도 없는 절차의 누락이 있었다는 점이 점차 분명해지기 시작한

---

* 초정통파 유대교 운동

반면, 수상 주변의 긴장이 단숨에 고양된 것이 미국에서의 이 발언 이후라고 하는 사실은 이 기사를 게재한『누벨 옵세르바퇴르』등에서도 거의 이야기하지 않게 되어 버렸다는 점이다. 그리고 라빈의 장례식은 미국 대통령 클린턴을 중심으로 한 화평 추진파의 궐기 집회라는 느낌을 주었다. 이런 식의 상황 전개에는 아무리 생각해도 석연치 않은 바가 있다. 현재 이스라엘에서는 사건 조사위원회가 발족하여 조사가 진행되고 있지만,『누벨 옵세르바퇴르』에 따르면 그 위원장에 취임한 전 고등법원 판사 메이르 샹가르는 입식자의 주장에 호의적인 것으로 유명한 인물이다. 샹가르는 사브라·샤틸라 학살 시에는 조사위원회 참가를 "일신상의 이유로" 사양한 반면, 헤브론 학살 때에는 조사위원장을 맡아 군과 정보기관의 책임을 부정하고 골드슈타인의 단독 범행이라는 결론을 도출하는 데 크게 공헌했다.『누벨 옵세르바퇴르』는 이러한 정보를 흘림으로써 암살의 배후 관계가 당분간(당분간이란 몇 년을 말하는 것일까? 혹은 몇십 년?) 어둠 속에 묻혀 버릴 것이라는 메시지를 보냈다고도 볼 수 있다.

암살 직후의 맥락에 대해 지금으로서 우리는 이 이상을 알 수 없다. 또 나는 이스라엘이라는 나라를 직접적으로는 알지 못하기 때문에 이 사건이 이스라엘 사회에 미칠 수 있는 파문에 대해 어느 정도의 확실한 예측이라도 할 수가 없다. 이 점에 대해서는 우스키 아키라(臼杵陽) 씨의 논고(「'역사'로서의 라빈 암살」, 우스키 씨의 이 논문은 나의 이 글과 함께『現代思想』1996년 1월호에 게재되었다)를 참조하시기 바란다. 따라서 지금까지 말한 것은 라빈 암살의 사상적 의미에 대한 일종의 사변적 가설이다. 그리고 그 원점에는 최근의 중동 사태를 팔레스타인 측에서 주시해 온 자의, 그리고 오슬로 협정 이후의 상황을 비관적인 눈으로 지켜보지 않을 수 없었던 사람의 가슴에 저절로 솟구쳐 오른 다음과 같은 의문이 있다. 자기의 적이 이토록 약체화되어 거의 항복 문서에 가까운 합의에 서명했을 때, 도리어 자기 쪽이 이토록 격렬한 내적 갈등에 휩싸이는 것을 볼 때 이스라엘이라는 국가에는, 또 시오니즘이라는 이데올로기에는 지금까지 의식하지 못했던, 혹은 의식했다 해도 과소평가되어 온 어떤 약점이 내장되어 있었던 것이 아닐까? 문자 그대로 예외적인 이 사건의 빛에 의해 드러나게 된 이스라엘의 "자기 탈구축" 가능성이란 어떤 것일까? 그리고 이 가능성에는 지역 분쟁으로서의 팔레스타인 문제라는 차원을 넘어선 어떤 의미가 있는 것일까?

이갈 아미르가 속해 있는 에얄도 그 일파인 종교적 시오니즘의 원류는 1930년대로 거슬러 올라간다. 아브라함 이츠하크 하코헨 쿠크는 그때까지 시오니즘에 적대적이었던 정통파 유대교의 랍비로서, "신 관념과 국가 감정"을 결혼시키려 한 최초의 인물이었다. 이스라엘 건국 후, 그의 아들 츠비 예후다 쿠크는 아버지의 사상을 이어받아 세속적 내셔널리즘인 시오니즘을 "신의 의지(意志)의 무의식적인 도구"로 간주하는 사상을 널리 전파했다. 그리고 쿠크와 그 제자들이 67년의 제3차 중동전쟁에서 이스라엘의 승리와 점령지의 획득, 그리고 73년의 제4차 중동전쟁에서 국민적인 정신적 위기를 배경으로 구쉬 에무님(Gush Emunim; 신자信者의 진영)을 창설하고, 점령지 입식 활동을 축으로 "이스라엘 땅"이라는 관념을 이스라엘 국가보다 상위에 두는 본격적인 종교적 시오니즘 운동을 개시한 것이다.

이 운동에 대해 건국 세대 시오니스트들이 당시 일반적으로 어떤 반응을 보였는지 알기 위해서는 게르숌 숄렘(Gershom Scholem)이 1977년에 한 다음과 같은 발언을 보면 된다.

내게 이 나라는 하나의 총체로서 의미를 갖습니다. [이와 달리] 한곳 한곳을 각각 우상 숭배하는 것은 예를 들자면 "통곡의 벽" 신앙이 과도화된 것이라고 느끼는 것입니다. 공식 랍비단의 지위에 있는 랍비가 아무것도 없는 곳에서 "성스러운 장소"를 발명하려고 한 예가 많이 있습니다. 사기입니다, 단지 사기일 뿐입니다. 그들은 존재하지 않는 "성스러운 장소"를 날조하고, 민중은 그러한 장소를 필요로 한다고 말함으로써 자신의 행동을 정당화합니다. 그것이야말로 진짜 우상 숭배입니다.

유대 신비주의 연구자이자 세속적 시오니스트였던 숄렘의 입장에서, 구쉬 에무님에 의한 토지의 신비화는 그가 이해하는 유대적 전통과는 양립 불가능한 것으로, 아니 차라리 대극적인 것으로까지 보인다. 그러나 숄렘의 거부에는 어딘가 정신분석적인 의미에서 부인(否認)의 울림이 있다. 팔레스타인의 땅에 이스라엘을 건국한다고 하는 창설적 폭력 속에 구쉬 에무님적인 것이 이미 맹아로 포함되어 있었음을 숄렘 정도 되는 인물이 전혀 감지하지 못했다고는 생각하기 힘들다. 아니나 다를까, 이 동일한 인터뷰 속에서 숄렘은 토지는 아니라 해도 언어에 대해서는 이런 기묘한 불안을 누설하고 있다.

수천 년에 걸쳐 문학의 언어로 유대인들 사이에서 사용되어 온 히브리어는 학습에 의해 습득된 언어였습니다. 이번 일로 인해 그것은 아기가 모친 슬하에서 익히는 언어가 된 것입니다. 이러한 변화가 심각한 갈등을 불러일으키지 않으리라고는 생각되지 않습니다. 왜냐하면 랍비가 교사고 성전(聖典)이 교재인 전통적인 학교에서 습득된 히브리어와 엄마 입을 통해 익힌 히브리어는 필연적으로 이질적인 것으로서 전개되지 않을 수 없기 때문입니다. 그 언어는 새로운 성격을 띠게 될 수도 있습니다—그리고 실제로 그렇게 되어가고 있습니다. 이것은 대단히 위험한 일입니다. 모든 생물과 마찬가지로 위험한 것입니다.

그런데 숄렘의 벗이자 논쟁 상대였던 프란츠 로젠츠바이크는 유대인과 "성스러운 언어"로서의 히브리어의 관계를 유대인과 "성지"(聖地)의 관계와 상동적(相同的)인 것으로 파악했다. 다른 많은 국민들이 자기의 땅과 언어에 뿌리박음으로써 시간 속에서 살아가는 데 반해, 자신의 언어와 토지로부터 단절된 유대인은 무한한 향수 속에서 역사와는 무관하게 혈통에만 의거해 영원한 생을 산다. 역으로 말하면 그 토지와의 유대를 회복하고 히브리어를 일상어로 부활시키려 하는 시오니즘의 기도(企圖)에 로젠츠바이크는 단지 그가 생각하는 유대적인 삶에 대한 배반만이 아니라, 어떤 바닥을 알 수 없는 위험도 감지하고 있었던 것이고, 숄렘은 그 점을 잘 알고 있었다. 숄렘이 사망(1982년)한 뒤인 1985년, 숄렘의 남겨진 서류 속에서 그가 팔레스타인에서 로젠츠바이크에게 보낸 1926년 12월 26일자 편지가 발견되었다.

이 나라는 언어가 들끓고 있는 화산 같습니다. 여기서 사람들은 우리를 실패로 이끌지도 모를 모든 것에 대해, 그리고 지금까지보다 더 아랍인에 대해 이야기의 화제로 삼고 있습니다. 그러나 그것과는 별개의 위험이, 아랍 민족보다 더 불안을 자극하는 위험이, 시오니즘이라는 기도(企圖)의 필연적 귀결인 위험이 존재합니다. 히브리어의 "현대화"란 어떤 사태를 가리키는 걸까요? 우리 아이들을 길러내는 이 성스러운 언어는 언젠가 반드시 아가리를 벌리고 말 심연이 아닐까요? 물론 이 땅 사람들은 자신들이 무엇을 하고 있는지 알지 못합니다. 그들은 히브리어를 세속화했다고, 이 언어로부터 그 묵시록적인 가시 끝 부분을 제거했다고 믿고 있습니다만, 물론 그것은 사실이 아닙니다……

이 불안을 숄렘은 이스라엘 건국 전후인 1926년부터 1977년까지 반세기에 걸쳐, 그리고 필시 죽을 때까지 계속 품고 있었던 것이다. 물론 문제는, 오늘날 우리가 달리 적당한 언어가 없어서 부득이하게 "극우 유대인"이라 부르는 집단의 출현 속에서, 그리고 라빈 암살 속에서, 로젠츠바이크-숄렘의 예감이 적중한 대목을 산발적으로 지적하는 것이 아니다. 그렇지만 유대의 "역사"와 유대의 "기억"이 원리적으로 상극이라는 점을 추적한 『자호르』(Zakhor)의 저자 요세프 하임 예르살미(Yosef Hayim Yereshalmi)가 칼 뢰비트를 인용하면서 말하듯이, "정치사 중에서 엄밀히 종교적 관점하에 해석할 수 있는 특수사(特殊史)는 오직 유대인의 역사뿐"이고, 이 "역사"는, 민족의 역사가 그대로 "성스러운 역사"라 간주되기 때문에, 세계의 "세속화에 가장 완강히 저항하는" 것이라고 한다면, 거기에는 일반적으로 세속주의에 대한 도전으로 간주되는 현재 여러 종교들의 "원리주의"화 속에서 종교적 시오니즘 운동이 점하는 특수한 위치가 저절로 떠오르는 것이 아닐까? 그리고 이 점을 숄렘이나 로젠츠바이크라면, 혹은 헤르만 코엔이나 벤야민이라면 어떻게 생각했을지 묻는 것은, 라빈 암살이 후세에 미칠, 이루 다 예측할 수도 없고 또 한정할 수도 없는 여러 효과들을 사고하기 위해 가능한, 그리고 아마도 필연적인 회로의 하나일 것이다. 그리고 그것은 피억압민족의 모든 해방투쟁과 마찬가지로 억압민족을 해방하는 운동이기도 한 팔레스타인 저항 운동이 궁극적으로 이스라엘인을 **무엇으로부터** 해방시키게 될까, 라고 묻는 것과도 같은 질문인 것이다.

참고문헌

Gilles Kepel, *La revanche de Dieu*, Seuil, 1991 [『宗教の復讐』, 中島ひかる訳, 晶文社, 1992].

Franz Rosenzweig, *L'étoile de la rédemption*, tr. de l'allemand par A. Derczansky et J-L. Schlegel, Seuil, 1982.

Gershom Scholem, "Une lettre inédite de Gerschom Scholem à Franz Rosenzweig, A propos de notre langue. Une confession", *Archive des Sciences sociales des Religions*, 1985, 60/1 (juillet-septembre), pp. 83~84.

Israel Shahak, *Jewish History, Jewish Religion*, Pluto Press, 1994.

Yosef Hayim Yereshalmi, *Zakhor*, tr. de l'anglais par Eric Vigne, Gallimard, 1984.

Courrier international, no. 262.

Libération, le 6 et le 7 novembre 1995.

Le Nouvel Observateur, nos. 1616, 1618, 1620.

ディヴィッド・グッドマン, 「ユダヤ史の弁証法を生きて: ゲルショム・ショーレムとの会話」, 『展望』, 1977年9月号.

『現代思想』, 1996年1月号 [『현대사상』].

이치다 요시히코, 『투쟁의 사고』[*]

"투쟁(polemos; 전쟁)은 만물의 아버지요 만물의 왕이다. 그것이 어떤 것들은 신으로 또 어떤 것들은 인간으로 드러내며, 어떤 이들은 노예로 또 어떤 이들은 자유인으로 만든다." 1933년 여름 칼 슈미트와 마르틴 하이데거가 주고받은 왕복 서한의 초점 중 하나는 이와 같은 헤라클레이토스의 단편 53번에 대한 해석을 둘러싼 것이었다. 이 시기 이미 나치당 지배에 깊이 가담하고 있던 두 탁월한 지식인은 나치 운동의 "내적 진리와 위대함"(하이데거)에 대한 확신의 근거를 이 해석에 의탁하여 주고받았다고도 생각할 수 있다. 그러나 이 단편에서 스스로 "결단주의"라 명명한 정치 이론의 확증을 구하던 정치학자[슈미트]에게 철학자[하이데거]는 동의하지 않았다. 그에게 이 "투쟁"은 근원적인 것 즉, "신"도, "인간"도 모두 그로부터 파생되어 나온 파생물일 만큼 근원적인 것이므로 인간끼리의 전쟁이나 신들 간의 항쟁은 그런 "투쟁"일 수가 없었다. 글자 그대

---

* 市田良彦, 『闘争の思考』, 平凡社, 1993.

로의 해석이 문제인 한에서는 하이데거에게 유리한 형세임에 틀림없다. 또 칼 슈미트와 하이데거의 이 불일치는 후자가 2년 뒤에 출판한 『형이상학 입문』에서 이 단편에 대해 분석한 것을 곧장 나치의 전쟁 정책에 대한 하이데거의 동의라고 간주하는 해석의 한계를 분명히 해주는 것이기도 할 터이다. 그러나 20세기 사상사와 정치사의 가장 어두운 대목에서 주고받은 이 대화는 두 사람의 정치책임 문제와는 다른 차원에서 수많은 질문들을 뒷시대에 유증(遺贈)하게 된다. 냉전이라 불린 시기 동안 동결되어 있던 것으로 보인 그 질문들 중 하나는 단적으로 말해서 전쟁의 사고(思考) 가능성에 대한 질문이다. 왜냐하면 "현성(現成)하는 것을 우선 대항에 있어서 상호 분리시키고, 그것에 현존 속에서의 위치와 등급을 적용하는" 이 "투쟁=폴레모스"는 하이데거에게는 집약=로고스와 같은 것이었기 때문이다(『형이상학 입문』).

단순한 "정치의 연장"으로서의 전쟁이 아니라, 또 그 양태나 결과가 아니라, 전쟁 자체를 사고의 대상으로 삼는 것은 가능한가? 게다가 하이데거와는 다른 형태로? 이 물음을, 받아들이든 안 받아들이든 패배하게 되어 있는 이 도전장을 이치다 요시히코는 감연히 받아들인다.

투쟁의 사고. 이 간소한 제목은 저자가 이 내기의 성격을 확실히 의식하고 있다는 걸 보여 준다. 이 ["투쟁의 사고"라고 할 때] "의"는 소위 이중 속격(屬格)이다. 사물이나 사건을 대상화하려는 정신의 작용 자체가 투쟁적인 것인 이상, 투쟁에 대한 사고는 투쟁으로서의 사고가 아닐 수 없다. 그러나 그때 주체와 객체는 화해도 아니고 전도(顚倒)도 아닌 어떤 새로운 관계 속으로 들어가 진동을 시작한다. 그리고 본서를 관통하는 이 본질적인 운동은 어떤 정동(情動) 작용에 의해 논증을 혼란스럽게 하기는커녕, 도리어 극히 다양한 문제군을 보기 드문 명석함과 진지함으로 철저하게 끝까지 사고할 수 있게 해준다.

본서에 수록된 아홉 편의 논고는 1부 「억지(抑止)의 시작과 끝」, 2부 「방어의 유물론과 테러의 관념론」, 그리고 「'투쟁'을 사고한다」라는 제목의 보론으로 나뉘어 있다. 그러나 「후기」에도 언급되었듯이 이 책에는 다른 또 하나의 단층이 달리고 있다. 그것은 걸프 전쟁과 소련의 소멸이라고 하는 사건이 저자의 사고의 줄거리에 남긴 흔적이며, 그것을 가시화하기 위해 각 논고의 말미에는 날짜가 붙어 있다. 아무렇지 않게 보이는 이러한 조치도 또한 저자가 이해하는 의미에서의 "유물론"에 충실한 것이라는 점을 명기해 두자.

이 날짜에 따라 발표순으로 좇아가면, 우선 80년대 중반 저자의 관심이 하나이면서 이중적임[一個二重; 이중적인 하나]이 드러난다. 86년에 쓰인 「억지에 대치(對峙)하는 클라우제비츠」는 고르바초프의 등장에 의해 미소의 핵 군축이 기대된다고 선전되는 정세 속에서 억지론의 원리적 아포리아를 해명하고자 한 글이다. 이는 억지론적 사고가 두 가지 계열로(즉, 현실적인 사건의 생기[生起; 발생]와 전면 핵전쟁으로 치닫는 "위기" 단계라는 범주 체계로) 필연적으로 이중화된다는 점에서 요구되는데, 이 게임의 본질적인 징후에 대한 해석의 결정불가능성이 전후(戰後) 미국의 군사 정책의 손발이 다 묶이는 상태를 초래하였다. 헤겔적 부정성(否定性)과 흡사한 기능을 갖는 것처럼 보이는 핵 억지는 그러나 교섭 당사자가 상대의 말을 신용한다고 하는 조건이 결여되어 있기 때문에, 상호 승인에 의한 안정된 공동 주관의 성립에는 도달할 수 없다. 이로부터 헤겔, 홉스적인 계약을 텔로스(telos)로 삼는 전쟁론과는 다른 전쟁의 사고의 계보, 주체 간 대칭성이 아니라 비대칭성을 본질적 여건으로 하는 "유물론"적 전쟁론이 클라우제비츠, 마르크스, 마오쩌둥의 이름하에 호출된다. 이 논점이 집약적으로 전개되는 것은 본서의 백미라고도 할 수 있는 85년의 「마오쩌둥의 전술론」이다.

그러나 이러한 국면 전환은 종래에 유물론이라 불려온 것에 대한 강력한 재해석을 전제로 한다. 보론으로 실린 두 편의 철학 논문은 이 이론적 교두보를 확보하기 위해 하이데거의 존재론과 벌이는 대결로서의 성격을 갖는다. 푸코와 들뢰즈의 이중 임팩트하에 수행된 이 작업은 전자의 『말과 사물』, 후자의 『차이와 반복』에 대한 독창적인 독해가 포함되어 있다. 들뢰즈가 푸코의 방법의 상수(常數)로 끄집어낸 "주름"(Pli)은 하이데거의 존재론적 차이의 구도에서 출발하면서도 존재자 간의 예정 조화를 인도하는 그 매개적 성격은 갖지 않고, 오히려 전략 일반의 가능성의 조건인 무매개적인 순수 차이의 구조라는 점에서 니체에게 더 많은 것을 빚고 있다. 그 자체가 고도로 전략적인 이 해석에서는 비록 하이데거의 중층적인 텍스트가 상당히 단순화되어 있다는 혐의는 있지만, 어찌되었든 그렇게 함으로써 마르크스의 생산력 개념에서부터 만년의 장 주네가 발견한 팔레스타인인의 존재의 강도(強度)("장미를 상감[象嵌; 象眼]하는 게릴라들")까지, 다양한 독해를 가능케 하는 별종의 물질성, 순수 차이에 있어서의 개물(個物)의 자기 반복으로서의 물질성, 즉 힘으로서의 물질성이 발견되는 것이다.

그것은 또한 다음과 같이 말해지는 물질성이기도 하다. "정신을 느닷없이 덮치는 특이한 것". 그런데 바로 걸프 전쟁이야말로 이러한 의미에서의 "물질"이었던 것이 아닐까? 「포위 완료 하루 전: 억지의 리미트」(1991)는 이 전쟁의 충격 속에서 한 자 한 자 적어 간 "억지론" 재고이며, 유럽 근대사의 심층부로 "전략적 철수"를 행하면서 쓰인 장대한 서두의 논문 「보증의 전이(轉移): 국가적 억지의 성립」(1993)에는 문자 그대로

"장정"(長征)의 분위기가 있다. 스타일이 상이한 이 두 편의 지극히 풍부한 텍스트는 근대 억지론의 기원인 생 피에르의 『영구 평화론』이, 독자적인 재판소와 무력을 갖춘 국가연합의 형성이라는 저 발상이, 결국 냉전 종언 후의 세계로 회귀하게 된 역사적 필연성에 대한 탐구라고 해도 좋으리라. 이 생 피에르의 제언을 루소는 이러한 보증이 형성되기 위한 보증의 부재, 즉 연합을 구성해야 할 각국 내부의 변혁=균질화를 위한 시간의 부재라는 점에서 비판했다. 이 모순은 프랑스 혁명이라는 격동 속에서 압축되고 나폴레옹 전쟁이라는 형태로 폭발했지만, 이는 또한 전쟁 일반이 아니라, PKO에 의한 전쟁에 고유한 폭력성을 규정하는 모순이기도 할 것이다.

「보증의 전이」는 또 하나의 영구 평화론, 즉 칸트의 영구 평화론에 대한 상세한 분석으로 끝난다. 도덕률과 전쟁 둘 다를 숭고한 것에 포함시키는 이 철학자가 제출하는 궁극의 보증, 즉 "법의 힘"은 핵 억지 논리와 최종적으로 어디가 다른 것인가? 20세기의 다양한 신칸트파 중에는 칸트의 이름하에 전쟁을 긍정한 사람들도 적지 않다. 물음은 열려 있는 상태다. 지옥의 문처럼.

"여기서는 일체의 공포를 버려야 한다. 여기서는 일체의 나약함은 죽어야만 한다." 뒤로 돌아가는 것은 불가능하다. 일찍이 마르크스가 인용한 단테의 이 명구(銘句)를 권두에 내걸 수도 있었던 책을, 우리는 손에 들고 말았으니까.

『図書新聞』, 1993. 9. 11 [『도서신문』].

하나자키 고헤이, 『아이덴티티와 공생의 철학』*

"우리"──일견 단순한 이 말을 오늘날 어떻게 하면 발화할 수 있을까?
어떤 당파, 어떤 계급, 어떤 운동, 어떤 사회적 범주, 어떤 성(性), 어떤 세
대, 어떤 종교, 어떤 민족의 동일성[정체성]과 그것에의 귀속을 창출함과
동시에 기술하는 이 강력한 말은, 그러나 바로 그 힘 때문에 너무나 많은
흉흉한 기억들과 분간하기 어렵다. 20세기의 여러 가지 경험들은 한편에
서 이들 집단 유형의 내부에 그어지는 이루 다 헤아릴 수 없는 경계들을
발견케 하고, 다른 한편 개발과 그에 수반되는 지구 규모의 환경 파괴에
의해 이들 부분집합을 초월한 공통의 운명을 인류만이 아니라 지구상의
전 생명에게 부과해 버렸다. 그러면 이 운명의 공유를 근거로 새로운 "우
리"를 정립하는 것은 가능할까? 아니 차라리 이 물음의 필연성 자체가
이 가능성 쪽에 내기를 거는 의무에 응답하는 "우리"를 요청한다고 생각
해야 할 것이다. 그리고 이 의무 속에는 "우리"라는 말을 지금까지 규정

---

* 花崎皋平, 『アイデンティティと共生の哲学』, 筑摩書房, 1993.

해 온 여러 개념들(주체, 의지, 책임, 아이덴티티 등등)을, 하나하나 근저적으로 새로이 음미하는 작업이 좋든 싫든 포함되어 있다.

하나자키 고헤이 씨는 이 작업에 오늘날 가장 범례적인 엄밀함으로 고투하고 있는 사색가의 한 사람이다. 서장에서 진술되어 있듯이 본서는 1989년 여름에 아시아 각국의 민중 운동가들의 참가를 얻어 개최된 '피플즈 플랜 21세기'의 성과인 「미나마타(水俣) 선언 – 희망의 연합」(권말에 수록)의 기초자 중 한 사람이었던 저자가 그의 입장에서 그 사상 내용을 상세히 전개한 것으로, 추상적인 이론 조작이 아니라 다양한 지역 운동에 참가하거나 사람들을 만나면서 생겨난 과제 의식이 현대나 과거 사색자들과의 대화를 통해서 심화되어 가는 도정이 대단히 설득력 있게 기술되어 있다.

1장과 2장에서는 보편주의와 특수주의라는 대립틀로 전후 일본 국가의 특질을 포착, 일본국 헌법을 규정하고 있는 전문(前文) 및 9조의 보편성과 1조의 천황 규정의 특수성 사이의 모순을 지적하고 그 보편주의적 측면의 계승 발전 가능성을 원칙적으로 긍정한 위에서, 서양 중심의 세계사에서 보편주의가 수행하는 부정적 기능에 주의 깊은 비판의 시선을 던진다. 이러한 이중적 조치는 3, 4, 5장에서 "에스니시티"(ethnicity) 개념을 분석할 때도 유지되고 있으며, 본서의 가장 농밀한 부분인 막스 베버의 『경제와 사회』에서의 「계급과 신분」론(및 이에 대한 월러스타인 등의 평가)에 대해 검토할 때도 관통하고 있다. 이 저작에서 베버는 "생활 찬스"를 공유하는 집단으로서의 계급과 [명예와 불명예라는] 상반되는 두 가지 '명예' 감정을 공유하는 신분, 이렇게 두 가지 집단 유형을 구별함과 동시에 후자를 인종이나 "에스닉 집단"의 공동 감정으로부터 도출해 내는 오류를 강조한다. 베버에게는 "에스닉 집단"이 공통 혈연에 대한

"주관적 신념"에 의해 정의되는 집단이고, 그 신념의 형성 자체는 언어나 습속 등 그밖의 요인의 복합적 작용에서 찾아진다. 하나자키 씨는 여기서 "에스닉 집단"의 1차성을 안이하게 단정하는 경향에 대한 정당한 경종에 귀를 기울이지만, 그와 동시에 서양적 주지주의의 한계도 지적하면서 오히려 "명예"나 "품위" 같은 집단 형성의 주관적 요인에 대한 분석에서 풍부한 실천적=이론적 가능성을 확인하는 것이다.

이 입장은 6장의 차별론 재검토나 7장의 페미니즘론에서 반복적으로 거론되는 "존엄"이라는 모티프의 강조와도 연계된다. 이는 인권 개념을 서양·남성·심신 건강자·인간 중심적 한계성을 초월하여 구체적, 실천적으로 확장하려 할 때 피해 갈 수 없는 곤란한 물음이며, 사건으로는 저자가 "공생의 모럴"이라 부르는 것의 탐구에 있어서 초점을 이루고 있다고 생각된다. 이 점도 포함하여 그다지 강조되고 있지는 않지만, 본서에는 칸트의 윤리학과 자연학을 칸트적 분할을 뛰어넘어 통합적으로 재발견하자고 하는 발상이 군데군데 보이는 듯하다.

우연한 만남으로부터 본질적인 질문을 끌어내어 그것을 사색의 양식으로 삼고, 그 점에서 또한 새로운 만남의 질을 풍부화시켜 가는 저자의 정신적 에콜로지라고도 부를 법한 원환성은 본서의 말미 가까이에서 이야기되는 도덕의 범형으로서의 자연과도 흡사한 존경의 감정을 불러일으키지만, 본서는 또한 이러한 조화가 저자가 솔직히 고백하고 있는 수많은 곤란과의 격투를 통해서 획득된 것이라는 사실도 가르쳐 준다.

마지막으로 한 가지, 「미나마타 선언」에서 선언의 주어 선택이라는 문제에 대하여. 서양적 시민 개념이 국민 국가의 함수이고, 그런 한에서 부정적 측면을 담고 있다고 하는 지적에는 전혀 이견이 없다. 그러나 그것은 또한 "시민"이라는 말에는 "피플"이란 말로는 접근하기 어려운 제도론에의 통로가 있다는 얘기로도 되지 않을까? 재일 한국인·조선인의 참정권 요구나 외국인 노동자의 인권은 국적에 의해 규정되지 않는 시민권의 발명이라는 과제를 더욱 긴급한 것으로 만들고 있다. 일국의 법률 "내부"에 무한한 월경(越境) 가능성이 열려 있는 제도를 아직 존재하지 않는 "우리"에 대한 약속으로서 창출해 가는 것도 일본인이 비로소 "시민"이, 그리고 "피플"이 될 수 있기 위한 불가결한 의무의 하나일 터이다. 현재의 헌법 논의에 본서의 풍부한 시사가 활용되기 위해서라도 이 의문을 굳이 기록해 두고자 한다.

『インパクション』82号, 1993. 9[『임팩션』].

솔 프리드랜더 엮음, 『아우슈비츠와 표상의 한계』[*]

"아우슈비츠". 땅의, 그리고 사건의 이름으로서 이 단어는 동시에 이 수용소에서 살해당한 모든 유대인의 이름을 대신하는 이름으로서, 그들 혹은 그녀들의 기억을 **집약하고 보존, 유지한다.** 최근 50년 동안 그것은 또한 다른 모든 절멸 수용소의 이름들 대신 그것들을 **대표**하고 심지어는 소위 집시에서부터 "장애"자나 공산주의자에 이르는, 유대인 이외의 모든 나치 희생자들을 **포함**하고, 게다가 이 사건 뒤에 생기(生起)한, [유사함의 정도는 다르지만] 그와 유사한 모든 사건들을 **비추**는 이름으로서 하나의 특이한 운명의 길을 밟아 왔다. 바꿔 말하자면 이름이라는 것이 갖는 힘, 집약하고 보존하고, 유지하고, 대표하고, 포함하고, 비추는 힘은 고유명의 본질적인 비고유화 가능성, 즉 그 은유적, 환유적, 제유적(提喩的) 등등의 레토리컬한 "전용"(轉用)에 의해 발휘된 것이다. 그리고 이들 "전용"은 고유명의 본래적 수신처로부터의 일탈이 아니다. 고유명이라는 것은 늘,

---

* ソール・フリードランダー 編, 『アウシュヴィッツと表象の限界』, 上村忠男・小沢弘明・岩崎稔 訳, 未来社, 1999.

본래적으로 그 비고유적인 "전용"에 의해 힘이 되는 것이다. "노 모어 히로시마", "둘, 셋, 나아가 더 많은 베트남을"처럼 일찍이 그토록 강력했던 이름들에 대해 상기하자.

그러나 "아우슈비츠"라는 이름이 갖는 힘에는 **유례를 찾을 수 없는** 어떤 측면이 있다. 이 유례없음은 600만이라고 하는 그 희생자 수에서 유래하는 것이 아니다(數라고 하면 원리적으로 언제나 비교가, 유례類例와의 비교가 가능하다). 나치 독일이 의도한 것은 유대라는 "민족"을 그 흔적까지, 이름까지 이 우주에서 말살하는 것이었다. "아우슈비츠"라는 이름은 따라서 간신히 **살아남은** 이름이고, 이름으로서의 생존이고, 그럼으로써 **모든 생존**의 이름이 되었다. 하지만 그뿐만이 아니다. "아우슈비츠"라는 이름이 살아남은 것은 역설적이게도 살아남지 못한 사건을, 이름마저 말살되어 버린 사건을, 그러한 사건이 과거에 생겼을 가능성을, 지금 실로 생기하고 있을 가능성을, 장차 생기할 가능성을 가리켜 보이지 않을 수 없다. 이리하여 이 이름은 이름조차 상실되어 버린 것의 이름, 이름이라는 것 일반의 소멸 가능성의 이름이 되기도 하는 것이다.

그때 "아우슈비츠"는 역사학의 연구 대상의 하나일 뿐만 아니라, 역사라는 학문이 성립하기 위한 근본 조건을 묻는 예외적인 사건이 된다. 헤이든 화이트, 카를로 긴츠부르그[*]를 비롯한 역사가들과 인접 분야의 연구자들까지 포함하여 1990년 캘리포니아에서 열린 심포지엄 '아우슈비츠와 표상의 한계'에서 토론이 벌어졌을 때 그 지평에 있던 것도 이러한 물음이다. 본서 『아우슈비츠와 표상의 한계』에 수록된 논고는 하나같

---

[*] 『치즈와 구더기』(문학과지성사, 2001)로 잘 알려진 미시사가.

이 흥미롭고, 하나같이 상세하게 논의해 보고 싶은 주제들이지만 여기서는 한 가지만, 『메타 역사』 이래의 화이트의 입장을 "상대주의"라 부르는 것 자체에 잉태되어 있는 문제점만을 지적해 두고자 한다.

역사적 지각의 기원에 표상작용이 늘 이미 작동하고 있음을 발견했다는 사실이 곧, 역사가=화자 측의 주관적 자유를 승인하는 것으로 반드시 귀결되지는 않는다. 아니 화이트의 "역사의 시학"(poetics of History)은 소위 객관적 기준과는 다른 "법"에 따르는 또 하나의 훨씬 더 엄격한 역사 윤리에 대한 물음을 여는 것일 수가 있다. 이 "법"이란 결코 현전에로 초래되지 않는 역사의 타자들의 시선 바로 그것이다. 이 물음을 닫아 버릴 때, 역사학의 수중에는 난민이나 종군 위안부 같은 희생자 측에 거증(擧證) 책임을 전가하고 "증언"을 강요하는 식의 진리 개념, 결국 경찰이나 사법 수사가 의거하고 있는 것과 동일한 진리 개념밖에 남겨지지 않는 게 아닐까? 이런 곤란한 물음을 도발하는 본서는 우리의 사회적 실천에서 기억의 문제를 사고하기 위해 꼭 필요한, 문자 그대로 필독 문헌이다.

『インパクション』87号, 1994. 8[『임팩션』].

파울 첼란, 『칠흑같은 어둠에 싸여』*

HIER IST KEIN WARUM(여기에는 왜가 없다). 이것은 영화 「쇼아」의 작가 클로드 란즈만이 자신의 작품을 이야기하는 어느 글의 제목으로 선택한 말이다. 저 사건을 "홀로코스트"라 부르는 것 자체가 그에게는 이중의 모독으로 여겨졌다. 첫째 그것은 희랍어이며, 둘째로 문자 그대로는 "전소"(全燒)를 의미하는 이 말에는 "공희"(供犧)라는 종교적 함의가 있기 때문이다. 500만에서 600만에 달하는 "유럽·유대인의 파괴"는 그러나 그 어떤 신에게 봉헌된 번제(燔祭)도 아니다. 그것은 순전한 살육이며 유대인을 지상에서 말살하는 것 이외에 그 어떤 목적도 없는 행위였다. 수용소에 도착한 유대인들이 독일어로 선고받았듯이 여기에는 **왜**가 없다. 왜냐고 물음으로써 이미 사람은 사건의 절대성으로부터 눈을 돌리고 상대화하기 시작한다. 이유를, 원인을 탐구하는 것, 이해하고 설명하고자 하는 것은 이미 나치에게 손을 내미는 것이다. 진실을 전달하는 것, 망각

---

* パウル ツェラン, 『暗闇に包みこまれて』, 青土社, 1994.

에 저항하는 것, 그것이 가능한 것의 전부이며 그 외의 일은 해서는 안 된다. 「쇼아」──이 히브리어는 단지 "절멸"을 의미할 뿐이다…….

살아남은 유대인, 현장에 있던 전 SS(Schutzstaffel)[*], 대량 학살 사실을 알면서도 사체를 태우는 악취 속에서 조용히 생활을 계속했던 현지의 폴란드인들, 이렇게 세 가지 입장에서 나온 증언을 바탕으로 만들어진 9시간 반짜리의 이 유례없는 영화(「쇼아」)와 같은 어떤 것을 파울 첼란의 시(詩)도 하고자 한다. 그런 의미에서 첼란 작품의 "난해함", "이해"를 거부하는 그 힘은 어떤 고답주의(高踏主義)와도 무관한 지점에서 실로 "아우슈비츠" 이후의 시의 윤리를 체현하고 있다고 할 수 있다.

하지만 자크 데리다가 시사했듯이 그의 언어는 그것이 가리키는 사건을 보유함과 동시에 말소하는 고유한 이름의, 언어의, 상처의, 할례의, 날짜의 역설을 통하여 이 사건의 절대적 단독성을 상대화에 빠지지 않으면서 다수화한다. 절대적 단독성은 단일한 것과 다르다. 그것은 말하자면 그 번역 불가능한 "내부"로부터, 그 어떤 초월적인 인류의 이념도 경유하지 않고 다른 희생자, 다른 순교자, 다른 증인들에게로 열린다. 『칠흑 같은 어둠에 싸여』에 수록된 시들은 대부분 1966년에 쓰인 것으로 보이는데, "기억의 틈새 틈새마다/ 제멋대로 촛불이 켜지고/ 권한을 가져! 라고 한다"라는 구절로 끝나는 「이의 제기를 당했다」 같은 작품에서는 시적(詩的) 증언을 위협하는 힘들, 특히 귀속의 정치에 대한 경계를 읽어 낼 수도 있으리라. 첼란 시의 번역은 일본어의 국경에 나타난 난민처럼 "칠흑 같은 어둠에 싸여" 내내 서 있다. 하지만 거기다 대고 "난민"의 증거를 요구

---

[*] 나치 친위대로서 독일의 국가사회주의독일 노동자당의 조직

해서는 안 된다. 모든 난민들과 마찬가지로 그 자체가 이미 "순교자"이자 "증인"이기 때문이다. 그리고 첼란이 말하듯이 "증인의 증인이란 존재하지 않는" 이상 그것에도, 그리고 역시나 한 "증인"인 번역자가 무릅썼을 통과의, "쉬볼렛"의 수다한 위험들에도 역시나 "왜"는 없다.

『現代詩手帖』, 1995. 1 [『현대시수첩』].

노자키 로쿠스케,『이야기의 국경은 넘어설 수 있는 가?: 전후·미국·재일』[*]

독자에게 독자 자신의 위치를 예리하게 묻는 책이 있다. 그런 책은 드물다. 그런데 그런 책과 맞닥뜨렸을 때 독자는 자신이 아직 그 책의 독자일수 없음을, 그 책이 고유한 방식으로 지정해 주는 수신(受信) 위치를 더듬더듬 찾아 그것에 응답하여 어떤 새로운 독법을 발명하기 전까지는 진정한 의미에서 독자일 수 없음을 통감한다. 읽는다는 경험은 경험이라는 말의 강한 의미에서는 바로 그때 시작된다.

　이런 책은 드물다. 특히 동시대 저자들의 작업 중에서는.

　독자의 위치에 관한 요구가 그토록 엄혹한 것은 책의 언어가 어떤 부동의 위치에서 발신되기 때문이 아니다. 발신 위치가 고정된, 경직된, 확정 가능한 장소라면 수신 위치도 말하자면 저절로 결정되어 버리기 때문이다. 그와 달리 책의 언어 자체가 자신의 위치를 어떤 특이한 강도(强度)하에 끊임없이 탐구할 때, 부동인 상태에서 전속력으로 불규칙하게

---

[*] 野崎六助,『物語の国境は越えられるか: 戦後·アメリカ·在日』, 解放出版社, 1996.

내달리고[迷走] 있을 때, 그 현기증의 외부에 머무르는 한, 독자는 끝내 독자일 수 없다.

반복해서 말하건대, 이런 책은 동시대 저자의 작업에서는 찾아보기 어렵다. 그러나 그것은 **우리 시대**가 유독 "빈곤한 시대"이기 때문이 아니다. 적어도 그것만이 이유는 아니다. 그것은 "세대적 공감"(혹은 "반감")이, 혹은 "세대간"의 확정 가능한 편차가 래디컬한 텍스트 경험을 저해하러 늘 다가오기 때문이다. 이리하여 모든 텍스트가 읽혀지기 이전에 긍정적으로든 부정적으로든 "이해"[了解]되어 버리기 때문이다.

노자키 로쿠스케의 『이야기의 국경은 넘어설 수 있는가: 전후·미국·재일』은 이런 안이한 "이해"를 거절하는, 동시대에는 드문 책의 하나다. 물론 이런 표현에는 아무래도 어떤 역설의 그림자가 들러붙는다. 왜냐하면 노자키가 세대 경험의 고유성에 대해 극히 예리하고 정열적이라고까지 할 수 있을 감각의 소유자라는 사실은 그의 작업을 처음 접한 사람도 곧장 느낄 것이기 때문이다. 헌데 이 책의, 특히 제1장 「전후 비평사, 아시아가 보이지 않는」의 경이로운 달성은 저자가 자신의 세대 경험을 단서로 다른 세대의 경험 "내부"로 헤쳐 들어가 그 질(質)을, 진폭을 되물음으로써 마침내 "세대"라는 형식 자체에 대한 비평적 시좌(視座)를 손에 넣고 있다는 점이다. 그리고 바로 이 점에 의해 독자 측에도 독자들 각각의 세대적 정주성(定住性)으로부터 몸을 비틀며 빠져나오도록 좋든 싫든 강요하는 것이다.

"세대"란 무엇인가? 이 책에는 이 물음을 정면에서 제기하지 않는 대목에서조차 암암리에 이 물음이 깔려 있지 않은 문장은 하나도 없다고 말할 수 있다. 하지만 "세대"란 무엇인가? 그것은 어떤 시점에 생을 향수했다고 하는 우연적이고 자연적인 사실의 소산인가, 아니면 철두철미 문화적인 제도인가? 사람은 어쨌든 간에 어떤 "세대"에 귀속되는가? 이 말에 담긴 엄청난 힘은 도대체 무엇에서 유래하는가?

헌데 설문의 이 수준에서 우리는, "세대"의 본질에 대한 물음이 "민족"의 본질과 적어도 이 대목까지는 형식적으로 거의 동형적이라는 점을 깨닫게 된다. generation도, nation도 모두 "탄생"과 얽혀 있는 표현에서 파생한 단어이고, 대항-사실적으로 자기를 주장해 마지않는 일종의 "자연"성을 그 본질적 술어로서 갖고 있다. 바꿔 말하자면 "세대 내셔널리즘"이라는 표현에는 필시 단순한 비유를 초월한 뭔가가 포함되어 있는 것이다.

노자키 로쿠스케가 "이 것"(このもの)*이라고 쓸 때, 그는 어디에 있는 것일까? 뭘 하고 있는 것일까? 이 "내셔널리즘"의 "내부"로부터 이야기하고 있는가, 이미 그 "외부"에 존재하고 있는가? "내부"와 "외부" 사이에 단순히 경계선 하나를 긋고 있는 것일까? 어느 쪽이든 간에 그것은 노자키의 고유 어법 중에서도 가장 주목을 끄는 표현이다.

지시형용사의 문체론적 정치성은 잘 알려져 있다. 당파적 공범성을 조직하는 특권적인 지시형용사는 오히려 ['저것'이라고 할 때의] "저"일 것이다. ['이것'이라고 할 때의] "이"에 의해 지시된 대상은 독자에게 공범 관계를 강요하기에는 저자와의 거리가 너무 가깝다. 그것은 "내부"를 가일층 고유화한다. 그 점에서 오히려 "내부"의 안정은 붕괴되어 버리고, 거기에 어떤 이상한, 측량키 어려운 **거리**가 발생하는 것이다. 노자키의

---

* 너무 단순해서 도리어 번역하기 어려운 표현이다. 흔히 이것(this)은 일본어로 これ이다. 그에 반해 여기에 나온 このもの는 이 物 즉, 이 사물이나 이 생물, 이 인물, 나아가 여기서 처럼 세대나 민족 등까지 다 가리킬 수 있는 표현이다.

텍스트에서 흥미로운 것은 실은 이런 수많은 "거리"(距離)의 생성이다.

전후 문학은 망각에 의해 부식되어 가는 기억을 바로잡고자 했다. 이 것(このもの)은 종래의 일본 근대 문학을 배반했다. '우리 안의 이국(異國)'문학이라 칭해졌다. 전후를 준비한 모든 희생, 엄청난 사자(死者) 들의 행렬, 먼 나라에서의 종군 체험, 식민지에서 영위된 생의 단편들, [……] 그러한 것들은 회수되지 못한 채 전통적인 문학과 대치했다. (「이야기가 거기에 웅크릴 때」)

사상의 불길하고 어두운 그림자. 이 것을, 다케우치 요시미(竹内好)를 따라 "15년 전쟁이 형성한 정신의 한 유형, 그것도 우수한 유형"이라고 규정할 수는 있다. 그리고 '관계의 절대성'을 "나는 질서의 적이며 마찬 가지로 너희들의 적이다"라고 하는 인정과 등호로 연결할 수도 있다. 심지어는 이 것을 대중과의 무매개적인 환상, 혹은 대중의 원상(原像) 과의 무매개적인 환상이라고 규정할 수도 있다. 요시모토 다카아키(吉本隆明)는 여기서 자신의 숙명적인 얼굴과 마주하고 있다. (「프롤레타 리아 문학의 깃발 아래」)

이리하여 당(黨)은 지식인·문학자의 공감 그 자체로부터 일체의 유대 를 모두 끊어 버리게 되었다. 당에 대한 귀속 의식이나 점착감(粘着感) 은 불가해한 문학사적 표본 상자에 붙은 색인의 하나가 되어 버렸다. 하지만 이 것을 때를 벗겨 끌어 올리지 않고서는 전후 비평사의 결정적 인 국면을 파악할 수 없다. (「사이비(擬制) 종언 이후」)

읽어 본 바와 같이 여기에는 "전후 문학", "요시모토 사상", "당" 같은 것들의 내실과 "이 것"이라는 표현에서 발생하는 "거리" 사이에 어떤 이중화된 관계가, 서로가 서로를 비추는 관계가 정형적(定型的)으로 성립되어 있다. 이것들은 하나같이 "거리"의 비극이고, "거리"에 대한 어떤 경험 및 해석에 입각한 사상인 까닭에 이것들과의 근접성을, 그러나 가시화된 "거리"로서 구성하는 일이, 마치 이 저자에게는 이것들에 대해 충분히 비평적일 수 있기 위해 아무래도 필요한 조치였던 듯하다.

이 특이한 비평적 운동의 궤적을 더듬어 감으로써 드러나는 것은 무엇인가? 우선 침략 전쟁의 부름에 응한 세대가 전후 여러 세대의 근본 바탕[原基]이라는 점, 그리고 그들이 경험을 이야기하는 방식, 그들의 경험이 이야기되는 방식이 그 풍부함과 빈곤함이라는, 침묵과 요설이라는 양 극단 사이의 거대한 진폭 그 자체에 있어서 전후(戰後) 일본적인 **모든** "세대" 경험의 밑바탕이 되어 있다는 점이다. 근본 바탕이 된 세대, 그것은 남성적인 죽음의 형상에 깊이 침투당한 국민적 세대다. 따라서 이 세대의 이야기[物語]는 늘 **애도의 서사**(喪の話り; 애도의 말하기)이고 **국민의 서사**(国民の語り; 국민의 말하기)이다. 그런데 이 세대의 특수성은 어느새 세대라**는 것**의 본질적 속성으로 전화되었다. 바로 그렇기 때문에 포스트 "전후 50년"인 지금, "세대" 간의 경계를 과연 넘을 수 있는 것이냐는 물음은 "세대"라는 형식 자체에 대한 비판을 통하여 본서의 제목인 "이야기의 국경은 넘어설 수 있는가"라는 또 하나의 물음과 포개져야만 하는 것이다.

재일 조선인 문학이 일관되게, 그리고 지금에 와서는 대행적(代行的)으로 이율배반을 짊어지고 있는 것은 되풀이하지만 이 **것**이 사실로서나 발단으로서나 모두 배리(背理)에 다름 아니었기 때문이다. 정치는 남북 분단이라는 것에 그치지 않고, 남북 각각에서 정치 지도자가 반대파로부터 암살 혹은 숙청당한다고 하는 내부 분열의 궤적을 그리고 있다. 재일(在日)이란 이러한 사분오열을 그대로 반영하지 않을 수 없는 양태였다. 그리고 반영할 수밖에 없음에도 불구하고 분단된 조국은 이 것을 인지하지 못했다. (「방황하는 재일」)

"재일 조선인 문학"을 "이 것"이라 지칭할 때 저자의 마음의 떨림("나를 전율케 하는 것")을 느끼고자 하는 것은 "세대적 공감"의 유혹에 굴하는 것일까? 그러나 이 대상이야말로 일본인의 어느 한 "세대"의 특권적 경험 대상으로는 되지 않는 것, 결코 그렇게는 될 수 없는 것이리라. 노마 히로시(野間宏)*의 죽음에 즈음하여 "나는 전후문학자만큼 완고한 동질성을 형성한 세대를 동세대로 가질 수는 없었다. 하지만 문학 생활에 있어서 부성(父性)의 은혜는 풍족하게 받았다"(「오~ 제논이여! 혹독하고 박정한 제논이여!」)라고 쓴 노자키가, "재일 조선인 문학론은 특권적인 테마가 아니다. 왜 이것이 나의 테마인가, 적어도 나는 직접, 그리고 간명하게 이야기할 수 없다."(「전후·미국·재일」)라고도 쓸 때, 그리고 같은 문장 속에서 같은 해(1947년) 출생한 일본계 미국 여성 노마 필드(Norma Field)**와의 거리를 신중하고 엄밀하게 측정해 갈 때, 우리는 그가 문제의 소재(所在)에 충분히 자각적임을 새삼 알게 된다.

---

* 1915~1991. 사회 전체의 구조를 포착한 장편 소설을 다수 썼고, 인생의 마지막까지 사회적 발언을 활발히 한 것으로도 잘 알려져 있다.
** 국내에 『죽어가는 천황의 나라에서』(창비) 등이 번역되어 있다.

노자키 로쿠스케가 "이 것"이라 부르는 것은 전부 후속 "세대"에게, "세대"없는 세대에게 전달되어야 한다. 그 불가능성의 가능성에 기도와도 같은 이 책의 파토스 전체가 걸려 있다 해도 과언이 아니다. 이를 위해 발견되어야 할 것이 여전히 있다고 한다면, 그것은 아포리아를, 결정적으로 미래가 닫혀 버린 출구 없는 비극을 바로 그 강도 그대로 희극으로 반전시키는 힘, 영화「언더그라운드」가 과시한, 유럽에서는 아마도 세르반테스까지 거슬러 올라갈 수 있을 반시대성의 거대한 "광기"의 힘이 아닐까? 본서에서 다뤄진 텍스트로 말하자면 하나다 기요테루(花田淸輝)가 일본의 과거에서 탐구하였으나 끝내 찾아내지 못했던 것, 양석일의 '불규칙하게 내달림'[迷走] 속에서 번개처럼 내달리는 어떤 것, 북미 흑인 여성의 아주 훌륭한 작품들 안에서는 확실히 숨 쉬고 있는 것, 그러한 "광기"가 비평을 지켜보기 시작할 때, 어떤 불가능한 미래가 "이것"들을 반드시 찾아올 터이다.

『図書新聞』, 1996. 9. 14[『도서신문』].

6부

❖

외국의 거리를 걷고 있자면 평소와 달리 마음이 착 가라앉는 느낌이 들 때가 있다. 그런데 타지[異鄕]에서의 이러한 내면의 정온함[靜謐]과는 대조적으로, 언제부턴가 일본의 혼잡 속에 용해되는 쾌감은 잃어버렸다. 내 안의 의식의 흐름과 바깥 현실의 움직임이 일본어라는 동일한 소재로 이루어져 있다는 사실이 불안해 견딜 수가 없다. 아무리 은밀한 마음의 움직임도 타인에게 들리고 있다고 하는, 둔하지만 집요한 강박감.

이 불안은 당연한 얘기지만 외국 생활을, 그리고 외국 언어를 어느 정도 경험했기 때문에 수반되는 부작용이다. 모어라 불리는 것이 단지 외국에 있을 때에나 문자 그대로 모태의 안락함을 보증해 준다면, 모어라 불리는 것은 물고기에게 물과도 같은 삶에 불가결한 환경 세계가 아니라 오히려 마음을 산 채로 묻는 묘지 같은 것이 아닐까?

그런 때 사람들로 북적이는 속에서 갑자기 불어오는 바람처럼 내가 알지 못하는 아시아의 언어가 들려온다. 잠깐 동안의, 그러나 엄청난 해방감. 더 공기가 있었으면 싶다.

『翻訳の世界』, 1991. 1 [『번역 세계』].

데리다의 "현재"

생존해 있는 어느 저자가 복수의 책을 거의 **동시**에 출판한다 ─ 이 행위를, 혹은 전략을 어떻게 생각해야 할까? 특히 그 중 한 권(『다른 곳』)의 서문에 "오늘"(Aujourd'hui)이라는 제목과 "1991년 1월 29일"이라는 날짜가 붙어 있고, 이 저자가 일찍이 서문, 제목, 날짜에 대해 뭔가를 이야기한 적이 있는 인물인 경우라면.

이러한 상황에서 서평자의 역할이란, 서평이라는 장르의 규칙을 받아들이는 자의 역할이란 뭔가? 서평은 일반적으로 근간 서적을 대상으로 이루어진다. 따라서 서평의 시간은 근과거인 출판 시점과의 어떤 관계 속에 기입되어 있다. 서평의 역할에는 이 출판 시점의 독특함[獨異性]을, 그것이 다른 시점과 구별되는 이유를, 텍스트의 "내용"을 이야기함으로써 밝혀 주는 것이 대개는 암묵적으로 포함되어 있다.

그런데 하나의 시점이 한 권의 책에 대응하지 않을 때, 그러니까 이 경우처럼 출판 시점이 출판된 텍스트의 복수성에 의해 분할될 때, 서평은 무엇을 해야 할까? 일반적으로 채택되는 해결책은 아마도 저자의 (그 의도의, 이름의) 단일성을 전제하면서, 동시에 출판된 그의 복수의 텍스트에 이전에는 존재하지 않았던 하나 내지 복수의 "공통 모티프"를 부상(浮上)시키는 것이 아닐까? 그렇게 해서 예컨대 "데리다의 현재"를 이야기해야 하는 것이 아닐까?

그러나 데리다 같은 저자가 복수의 책을 동시에 출판할 때, 거기에는 이러한 관행에 대한, 제도에 대한 어떤 도전이 포함되어 있을 터이다. 그리고 그 도전 속에는 그가 의도한 "현재"와 출판되는 "현재" 사이의 시간에 발생할 수 있는 사건에 의해, 출판의 "오늘"이 더 이상 그의 "오늘"이 아니게 될 가능성에 대한 긍정도 역시 진동하고 있을 터이다.

그렇다고 한다면 직접 "내용"을 끄집어내는 대신 이렇게 복수의 텍스트가 출판되는 "동시"를, 서명의 단일성을 가능하게도 하고 불가능하게도 하는 (포화飽和 불가능한) 맥락, 쉽게 결부되지 않는 정치·철학·종교·전기적 사실, 심지어 미술에까지 관련지어지는 맥락을 몇 가지 꼽아 보는 것도 필시 최악의 접근법만은 아니리라. 그리고 텍스트에 외부는 없고, 또 컨텍스트(맥락)와 텍스트의 경계는 결정 불가능한 이상 이 작업도 내가 원하든 원치 않든 "내용"을 건드리지 않을 수는 없을 것이다.

『다른 곳』에는 두 개의 텍스트가 수록되어 있다. 집필=초출(初出) 시점에서 보자면 두 번째 글인 「연기(延期)된 민주주의」가 먼저인데, 이는 1989년 르 몽드사가 월간으로 발행한 『프랑스 혁명의 르 몽드』의 별책 『인권 신문』에 게재된 연재물 「현재형의 자유」의 첫 회이다. 이 대화록의 서두에서 그의 대화자는 "오늘, 여론이란 무엇일까요?"라고 묻고(여기서 "오늘"이란 프랑스 혁명 200주년이라는 기념의 원환圓環에 의해 규정된 "오늘"이다), 데리다는 저 혁명의 다양한 "약속"을 상기시킴으로써 민주주의의 "현재"를 묻되, "여론"이라는 토포스를 중심으로 묻는 것으로 구성되어 있다.

그에 반해 첫 번째 텍스트 「다른 곳: 기억, 응답, 책임」은 1990년 5월 20일 토리노에서 열린 컬로퀴엄 '유럽의 문화적 아이덴티티'에서 행한 연설을 기록한 것이다. 이 텍스트는 동유럽 "사회주의"권의 붕괴 이후 동서독의 통합을 목전에 둔 정세 속에서 2년 뒤로 닥쳐온 유럽 통합을 둘러싼 유럽 여러 나라 지식인들의 토론장으로 마련되었다. "민주주의의 승리"의 열광은 일찌감치 사라지고, 동유럽=소련 내 민족들의 때때로 배외주의적인 내셔널리즘의 재생 앞에서 "도래할 유럽"의 이념이 한층 더 첨예하게 질문되지 않을 수 없는 "위기"의 여러 양상들을 환기한 후, 그는 발레리의 30년대 텍스트를 검토해 간다. 『정신의 위기』*의 잘 알려진 질문(유럽은, 그것이 실제로 그러한 바대로, 아시아 대륙의 작은 곳이 될까?)에서 cap(곳·침로針路·머리)이라는 키워드를 끄집어내어, 그와 같은 계열에 속하는 다른 단어들과의 숨겨진 네트워크를 탐사하면서, 발레리가 울린 유럽 위기의 경종 속에서 일종의 반–식민지주의와 초–식민지주의의 울림이 동시에 들려온다는 점을 그는 제시한다. 그리고 『유럽의 위대성과 퇴폐에 대한 노트』에서 발견되는 발레리의 외침, "여러분은 오늘 무엇을 하려 하는가"의 "오늘"(AUJOURD'HUI)이 대문자라는 사실에 주목하고, 기존의 프로그램에 기입되어 있지 않은, 자기반복이 아닌 참된 사건이, 참된 "오늘"을 맞이하는 것이 스스로 "유럽"이라 자처하는 그 무언가에게 가능한 것인지, 라는 도전적인 문제 제기를 거기서 읽어 들이는 것이다.

---

* 발레리의 유럽 문명 평론.

이 문장은 "오늘"이라는 제목을 단 서문의 말미에도 인용되어 있다. 그런데 이 제3의 "오늘"은 1월 29일, 즉 소위 걸프 전쟁 12일째에 해당한다. 이 두 가지 텍스트에서 법, 여론, 미디어 전달을 둘러싸고 [자신이 행한] 고찰이 "오늘날" 이미 시대착오적인 것으로 되어 버리지는 않았는지, "그 판단은 독자에게 맡기고 싶다", 라고 그날(その日)의 그는 말한다. 걸프 전쟁을 주제로 한 텍스트를 그는 아직 공표하지 않고 있다.

그러나 전쟁 개시 후 「다른 곳」에 추가된 몇 가지 주(注), 그리고 지상전 개시 직전에 『마가진 리테레르』의 프랑수아 에왈드와 나눈 대화, 「'광기'가 사유를 감시해야 한다」*에서의 발언을 통해 이 전쟁에 대한 그의 견해의 일단을 짐작해 볼 수는 있다. 네 가지로 정리해 보자. ① 이 전쟁은 오늘의 세계를 구조화하고 있는 서양의 언어, 철학, 종교에서 국제법에 이르기까지 여러 제도들의 격진(激震)과도 같은 탈구축의 비극적 압축이다. ② 특히 국제법의 제도화인 UN과 안보리가 그 역사=이론적 한계를 전에 없이 드러내면서, 탈구축적 개입을 요구하고 있다. ③ 결단은 늘 하나의 광기이므로 상황 분석을 위해서는 (서구·미국·유대·아랍·이라크 등의) 과거의 정치사에 빠삭한 것만으로는 불충분하며, "결단의 신비주의"(하이데거, 벤야민에 대한 암묵적 참조)라고도 할 수 있는 그런 영역을 문제화해야 한다. ④ 이라크의 군사 대국화를 가능케 한 구미 여러 나라의 책임을 임기응변적인 윤리 문제로 축소할 것이 아니라, "유럽의 세계화"라는 현상이 필연적으로 내포하는 아포리아로서 문자 그대로 글로벌하게 검증해야 한다.

---

* 한국어판은 자크 데리다, 『입장들』, 박성창 옮김, 솔, 1995에 실려 있다.

헌데 이렇게 이야기하는 그는 과연 "유럽인"일까? 그렇다고 한다면 그것은 어떠한 의미에서일까?

거의 동시에 출판된 다른 두 저작 『맹인의 기억』과 『자크 데리다』는 우리를 그의, 말하자면 개인적인 자기 성찰의 회랑으로 손짓한다. 특히 영국의 젊은 문학가 베닝턴(Geoffrey Bennington)과의 공저인 『자크 데리다』에는 처음으로 밝혀지는 전기적 사실들이 다수 포함되어 있다. 그에 따르면 그의 어머니의 할아버지는 1832년, 즉 프랑스가 알제를 점령한 지 2년 뒤에 태어나 성을 사파르, 이름을 미문이라고 했다. 이 성(姓)은 『그림엽서』에서 그가 썼듯이 히브리어로 "입술"이라는 의미이고, 미문이라는 이름은 전형적인 아랍 남성의 이름이다. 아버지 쪽의 성 데리다에 대해서는 기재되어 있지 않지만 이슬람 이전의 아랍에 이름이 같은 시인이 있다는 사실이 확인되어 있다.

이 사실들로부터 판단하면 그의 가계는 엄밀한 의미에서는 세파르디(Sephardi, 히브리어로 스페인을 의미하며, 1492년에 무슬림과 함께 이베리아 반도에서 쫓겨난 유대교도를 가리킨다)가 아니라 정확하게 말하면 아랍·유대인이라고 해야 한다(그래도 여전히 분류의 폭력은 남을 테지만). 1875년 크레미유령(슈)에 의해 알제리의 유대인은 프랑스 시민권을 부여받고, 이때부터 프랑스에 급속히 동화되면서 여타의 피식민지 인민(아랍인, 베르베르인)들로부터 고립되기 시작한다. 그리고 그 결과 식민지가 된지 정확히 1세기 후이고 프랑스화가 개시된 지 반세기 후에 해당하는 1930년에 태어난 그는 비시 정권하에서 프랑스 시민권을 빼앗기고 학교에서 추방당하는 경험을 겪으면서, 62년에 알제리가 독립할 때 구 종주국의 식민자들과 함께 2000년 동안 조상들의 땅이었던 북 아프리카로부터 부득이하게 이향(離鄕)하게 된다. 이러한 사건의 총체를 긍정할 것과 알제리에의 "향수"(nostalgia)를 부인하지 않을 것, 이 이중 구속적인 명법(命法)은 이후 그의 사상의 핵을 형성해 갈 것이다.

『자크 데리다』는 매우 특이한 형식의 공저다. 페이지 상단 4분의 3은 (그의 최신 텍스트까지 포괄하는) 필시 지금까지 나온 것 중 최상의 입문서일 베닝턴의 「데리다바즈」(Derridabase)가 차지하고, 페이지 하단 4분의 1은 59개의 절(節)로 이루어진 데리다 자신의 종합문(period) 형식의 텍스트 「할례 고백」이 차지한다. 「할례 고백」(circonfession)이라는 제목은 할례(circoncision)와 고백(confession)이라는 단어를 부분 결합해 만든 조어로 말할 필요도 없겠지만 유대교와 기독교 각각의 중요한 의식(儀式)=제도를 접목한 것인데, 이 조어를 통해서 던져지는 질문은 할례를 세례(baptême)라 부를 만큼 알제리의 유대인 공동체가 프랑스=기독교 세계에 깊이 동화되어 있는 상황, 나아가서는 일반적으로 유대-기독교 세계를 이야기할 경우의 연결부(―; 하이픈) 자체일 것이다. 그러나 **동시에** 이 두 종교 전통의 자기 동일성은 알제리 다른 공동체의 (식민지화에 의해 망각된) 과거의 유대, 바로 그것의 불가능한 상기 속에서 탈구축되어 간다. 할례를 유대 측으로 사유화[我有化]시키는 게 아니라 다른 종교 공동체나 민족(이슬람, 블랙 아프리카 등)의 다양한 할례 전통들에게로 열어가기. 그리고 고백 또한, 아우구스티누스의 동일한 제목의 책의 독해를 통해, "앎에의 의지"가 제도화되기 직전, 거의 기독교 직전의 시점에 포착되게 된다. 그가 이 텍스트 속에서 누차 "나와 같은 나라 사람"(同國人)이라 부르는 아우구스티누스가 베르베르인으로서 지주 계층 출신인 "알제리인"이라는 사실을 잊어서는 안 된다.

하지만 이 "고백"의 독해에는 또 한 가지, 그의 "오늘"을 예리하게 규정하는 맥락이 있다. 결혼 전 이름이 조르제트 에스테르 사파르인 그의 모친은 몇 개월 전부터 급속히 기억과 시력을 상실하고 오래도록 죽음의 침상에 누워있었던 것이다. 아우구스티누스와 기독교도인 그의 어머니 모니카 이야기에 데리다와 그의 어머니 이야기가 포개어져 간다.

『맹인의 기억』은 루브르 미술관이 소장하고 있는 그림 중에서 그 자신이 선별한 작품에 붙인 대화체 코멘트인데, 시리즈 전시회 '편견'의 첫 번째로서 작년(1990년)말부터 올 초에 걸쳐 열린 전람회의 카탈로그다. 제목에서 분명히 드러나듯이 이 텍스트도 기억과 시력을 상실한 어머니에 대한 관계를 빼고는 이야기할 수 없다. 회화라는 시각 예술에 맹인을 그려 넣는다고 하는 행위는 대체 무엇을 의미하는가? 이러한 물음을 통주저음(通奏低音)으로 깔면서 쿠아펠(Antoine Coypel), 프리마티스 등이 그리는 토비아의 아버지*, 노인 이삭, 삼손, 그리스도를 둘러싼 맹인들, 바울 같은 성서의 세계에 등장하는 맹인들의 행렬(테오리)은 이윽고 다음과 같은 고백으로 이끌려 간다. 소년 시절 정교한 데생 실력이 있었던 형에 대한 질투로 인해 데생을 잘해 보겠다고 필사적으로 애썼지만 끝내 잘해 내지 못하고 그만 시도를 포기했던 그에게, 이미 시력을 상실한 어머니의 머리맡에서 돌연 어머니를 그리고 싶다는 욕망이 찾아온다. 어머니에 대한 사랑과 융합된 맹인을 그린다고 하는 절대적인 폭력의 발견은

---

* 토비아(Tobias)는 구약성경 외전인 「토비아서」에 나오는 인물로 니네베 사람이다. 토비아는 아버지(토비트)가 빌려준 돈을 회수하려고 여정에 오른다. 토비아는 여정에서 얻은 물고기 내장으로 아버지의 눈도 치료해드린다. 서양 미술사에서 작품의 소재로 자주 등장해 왔다.

자화상이라는 전통을 새로 독해할 수 있게 해주는 것이 아닐까? 자기의 상을 그리는 사람은 맹인으로서의 자기밖에 그릴 수가 없으며, 나르시시즘을 구성하는 이러한 자기에 대한 이러한 폭력은 시각의, 관상(觀想; 테오리)의 우위로부터 미술이 가장 심각하게 해리(解離)되어 가는 계기가 아닐까? 이는 이 텍스트가 제출하는 가장 놀라운 가설의 하나다.

그런데 눈은 보는 것밖에 할 수 없는 것일까? 그렇지 않다. 어머니의 눈은 아직 울 수가 있다. 한 걸음 더 나아가 이렇게 말할 수는 없을까? 울음이야말로 **보는** 것이다, 라고.『맹인의 기억』은 이렇게 끝난다.

—보는 눈물……. 당신은 믿습니까?
—모르겠습니다. 믿지 않으면 안 되는 것입니다. [……]

그것이 죽어가는 어머니의 눈물이든, 이미 어머니에게 잊힌 자식의 눈물이든, 걸프 전쟁으로 전 세계의 인간을 석화(石化)시킨 이미지의 제국주의를 탈구축하는 "경미한 찬스의 무게"(「다른 곳」)는 이 "눈물에의 신앙" 속에 깃들어 있을지도 모른다.

그의 이름은 자키 엘리 데리다(Jackie Élie Derrida). Jacques라는 프랑스 이름은 저작을 발표하게 되었을 때, 그 자신이 고른 이름이다.

『図書新聞』, 1991. 5. 4[『도서신문』].

데리다의 "여론"론

"인민의 소리가 신의 소리다"(Vox populi, vox Dei)[*], 헤시오도스에서 유래했다고 알려진, 로마에서 속담의 형태를 얻은 이 말은 주지하다시 피 미합중국의 독립 이래로 "여론에 의한 통치"(government by public opinion)라는 민주주의의 진리를 이야기하는 말로서 찬양의 대상이 되어 왔다. 그러나 모든 속담이 그러하듯이 사람들은 이 말을 가지고 거의 상반되는 다양한 의미들을 표현해 왔다. 고대에 "인민의 소리"란 알 수 없는 "신"의 의지를 알려 주는 신탁이었다. 근대 정치 제도의 형성기에는 이 말이 왕권신수설을 내건 군주제에 맞선 투쟁 과정에서 인민 주권을 정당화하는 목적으로 원용되었다. 미국 건국기에 이 말을 인용한 토마스 제퍼슨에게 "신"이 단순한 수사가 아니었음은 지금까지 많은 논자들의 주의를 끌어 왔다(예컨대 한나 아렌트의 『혁명론』 5장 「건국 II : 새로운 세속적 정치질서」, 데리다의 『니체의 귀전(耳伝)』에 수록된 「독립 선언」[**] 등).

* 우리의 '민심은 천심'이라는 말과 상통한다.
** 우리말 번역은 자크 데리다, 『법의 힘』에 부록(「독립 선언들」)으로 실려 있다.

그런데 거기에는 공동체를 창설하는 언어 행위에 고유하게 따라붙는 역설 외에도, "신"의 유일성에 비견될 만큼 균질성을 갖춘 "인민"을 주권자로서 창출=확립한다고 하는 강력한 모티프가 작동하고 있었다. 이 점을 지적한 것은 칼 슈미트였다.

> [······] 신은 정치 영역에서는 특정 인민의 신으로서만 나타날 수가 있다. "인민의 소리는 신의 소리"라는 명제는 이를 의미한다. [······] 신을 직접 인용함으로써 신의 은총에 의해 왕정을 정당화할 때와 마찬가지로 이 말은 하나의 도전적인 의미를 갖는다. 즉 신의 이름하에 인민에게 그 의사를 강요하려 하는 모든 단계의 타자에 대한 거부, 따라서 자기 인민의 실질적 동질성에서 유래하지 않는 모든 정치적 영향과 작용에 대한 거부다. (『憲法論』, 阿部照哉·村上義弘 訳.[『헌법론』])

그러나 공동체에 있어서 지배자와 피지배자의 동일성을 원리로 삼는 '민주주의'와 달리 근대 정치제도의 또 하나의 기둥인 '자유주의'는 공개성과 토론이라는 전혀 다른 원리에 입각해 있다. 『현대 의회주의의 정신사적 지위』에서 슈미트가 말하듯이 '자유주의'와 '민주주의'가 공통의 적=군주제에 대해 결속하고 있던 19세기에는 인식 불가능했던 이 두 원리 간의 상극은, 1차 세계 대전 후의 구미 국가들, 특히 독일에서 위기적인 발전을 거듭하면서 의회제도에 대한 "신앙"과 대중 민주주의의 현실 간에 가로놓인 심연은 더 이상 덮어 둘 수 없게 되었다. 즉 권리상으로는 주권자=주체여야 할 존재('인민')가 사실상으로는 의회의 정당이 다수파가 되기 위한 조작 대상('대중')에 불과하다고 하는 모순이 백일하에 드러난 것이다. "인민의 소리는 신의 소리"라는 말은 이리하여 고객화된 공중(公衆)의 합의 획득을 지향하는 "선전 활동"이야말로 정치라고 하는 의미로 이해되기에 이르렀다(하버마스, 『공론장의 구조 변동』, 6장 「공론장의 정치적 기능 변화」를 참조).

이러한 인식은 1차 대전 이후부터 2차 대전 이전까지의 독일에 있어서 어떤 경우에는 19세기 이래의 사회주의적인 형식 민주주의 비판에 결부되면서 독자적인 이론적 전개를 보이고(예컨대 벤야민 『폭력비판론』; 한글 번역으로는 데리다, 『법의 힘』에 부록 「폭력의 비판을 위하여」로 실려 있다), 다른 경우에는 30년대 이후의 슈미트처럼 파시즘 운동에 합류하여 헌법 질서를 부정하는 데로 향해 가기도 했지만, 이 좌우익 양익으로부터 의회제 민주주의에 가해진 비판은 공히, "인민"으로 변하고 있는 주권자 즉, 결단의 주체를 새로운 정치신학의 문제로 제기하고 있었다.

데리다의 「지연된 민주주의」(『다른 곳』에 수록)는 이러한 의회주의 비판의 필연성을 기꺼이 인정하면서, 그 비판들이 비판 대상인 의회제 민주주의(혹은 적어도 그 자기 표상)와 여전히 공유하고 있는 다양한 형이상학적 규정들을 탈구축할 수 있는 가능성을 시사함으로써, "도래할 민주주의"에 대한 사고틀을 소묘하려는 시도라 할 수 있다. 20세기의 정치 신학이 그 동기상 아무리 필연적이었다고 해도 그것이 "신학"으로 제시되는 한, 그것은 "최고의 존재자"를 요청한다는 점에서 "주체"와 "표상=대표"의 형이상학에 속해 있다. 이 점에서 데리다는, 다른 점에서는 슈미트나 벤야민과 유사한 발상을 공유하는 하이데거가 근대 비판에서 우위를 점한다는 사실을 인정한다. 하이데거에 의하면 데카르트에서 비롯된 근대란 진리가 표상의 '확실성'으로 전화되고 '계산 가능성'이 존재의 척도로 간주되는 시대로서 민주주의적 대표제도도 그 귀결의 하나인데, 다른 한편에서 그는 이 시대가 그 임계에 있어서 다양한 "거대한 것"

들의 출현을 통해서 "계산 불가능한 것"을 초래하고 있다는 것도 간취하고 있었다.

> [……] 계획하고 산정(算定; 계산)하고 설비하고 보장하는 거대한 것들이 양적인 것에서 어떤 독특한 질로 급변하자마자 거대함이 된다. 즉 외관상 철두철미하게, 언제라도 산정될 수 있는 것이 바로 그 점으로 인해 산정될 수 없는 것(Unberechenbaren)이 된다. 인간이 '주체'가 되고 세계가 상(像)이 되었을 때, 이 산정될 수 없는 것은 일체 사물의 주변 도처에 드리워지고 있는, 눈에 보이지 않는 그림자(unsichtbare Schatten)에 머무는 것이다.
> 이 그림자에 의해 근세적 세계 자체는 표상에서 분리되어 버린 공간 속에 눕고, 이리하여 앞서 말한 바 있는 산정될 수 없는 것에 그 독특한 규정성, 즉 역사적으로 유례없는 규정성을 부여한다. 이 그림자는 그러나 뭔가 다른 것을 암시하고 있다. 그것을 아는 일은 오늘날의 우리에게는 허락되지 않는다. (『世界像の時代』)[*]

데리다의 "여론" 분석은 하이데거의 사고가 밟고 있는 이 국면에 입각해 있는 듯하다. 그와 동시에 우리는 여기서 데리다가 하이데거의 허다한 명제들을 전도시킬 때 취하는 이중적인 거동의 단적인 예를 볼 수도 있다. 하이데거에게 "여론"은 [한낱] 소문(Gerede)"이고, "전달" 일반에 구조적으로 포함되는 "평균적 이해 가능성"(durchschnittlichen

---

[*] 한국어 번역본은 『숲길』(나남출판, 2008)에 「세계상의 시대」라는 제목으로 수록됨. 해당 대목은 p. 159.

Verständlichkeit;『존재와 시간』, 315절)이며, 설령 "소문"이 부정적인 규정이 아니라 해도, 이러한 명제가 그의 반(反)민주주의적인 정치 자세와 무관치 않음은 부정할 여지가 전혀 없기 때문이다. 데리다가 "여론이 계산 불가능한 평균인 게 아니라, '계산 불가능한 것'이 있다"고 말할 때, 그는 하이데거와 **함께**, 하이데거에 **반하여** "여론"을 사유하고 있다. 이러한 자세는 하이데거 사상의 "정치적 귀결"에 눈을 감고 그 명제들만을 무비판적으로 받아들이는 입장과도, 하이데거의 도식을 단순히 역전시켜 그가 부정한 것을 새삼스레 추켜세우며 자족하는 안이한 편법과도 최대한 멀리 떨어져 있다. 하이데거의 존재론 비판을 그에 상응하는 수준에서 받아들인 다음, 그 위에서 "민주주의자"로서 여전히 "가장 중요하게 사고해야 할 것"이 있는데, 데리다에게는 그것이 **예컨대** "여론"인 것이다.

이리하여 저 속담 "인민의 소리는 신의 소리"는 새로운 해석을 얻게 된다. 데리다는 "여론"을 기꺼이 "유령"이라고, 나아가 스스로 "부정(否定) 정치학의 신"이라고 부르는데, 이미 슈미트는 "여론"으로서의 "인민"이란 늘 소극적으로 규정되는 존재("관직이 없는", "특별 대우를 받지 못하는" 등)이고, "그것은 결코 승인되거나 공적인 것으로 되지 않으며, 또 늘 어떤 의미에서 통제되지 않은 채 존재한다"고 말한 바 있다(『헌법론』). 그러나 다른 한편 그는 그러한 "인민"을 루소적인 "일반 의지"의 문맥에서 해석하면서 "갈채(acclamatio; 환호)의 주체"로도 간주하고 있었다. 데리다는 루소 자신이 "일반 의지"와 "여론"을 준별하고 있었음을 중시하는 근년의 연구 동향에도 눈길을 보내면서, "여론"이 적어도 권리상으로는 "대상도, 주체도 아니"라고 생각한다. "여론"으로서의 "인민"은 단순히 부재하는 것도 아니지만, 결코 그 고유한 장에 현전하는 것도 아니고, 스스로 육성으로 이야기하는 일도 없다는 점에서, 부정 신학의 신과 적지 않은 근친성을 갖는 것이다.

데카르트와 루소의 나라 프랑스에서 최근 열병처럼 확산되고 있는 여론 조사가 문제되고 있다는 사정도 이 소론의 배경을 이해하는 데 중요할 것이다. 지난 88년의 대통령 선거 때 『카나르 앙셰네』(Le Canard enchaîné)[*]는 "명확하지 않은 것은 프랑스적이지 않다"(Ce qui n'est pas clair n'est pas français)라는 리바롤(Antoine de Rivarol)의 잠언을 풍자하여 "조사 불가능한 것은 프랑스적이지 않다"(Ce qui n'est pas sondable n'est pas français)는 표제를 내걸고 이런 세태를 야유했는데, "여론"이 조사 가능한 것이냐 아니냐, 여론 조사가 정치적 조작의 수단이냐 아니냐를 둘러싸고 이 나라에서는 벌써 20년 넘게 단속적으로 논쟁이 계속되어 왔다. 이 논의를 선구적으로 제기한 부르디외는 『레 탕 모데른』지 1970년 1월호에 발표된 논문 「여론은 존재하지 않는다」(후에 『사회학의 제문제』에 수록)에서 현행 여론 조사의 기능을 분석하며 그 최대의 폐해를 "여론이 사적인 의견의 순전한 총화로 존재한다는 식의 환상"을 부여하는 점에 있다고 꼽았다. 이러한 입장에 대해 『에스프리』지의 조엘 로망(Joël Roman)은 선거 기간 중 여론 조사가 갖는 민주적 효용을 열거하는 형태로 반론을 시도하는데(「여론은 존재하는가?」, 『에스프리』, 1991년 3/4호), 「지연된 민주주의」는 이러한 논쟁에의 개입이기도 하다. 데리다의 시점에서 보자면 이 논고들의 표제가 보여 주는 대로 오늘날 질문되어야 할 것은 바로 "여론"의 **존재**이다. 그것이 표상의 질서에 속하지도 않고 또 표출적 인과성에 따르지도 않는 '현상적인 것'임을 확인해 둔 다음,

---

[*] 풍자색이 짙은 프랑스의 주간 신문지.

그러한 차원[境位]에 있어서의 책임=응답 가능성의 문제로서 여론 조사, 신문, 출판 등의 정보 산업, 나아가 미디어 일반의 기능이, 그리고 시민적 제권리의 양상이 다시 질문되어야만 하는 것이다.

지금까지 필자가 이야기한 것만으로 이 소론의 중층적인 사상적 맥락이 모두 다뤄진 것은 물론 아니지만, 그 전체를 논하는 것은 역자 후기의 범위를 넘어선다. 마지막으로 역사=사회적 상황을 일별해 두자. 2차 대전 후의 프랑스는 "여론"의 돌발적 변화를 몇 번이고 경험해 왔다. '68년 5월'은 그 좋은 예일 것이다. 또 유럽 통합 조약의 비준을 묻는 국민투표(1992년 9월)를 하는 시점에 주요 의회정당들이 결탁하여 행사한 모든 작위나 조작에 대해 "여론"이 보인 놀라운 저항도 기억에 새롭다. "여론"을 둘러싸고 벌어진, 앞서 기술한 논쟁의 격렬함도 이러한 경험과 무관치 않을 터이다(이는 프랑스의 "여론"이 "건전"하다고 하는 의미는 아니다). 일본으로 눈을 돌리면 55년 체제 확립 이래, 프랑스의 그것에 비견할 만한 규모의 "여론"의 격변이나 저항은, 설령 60년, 70년의 안보 개정 시기를 포함한다 해도 일어난 적이 없지 않나 싶다. 그러나 의회를 지배하는 정당=파벌 정치가 미증유의 위기에 직면해 있는 현재, 자위대, 전후 보상, 천황제, 헌법, 일미(日美) 안보, 농산물 수입 자유화, 교육 문제, 사형제도, 뇌사=장기이식, 여성의 권리, 소수민족의 정치적=문화적 자율, 외국인 노동자, 외국국적 소유자의 참정권, 공해, 핵발전, 에이즈 등의 문제에 관해서, 사실상의 판단을 "여론"에서 구하는 국면도 있을 수 없는 건 아니다. 사건으로서 표상=인지되지 않은 채 이러한 사태가 늘 이미 발생하고 있다고도 생각할 수 있다. 또 미디어 기술이 발달함에 따라 "여론"의 경계가 국내적으로나 국제적으로 모두 점점 더 결정 불가능해지고 있는 시대에, 이 나라의 "여론"만이 일찍이 슈미트가 말한 "특정한 인민의 신"에 머물 수 있다는 보증도 없다. 그리고 진즉부터 있어 온 반(反)의회주의적인 좌익 운동이 자신의 내적 모순을 해결하지 못하고 사상적=정치적 생명을 상실했다 해도, 그렇다고 해서 의회제 민주주의가 거대한 아포리아이기를 그친 것은 아니며, 또 그것이 일본의 역사=지정학적 위치나 정치 풍토의 "특수성"에 의해 해소될 그런 문제도 아니다. 오히려 일본에서야말로 오늘날 민주주의의 기초와 "여론"을 둘러싼 물음이 절박할 정도로 중요하다고 할 수 있지 않을까?

물론 「지연된 민주주의」가 지금까지의 정치학적, 심리학적, 사회학적인 여론 연구나 공공 공간론의 성과(리프먼, 타르드, 퇴니에스Ferdinand Tönnies, 하버마스……)에 대해 철학의 입장에서 무효를 선고한다거나, 혹은 그것들을 대체하려고 하는 것은 아니다. 다만, 민주주의 및 민주주의 비판의 고전과 함께 이들 저작을 진지하게 재검토하자고 요청하는 것이다. 그러한 의미에서 이 텍스트는 낙관론에도, 비관론에도, 니힐리즘에도 편들지 않고, 근대의 여러 혁명들의 "약속의 기억"에 여전히 응하고자 하는 전 세계 사람들, 각각 놓여 있는 상이한 상황 속에서 격투하고 있는 사람들에게 보내어진 다른 사유와 실천에의 초대로 읽혀야 할 것이다.

『他の岬』, 高橋哲哉·鵜飼哲 訳, みすず書房, 1993[자크 데리다, 『다른 곶』].

스트라스부르의 맹세 1993

나는 쾌청한 브뤼셀에서 작은 프로펠러 비행기로 출발해 안개가 짙게 낀 스트라스부르에 도착했다. 1993년 11월 5일, 마스트리히트 조약이 발효되어 유럽 공동체 12개국이 마침내 "연합"이 된 날로부터 4일 뒤였다. 서기 842년 샤를마뉴의 두 손자 루이와 샤를이 큰형 로테르에 대항한 뒤 '스트라스부르 서약'이라 불리게 될 동맹을 결성하기 위한 회담 장소로 선택된 이래, 스트라스부르는 유럽의 요람 중 한 곳이 되었고, 또 근대에는 독일-프랑스 간 항쟁의 땅이 되었으며, 현재는 유럽 의회의 소재지가 되어 있다. 이런 도시에서, 그러나 그 의회 바깥에서 "또 하나의 의회"의 이름으로 비유럽 지역도 포함한 전 세계를 향해 새로운 서약의 호소가 발포되려 하고 있다. 이 글은 '세계의 외침'이라는 전체 제목하에 금년도(1993년) 노벨문학상을 수상한 미국의 흑인 여성 작가 토니 모리슨을 초대하여 개최된 '유럽 문학의 교차로'(Carrefour des littératures européennes)라는 공개 심포지엄의 참가 보고다.

공항에서 시내로 향하는 도중에 나는 운전을 맡아 준 자원봉사 학생이 "이 심포지엄의 개최는 스트라스부르에 좋은 일이예요"라는 말을 몇 번이고 되풀이했다는 사실을 문득 의식하게 되었다. 시내에 들어서 보니 신설 노면전차의 공사가 한창이었는데, 그 건설의 청부회사는 스위스 회사였다. 스트라스부르 시는 독일만이 아니라 스위스 국경에서도 멀지는 않으니까 이건 그리 놀랄 일은 아니었을 수도 있다. 그러나 이 도시를 처음 찾은 나에게는 이러한 작은 조짐들이 아마 실제 이상으로 의미심장하게 느껴졌고, 그러다 보니 유럽 통합이 진전됨에 따라 이 도시는 머지않아 프랑스가 아니게 되는 게 아닐까 라는 조금 섣부른 인상을 품게 된 것이었다.

원래 이번 여정을 계획할 때는 이 심포지엄 참가가 포함되지 않았다. 출발 직전, 방일중인 튀니지의 정신분석가 페티 벤슬라마(Fethi Benslama)씨의 권유를 받고 일단 대략적인 상황이나 살펴보자는 심정으로 갔다고 하는 게 정직한 표현일 터이다. 그렇긴 하지만 이번이 3회째 시도인 '유럽 문학의 교차로'의 첫 회가 1991년 11월에 열렸다는 사실, 거기에는 걸프 전쟁에 적어도 찬성을 하진 않았던 프랑스 지식인들과 내전 개시 직후의 구 유고슬라비아의 지식인들이 참가하였고, 그 기록이 『유럽의/유럽에의 욕망』(*Le désir d'Europe*, La différence, 1992)이라는 제목으로 간행되었다는 사실을 나도 알고 있었고, 그래서 스트라스부르를 발신지로 한 이 운동에 은밀한 관심과 공감을 기울이고 있던 차였다. 이번에 드디어 '국제작가의회' 결성을 향한 논의가 이루어지는 단계가 되어, 이 '의회'가 유럽과 그 주변 지역을 초월하여 진정으로 국제적인 전망을 가질 수 있기 위해 일본의 작가나 지식인들에게 참가를 호소하고 싶다는 것이 벤슬라마 씨 요청의 요지였다. 이'의회'를 설립하자고 하는 호소는 다음과 같이 시작되었다.

작가와 지식인에 대한 살인적인 박해는 오늘날 사상과 표현의 권리 침해라는 의미에서만 이해할 수 있는 것이 아니다. 또 하나의 민주주의의 발명에 형태와 목소리를 부여함으로써 어떤 식으로든 또 하나의 세계를 소묘할 수 있는 가능성을 갖게 된 것을 이들 박해는 표적으로 삼고 있다. 반란의, 그리고 필시 봉기의 전조를 몰아내는 방법을 이들 박해는 잘 알고 있다. 그런 까닭에 또한 이들 박해는 의도치 않게 여러 교의나 정치 기구들이 가리킬 수 없게 된 것, 즉 하나의 발화(發話), 하나의 발언에 의해 어떻게 정치라는 것이 개시되는가를 드러내고 있기도 한 것이다.

이 문장만 보더라도 우리는 이 호소를 기초한 사람의 사상을 어느 정도 짐작해 볼 수 있다. 서두에 언급되는 "박해"가 예컨대 이란 정부에 의해 내려진 『악마의 시』와 그 작가에 대한 사형 선고 같은 사례를 가리킨다 해도, 다음 행에서 곧장 "또 하나의 민주주의"라는 표현이 사용되고 있는 데서는 오히려 기존의 민주주의 전체를 현재의 위기로부터 근본적으로 다시 묻고자 하는 자세를 엿볼 수 있다. 그리고 "오늘날"이라는 한 마디로써 현재의 국제적인 표현 탄압의 역사적 특이성을 환기하면서, 박해에 의해 역으로 분명해지고 있는 저항선(抵抗線)의 형상을 돋을새김하려고 하는 것이다.

1. 보스니아의 베케트

표현과 사상에 대한 박해나 탄압은 지금 원리주의적인 이슬람에서만 유래하는 것이 아니다. 점령하 팔레스타인에서는 유대교에 의해, 보스니아-헤르체고비나에서는 그리스정교에 의해 기독교의 이름 아래 때로는 공공연하게 때로는 은연중에 "민족 정화 정책"이 수행되고 있으며, 이들 어느 곳에서도 유럽은 명백한 공범자다. 이 점을 깊이 질문하지 않고서 현재의 "표현"의 위기에 대해 의미 있는 행동을 일으킬 수는 없다. 그러나 그것은 또한 모종의 유럽 이념을 방어하는 일과 반드시 양립 불가능한 것은 아니다. 시의 중심에 있는 클레베르 광장(Place Kléber)의 오베트관(館)에 운집한 참가자들 앞에서 처음 발언에 나선 것은 수전 손택이었다. 세르비아군의 포위하에 놓인 지 900일이 지난 보스니아의 중심 도시 사라예보에서 이 저명한 미국인 비평가는 포격을 모면한 극장에서 현지에 머물고 있는 배우들과 함께 베케트의 『고도를 기다리며』를 상연한 것이다. 무슬림이라는 점과 유럽에 귀속 의식이 있다는 점이 전혀 모순되지 않는 이 땅이 파시즘의 온갖 특징을 다 갖춘 배외주의의 공격에 노출되어 있을 때, 거기서 미국인이 유럽 현대 문학의 대표적인 작품을 상연한다는 것에 그녀는 커다란 의의를 찾고 있었다. 전기와 전화가 끊기고 식료품도 점차 부족해지는 가운데, 배우들이 대사를 외우는 것조차 뜻대로 안 되었으며 기본적인 연습만으로도 금세 지쳐 버리는 그런 형국이었다. 그래도 결국 마지막에는 라이트 대신 초를 켜고 만원 관객 앞에서 멋진 연기를 보여 줄 수 있었다(이 상연을 기록한 영화도 이번 심포지엄에서 공개되었다).

그렇다 해도 기만적인 "인도 지원" 말고는 실효적 지원을 전혀 얻지 못한 채 단지 파멸을 기다릴 뿐인 사라예보의 도시에서 상연될 작품으로 『고도를 기다리며』를 선택한 것은 어떤 의미에서 좀 너무 직선적인 게 아니었을까? 악취미로 이해될 우려도 없지 않은 이 선택에 대해, 그러나 손택은 이렇게 단언했다.

그렇지만 이 희곡은 진짜 비관적인 것이 아닐까요, 라고 내게 물어 온 사람이 있었다. [······] 자못 생색이라도 내려고 하는 이 질문은 문예에 대한 몰이해를 보여 주는 것으로, 나는 이런 질문을 하는 자들이 사라예보의 생활에 대해 얼마나 몰이해한지를, 그리고 그들이 실은 문예든 연극이든 전혀 흥미가 없다는 사실을 분명히 알게 되었다. 내가 이렇게 말하는 것은 사라예보에서는 모두가 현실로부터 도피하기 위한 근사한 것만을 추구한다는 생각은 잘못된 것이기 때문이다. 다른 장소들과 다를 바 없이 저 땅에도 현실에 대한 자기들의 지각이 예술에 의해 긍정되고 또 변혁된 것을 느꼈을 때, 격려 받았다는 느낌과 함께 마음 든든해지는 사람이 소수라 해도 분명히 존재하고 있는 것이다. ("Beckett en Bosnie", *Libération*, le 2 novembre 1993)

손택의 이 보고에는 강한 설득력이 있었다. 특히 내 마음에 남은 것은 어디에서 총탄이 날아올지 알 수 없는 도시를 워크맨으로 음악을 들으면서 평상시의 속도로 걸어가는 여성의 모습으로 상징되는 "정상성"에 대한 미칠 듯한 욕구였다. 이 "광기"야말로 현지 사람들이 자포자기에 빠지기 직전에 구원해 주는 것이라고 하는 그녀의 증언은 객석을 가득 메운 사람들의 깊은 침묵을 받을 만한 가치가 있었다.

학살, 추방, 강간 등 수단을 가리지 않는 세르비아 세력의 민족 정화 정책은 지금까지도 국제 여론의 격한 비난을 받아왔다. 그러나 걸프 전쟁에서 그토록 신속하게 행동하던 서양의 여러 나라들은 결정적인 국면에서 전혀 실효성 있는 대응을 보여 주지 않았다. 그 이면에는 결코 공언되지는 않지만 보스니아 주민들 대다수가 무슬림이라고 하는 사실이 있다. 그러나 사라예보야말로 유럽의 기독교 문화와 이슬람 문화가 몇 세기에 걸쳐 평화리에 융합·발전해 온 땅이었다. 내전이 개시되기 전에는 이 땅에서 "다민족·다종교의 공존"을 이야기하는 것 자체가 "금발(金髮) 과 밤색 털의 공존"을 이야기하는 것 못지않게 뜬금없는 얘기로 들렸다고 한다.

역시나 보스니아를 방문해 쓴 르포르타주 『사라예보 노트』를 최근에 간행한 후안 고이티솔로(Juan Goytisolo)[*]는, 스페인 내전 시대에 조지 오웰이나 시몬 베유를 비롯한 세계의 수많은 작가가 공화국 방위를 위해 지체 없이 달려갔던 유럽 지식인들의 어떤 전통에 지금도 계속 충실하고자 하는 몇 안 되는 작가의 한 사람이다. 손택에 이어서 발언한 그는 프랑코 정권하에서 발매 금지 처분을 받고 오랫동안 프랑스에서 망명 생활을 보낸 경험을 갖고 있지만, 최근에는 이슬람 문화 소개에 힘을 기울이면서 1492년 이전의 자국의 역사에 대해서도 비판적인 눈길을 보내고 있다. 그에 의하면 19세기부터 유고 성립에 이르는 기간 동안 세르비아 내셔널리즘의 민족 이론은 종교의 차이를 피의 문제로 바꿔치기 하는 등, 많은 점에서 5세기 전 레콩키스타(Reconquista)[**] 과정에서 등장했던 스페인의 민족이론과 흡사하다. 고(故) 장 주네의 벗이었던 이 카탈로니아 작가는 억제된 분노를 강렬한 풍자에 담아 그의 보고를 이렇게 매듭지었다. "보스니아-헤르체고비나의 분할안이 이대로 실현된다면 유럽은 그라나다 왕국 이래 처음으로 내부에 이슬람 국가가 출현하는 걸 보

---

[*] 1931년에 태어난 스페인 소설가. 1945년에 프랑스 파리로 망명. 대표작으로는 『천국의 슬픔』, 『사냥금지 구역』, 『사라예보 노트』 등이 있다. 2004년에는 장-뤽 고다르 감독의 장편 극영화 「아워 뮤직」(Notre musique)에 본인 역을 맡아 출연하기도 했다.
[**] 718부터 1492년까지 기독교국가가 이베리아 반도를 재정복하고자 한 활동 전체를 지칭하는 말이다.

게 될 것이다."

2. 크레올주의와 탈구축

보스니아 상황과 함께, 권력을 고수하는 민족 해방 전선과 이슬람 구국 전선의 항쟁 속에서 작가와 저널리스트들이 잇따라 희생당하고 있는 알제리 정세가 주요한 테마가 되었기 때문에 서두에서부터 "유럽의 재(再) 파쇼화", "밤의 시대의 재래(在來)" 같은 암울한 말들이 어지러이 휘날리는 이 모임 속에서, 폐색감이나 멜랑콜리에 맞서 강하고 긍정적인 목소리를 낸 것은 마르티니크 출신의 작가들이었다. '국제작가의회' 설립을 위한 토론에 앞서 연단에 선 에두아르 글리상(Édouard Glissant)은 "혼혈"(métissage), "크레올화", "혼돈 세계"(Chaos-monde), "다언어주의" 같은 표현을 구사하면서, 신대륙에 끌려온 흑인들의 아프리카 대륙과의 관계에서 전형적으로 보이는 "흔적에 있어서의 귀속"이라는 역설에서 출발하여 풍요로운 "관계의 포에틱"을 형성할 것을 제창함으로써 투명을 규범으로 하는 미의식에 "불투명에의 권리"를 대치시켰다. 또 이 시대의 요청에 응할 수 있는 "작가의회의 정신"에 대해 그가 시사한 다음과 같은 내용 또한, 그의 작가로서의 에크리튀르 경험에 튼실히 뿌리박고 있음을 느낄 수 있었다.

작가와 지식인이 회의나 대회, 의회 등의 형태로 집합한 것은 이것이 처음이 아니다. 역사는 그 저명한 사례를 우리를 위해 남겨 주었는데, 그로부터 무엇이 태어났는가를 알면 실망스럽다. [……] 또 작가와 지식인들이 이 의회(Parlement)라는 말에 사물이나 사태를 결정하는 장이라는 의미가 아니라, 이야기의 장이라는 의미를 다시 부여하고자 한 것도 이번이 처음은 아니다.[*] [······] 그러나 이러한 의회(Parliament; 글리상은 여기서 의도적으로 영어를 사용했다)가 동시에, 또 단지 듣기만을 임무로 삼은 것은 아마도 이번이 최초일 것이다. 무엇을 듣는가? ── 우리는 분명히 말했다, 세계의 외침이라고.

이 관점은 이어지는 토론 속에서 젊은 세대인 앙티유(Antilles)[**] 작가 파트릭 샤무아조(Patrick Chamoiseau)에 의해 상세히 전개되었다. 그에 따르면 크레올어에 의한 앙티유의 이야기 전통에서 이야기 부분의 역할은 민중의 침묵의 외침에 귀를 기울여, 이 침묵이 자신을 이해할 것을 가능케 하는 것이다. 이 '국제작가의회'도 이런 앙티유의 밤 모임처럼, 말과 침묵의 긴장으로부터 상상력의 비약이, 생생한 표현의 다양성이 태어날 수 있는 공간이 되도록 만들자고 샤무아조는 호소했다.

글리상은 또 2일째 오후에 자크 데리다와 공개 토론을 하였는데, 우리는 "혼혈"의 시학과 탈구축의 사고가 접근했다가 멀어지고, 또 의외의 형태로 교착되기도 하는 스릴 넘치는 현장에 입회하게 되었다. 이 마주침은 또한 뜻밖에도 카리브 해와 지중해라는 두 문화 공간의 특질의 차이를 부상시키기도 했다. 전날 강연에서 글리상은 지금까지 그의 이론적 언설 속에서는 비교적 드물었던 "흔적"(trace) 개념을 자주 채용하면서,

---

[*] 프랑스 단어 Parlement(의회)에는 말한다는 의미의 parler가 포함되어 있다.

[**] 앙티유 제도. 중앙아메리카에 위치. 서인도제도의 주요부를 구성하는 제도. 플로리다 남쪽에서 남미대륙 근해까지 3200Km에 걸쳐 뻗어 있고, 카리브 해를 대서양·멕시코 만으로부터 가른다.

노예무역의 결과로 현재 카리브 해 지역이나 남북 아메리카에 거주하는 흑인과 그들의 연고지인 아프리카와의 관계를 기술하고, 또 이 경험을 보편화함으로써 크레올화의 세계성을 증명하겠노라는 비전을 피력하였다. 이는 그가 독자적인 입장에서 데리다의 저작을 대하고 있음을 보여 주는 것이었는데, 한편 데리다도 우리가 그의 입을 통해 알게 되었듯이, 2년 전 미국의 배턴루지(Baton Rouge)*에서 글리상과 처음 만난 이후 그의 저작을 가까이 해왔다. 데리다는 자신과 글리상의 공통점으로서 "단일한 언어밖에 안 갖고 있지만 그것은 자신의 언어가 아니다"라는 언어 상황을 들고, 그 점에서 작가로서의 표현 언어와는 다른 모어를 갖고 있는 마그레브 국가들의 프랑스어 작가들의 입장과는 구별된다고 말했다. 그런 전제 위에서, 일신교를 산출한 지중해 세계의 문화 교류를 다신교적인 카리브 해의 문화 교류와 대치시키는 글리상의 주장에는 일정한 유보를 표명했다. 왜냐하면 일신교라 불리는 현상도 실제로는 극히 복잡해서, 그것이 반드시 부계제와 겹쳐지지는 않는데다가(유대교는 모계다), 기본적으로 일신교 일반을 부정하는 몸짓에는 자칫하면 일신교를 세계에 초래했다고 되어 있는 유대교도/유대인에 대한 편견과 근저에서 상통할 위험도 없지 않기 때문이다. 그런 점에서 이때 발휘된 데리다의 타고난 신중함은 충분히 이해될 수 있는 것이었다.

이러한 차이들을 확인하면서, 아니 차라리 그 차이를 통해서 양자의 사고가 재차 접근한 것은 인류사의 이 새로운 단계에서 "환대의 정신"이 갖는 중요성에 대해 의견을 교환할 때였다. 글리상이 아프리카의 가계

---

* 프랑스어로는 Bâton-Rouge이며, 미국 루이지애나주의 주도(州都)다. 뉴올리언스에 이어 주에서 두 번째로 큰 도시

(家系)에서는 노예의 자제들도 가족의 일원이 될 수 있다고 하는 사례를 들어 서양적 계보 관념의 편협함을 비판한 데 대해, 데리다는 일신교를 산출한 메시아주의적 사상의 전통 또한 여러 종교적=가부장제적 표상을 뛰어넘어 전적으로 미지의 사람 내지는 사건에로, 즉 **절대적 도래자**에로 열려 있는 한에서 배제에 저항하는 사상일 수 있다고 주장했다. 이는 곧장 현재의 이민자나 난민 문제로 이어지는 물음이다. 국가가 국가인 한 출입국 관리를 즉각 철폐하기는 불가능하지만, 다른 한편 '불법' 취로자나 '위장' 난민 같은 범주를 인공적으로 만들어 냄으로써 국경에 도래하는 모든 사람들의 수용을 회피하고자 하는 국가는 필연적으로 정의를 상실한다. 이러한 데리다의 지적을 글리상이 원칙적으로 지지한 대목에서 이 흥미로운 토론은 막을 내렸다. 데리다는 최초의 마르크스론 『마르크스의 유령들』을 막 상재하였는데, 거기서 그는 이렇게 말하였다.

"새로운 인터내셔널" […] 그것은 친화성과 고통 및 희망의 연대, 1848년 무렵처럼 아직은 눈에 잘 띄지 않는, 거의 비밀스러운 연대이지만, 그러나 점점 더 가시적으로 되고 있으며, 이에 관하여 하나 이상의 징후가 존재한다. 그것은 신분과 직위 그리고 호칭이 없는, 은밀하지는 않지만 공[개]적인(publique) 것이라고 하기도 어려우며, 계약을 맺고 있지 않고, "이음매가 어긋난 채"(out of joint), 결집 없이, 당과 조국, 국민 공동체 없이(모든 국민적인 규정에 앞서는, 그것을 관통하고 넘어서는 인터내셔널), 공동 시민권 없이, 어떤 계급으로의 공동적인 소속 없이 이루어지는 비동시대적인 연대다. 여기서 새로운 인터내셔널이라는 이름으로 불리는 것은 사람들 사이의 제도 없는 어떤 동맹과 같은 것이다. 곧 비록 더 이상 사회주의·마르크스주의적 인터내셔널과 프롤레타리아 독재, 만국의 프롤레타리아의 보편적 연합의 메시아적이고 종말론적인 역할을 믿지 않거나 또는 이전에도 결코 믿지 않았지만, 적어도 마르크스나 마르크스주의의 정신들(그들은 이제 하나 이상의/더 이상 하나 아닌 마르크스주의의 정신들이 존재한다는 것을 알고 있다) 중 하나로부터 계속 영감을 받고 있으며, [……] 그들 자신을 새롭고 구체적이며 현실적인 방식으로 동맹시키고자 하는 사람들 사이에 존재하는 제도 없는 어떤 동맹의 우정과 같은 것이다. [……] (*Spectres de Marx*, Galilée, 1993)[*]

이번의 '국제작가의회' 구상도 데리다에게는 이러한 '인터내셔널'(에)의 호소 중 하나였던 듯하다. 그것은 그가 헌장 작성에 반대하며 어떠한 문서에도 매개되지 않는 단독자의 연합이라는 방향을 시사했을 때 확실히 엿볼 수 있었다. 그러나 지금까지 지식인 운동의 아비튀스로부터 단숨에 탈각하기는 역시나 어려운 것이었을까, 결과적으로는 짧은 헌장이 작성되게 되었다. 그런 한편, 60년대에 공민권 운동에서 활약했던 모리슨은 이번 '의회'의 설립에 동의하면서도 작가가 창작 활동 외부에서 활동하는 것의 유효성에 대해서는 약간 회의적이었다. 이 '국제작가의회'를 요청한 상황은 새롭다 해도 그에 응하려는 측의 발상은 단숨에 새로워질 수는 없다는 것일까? 나는 데리다가 지금까지 해온 작업과 최근 저작에서 보여 주는 정치적 거동 사이에 정합성이 없다고는 보지 않지만, 지금 '인터내셔널'을 이야기하는 "반시대성"은 그 자신이 충분히 자

---

[*] 『마르크스의 유령들』, 진태원 옮김, 그린비, 2014. 173~174쪽.

각한다는 점을 고려한다 해도 매우 심각하다. 이 책에서 그가 집요하게 주석하고 있는 햄릿의 말처럼 이 시대는 실로 "이음매에서 어긋나" 있고 "The time is out of joint", 그것이 곧장 찬스로 전화될 수 있는 조건인지 여부에 대해 나는 아직 확신을 갖지 못하고 있다.

3. 루슈디를 위하여

3일째 오후, 선언문의 내용을 둘러싸고 토론이 벌어지는 와중에 놀랍게도 사회자 장-뤽 낭시가 돌연 살만 루슈디가 입장했다고 고지하였다. 내가 받은 첫 번째 인상은 이미 4년이 넘은 은둔 생활에도 불구하고 루슈디의 표정에는 소모라든가 공포의 그림자가 없었고 극히 태연자약하다는 것이었다. 그 뒤 마련된 질의응답 시간에 『악마의 시』의 작가는 "정치 암살 이상으로 무서운 것, 그것은 우리 자신의 공포다"라고 반복해서 강조했다. 그는 또 나의 질문, 즉 "일본의 번역자가 암살당한 사건은 이 문제를 서양 대 이슬람의 대립이라는 단순한 구도로부터 끌어내는 계기가 되었는데, 이 암살을 지시한 사람들에게 유독 일본을 노린 특별한 이유가 있었다고 생각하는가"라는 질문에 이렇게 대답했다. "암살자의 의도에 대해서는 추측할 수밖에 없지만, 이가라시 히토시(五十嵐一)*씨는 일본 시민인데, 일본 시민의 살해에 일본 정부가 어떤 항의도 하지 않았다는

---

* 중동 및 이슬람 연구자. 동양사상의 대가 이즈쓰 도시히코(井筒俊彦)의 애제자. 1990년에 소설 『악마의 시』를 일본어로 번역하였고, "호메이니가 내린 사형선고는 성급한 실착이었다." "이슬람이야말로 본래는 크고 건강한 종교가 아니었던가!"(「私はなぜ『悪魔の詩』を訳したか」, 『中央公論』 1990年 4月号[「나는 왜 『악마의 시』를 번역했는가」])라고 말한 바 있다. 이듬해인 1991년 7월 11일 교수로 재직하던 쓰쿠바 대학에서 누군가에 의해 찔려 살해당했다.

사실에 나는 지금도 깊이 놀라고 있다."

　이번 '유럽 문학의 교차로' 개최를 전후해 주목할 만한 책이 간행되었다. 『루슈디를 위하여』(*Pour Rushdie*, La découverte, 1993)는 루슈디를 지지하는 백 명의 아랍인 또는 무슬림 지식인들이 쓴 논문집으로, 참가자의 범위는 이란 본국 이외에도 마그레브와 마슈리크(Mashriq)[*] 등 아랍 세계로부터 터키, 방글라데시, 타지키스탄[**] 등 구소련의 이슬람 지역에까지 걸쳐 있으며, 그 중에는 레바논의 시인 아도니스(Adonis),[***] 이집트의 소설가 나기브 마푸즈[****], 팔레스타인의 시인 마흐무드 다르위시, 영화 감독 클레이피, 비평가 사이드 등이 포함되어 있다. 이 책의 기획 의도는 소위 "루슈디 사건"을 민주주의적인 서양 대 이슬람 세계의 대결이라고 간주하는, 대립하는 양측에 동일하게 공유되어 있는 도착(倒着)된 도식을 해체하는 데 있었다. 『악마의 시』 프랑스어 번역본을 출간한 출판인 크리스티앙 부르구아가 마틴 스코세이지의 영화 「그리스도 최후의 유혹」을 둘러싼 소동을 상기하면서 지적했듯이, 예술 표현에 대한 불관용은 오늘날 이슬람에서만 발견되는 게 아니다. 또 작가 루슈디를 옹호하는 일이 이 사례를 특권화하는 것으로 이어지지 않도록 하기 위해 세심한 주의가 필요하다. 왜냐하면 현재 구미에서 루슈디를 지지하는 자세

---

[*] 아라비아어로 "해가 떠오르는 곳"이라는 뜻으로 '동방'을 의미한다. 마그레브(서방)에 대해 동방을 가리키며, 보통은 이집트 동쪽의 아랍 제국(동아랍)을 가리키지만 그 지리적 범위는 일정치 않다.

[**] 구 소련에서 독립한 중앙아시아의 공화제국. 남쪽으로는 아프가니스탄, 동쪽으로는 중국, 북쪽으로는 키르기스, 서쪽으로는 우즈베키스탄과 국경이 접해 있다.

[***] 시리아의 시인·에세이스트. 본명은 알리 아흐메드 사이드 아스바르. 아도니스라는 필명으로 레바논, 프랑스에서 활동했다. 모어인 아라비아어로 집필한 저서가 20여 권에 달한다.

[****] 국내에 『우리 동네 아이들』, 『미라마르』 등이 출간되어 있다.

를 보이는 사람 대다수는 과거에는 물론 현재에도, 친(親) 구미 군사독재 정권의 손에 수많은 작가, 지식인들이(예컨대 팔레스타인의 작가 가산 카나파니* 같은 작가가) 살해당했을 때(살해당하고 있을 때) 손가락 하나 까딱하지 않았기 때문이다. 그리고 이번 모임이 열리는 가운데 예컨대 데리다가 집요하게 강조했고 또 루슈디 자신도 그에 동의했듯이, 과거 및 현재의 "전 세계 모든 루슈디"의 존재가 문제시되는 것이 아니라면 루슈디 옹호의 목소리는 곧장 국제적인 파워 폴리틱스에 삼켜져 버릴 것이기 때문이다.

루슈디와의 이 예기치 못한 조우는 내게, 이번 모임 참가자들의 주요 관심사였던 유럽 및 지중해 세계를 뒤흔들고 있는 심각한 정치=문화적 위기와 일본 및 아시아의 관계에 대해 몇 가지 사유할 계기를 부여해 주었다. 무엇보다도 우선 이가라시 히토시씨의 암살에 대해 나 자신을 포함해 일본에서 지금까지 거의 어떤 분석도 시도되지 않았고, 행동도 이뤄지지 않았다는 사실에 새삼 암담한 마음이 들었다. 의식적으로 반추해 보자면 이렇게 둔감한 반응에는 몇 가지 이유가 있는 것 같다. 그것은 이 사건이 이란인 이민 노동자가 급증한 시기에 일어난 까닭에, 통상적으로는 표현의 탄압 문제에 민감한 사람들이 혹시나 배외주의를 조장하지 않을까 두려운 마음에 이란 정부 비판으로 이어질 수도 있는 태도를 취하지 않고자 했다는 것, 또 사건 직후의 경찰 발표나 대중매체의 정보에 교란되어 『악마의 시』와 이 사건이 무관하지 않으냐 하는 억측이 퍼져 있었던 사정 등을 들 수 있을 것이다. 그러나 적어도 이 두 번째 사항

---

* 국내에 『태양 속의 사람들』, 민영·김종철 옮김, 창작과비평, 1982이 번역되어 있다.

에 대해서는, 경찰 수사본부가 일찌감치 해산되어 버린 시점에서 이란의 국가범죄 가능성을 지적하는 것이 가능했을 터이고, 따라서 일본 정부의 공범성을 비판하는 언론이 있어야 마땅했다. 대중 매체가 정보를 지배하는 현재의 상황 속에서 결정적인 사건에 대해 애매한 인상을 생산하여 즉각적인 반응을 무장해제시킴으로써 비판을 무력화시키기가 용이하다는 점에서 볼 때, 당시 사태의 추이를 재검토할 필요가 있을 것이다.

그러나 그 이면에는 더 심각한 문제가 있는 것이 아닐까? 소위 "차별어"가 문제가 되면 "언어 사냥" 운운하며 신경을 곤두세우는 일본 지식인들이 권력자에 의한 표현 탄압에 직면했을 때 둔감함을 보이는 현실은 천황제 터부에 대한 굴복에 의해 조건 지어져 있다고 생각되기 때문이다. 후카자와 시치로(深沢七郎)의 『풍류몽담』(風流夢譚)*, 오에 겐자부로의 『세븐틴』에서부터 기리야마 가사네(桐山襲)의 『파르티잔 전설』에 이르기까지 천황 및 천황제를 정면에서 다룬 표현자들은 국가의 보호를 받지 못한 채 무방비로 우익의 테러에 노출되어 몸을 숨겨야만 했다. 이 상황은 지금도 하등 변화된 것이 없지만, 루슈디 문제를 이러한 일본 고유의 문제와 연결 지어 정면으로 논한 글을 나는 알지 못한다. 생각해 보면 이슬람 세계에서도 근년까지 표현자들에 대한 탄압이 결코 체계적으로 이뤄진 것은 아니며, 일본에서도 『겐지 이야기』를 거론할 것까지도 없이 천황과 그 일족은 장구한 세월 동안 문학 표현의 좋은 소재가 되었다. 이 관점에서 보면, 소위 전통적인 종교나 습속이 근대 국가의 원리로 재해석되고 제도화될 때, 표현에 대한 터부의 형성이 불가피하게 수반된

---

* 이 작품과 관련하여 『풍류몽담』 사건이 발생하는데, 자세한 사항에 대해서는 6부의 「피난 도시를 지금, 여기에」에 실린 역주를 참조.

다고 할 수 있을 터이다(그와 동시에 여성의 배제가 강화=제도화되는 일은 필시 우연이 아닐 것이다). 소련과 동유럽 사회주의권이 사망한 뒤, 구미의 세계 지배에 대해 대항할 수 있는 유일한 세력으로 이슬람 원리주의를 평가하면서 루슈디에 대한 사형선고를 용인하는 그런 사람들이 일본의 자칭 제3세계주의자 가운데에도 있는 듯한데, 이러한 사람들의 "제3세계주의"란 1945년 이전의 일본 내셔널리즘이 모습을 바꾼 것에 불과하다고 말하면 지나친 것일까?

4. "벗의 발소리"를 듣는다

이리하여 우리는 문학과 민주주의의 관계에 대한 일견 추상적인 논의로 다시 돌아가게 된다. 이 건에 대해 앞서 말한 '제3세계주의자'는 서양 민주주의나 그와 불가분한 "표현의 자유"의 보편성을 인정하지 않는다고 할 터이다. 그러나 근대의 발명품인 "문학"의 원산지가 서양이라고 해도 이 발명에 포함되어 있는 그 권리, "절대적으로 모든 것을 이야기할 수 있는" 권리라는 의미의 "표현의 자유"는 민주주의와 상관항인 책임 주체의 개념틀 안에 모두 담겨지는 것이 아니다. 왜냐하면 절대적인 "표현의 자유"란 자신의 발언에 책임을 **지지 않을** 권리에 다름 아니며, "문학"이란 이러한 **무책임**을 보증하는 역설적인 제도기 때문이다. 그리고 바로 이런 의미에서 이해된 "표현의 자유"와 엄밀히 양립 가능한 공동체는, 실천은커녕 이론의 면에서도 일찍이 서양에 존재했던 적이 없고, 폴리스로부터 시인을 추방해야 한다고 했던 플라톤의 주장은 외관상의 모든 인상과는 반대로, 지금도 서양 사회에서 깊은 동의를 얻고 있다. 바꿔 말하자면 설령 서양에서 유증된 것이라 해도, "문학에의 권리"의 획득은, 또 이 권리에 어울리는 민주주의("또 하나의 민주주의")의 발명은 바야흐로 인류 전체의 과제인 것이다.

　나는 회의 기간 동안 또 한 명의 일본인 참가자로 『군중론』, 『사유하는 피부』 등의 저서로 알려진 사진가 미나토 지히로(港千尋)와 이 문제를 보다 한정된 맥락 속에서 논의하였다. 유럽=지중해 세계의 작가들이 눈앞의 엄혹한 현실과 마주하면서 새로운 저항 사항을 모색하고 있을 때, 우리가 우선 먼저 해야 할 일은 "문학에의 권리"라는 이 동일한 질문을 일본 및 아시아의 현실 속에서 구체적으로 새로 배치시켜 보는 작업일 것이라는 게 우리 두 사람의 일치된 견해였다. 역사적으로 문학 전통이 존재하는 것은 서양 이외에서 오직 극동(중국, 조선, 일본)뿐일 것이라 지적했던 에스토니아의 시인 얀 카플린스키가 반쯤은 바로 이런 근거로부터 설립되어야 할 '의회'에 "극동인"의 참가를 요구한 데 대하여 나는 이런 발언을 했다. "정치적으로나, 표현의 문제에 대해서나, 일본을 포함한 아시아 국가들은 여전히 민주화 도상에 있다. 이 점은 한국의 김영삼 대통령이 이 지역에서 최초로 그 이름에 걸맞은 보통선거로 선출된 국가원수라고 하는, 너무나도 자주 간과되는 이 한 가지 일을 보더라도 분명하다. 이번에는 이 장소에 일본인밖에 없지만, 문학 전통에 있어서나 또 서양화의 양태에 있어서나 극동 국가들 간에는 큰 차이가 있으며, 또 식민지 지배나 침략 전쟁 같은 역사적 이유를 고려할 때도, 일본이 이 지역을 대표하는 형태가 되는 것은 아무래도 피하지 않으면 안 된다. 이번 회의와 우리나라의 최대의 접점은 아마도 『악마의 시』 번역자의 암살 사건일 터인데, 이 사건은 '국제작가의회'가 요구하는 국제 민주주의의 발전에서 번역자의 위치에 대한 반성을 촉구한다. 이번에는 모두 프랑스어로 진행되었지만 이 '의회'가 '국제 의회'라고 한다면 조만간 번역의 문제에 직면하지 않을 수 없고, 또 이 의회가 '국제작가의회'라고 한다면, 통상적인 국제회의와는 달리, 번역자를 단순한 커뮤니케이션의 수단으로 간주하지 않는 구조가 있어야 마땅할 것이고, 그런 관점에서 이 점에 관해 토의가 이루어지기를 희망한다……."

마지막으로 한번 더 글리상이 제기한 저 결정적인 요청, 즉 오늘날 작가들의 제1의 의미는 인류나 민족, 계급을 대표하여——그것들을 대신하여——이야기하는 것이 아니라, 우선 "듣는 것"이며 "귀를 기울이기"라고 하는 요청으로 돌아가자. 내게 상기되는 것은 반세기 전, 이 동일한 밤중을 걷는 "벗의 발소리"를 듣는다고 말한 벤야민의 말이다. 이 발소리는 자기 자신 안에서 극도의 고독을 공명판 삼아 들을 수밖에 없는 것이다. 그러나 또한 그것이 전적으로 개인적인 영위일 수 없다는 점에도 이미 벤야민은 자각적이었다. 이 발소리를 깡그리 지워 버리는 지배적인 미디어의 소음과 정보 조작의 저편에서 이중의 침묵이, 처벌받지 않는 가해자들의 기만의 침묵과 이야기할 수 없는 것 앞에 선 희생자와 증인들의 무거운 침묵이 때로 분간키 어려운 층을 이루고 있다. 미디어의 압제와 싸우기 위해 "듣기"를 사명으로 하는 작가들은 일종의 집단성을 획득해야만 하며, [소음으로부터] 다양한 침묵들을 가려듣기 위해 고독할 권리를 요구해야만 한다. 스트라스부르의 '국제작가의회'는 거의 아포리아에 가까운, 이 이중의 요청에 응답하려 하고 있는 듯하다.

『省察』5号, 1993. 12 [『성찰』].

봉기하는 에크리튀르
—걸프 전쟁으로부터 '국제작가의회' 설립까지

작년 11월 스트라스부르에서 '세계의 외침'이라는 작가, 지식인들의 심 포지엄이 열렸다. 걸프 전쟁이 일단 종결된 지 몇 개월 뒤이자, 구 유고에 서는 이미 내전이 불꽃이 타오르기 시작하던 1991년 가을, 3년째 연속으 로 시도되고 있는 이 행사의 올해 제목은 "유럽(에)의 욕망"이었다. '세계 의 외침'이란 『베르길리우스의 죽음』 등으로 알려진 오스트리아의 작가 헤르만 블로흐가 1934년 발표한 어떤 글에서 인용한 것이다. 개회 서두 에서 사라예보에 막 돌아온 수전 손택이 "유럽은 이제 재 파쇼화 과정에 들어갔다"고 단언하고, 사회를 맡은 필립 라쿠-라바르트도 "밤의 시대 의 재래(在來)"를 이야기한 데서도 엿볼 수 있듯이, 이 제목을 선택한 이 면에 어떠한 역사적 유비가 작동하고 있었는지는 명백할 것이다.[*]

일본 표현자들의 눈에는 조금 과잉처럼 비춰질 수도 있을 이러한 위 기의식의 배경에는 해결의 실마리조차 찾을 수 없는 보스니아 정세에 더

---

[*] 필자는 이 역사적 유비에 대해 바로 다음 글인 「21세기의 '동시대성'을 찾아서」에서 좀 더 자세히 기술하고 있다.

하여, 사실상 내전 상태에 있는 FLN(민족해방전선)과 FIS(이슬람 구국전선) 사이에서 협공을 당한 형국이 된 민주파 지식인들이 (작가, 저널리스트, 텔레비전 캐스터까지 포함하여) 잇따라 암살당하고 있는 알제리의 심각한 상황이 있었다. 그리고 이 회의에 모인 사람들 간에는 이 일련의 사태가 더 이상 강 건너 불구경일 수 없다고 하는 인식이 공유되어 있었는데, 그 인식이 옳았다는 것은 그로부터 몇 개월 후 명실상부한 파시스트인 MIS('이탈리아 사회 운동')가 이탈리아 정권의 일각을 차지하게 됨으로써 뜻밖에도 증명되어 버렸다.

'세계의 외침'은 또한 이러한 시대에 저항하는 새로운 지식인 운동으로서 '국제작가의회'를 창설하기 위한 대화의 장이기도 했다. 그리고 이 회의 마지막 날 오후에 돌연 회장에 나타난 살만 루슈디가 올해 2월 이 '국제작가의회'의 초대 의장에 취임했다. '국경 없는 자들의 독립 선언'은 그의 재임 중 이 의회의 헌장이 될 텍스트다.

이 회의에서 기조 강연을 한 에두아르 글리상은 '의회'라는 말에 '결정하는 장소'라는 통상적인 의미도 아니고 '이야기하는 장소'라는 어원적인 의미도 아닌, '세계의 외침'에 '귀를 기울이는 장'이라는 새로운 의미를 부여하자고 제안하였고, 한편 자크 데리다는 "우리는 아무것도, 그 누구도 대표하고 있지를 않다"는 이유에서 '의회'라는 명칭 자체에 이의를 제기하면서 일체의 규약 제정에도 반대하였고, 또 피에르 부르디외는 이 장이 작가의 나르시시즘의 발명의 장으로 끝나지 않기 위해 "최소한의 관료제"를 요구하였는데 토론을 통해 얻은 결과에 입각하여 이 '의회'는 임기 2년의 의장으로 선출된 작가 및 지식인들이 작성할 텍스트를 바탕으로 표현의 단독성과 집단 이니셔티브 사이에서 그때마다 새로운 관계를 모색하는 스타일을 채용하게 된 것이리라. 맥빠진 감이 있을지도 모르지만 앞서 거명한 사람들 외에도 아도니스, 토니 모리슨, 카를로스 푸엔테스, 브라이텐 브라이텐버크, 심지어는 이스라엘의 팔레스타인인 작가 에밀 하비비나 독일 철학자 유르겐 하버마스 등 쟁쟁한 멤버들을 평의원으로 맞이하면서, 이 조직은 일단 이 이외의 '이념'을 갖지 않으며, 그것은 "이후로 행동을 함으로써 사후적으로 정의될 것"이라고 스스로 공표하고 있다. 그렇다고 한다면 살만 루슈디의 존재가, 그의 작품과 운명이 고취하게 될 이 '의회'의 최초의 "정신", 그 내실에 대해 여기서 조금 더 파고들어 생각해 볼 필요가 있을 것이다.

'세계의 외침' 개최에 앞서 이 회의의 주관 단체인 '유럽 문학의 교차로'는 한 권의 주목할 만한 책을 출판하였다. 『루슈디를 위하여』라는 제목의 이 책은 이란 정부에 의한 사형 선고 이후 4년이 지난 지금도 잠복생활을 강요받고 있는 『악마의 시』 작자를 옹호하는 백인 아랍인 또는 무슬림 지식인들의 글을 모은 것으로, 거기에는 에드워드 사이드나 페티 벤슬라마를 비롯, 이집트의 작가 나기브 마푸즈, 팔레스타인의 영화감독 미셸 클레이피 등의 이름도 보인다. 이 책의 출판 없이는 '국제작가의회'의 구상도 성립되지 않았을 것이라고 표현해도 과언이 아니다. 왜냐하면 걸프 전쟁으로 사실상 사상적 파산을 맞이했다고 할 수 있는 유럽 지식인 운동을 재건하기 위해서는 그 첫걸음으로 이 전쟁 과정에서 결정적으로 대립했던 제3세계, 특히 아랍=이슬람 세계 지식인들과의 화해가 불가결했고, 또 아랍=이슬람세계의 지식인측도 '신세계질서'와 소위 원리주의 세력의 대두, 그 틈바구니에서 표현 가능성 자체가 위협받고 있는 오늘날 유럽 지식인과의 대화를 재개하는 것 이외에는 활로가 없었기 때문이다. 당초 '유럽 문학의 교차로'에 결집한 것은 걸프 전쟁에 적어도 찬성은 하지 않았던 사람들이었는데, 그들은 『루슈디를 위하여』 출판이라는 조치를 통해 재회할 수 있었던 것이다.

　이 책에 수록된 글들에는 대부분 루슈디 옹호와 함께 걸프 전쟁에 대한 격렬한 비판이, 또 제3세계 가운데 친 서양적인 나라에서 자행되고 있는 표현의 탄압에 대한 서양 각국의 기만적인 침묵을 지탄하는 목소리가 강하게 울려 퍼지고 있는데, 그것은 1989년의 '루슈디 사건' 발발로부터 걸프 전쟁에 내몰려간 서양의 반 이슬람 선동에 본의 아니게 연루되어, 말하자면 인질로 잡혀 있던 루슈디와 그의 작품을 아랍=이슬람 세계의 대의(大義)로 탈환하려는 시도이며, 동시에 "민주주의"나 "표현의 자유" 같은 가치를 서양 중심주의의 이데올로기로부터 해방시키려는 시도이기도 했다.

　이 책에도 글을 기고하여 "루슈디, 당신은 누구도 쓰지 않았던 것을 썼다. 당신에게 감사해야만 하며, 당신과 함께 이슬람은 지금까지 금지되어 있던 땅에 들어선 것이다"라고 부르짖었던 재불(在佛) 튀니지 작가 압델와하브 메데브는 걸프 전쟁이 한창이던 시기에 어떤 발언을 하는 가운데 다음과 같은 흥미로운 역사적 사실을 상기시키고 있다.

　　걸프 전쟁에서 서양측이 보이고 있는 기만성은 온갖 장소에서 찾아낼 수 있다. 이번 발언에서는 서양 측 동맹관계의 한 측면을 폭로하는 데 그치기로 하자. 사우디아라비아는 서양인들의 주요한 아랍 동맹국이다. 이 나라의 동의, 찬동, 참가 없이는 아라비아 반도에 대한 구미의 프레즌스(현존; 주둔)는 식민지주의적 원정 이외의 그 어떤 것도 아니었으리라. 그런데 사우디와의 이 동맹이 서양 측의 정신적 가치를 아주 못쓰게 만들어 버린 것이다. [……] 이 나라는 타고난 자금력을 앞세워 이슬람의 가장 어두운 부분을 소생시킨다. 이 신권정치의 기원에 있는 이데올로기의 창시자로 거슬러 올라가야만 한다. 이븐 압두 알왓하브 (1703~1792)는 가장 편협한 변신론(變神論)을 제창했다. 이슬람의 순화(純化)를 호소하며 '코란'의 계율을 글자 그대로 적용해야 한다고 요구했다. 이 인물은 리야드 근교의 태수(太守) 이븐 사우드와 계약을 맺어 신의 말씀이 무력에 의해 승리를 거두게 하려 했다. 왓하브 국가[사우디아라비아]의 탄생은 이 계약에 의해 요구되는 바이다. 이 사건의 동시대인이었던 사드는 그 '개인용 노트'에 이렇게 기록해 두었다. "아라비아 반도에 새로운 벽창호들이 머리를 쳐들고 무하마드의 종교를 순화시키려 하고 있다……. 그 어느 때라도 온갖 악의 근원은 다름 아닌 신이다."(『전집』 13권 10쪽). 계몽적 이성의 자식이었던 이 작가는 과연 유럽이 이슬람 중 타자와의 관계에서 가장 불관용한 이 교의 신봉자들의 유산을 충실히 계승한 상속인들과 두 세기 뒤에 동맹을 맺을 것이라고 상상이나 할 수 있었을까?

여기서 사드의 이름이 등장하게 되는 필연성에 주목하자. 메데브의 의도는 이중적인 것으로 보인다. 첫째로 유럽에서 탄생한 자유 개념, 특히 표현의 자유 개념은 사드에 있어서 처음으로 거대한 한계에 맞닥뜨리고, 동시에 그럼으로써 그 지고한 정식(定式)을 발견한 것이라는 점에서, 그의 이름은 단지 그것만으로도 "표현의 자유"라는 이름하에 루슈디를 옹호하면서, 다른 한편 사드가 침을 뱉은 종교국가와 태연히 손을 잡는 서양 여러 국가들의 바닥을 알 수 없는 사상적 퇴폐를 투시할 수 있게 해줄 터이다. 두 번째로 역사적, 문화적으로 다양한 종류의 차이들을 괄호에 넣고 말해 본다면, 오늘날 루슈디는 아랍=이슬람 세계의 입장에서, 일찍이 사드가 기독교 세계 입장에서 의미하던 것에 필적할 만한 무시무시한 자유의 형상임이 암시될 것이다.

첫 번째 점에 대해서는 무엇보다도 『무한한 대화』(1969)에 수록되어 있는 모리스 블랑쇼(그도 역시 이 '국제작가의회'의 참가를 표명하였다)의 논고 「봉기, 쓴다[書]고 하는 광기」가 참조되어야 한다. 블랑쇼는 사드가 철저히 이성의 인간이라는 사실, 너무나도 이성적이기 때문에 당시의 지배적인 사상이었던 무신론적 유물론에 만족하지 못하고, 이성에 내재하는 운동을 극한까지 밀어붙임으로써 이성의 본질적인 과잉을 드러냈다는 점을 확인한 후 사드의 작품에서 이 과잉이 발현된 세 가지 형태를 구별한다. 첫 번째 형태는 '백과전서적'인데, 가능한 한 최대한의 착란의 카탈로그로 나타난다. 두 번째 형태는 블랑쇼 자신의 『사드의 이성』이나 클로소프스키의 연구가 드러낸 사드의 독특한 부정 변증법으로, '신', '인간', '자연' 같은 실체가 거의 원환적으로, 무한한 부정의 힘에 의해 상호 표출되고, 파기되어 간다. 그런데 여기서 가장 중요한 것은 세 번째 형태인데, 이 형태에 의해 비로소 앞의 두 형태도 가능해진다. 그것은 "억제하기 어려운 에크리튀르의 필요"이며, "결코 억누를 길 없는 가공할 만한 언어의 힘"에 다름 아니다.

"모든 걸 말해야만 한다. 제1의 자유란 모든 걸 말할 자유다." 그러나 이 "모든 것"은 '백과전서적' 전체와도, '변증법적' 전체와도 완전히는 일치하지 않는다. 여기서 블랑쇼는 금지의 침범이라는 문제 설정 자체의 한계를, 침범 "이상으로 폭력적인 뭔가"를 이야기하려 한다. 그것은 "단순한 만큼 강렬한", "단지 반복적인" 말의 힘이고, 그것은 사드에게 "일체의 애매함 없이, 마음속에 어떤 비밀도 남기지 않은 채, 언제라도 모든 걸 거리낌 없이 이야기하는 말"에 의해 나타난다. 이러한 말의 "광기", 이성의 "광기"가 서식하던 터전으로서 사드는, 그 특유의 단순함으로 "모든 것"을 이야기해야만 하는 것이다. 여기서 "자유"란 주어진 권리 이전에 끊임없이 새로이 갱신되는 에너지의 운동이며, 사드의 "공화국"은 단지 이 "자유"에만 기초를 둔다. "프랑스인이여! 공화주의자이고자 한다면 한번 더 노력이다."라고 호소했을 때, 그는 또한 이 "노력"을 "봉기"(insurrection)라고도 불렀다. 이리하여 우리는 사드에 의해 열린 자유의 공간 속에서 근대의 발명품인 "문학", "민주주의"를 등근원적으로 결부시키는 어떤 필연성의 끈이 가진 무시무시한 성격에 다다르게 된다.

그런데 루슈디의 '독립 선언'에도, 또 사이드가 루슈디에게 바친 오마주에도, 이러한 사드의 정식을 연상하지 않을 수 없는 표현이 발견되는 것은 우연일까?

왜 이런 생각이 드는가 하면, 루슈디는 작가가 그 "시민"이어야 할 다양한 나라들("일상 생활의 **나라**", "상상력의 **왕국**", "기억의 **대지**", "심정의 **연방**", "욕망의 **민족**", "정신의 **합중국**")을 꼽은 후, 마지막으로 "질곡 없는 언어"를 "공화국"이라는 말과 결부 지었고(이 이외 어떤 결합을 생각할 수 있을까?), 한편 사이드는 그의 글을 "루슈디는 상상력의 인티파다이다"라는 문장으로 매듭지었는데, 여기서 인티파다는 아라비아어로 "봉기"를 의미하기 때문이다.

루슈디와 사이드를, 또 루슈디를 지지하는 제3세계 지식인들을 어떤 깊은 역사적 필연성에 의해 사드와 결부시켜 주는 것은 필시 "민주주의"와 "힘"을 완전히 동의어로 이해하고 있다는 점일 것이다. 예를 들어 사이드는 현재 팔레스타인과 이스라엘 간의 잠정 자치 합의에 반대하며 아라파트 집행부를 비판하고 있는데, 그것은 PLO 내부의 "민주주의" 결여가 그대로 팔레스타인 저항 운동의 "힘"의 감퇴로 이어지고 있다고 생각하기 때문이다. 인티파다=팔레스타인 피점령지 민중**봉기**와 루슈디의 에크리튀르를 포개는 것은 그에게 결코 단순한 레토릭이 아니다.

'국제작가의회' 또한 이런 "힘" 외에 그 무엇에도 의거하지 않는다. 참가자들의 지명도와 이 외견상 "빈약함"의 대조 속에서 우리는 이 시대의 어떤 징후를 보아야 할까? 그런데 그 전에 우선 우리는 일본이 사우디아라비아와 함께 걸프 전쟁을 가능케 한 또 하나의 비(非) 서양국임을 상기해야 한다. 또 『악마의 시』 번역자가 살해당한 유일한 나라임을 상기하지 않으면 안 된다. 그리고 이 나라에서 "표현의 자유"에 대한 논의가 "공화주의자"이고자 하는 그 어떤 "노력"과도 접점을 찾지 못한 결과 깊은 혼란에 빠져 버린 이 상황에 대해 숙고해야 한다. 쓰쓰이 야스타카(筒井康隆)의 "문화국가"는 루슈디가 말하는 "질곡 없는 언어의 공화국"의 희화(戱畵)에도 미치지 못한다. 마지막으로 이 세 가지 과제들 간의 어떤 연계성에 눈을 뜨고, 우리 사회에 가득 찬 "외침"에 귀를 열어야 한다. 그렇지 않으면 우리는 이 '의회'에서 이야기해야 할 어떠한 언어도 갖지 못할 것이고, 일본어의 에크리튀르가 "봉기"하는 날도 결코 맞이할 수 없을 것이다.

『文芸』, 1994. 8 [『문예』].

21세기의 '동시대성'을 찾아서
— '국제작가의회'가 활동을 개시하기까지

'국제작가의회'는 1993년 11월, 프랑스의 스트라스부르 시에서 출산의 첫 울음을 터뜨렸다. 이 해 7월 이 도시로부터 세계 각지에서 점차 심각해지고 있는 작가, 지식인들에 대한 박해에 항의하면서, "정치적, 경제적 권력 및 모든 정통 신앙에 대한 문학의 자율과 주권", "창작 활동 및 생활을 위협받고 있는 전 세계 작가들과의 구체적 연대"를 호소하며 발산된 어필(appeal)에 지구상 전 대륙에서 300명이 넘는 작가들이 응한 것이다. 1994년 2월에는 평의회가 설립되고, 6월에는 의장, 부의장(5명), 평의회(평의원수는 최종적으로 50명까지 확대 예정)로 이루어진 '국제작가의회'가 정식으로 발족했다. 이 글은 93년의 스트라스부르 대회에 참가한 나 자신의 체험을 바탕으로 이 새로운, 그리고 필시 금세기 최후의 국제 지식인 운동이 될 이 활동이 개시되기까지의 발자취를 중심 멤버들의 발언을 따라가면서 살피고자 한다.

1993년 11월 7일 오후 프랑스 스트라스부르 시의 중심에 있는 클레베르 광장의 오베트관은 생각지도 못한 손님을 맞아 술렁거렸다. 그의 이름은 살만 루슈디, 그의 소설 『악마의 시』(1988)가 이란의 최고 지도자

호메이니에 의해 이슬람에 대한 용납키 어려운 모독이라 단정된 후, 사형 선고를 받고 4년 이상을 부득이하게 은둔 생활을 하고 있는 인도 뭄바이 출신의 영어 작가다. 그러나 그의 표정에는 소모나 공포의 그림자라곤 찾아볼 수 없었으며 사람을 대하는 말씨나 어조도 모두 유유자적했다. "정치 암살 이상으로 공포스러운 것, 그것은 우리 자신의 공포다"라고, 루슈디는 조용히 말했다.

비밀리에 그를 초대한 것은 스트라스부르 시장 카트린 트로트만(Catherine Trautmann)과 1991년 이래 이 도시에서 개최된 문학자들의 모임 '유럽 문학의 교차로'. 그러나 이 못지않게 루슈디 씨의 이 날 방문을 준비한 것은 한 권의 책 출판이었다. 『루슈디를 위하여』라는 제목을 내건 이 책에는 그를 지지하는 100명의 아랍인 또는 무슬림 남녀 지식인들의 발언이 수록되어 있다. 기고자의 규모를 보자면 이란, 인도 외에 마슈리크, 마그레브의 아랍 나라들에서부터 터키, 방글라데시, 타지키스탄 등 구소련의 이슬람권에까지 이르며, 그 가운데에는 레바논의 시인 아도니스, 이집트의 노벨상 수상 작가 마푸즈, 팔레스타인의 시인 다르위시, 소설가 샤마스, 영화감독 클레이피, 비평가 사이드, 그리고 『악마의 시』에 대해 논한 탁월한 텍스트로 최근 영역된 『위험한 픽션』(西谷修 訳, 筑摩書房, 1994)의 저자인 튀니지의 정신분석가 벤슬라마 등의 이름도 있었다. 망명자도 있지만 태반은 자국에서 참가한 사람들이기 때문에, 이 책이 표현자 한 사람 한 사람의 얼마만한 용기를 바탕으로 성립된 것인지는 새삼 강조할 필요도 없을 터이다(이 책의 일부는 아시아·아프리카 작가회의 『aala』 94호 및 『문예』 1994년 가을호에 실려 있다).

나는 이 출판을 유럽에서 터져 나온 외침에 아시아, 아프리카, 라틴아메리카의 작가들이 대거 응답한 '국제작가의회'의 출발점의 하나라 생각한다. 그 이유는, 당시 걸프 전쟁, 소련 및 동유럽 사회주의권의 소멸, 유럽 통합이라는 정치적 격변 속에서, 유럽 지식인들과 제3세계 지식인들 간에는 회복 불가능해 보이는 심각한 골이 패여 있었는데, 그런 상황에서 이 책을 공동으로 출판한다는 일은 양자의 새로운 만남을 향해 쌍방 모두가 최초의 한 걸음을 내딛는 걸 의미했기 때문이다. 걸프 전쟁에 적어도 찬성하지는 않았던, 또 "냉전의 종언=자유세계의 승리"라는 교조를 믿지 않았던, 결코 다수는 아닌 구미의 지식인들은 제3세계의 지식인들과 화해할 길을 모색하고 있었다. 또 제3세계, 특히 아랍=이슬람 세계의 지식인들 대다수도 "신세계질서"와 종교적 원인 및 여타 원인에 의한 불관용의 증대에 협공을 당하는 형태로 표현의 권리와 가능성 자체를 물리적, 정신적으로 위협받고 있었고, 그러한 곤경 속에서 유럽에 신뢰할 수 있는 대화 상대를 구하는 것 이외에 활로가 없었던 것이다.

　이 책에 실린 글들에는 대부분 루슈디를 옹호하고 사형선고 철회를 요구하는 입장 표명과 함께 걸프 전쟁에 대한 강한 비판이, 또 사우디아라비아 등 친서양적인 나라에서 자행되고 있는 표현 탄압을 계속 묵인하고 있는 유럽 여러 나라의 기만을 탄핵하는 목소리가 쩌렁쩌렁하다. 우리가 거기서 보아야 할 것은 루슈디의 친구이기도 한 에드워드 사이드('의회' 평의원 중 1인)의 발언 「정통파에 저항하여」(『文芸』, 1994년 가을호)에 간결히 표현되어 있듯이, 89년의 『악마의 시』 사건 발발로부터 걸프 전쟁으로 내몰려 간 서양의 반이슬람 선동에 본의 아니게 연루되어, 말하자면 인질로 잡혀 그저 목숨만 부지하고 있던 루슈디와 그의 작품을 아랍=이슬람 세계의 대의(大義)로서 탈환하고자 하는 대담한 시도라 할 수 있을 것이다. 그것은 동시에 "민주주의", "인권", "표현의 자유" 같은 보편적 가치를 서양 중심주의에 의한 왜곡과 사유화[我有化]에서 해방시키려는 시도이기도 했다.

1994년 2월, 루슈디는 '의회'의 초대 의장에 취임, 「국경 없는 자들을 위한 독립 선언」이라는 문장을 발표했다. 그것은 그의 재임 중 2년간 '의회'의 헌장을 대신할 터인데, 동시에 그를 지지해 준 『루슈디를 위하여』의 기고자들에 대해 감사를 표하는 응답이기도 했다.

작가는 수많은 나라들 시민이다. 관찰 가능한 현실과 일상생활이라고 하는 수많은 경계들에 의해 한정되고 장식된 나라, 상상력이라는 무한의 왕국, 반쯤 상실된 기억의 대지, 불처럼 뜨겁고 얼음처럼 차가운 심정의 연방, (고요하고도 시끄러운, 넓고도 좁은, 규칙적이며 또 변조된) 정신의 합중국, 천국과 같으며 또한 지옥과도 같은 욕망의 제민족, 그리고 — 우리의 거주지 중 아마도 가장 소중한 것일 — 질곡 없는 언어 공화국 등, 이 모든 나라의 시민이다. 진지하게, 또 같은 정도의 자부심과 신중함을 가지고 우리 작가 의회가 그 대표권을 주장할 수 있는 것은 이 나라들이다. 모두 아우르면 그 영토는 일찍이 그 어떤 지상의 권력이 지배한 것보다 훨씬 광대하다. 그러나 지상의 권력에 대한 이 나라들의 방어체제는 대단히 취약해 보일 수도 있다.

여기서 잊어선 안 될 것은 "표현과 사상에 대한 박해와 탄압"은 소위 "이슬람 원리주의"의 전매특허가 아니라는 사실이다. 점령하 팔레스타인에서는 유대교에 의해, 보스니아-헤르체고비나에서는 그리스정교에 의해 기독교의 이름 아래 때로는 공공연하게 때로는 은연중에 "민족 정화 정책"이 수행되고 있으며, 미디어는 거의 전하지 않지만 이들 지역에서는 "사상과 표현에 대한 박해나 탄압"이 일상다반사다. 그리고 어느 경우에나 하나같이 유럽은 명백한 공범자다. 마틴 스코세이지의 영화 「그리스도 최후의 유혹」이 전 세계 기독교 원리주의자들의 박해를 받은 것은 그리 오래 전 일이 아니다. 또 박해는 소위 일신교 세계에 한정된 것도 아니고, 반드시 엄밀한 종교적 동기에 입각한 것도 아니다. 확실한 것은 다양한 형태와 동기하에 작가에 대한 박해가 지금 무서운 기세로 전 세계로 확산되고 있다는 사실일 터이다. 바로 그렇기 때문에 "전 세계의 모든 루슈디"가 마찬가지로 문제시되어야 하며, 그렇지 않으면 루슈디 옹호의 목소리는 곧장 국제적인 파워 폴리틱스에 먹혀 버릴 것이다. 94년 9월말 리스본 대회에 제출된 「무엇을 위한 의회인가?」라는 문서에 들어 있는 다음과 같은 말에는 '국제작가의회'의 이러한 문제의식이 잘 표현되어 있다.

역사적 전통의 다양성에 대한 인식과 승인에 입각한 진정한 인터내셔널리즘. 문제는 (평화, 평등, 표현의 자유 같은) 보편적 대의를 위해, [그러나] "보편의 제국주의"를 경계하면서 투쟁하는 것이다. 보편의 제국주의란 유럽 문화의 경계 내에 한정된 코스모폴리탄주의, 뒤가 구린 동기에서 나온 인도주의와 뒤섞여 버린 휴머니즘, 낡은 보편주의의 예언 기능 등인데, 그것은 [······] 전 지구적 규모로 지식인들의 의견 교환을 촉진하기는커녕 유럽 바깥의 지식인들이 구 식민지 본국이나 자국의 정치권력에의 복종으로부터 달아날 수 있도록 실효적으로 그들을 지원하는 일을 게을리했기 때문에 그들의 불신과 철수를 부르는 결과가 되었다.

유럽 입장에서 "사상과 표현에 대한 박해와 탄압"은 더 이상 강 건너 불구경이 아니다. 독일과 프랑스의 경계에 있으면서 유럽의 요람이기도 했던 스트라스부르에서 서적시(書籍市)로 시작되었던 '유럽 문학의 교차로'가 목전의 정치 위기 및 문화 위기에 대한 토론의 장으로 변화한 것은 91년의 일로서, 이 도시에서 교편을 잡고 있는 두 철학자 장-뤽 낭시와 필립 라쿠-라바르트의 발안(發案)에 의한 것이었다. 걸프 전쟁이 일단 매듭지어지고 몇 개월이 지난 시점이고, 또 구 유고에서 내전이 시작된 직후의 시기였다. 유럽통합 찬반을 묻는 마스트리히트 조약의 비준으로 동요하던 다음 해(92년) '극유럽'(extreme europe)이라는 제목으로 유럽의 지리적, 역사적 경계가 논의된 후, 93년에 이 포럼은 '세계의 외침'이라는 제목을 내걸었다. 이것은 『베르길리우스의 죽음』 등으로 알려진 오스트리아의 작가 헤르만 블로흐가 1934년에 쓴 말이다. 4년 뒤인 1938년 나치 독일은 오스트리아를 병합하고 유대계인 블로흐는 곧장 신병을 구속당했는데 조이스 등 외국 작가들의 지원 활동에 의해 간신히 영국으로 달아났다. 이 제목을 선택한 이면에 어떠한 역사적 유비가 작동하고 있었는지는 명백하다. 93년의 참가자 중 한 명으로 사라예보에서 막 돌아온 수전 손택이 입을 열면서 곧장 단언했듯이 "유럽 자체가 재 파쇼화 과정에 돌입했다"라는 암울한 인식이 회장을 지배하고 있었다.

위기는 따라서 동시에 유럽의 "내부"와 "외부"에서 다가왔다. 이는 **동시대**의 현상으로, 반세기 전 유럽의 파시즘과 일본의 천황제 군사독재처럼 이들 위기의 양상에는 차이와 함께 어떤 공통성도 비장(秘藏)되어 있을 터이다. 그런데 그 "정체"를 끝까지 확인하며 지켜보는 일은 지극히 어렵다. 그것은 역사적인 여러 이유들로 인해 이 인식을 가능케 하는 전제가 되는 "동시대 감각"이 오늘날의 우리에게 잔혹하리만치 결여되어 있어서가 아닐까?

사회학자 피에르 부르디외는 91년부터 이 모임에 참가하였고 이 해에 이미 기존의 국제조직과는 이질적인, "보편적 신화"의 생산의 장이 아닌, 유럽 지식인의 실천적 자기 비판의 장일 수도 있는 '과학적=학술적 인터내셔널'의 필요를 강조했다. '국제작가의회' 구상은 이때의 그의 발언에 촉발 받아 떠오른 것이다. 그 발언에 귀를 기울여 보자.

어쩌다 보니 나는 여러분이 내 발언에서 기대하고 있던 한계를 초월해 버린 듯하다. 그러나 우물쭈물할 겨를은 없다. 일반론적으로 이러니 저러니 하면서 1초라도 낭비하고 싶지는 않다. 우리가 어떤 식으로 공동 행동을 할지, 어떻게 네트워크를 형성할지를 생각하자. 대규모로 문화적 및 집단적 이해관계가 문제될 때마다 개입하기 위해, 잠재적으로 동원 가능한 사람들의 네트워크를 어떻게 형성해야 할까? 우리는 여기에 모여 있으므로 목적은 비교적 분명한 듯하다. 그러니까 수단이나 조직에 대해 생각하자.
어쩌면 이것은 시기상조의 제안일 것이고, 어쩌면 나는 장소를 찬탈해 버린 것이며, 여기서 이러한 얘기를 할 권리가 내게 없을 것이다. 그러나 나는 말하고 싶다. 나는 우리가 일종의 유럽 문화의회 같은 것이 되면 좋겠다고 생각한다. '유럽'이라는 것은 내게 하나의 단계로서, 어쨌든 '프랑스'보다는 낫다는 의미에서 상위의 보편화 단계를 표현하고 있는 데 불과하다. (「유럽(에)의 욕망」, 1992)

1992년의 저서 『예술의 규칙』에서도 강조되고 있듯이, 부르디외의 제기는 비유럽 세계에서 **공공연하게 벌어지는** 표현의 위기와, 전례 없이 심화된 구미 사회의 예술 및 앎의 생산 과정에 대한 상업주의의 **은연중의**

지배를, 어떤 동시대적인 위기의식 속에서 포착하자고 하는 것이다. 그것이 이 운동이 보편적 운동이 될 수 있는지 없는지, 늘 "상위의 보편화"를 향해 열릴 수 있는지 없는지를 가리는 시금석이다. 이 발상은 현재 '의회'의 공통 인식이 되어 있는데, 일본의 경우 분명히 이 두 가지 측면을 모두 심각한 형태로 안고 있어, '국제작가의회'로부터의 참가 호소는 그런 만큼 더욱더 피해 갈 수 없는 내용을 포함하고 있다고 할 수 있다.

그렇긴 하지만 '의회'의 성립이나 지금까지 제기된 문서의 내용에 대해서 몇 가지 의문이 제출된다고 해도 이상할 게 없다. 우선 다른 조직 형태가 아니라 왜 '의회'여야만 하는가? 93년 11월의 토론에서도 참가자들 간에 이 점이 다양하게 논의되었다. 마르티니크의 프랑스어 작가 에두아르 글리상은 개회 발언을 하는 가운데 과거에 있었던 동일한 종류의 시도를 상기하면서 다음과 같이 말했다.

작가와 지식인이 회의나 대회, 의회 등의 형태로 집합한 것은 이번이 처음은 아니다. 역사는 그 저명한 사례를 우리를 위해 남겨 주었는데, 그로부터 무엇이 태어났는가를 알면 실망스럽다. [……] 또 작가와 지식인들이 이 의회(Parlement)라는 말에 사물이나 사태를 결정하는 장이라는 의미가 아니라, 이야기의 장이라는 의미를 다시 부여하고자 한 것도 이번이 처음은 아니다.* [……] 그러나 이러한 의회(Parliament; 글리상은 여기서 의도적으로 영어를 사용했다)가 동시에, 또 단지 듣기만을 임무로 삼은 것은 아마도 이번이 최초일 것이다. 무엇을 듣는가?── 우

---

* 프랑스 단어 Parlement(의회)에는 말한다는 의미의 parler가 포함되어 있다.

리는 분명히 말했다, 세계의 외침이라고.

의회라는 형식 및 명칭에 가장 확실히 이의를 제기한 것은 (부르디외, 글리상과 함께 '의회'의 주요 멤버로 활발히 활동 중인) 철학자 자크 데리다이다. 그의 거절은 특히 이 명칭을 채용하면 유럽 의회주의 전통과 불가분한 관계를 갖는 "대표=대행"의 관념이 무비판적으로 도입되게 되지 않겠느냐는 점에 있었다. "우리는 아무것도, 그 누구도 대표하고 있지를 않다"고 그는 말했다. 그러나 작가, 지식인의 국제적 네트워크가 긴급히 요구되고 있다는 데 대해서는 데리다도 부르디외 못지않게 강하게 확신하고 있었음은 근작 『마르크스의 유령들』(1993)에 분명히 나타나 있다.

"새로운 인터내셔널" [······] 그것은 친화성과 고통 및 희망의 연대, 1848년 무렵처럼 아직은 눈에 잘 띄지 않는, 거의 비밀스러운 연대이지만, 그러나 점점 더 가시적으로 되고 있으며, 이에 관하여 하나 이상의 징후가 존재한다. 그것은 신분과 직위 그리고 호칭이 없는, 은밀하지는 않지만 공[개]적인(publique) 것이라고 하기도 어려우며, 계약을 맺고 있지 않고, "이음매가 어긋난 채"(out of joint), 결집 없이, 당과 조국, 국민 공동체 없이(모든 국민적인 규정에 앞서는, 그것을 관통하고 넘어서는 인터내셔널), 공동 시민권 없이, 어떤 계급으로의 공동적인 소속 없이 이루어지는 비동시대적인 연대다. 여기서 새로운 인터내셔널이라는 이름으로 불리는 것은 사람들 사이의 제도 없는 어떤 동맹과 같은 것이다. 곧 비록 더 이상 사회주의·마르크스주의적 인터내셔널과 프롤레타리아 독재, 만국의 프롤레타리아의 보편적 연합의 메시아적이고 종말론적인 역할을 믿지 않거나 또는 이전에도 결코 믿지 않았지만, 적어도 마르크스나 마르크스주의의 정신들(그들은 이제 하나 이상의/더 이상 하나 아닌 마르크스주의의 정신들이 존재한다는 것을 알고 있다) 중 하나로부터 계속 영감을 받고 있으며, [……] 그들 자신을 새롭고 구체적이며 현실적인 방식으로 동맹시키고자 하는 사람들 사이에 존재하는 제도 없는 어떤 동맹의 우정과 같은 것이다. [……]

당초 데리다는 일체의 규약 제정에도 반대하였고, [그런 점에서] '의회'가 작가들의 나르시시즘의 발로로 시종하지 않도록 하기 위해 "최소한의 관료제"를 주장한 부르디외와 의견을 달리 했지만, [그렇다고 해서 '의회'의 결렬로 끝나 버리지 않고 도리어] 이러한 논의에 입각하여, 앞서 말한 바와 같이, 임기 2년의 의장이 된 작가, 지식인들이 작성하게 될 텍스트를 바탕으로 표현의 단독성과 집단적 이니셔티브 사이에서 그때마다 새로운 관계를 모색하는 스타일을 채용하게 된 것이라 여겨진다.

여기서 데리다가 "이음매가 어긋난"(out of joint)이라는 표현을 사용한 것은 『햄릿』 제 1막 5장에서 주인공이 하는 대사 "이 시대는 썩었어"(The time is out of joint; 오다지마 유시小田島雄志의 번역에서는 "이 세상은 관절이 어긋나 있어")*를 바탕으로 한 것이다. 이 첫 번째 마르크스론에서 그는 이 말을 문자 그대로 "시간=시대라는 것은 이음매가 어긋나 있어"라고 해석, 레비나스가 타자 경험의 조건으로 제시한 "격시성"(隔時性) 구조 등과도 관련지으면서, 시대의 퇴폐라는 부정성(否定性)을 "우

---

* 옮긴이 최종철의 『햄릿』(민음사) 52쪽에는 "뒤틀린 세월"이라 번역되어 있다.

리” 의식의 ‘동시성’을 불안정화하는 적극적 계기로 전화시키고 있다. 바꿔 말하자면 세계적인 동시대성이 자발적, 직접적 소여로서 감득되지 않는 것(그것이 예컨대 지나간 60년대와 우리 90년대의 차이다), 타자가 받고 있는 박해가 ‘나’의 박해로 받아들여지는 국제적인 투영 기제가 지금까지와 같이 작동하지 않는 것이 “우리 시대”의 위기의 특징이라고 한다면, 그것은 또한 문화나 전통의 다양성의 경험을 거치지 않고 타자의 고뇌를 등질화하고 대행=표상하는 보편적 언설을 바탕으로 구축된 “동시대성”을 되묻자고 하는 독촉이기도 할 것이다. ‘국제작가의회’는 이미 잠재적으로 존재하고 있다고 상정되는 어떤 “동시대성”을 현재화(顯在化)시키는 장이라기보다는, 다양한 타자의 위기(유럽, 제3세계, 아시아, 일본)의 실상을 서로 찾아 묻기를 통하여 지금까지 인류가 경험한 것과는 다른 종류의 “동시대성”을 참을성 있게 엮어가고자 한다고 해도 좋겠다.

‘국제작가의회’는 94년 9월 리스본에서 스웨덴으로 망명한 방글라데시 작가 타슬리마 나스린(Taslima Nasreen)을 맞이하여 제1회 총회를 개최하였고, 11월에는 박해받고 있는 작가들을 일시적으로 체재시키는 피난도시 구상의 구체화에 착수하였다. 아울러 문학과 장소의 관계를 둘러싼 공개 토론을 벌이기 위해 스트라스부르에서 ‘강제이주 당한 문학’이라는 제목으로 모임을 조직하기도 했다. 이 스트라스부르 회의에는 북미 인디언 작가 크로 도그(Crow Dog), 팔레스타인인으로 히브리어 작가인 안톤 샤마스 등이 참가했다. 현재 39명인 평의원 중에 동아시아에서 참가한 사람은 망명 중국인 작가 베이다오(北島) 씨 한 사람뿐이지만, 스트라스부르의 사무국에서는 현재 일본인 작가들에게 어떤 형태로든 협력을 요청할 것을 검토 중이다. 일본의 작가, 지식인들의 평균적 의식에서 보자면 어쩌면 과잉이랄까 당돌하다고 받아들여지기 쉬운 ‘국제작가

의회'의 문제 제기지만, 이 외침은 지금 이 나라의 문학이나 표현 일반이
놓여 있는 역사적 조건을, 유례없이 확연히 비춰 줄지도 모른다.

『文学』, 1995. 春号(4)[『문학』].

피난도시를 지금, 여기에

내게 1996년은 1월 13일에 시작되었다. 이날 밤, 도쿄도(東京都)는 신주쿠 서구(西口) 지하통로에서 야숙(野宿) 생활자[*]를 쫓아내려 하였고, 마침 그 자리에 있다가 배제에 저항하던 사람들에게 경찰은 폭행을 가했다. 내 친구 한 사람도 그 자리에서 체포되며 중상을 입었다. 1월에 벌어졌던 이 공방은 결국 24일 새벽 다시 한번 기동대를 도입한 도쿄도에 의해, 도청(都廳)으로 이어지는 4호 통로에서 야숙 생활자와 지원자들이 강제 배제되고, 이 통로에 배제를 위해 내건 명분에 불과하다는 점이 처음부터 명백했던 "움직이는 보도"[**]가 건설되는 것으로 매듭지어졌다. 그러나 7개월 후인 오늘, 서구(西口) 지하 인포메이션 앞을 중심으로 종이박스를 덮고 생활하는 사람들 수는 오히려 증가하였다. 저간의 사정은

---

[*] 저자가 노숙자나 홈리스라 불리는 사람들에 대한 호칭을 고민하면서 이런 명칭을 제안한 사정에 대해서는 우카이 사토시, 『주권의 너머에서』(그린비, 2010) 중 1부 1절 「환대의 사유」를 참조.

[**] 우리나라 전철 지하도에 설치되어 있는 '무빙 워크'를 말하는 듯하다.

엔도 다이스케(遠藤大輔)의 뛰어난 다큐멘터리 비디오 작품 「거기에 거리街가 있었다」(드롭아웃TV)에 극명하게 기록되어 있다.

'거기'에, 신주쿠 서구 지하에 잠깐 있었던 '거리'[街], 지금도, 그러나 늘 '잠깐'이라는 양태로 '있는' '거리', 그 경험과 기억을, 동시대의 다른 거리 경험에 결부지어 보는 것은 가능할까? 예컨대 그러기 한 달 전, 몇 주간에 걸친 총파업 투쟁이 벌어졌던 파리 가두에, 또 문학적 표현이나 그 밖의 표현을 이유로 신체적 위협에 노출되고 박해를 받아 망명하지 않을 수 없었던 세계 각지의 작가들에게 생활과 작업의 장을 제공하는 것을 목적으로 하는 "피난도시"의 네트워크에 결부시켜 볼 수 있을까? 그것이 곧장은 불가능하다는 것을 나는 충분히 이해하고 있다. 그러나 신주쿠 운동에 공감을 하는 와중에 3월말 프랑스 스트라스부르에서 열린 제1회 피난도시 회의에 참석한 내 머릿속에서 이들 '거리'의 이미지는 포개지고, 어떤 압축을 일으켜 버렸다. 그리고 이 압축 속에서 하나의 물음이, 대단히 오래된, 하지만 경제적 신자유주의의 세계적 전제지배와 종교적, 민족적, 사회적 불관용에 협공을 당한 우리의 이 시대에, 새로운 모습으로, 새로운 내용을 포함해 회귀해 온 하나의 물음이 떠올랐다. 그것은 '거리'란 무엇인가 하는 물음이다.

피난도시 회의는 3월 21일, 22일 양일간, 스트라스부르의 유럽 평의회에서 '유럽지방자치체 회의'와 '국제작가의회' 공동 주최로 열렸다. 이번 회의는 작년 5월에 채택된 '피난도시 헌장'을 바탕으로 피박해작가와 수용 자치단체 관계자 간의 의견 교환 및 경험 교류의 기회로 설정되었다. 또 앞으로 이 네트워크 참가를 검토 중인 세계 각지의 도시로부터도 많은 사람들이 참가하였다. 이 시점에서 피난도시 선언을 한 도시들은 다음과 같다.

알메리아(Almería), 바르셀로나, 바야돌리드(Valladolid: 스페인), 칸, 콜마르(Colmar), 페르네=볼테르, 라 로셸(La Rochelle), 오를레앙, 스트라스부르(프랑스), 베를린, 도른비른(Dornbirn), 뒤셀도르프, 프랑크푸르트, 하노버(독일), 예테보리(스웨덴), 그라츠, 빈, 잘츠부르크(오스트리아), 헬싱키(핀란드), 파도바(이탈리아), 로테르담(네덜란드)

처음에 '유럽 지방자치체 회의'의 '피난도시 작업부 회의' 의장 칼-크리스티앙 장이 '지역 민주주의, 시민권의 하나의 시도'라는 제목의 기조 보고를 하고, 이어서 '국제작가의회' 사무국 국장 크리스티앙 살몽이 스트라스부르 시장 카트린 트로트만의 메시지를, 또 자크 데리다('국제작가의회' 부의장)의 글 일부를 대독했다. 데리다가 어떠한 장(場)을, 어떠한 문제의식을 가진 독자=청중을 상정하고 이 글을 썼는지는 이것으로 분명할 것이다. 회의는 이어서 알제리의 작가 라시드 부제드라(Rachid Boudjedra)를 의장으로 해서 피난도시 네트워크의 활동 보고로 옮겨가고, 마찬가지로 알제리의 작가 아이사 케라디, 무하마드 마가니, 아민 자위가 초대받은 측 입장에서 문제 제기를 해주었다.

이번 회의에서는 대단히 구체적인 과제를 중심으로 논의가 진행되었다. 그것이 3월 29일자 보고서에 다음과 같이 8가지 사항으로 정리되어 있다.

1. 피난도시에 한 작가가 체제하는 기간은 1년을 원칙으로 한다.
2. 해당 작가는 상세한 체재 조건에 대해 사전에 연락을 받는다.
3. 작가 및 가족에게는 적절한 주거가 제공된다.
4. 아이와 함께 체제하는 경우는 학년을 고려하여 7월을 받아들이는 달

로 하는 것이 바람직하다.

5. 작가에게 제공되는 최저 금액은 독신자의 경우 월 1000에퀴, 커플의
경우 1300에퀴, 아이가 있을 경우에는 1700에퀴로 한다.

6. 수용자 측은 작가의 해당 도시에서의 법적, 사회적, 문화적 통합을
위해 최대한의 편의를 제공한다(일시적이거나 항구적인 직업의 알선, 해
당 도시에 거주하는 작가와의 교류 등을 포함).

7. 피난도시는 작가의 체재비 외에, '국제작가의회'의 유지 운영비로 연
간 15000프랑을 부담한다.

8. 피난도시는 이 사항들을 원칙적 틀로 삼되 각각의 사정을 감안하여
'국제작가의회'와 협정을 맺는다.

참가자들로부터는 이 세목(細目)들에 대한 질의 외에도, 피난도시
네트워크가 망명 작가의 구원이라는 소극적 목적을 뛰어넘어 망명의 원
인이 된 현대의 박해에 대항할 수 있는 새로운 사상과 운동을 형성하는
적극적인 장이 되어야 한다고 요청하는 목소리가 잇따랐다. 그리고 현재
세계적 규모의 표현 및 표현자에 대한 박해가 국가 권력에 의한 공공연
한 검열에 그치지 않고, "검열의 민영화"라고나 불러야 할 형태로 암암리
에 자행되는 경향이 있음이 강조되었다. 이 점을 언급하며 나 자신도 발
언을 했는데, 일본에서는 "검열의 민영화"가 적어도 1961년의 『풍류몽
담』(風流夢譚) 사건[*] 이래 확고히 정착되었고, 특히 천황제, 식민지 지배,

---

[*] 시마나카 사건(嶋中事件)이라고도 불린다. 1960년 11월에 잡지 『중앙공론』(中央公論)에 후
카자와 시치로(深沢七郎)의 소설 『풍류몽담』이 게재되었다. 이 작품에는 황태자와 황태자
비가 참수되는 기술(記述)이 등장하고, 천황 황후의 목 없는 몸뚱이 등이 등장하며, 쇼켄 황

2차 세계 대전에 관한 표현의 자유는 비공식적인 사회적 합의에 의해 지극히 제한되어 있다는 사실, 노벨상 수상 작가 오에 겐자부로조차 자신의 모든 작품을 출판할 자유가 실효적으로 보증되어 있지는 않다는 사실 등을 보고하였다.

또 중국의 언론 탄압에 대해서는 민주주의 대 독재라는 안이한 이항 도식에 빠지지 않으면서 일본, 한국, 대만을 포함한 동아시아 전체의 민주주의의 문제로서 제기되어야 한다는 점, 일본의 전쟁책임 문제가 여기에도 짙은 그림자를 드리우고 있다는 점 등도 언급하였고, 특히 알제리 작가들로부터 호의적인 반응을 얻었다.

데리다의 논고 「만국의 세계시민이여, 다시 한 번 노력이다!」는 아직 발족기의 혼란을 벗어나지 못하고 있는 피난도시 네트워크의 이 시행착오에 동참하면서, 피난도시와 망명 작가의 공통 경험으로부터 "새로운 시민권"을 구상하는 작업의 일환으로 제시된 것이다. 독자 여러분도 이미 아셨겠지만, 이 제목은 마르크스의 「공산주의자 선언」의 맺음말 "만국의 프롤레타리아트여, 단결하라!", 사드의 『규방철학』의 일부로 뒷날 1848년 2월 혁명 시에 팸플릿 형태로 배포된 글의 제목 「프랑스인이여, 공화주의자이고자 한다면 다시 한 번 노력이다!」, 이 두 가지를 압축

태후(昭憲皇太后)가 야비한 언사를 내뱉거나 면전 매도를 당하는 등의 기술이 있었다. 이를 불경하다고 본 우익의 항의 활동이 곧장 타올랐는데, 가열된 비판과 옹호 논쟁 속에서 우익 단체 '대일본애국당'(大日本愛国党) 소속의 소년 K가 중앙공론사의 시마나카(嶋中) 사장 자택에 침입해서 부인에게 중상을 입히고 가정부를 살해한 살상 사건이다. 이 사건 후에도 우익의 항의는 계속 이어졌고 결국 중앙공론사는 굴복한다. 중앙공론사는 다른 우익 관계자에게 조정을 의뢰하여 밀실에서 대화를 했다고 하고, 또 공적으로 논조가 변화되기도 해서 언론계 전체에 큰 영향을 미쳤다. (이상은 ja.wikipedia.org의 「嶋中事件」 항목을 부분 번역한 것이다.)

변형한 것이다. 거기에는 외견과 상반되게 이 소품의 주제가 이 시대의 가장 래디컬한 변혁, 그리고 혁명적 면모를 갖춘 변혁과 관련되어 있다고 하는 작자의 자부심이 엿보인다. 그러나 본문에서 명시적으로 다뤄지는 것은 마르크스와 사드가 아니라 한나 아렌트와 칸트다. 특히, 데리다의 저작 중 아렌트가 텍스트에 입각해서 논의된 것은 필자가 아는 한 처음으로, 그녀의 작업 특히 『전체주의의 기원』이 '국제작가의회' 같은 운동에 방향을 부여함에 있어 불가결한 문헌임을 확인해 주는 것이라 할 수 있다.

그 주제는 무엇인가? 한마디로 하자면 지금까지 마르크스주의적 정치 문화 속에서 "국제주의"라 불리어 온 것에 다름 아니다. 다만 데리다는 적어도 여기서 이 사상을 곧장 마르크스의 유산에 결부시키지 않고 (곧장 결부시키는 것은 『마르크스의 유령들』의 과제다), 고대 스토아 학파로 거슬러 올라가는 세계 시민주의 전통 안에 배치한다. 고대 희랍의 '폴리스'는 일본어로는 "도시 국가"라 번역되는 게 통례지만, 피난도시 네트워크가 씨름하고 있는 과제는, 혹은 이 이니셔티브에 고유한 찬스는 바로 '도시'와 '국가'의 원리적 상극성에 있기 때문이다.

어떤 국가에 귀속되는 도시가 다른 국가의 국적 보유자를, 국적을 박탈당한 사람을, 원래 어떤 국적도 없는 사람을, 무국적자를, "무국적자"라는 자격조차 박탈당한 사람을, 어떠한 나라의 국민도 아닌 사람을, 어떻게 **시민으로서** 맞을 수 있을까? 도시의 정책은 모두 국가 주권에 종속되어야만 하는가? 그렇지 않다고 한다면, 그것과는 다른 가능성이 있다고 한다면, 그것을 밝힐 수 있는 이론적 전망이란 어떠한 것인가? 어떠한 의미에서 도시는 국가로부터 **독립**할 수 있는가? 어느 정도까지, 어떠한 조건하에서, 도시는 국민국가라는 **내부의 외부**일 수 있을까?

데리다는 피난도시 네트워크가, 이 "내부의 외부"들이 국가 주권을 가로지르며 상호 연락하고, 상호협정을 맺고, 그럼으로써 주권 국가들 간의 네트워크에서 독립하고, 그에 저항하는 **텍스트**로 발전하기를 바란다. 이 "실험"은 망명 작가의 구원을 직접적인 목적으로 하면서도 거기에 그치지를 않는다. 그것은 "대지와 인류의 역사에 있어서 전례 없이 수많은 사람들이 폭력, 불평등, 배제의 희생물이 되고, 기아 즉 경제적 억압에 신음하고 있는"(『마르크스의 유령들』) 이 시대의 현실이 요청하는 국제법 변혁을 향한 전략적인 "실험"이기도 하다. 왜냐하면 『전체주의의 기원』에서 아렌트가 절실하게 논의한 바 있듯이, 국제법이 주권 국가를 전제한 주권 국가 간의 협정인 한, 어떤 이유로 인해 어떤 국가의 비호도 받지 못하는 사람은 세계의 외부로 방출되고, 그 인권이 유린당하고, 무방비 상태로 폭력의 먹이가 될 수밖에 없기 때문이다. 바로 그렇기 때문에 아무리 유토피아적으로 보일지라도 **국가 주권에 입각하지 않는 국제법**을 사고하고 발명하려는 노력이 **지금** 요구되는 것이다.

이러한 국제법 정신은 데리다에 의하면 "관용"이 아니라 "환대"이다. 데리다는 1995~96년 학기에 "환대"를 주제로 세미나를 진행했는데, 이 소품에는 이 문제에 대한 그의 기본 자세가 개략적으로 반영되어 있다. 유럽 역사에서 발견할 수 있는 환대의 사상은 한둘이 아니지마는, 여기서 데리다는 히브리적 전통과 중세 도시 주권의 역사를 참조해야 할 유산으로 지시한다. 후자에 대해서는 일본에서도 많은 연구가 있으며, 막스 베버는 물론이고 앙리 피렌의 『중세 도시: 사회경제사적 시론』(『中世都市: 社会経済史的試論』, 佐々木克巳 訳, 創文社, 1970) 등 기초 문헌도 **빠짐없이** 출판되어 있다. 전자에 대해서는 (데리다도 거론하듯이), 이번 회의에서 스트라스부르 시장 카트린 트로트만이 성명 가운데에서 상세히 인용한 고 엠마뉘엘 레비나스의 논고 「도주 도시」(피난도시)가 일전에 번역된 바 있다(『성구의 저편』에 수록; 『聖句の彼方』, 合田正人 訳, 法政大学出版局, 1996). 그러나 데리다의 환대론의 기축을 이루는 참조 문헌이 칸트의 『영구 평화를 위하여』라는 사실은 여기에 보이는 그 예비적이면서 동시에 생략적인 취급으로부터도 충분히 분명할 터이다.

데리다는 여기서 이 텍스트에 3중 접근법을 구사하고 있다. 첫째로는 이 정식 속에 거명되지 않으면서 흘러 들어와 있는 환대의 수다한 사상적 광맥들(스토아주의, 바울적 기독교 등등)을 채굴하는 것, 두 번째로 1951년 제네바 조약에 이르는 난민에 관한 현행 국제법을 칸트에 의한 "보편적 환대"의 정식에 비추어 비판하는 것, 세 번째로는 칸트 사상의 자연법적 한계를 문제화하는 것이다. 여기서 세 번째 항목은 필시 금후 데리다의 작업 가운데서도 가장 곤란한, 그렇기 때문에 가장 흥미로운 논점의 하나로 발전해 갈 것이라 기대된다. 이 지구의 표면은 누구의 소유일 수 없으며 따라서 누구라도 방문할 수 있는 권리를 갖는다고 하는 무조건 환대의 사상은 뒤집어보면 그 표면 위에 건설된 것, "주거, 문화, 제도, 국가" 등으로 들어서는[진입하는] 것은 필연적으로 조건부라는 점을 포함한다. 또 환대는 보편적인 것인 이상 공적이어야 하고, 따라서 사적인 환대—예컨대 "불법 체재 중인" 외국인을 자택에 머물게 하는 것—는 법적 처벌의 대상이 될 수 있다는 논리에, 이 사상이 오히려 적극적으로 토대를 부여할 위험조차 있는 것이다.

망명 작가 수용이라고 하는 피난도시 네트워크에 고유한 과제는 여기서 한편으로는 이민 노동자나 난민의 문제에, 다른 한편으로는 주거 상실자=야숙 생활자의 생활권 문제에 결부된다. "야숙"(野宿)의 "야"가 원래 "누구든 방문할 수 있는 권리를 갖는" 지표의 일부를 의미했다고 해도, 그리고 "야숙"이 만인에 속하는 자연권이라고 해도, 현대 도시에 살고 있는 주거 상실자는 늘 누군가가 소유, 관리하는 장(거리, 역, 지하도, 공원, 하천 부지 등)에 몸을 둘 수밖에[있을 수밖에] 없기 때문이다. 그런데 이러한 행위—몸을 두는 것!—에 의해 그(녀)들이 법률을 위반하고 있다고 한다면, 그때 잘못된 것은 그(녀)들이 아니라 법률 쪽이라고 하는 점을 지금 우리는 알고 있다. 정의와 법률은 이 시대에 드디어 그 부조리함이 백일하에 드러날 정도로 괴리되기 시작한 것이다.

파리에 돌아온 나는 하나의 거대한 운동과 마주치게 되었다. 파리에 사는 마리인* 이민 노동자 가족들은 몇 개월 동안, 열악한 주거 환경의 개선을 요구하는 투쟁을 준비해 왔는데, 그(녀)들 사이에서의 논의는 자연스레 체재(滯在) 조건의 합법화를 우선 과제로 삼는 방향으로 나아갔다. 3월 15일, 그룹 중 세 명이 체포된 것을 계기로 그(녀)들은 20구에 있는 성 앙브루아즈 교회를 점거하고, 프랑스 여론에 곤경을 호소하면서 운동에 공감한 가톨릭 성직자들의 중개로 정부와의 직접 교섭을 요구했다. 이 상황 앞에서 프랑스의 가톨릭 교회는 '교회는 "신의 집"이요 모든 곤궁자들의 피난소'라고 하면서 점거자들을 옹호하는 사람들과, 교회에 들어설 권리는 기독교도에 한정된다고 하면서 무슬림인 마리인들을 공권력으로 배제해야 한다고 주장하는 사람들, 이렇게 반쪽으로 명확히 갈렸다. 많은 아이들을 포함한 약 300명의 사람들은 이리하여 그날그날 수용해 줄 곳을 찾아 교회, 스포츠 클럽, 이민자 운동이나 신좌익 계열의 조직 사무소 등을 전전하면서 투쟁을 계속한 것이다.

---

* 마리인(人)이란 전통적으로 러시아의 볼가강, 카마강 연안에 거주하고 있는 우랄어족계 민족을 말한다.

아프리카인 이민 노동자와 그 가족들에게 점거됨으로써 파리의 기독교 교회는 그 본래의 의미인 성역으로서의, "신의 집"으로서의 의미를 일순간에 되찾은 것이다. "환대란 곧 문화 자체"이며 "윤리는 [……] 철두철미하게 환대 경험과 뿌리가 같다"고 말하는 데리다는 또 "환대법"이 성스러운 것의 차원을 포함할 수 있음을 숨기지 않는데, 신주쿠 서구(西口)의 야숙 생활자들의 존재에도 행정 용어로는 결코 이야기할 수 없는, 그리고 지금까지의 노동 운동 언어로부터도 삐져나가 버리는 차원이 확실히 있다. 일전에 현장을 찾은 많은 사람들이 각자의 방식으로 느끼는 이 차원에 안이하게 이름을 부여하는 일에는 신중하기로 하자. 다만 그 것이 일종의 '거리'[街]의 이미지와 국가에 대항하는 도시의 이미지와 부정하기 어려운 친화성을 갖고 있다는 점만을 확인해 두자.

지극히 불충분한 형태이긴 하지만 일전에 외국인에게 공무원 취임권을 인정한 가와사키시가 야숙 생활자에 대해서도 도쿄도와는 현저히 다른 대응을 보여 줄 수 있는 건 필시 우연이 아닐 것이다. 일본인이 "세계 시민"이고자 한다면 놓쳐선 안 될 찬스가 여기에 있다. 문제는, 망명 작가를 위한 "피난도시"의 가능성을 추구함과 **동시에**, 우리의 **지금, 여기**에 "피난도시"를 열기 위한 우리의 사유와 실천 노력이다.

덧붙이는 글   8월 23일, 프랑스의 쥐페(Alain Juppe) 정부는 시라크 대통령의 동의하에 18구의 성 베르나르 교회를 점거하고 있던 마리인 노동자와 그 가족을 강제 배제하고, 그중 몇 사람을 포함한 아프리카인 수십 명을 강제 송환했다. 프랑스에서는 이 사건이 가을 사회투쟁의 불씨가 될 것이라는 이야기가 돌고 있고, 또 세네갈의 다카르에서는 추방 아프리카인들을 태운 챠터기(임대 전세기)가 공항 노동자들의 보이콧으로 인해 5

시간 동안 이륙을 저지당했다(8월 25일 기록).

『世界』, 1996. 11 [『세계』].

자크 데리다, 『메무아르: 폴 드 만을 위하여』

1983년에 세상을 떠난 폴 드 만, 저자의 벗이자 미국 탈구축 비평의 중심적 존재였던 그의 추억에 헌정된 본서 자크 데리다의 『메무아르: 폴 드 만을 위하여』(Mémoires–pour Paul de Man)는 서두의 짧은 회상을 제외하면 고인의 작품을 논한 3일간의 강연록으로 이루어진 제1부와 87년에 밝혀진 폴 드 만의 전시(戰時) 언론 활동을 둘러싼 논쟁에의 개입을 수록한 제2부로 나뉘어져 있다. 제2부의 경우는 맥락이 다르기 때문에 여기서 언급하는 건 단념할 수밖에 없다. 제1부의 폴 드 만론에 한정해서 데리다의 말하자면 "애도 전략"의 일단을 지면이 허락하는 범위에서 더듬어 보자.

첫날 강연의 제목은 'Mnemosyne'이다. 므네모시네란 희랍 신화에서 시(詩)의 신인 뮤즈의 어머니로 기억을 맡은 여신이다. 서두에 인용된 휠덜린의 같은 제목의 시로부터 세 가지 테마가 도출된다. ① 애도[喪] 작업과 레토릭, ② 기억과 기술(技術), ③ 언어의 본질로서의 구속.

첫 번째로 애도라는 테마는 폴 드 만이 「서정시에서 의인법과 비유」(『낭만주의의 레토릭』에 수록)에서 사용한 "true 'mourning'"(참된 애도)

이라는 표현을 해독(解讀)하고자 하는 형태로 추구된다. "불가해한 것"을 받아들이는 비서정적인 언어의 제 양태들을 "참된 애도"로 보면서 그것을 서정시에 대치시키는 폴 드 만의 태도 속에서, 데리다는 오히려 애도의 진리 부정을, 애도를 본질적으로 레토리컬한 성격을 갖는 것으로 보는 주장을 읽어 낸다. 고전적 정의에 따르면 애도란 상실된 대상을 이상화하면서 내화(內化; 내면화)하는 일이다. 그런데 타자는 그 죽음에 있어서 전례 없을 정도의 타자성을 띠게 된다. 이 회복 불가능한 부재는 남겨진 "나"(우리)에게 고인을 자신[나 혹은 우리] 안에 거둬들이라고 명하지만, 동시에 "나"(우리)의 한계를 원하든 원치 않든 분명히 드러내는 것이기도 하다. 왜냐하면 "나"(우리)가 내화해야 하는 것은 대상이기 이전에 타자이고, 바로 이 점에 있어서 "나"(우리)보다 "크"기 때문이다. 이것이 내화가 필연적으로 의태(擬態)를 통해 수행되는 이유이며, 데리다에 따르면 여기서 "허구의 기원"을, 또 일반적으로 거둬들임의 주체로 상정되기 십상인 일체의 자기 관계의, "나"(우리)의 가능성의 조건마저 발견할 수 있다.

헌데 기억의 양태라는 게 반드시 내화만은 아니다. 둘째 날의 강연은 이 표현의 번역 불가능한 다의성과 관련하여 'L'art des mémoires'[*]라는 제목하에 이루어지는데, 여기서 남성형 mémoire(s)('비망록', '회상록')가 시사하는 외화(外化)된 기억으로서의 에크리튀르와의 관련성이 탐구된다. 고찰의 단서는 폴 드 만이 82년에 발표한 「헤겔 미학에서 기호와 상징」에 의해 주어진다. 『엔치클로페디』에서 헤겔은 Gedächtnis

---

[*] 기억술이라 번역할 수도 있겠지만, 데리다가 이 표현에 번역 불가능한 다의성이 담겨 있다고 하므로, 원어 그대로 둔다.

와 Erinnerung, 이렇게 두 가지 기억을 구별한다. 후자가 "내화하는 기억"인 데 반해 전자 안에는 "사유하는 기억"과 "기계적·기술적 기억"이 기묘한 형태로 동거하고 있다. Erinnerung은 헤겔에 의해 상상적 형상의 물질성과 불가분한 것으로 간주되고 있는데, 폴 드 만에 따르면 Gedächtnis도 기계적 암기에 필수 불가결한 명사의 물질성과 무관치 않다. 데리다는 이 점에 주목하여 기억과 사유를 이어 주는 이 별종의 "물질성"을, 명사와 그 명사의 소지자[持主]의 관계를 명명의 첫 순간부터 규정하는 차연(差延) 운동으로 이해한다. 이리하여 기억은 과거와의 특권적인 결부로부터 해방되고, 그러면서 『맹목과 명찰(明察)』에 수록된 프루스트와 보들레르의 독해 과정에서 폴 드 만이 이야기하는 "현재의 기억"이라는 모티프가 떠오른다. 여기서 기억은 상실된 때(時)의 재생, 즉 연속성의 회복이 아니라, 현재를 그 현전으로 도로 불러들임(rappeler)으로써 이중의 차이(이 현재를 다른 현재로부터 구별 짓는 차이, 그리고 현재와 현전의 차이)를 각인한다. 그리고 이 각인(marque)은 과거의 선행성의 말소, 요컨대 망각을 통해서 도래하는 것인 이상, 기억과 망각은 더 이상 별개의 것이 아니다.

그렇다면 내화하는 기억과 그것을 말소하는 "현재의 기억"은 어떠한 관계에 있는 것일까? 이 두 가지 기억이 공히 속하는 더 "오래된" 기억을 "상기해 내"야 하는 것일까? 셋째 날의 강연 'Actes – La signification d'une parole donnée'에서 전개되는 약속을 둘러싼 고찰은 이 물음에 대한 하나의 답을 소묘한 것으로 이해된다. 데리다는 이렇게 말한다. "약속은 늘 과잉이다. 이 본질적 과잉이 없으면 그것은 미래의 기술(記述) 내지 인식이 되어 버릴 것이다. 그 행위 구조는 확인의 구조가 되지, 행위 수행의 구조는 되지 못할 것이다". 이러한 약속의 과잉성을 폴 드 만은 루소의 『사회 계약론』을 논하는 가운데, 그 정치적 귀결에까지 추구해 들어간다. 폴 드 만이 텍스트를 "어떤 언표가 행위 수행적임과 동시에 사실 확인적"인 경우라고 "정의"한 것에 대해, 데리다는 "이 **동시**라는 시간은 결코 현재가 아니다"라고 주기(注記)한다. 바꿔 말하자면 텍스트에는, 그리고 특히 법 텍스트에는 기억과 약속만이 있다. 그리고 역사를 산출하는 것은 이러한 텍스트다.

장래(avenir)의 사유에 "미리 점거되어 있는"(préoccupée) 약속으로서의 기억. 하지만 우애도 또한, 유한한 두 존재의 공현전(共現前)이라고 전통적으로 정의되어 온 우애도 또한, 자기와 벗의 죽음을 초월한 불가능한 약속의 불가피성에 있어서만 있을 수 있다. 그러한 약속의 기억 속에서, 애도의 파토스 속에서 빚어졌기 때문일까? 본서에서의 저자의 사유에 그 어느 때보다도 강하게 촉발되었다는 점을 기록해 두고 싶다.

『仏文研究』, 1991 [『불문연구』].

기 드보르, 『스펙터클 사회』[*]

원 저작만이 아니라 그 저작의 번역 출판까지 포함해서 이 시대의 기대 지평과 반대쪽에서 출현하는 듯 보이는 책에 대해 서평이 수행해야 할 역할은 무엇인가? 현대 자본주의 사회의 여러 제도에 대해, 그것도 물질적 생산 관계만이 아니라 각 사람의 일상생활을 지배하는 문화적 제도들에 대해 가장 래디컬한 실천적 비판이고자 한 텍스트 앞에서, 서평이라는 것 자체의 제도성과 어떻게 마주해야 할까? 한 사람의 저자에 의해 서명되면서도 "상황주의자"라 불리는 집단적, 실천적 운동에서 태어나 거기로 돌아갈 것을 공공연히 선언하는 이런 책의 경우, 올바르게 받아들이는 일과 이미 회수(回收)를 시작하는 일 사이의 경계선은 어디에 그어지고 있는 것일까?

『스펙터클 사회』의 테제군과 진지하게 마주한다면 피할 수 없는 이 물음들을 방기하지 않은 채, 1967년에 초판이 출판된 이 책이 마르크스

---

* ギー・ドゥボール, 『スペクタクルの社会』, 木下誠 訳, 平凡社, 1993. 한국어판은 기 드보르, 『스펙터클의 사회』, 이경숙 옮김, 현실문화연구, 1996.

주의적이라기보다는 깊이 마르크스적인 책이라는 점을 우선 확인해 두자. 테제 1 "근대적 생산 조건이 지배적인 사회에서는 생활 전체가 스펙터클의 방대한 축적으로서 출현한다"는 말할 필요도 없이 『자본론』 서두의 1절을 "전용"(轉用)한 것이다. 따라서 기 드보르가 '스펙터클'이라 부르는 것은 마르크스에서의 상품에 비정(比定)되는, 일상생활에 있어서 상품과 외연이 동일한 존재라는 점에서, "시각적 세계의 남용이나 이미지의 대량 전파 기술의 산물"이라는 틀로 다 환원될 수 없는 것이다. 그것은 마르크스 시대의 종교를 대신하는 "환상의 물질적 재구축"이며, 그것이 생(生)의 통일성으로부터 분리되어 있다고 하는 바로 그 점에 의해 "허위의식의 장"이 되고 "통합의 도구"가 되는 것이다. 요컨대 제도화된 마르크스주의의 영역 설정(마르크스의 사유를 가치 형태론, 이데올로기론 등등으로 분할하는 것)과는 다른, 지극히 오리지널한 문제의 절단, 채취가 이루어지고 있으며, 이 점은 깊숙이 실천적이고자 하는 이 텍스트의 기도(企圖)에 대응한다.

그것은 '스펙터클'이란 단순한 가상이 아니라 고도 자본주의 사회에 있어서 개별적 주관 인식의 극한을 이루는 이론적 신비이고, 「포이에르바하에 관한 테제」 제8 테제에서 마르크스가 말하듯이, 그것을 해소하고자 할 때 실천이 필연적으로 요청되는 그러한 현실이라는 확신이다. 바로 여기에, 「역자 해제」에 상세히 기술되어 있는 특이한 정치=예술적 실천이, '스펙터클'의 지배를 마구 토막내 버리는 '상황'의 구축으로서 전개된 내적인 근거가 있는 것이며, 이 책과 '68년 5월'이라는 사건의 관계 그 자체를 헤겔적으로=사변적으로, 따라서 '스펙터클'적으로 표상하고 해석하지 않기 위해서라도 드보르가 마르크스의 텍스트의 정치를 어떻게 **정당**하게 "전용"했는지가 주목되어야만 한다.

그러나 이 독특한 테제의 형식에는 마르크스만이 아니라 초기 낭만주의라는 모델도 있었던 게 아닐까 싶어지는 지점도 있다. 정치적 억압의 기원에서 에크리튀르를 발견하는 형이상학의 조치를 반복하면서도 "기억의 비인칭화"라는 흥미로운 문제를 제기하고 있는 테제 131에는, "문서는 국가의 사상이고 문고(文庫)는 그 기억이다"라는 노발리스의 말이 인용되어 있는데, 이후 본격적으로 수행될 것으로 기대되는 상황주의적 예술 운동의 소개에는 쉬르레알리즘만이 아니라 더 넓은 역사적 시야에서 드보르와 그 동지들의 투쟁 궤적이 검토되어야 할 것이다. 시추에이셔니즘(상황주의)이라는 국제 운동이 연 지평은 **그 시대 자체**였던 까닭에 지금도 우리의 미래에 속해 있는 것이다.

『週刊読書人』, 1993. 7. 19[『주간독서인』].

아사다 아키라, 『'역사의 종언'과 세기말 세계』[*]

만일 역사가 진정 끝났다고 한다면, 어떤 기적에 의해 이 '종언'이 부정할 길 없이 진리로서 증명되고, 또 증언되어 버렸다고 한다면, 앞으로 우리는 어떻게 하면 좋을까? 물론 웃고 있는 수밖에 없다. 헌데 프로이트도 말했듯이 사람은 결코 혼자서는 웃지 않는다. 아무리 고독한 웃음이라도 '나'는 누군가와 함께 —— 어떤 억압을 공유함으로써 —— 누군가에 대한 웃음을 웃는 것이고, 이 공범자와 희생자가 **객관적으로는** '나' 이외의 그 누구도 아닐지라도 그 점에서는 달라질 게 없다(토리노에서도 니체는 역시 웃었다고 바타이유는 말한다).

　'대담'이라 불리는 장르의 기괴함도 그 일단은 여기에서 유래하는 게 아닐까? 왜냐하면 대담이란 것이 통상적으로는 [듣는 게 아니라] 읽기 때문이고, 그럴 경우 웃음 또한 들리는 게 아니라 읽히기 때문이다. 이 읽히는 "웃음" —— 笑[**] —— 은 한 사람의 발언 속에 삽입되는 것이 통례인데,

[*] 浅田彰, 『「歴史の終わり」と世紀末の世界』, 小学館, 1994.
[**] 일본에서는 대담을 지면에 옮길 경우 대화자들이 웃는 상황을 '笑'로 표기한다.

그러면서도 그 "웃음"이 [어느 정도이든 간에] 대화자들 사이에 공유되었음을 암시한다. 또 일본의 출판제도 상황에서 "웃음"의 종차(種差; 종류별 차이)가 통상 명시되는 일은 별로 없고, '笑い'(웃음)을 제외하고는 공범성이 더 분명한 '(폭소)' 정도만이 사용된다. 나아가 (조소), (냉소), (쓴 웃음), (빙그레 웃음), (혼자 웃음) 등등의 기호가 곳곳에 박혀 있는 대담 같은 건 거의 상상할 수도 없다. 그렇다면 독자 쪽은 어떤가? 대화자들의 웃음을 공유하든가, 자신이 이 웃음의 희생자라는 사실을 확인하며 분개하든가, 다른 누군가와 다른 웃음을 웃음으로써 웃음을 반사시켜 버리든가(웃음을 돌려주는가) 하는 기로에 서게 된다. (웃음)의 기능은 따라서 대담 내내 누차에 걸쳐 가장 폭력적인 모멘트일 수 있으며, 어느 쪽이든 간에 탁월하게 정치적인 것이다.

그러나 "역사의 종언"이라는 가설을 주요 논점의 하나로 삼으며, 영어 혹은 프랑스어로 진행된 대담을 일본어로 번역된 것으로 읽을 때, 특히 그 책이 대담집이면서 아사다 아키라의 책이라고 명시되어 있을 때 (요컨대 번역에서부터 (웃음)의 배치에 이르기까지 이 텍스트의 조성 '전체'에 그가 책임을 진다는 점이 암시되어 있을 때), 우리는 자명한 일반적인 분석 차원에만 그칠 수가 없다. 왜냐하면 코제브가 "일본적 스노비즘(속물근성)"이라고 부르며 "역사 이후"에 위치 지었던 인간 유형이 얼마간 역사적 현실에 대응하고 있는 것이라면, 일본적 대담에서의 일본적 (웃음)의 기능이 이 "속물근성"의 구조와 무관할 리가 없고, 또한 아사다 아키라가 그 점을 자각하지 못했을 리도 없기 때문이다. 일본에서의 모든 대담이란 이제 더 이상 아무 일도 일어나지 않는다는 점을 (재)확인하기 위한 액땜 양식에 불과하며, 양식화되고 반복되는 무의미한 (웃음)이 크고 작은 공범관계의 단순한 (재)생산=조정 장치에 불과한 듯 보일 때,

즉 〈웃음〉의 정치(politique)가 영원불변한 예절(politesse)로 환원되는 듯 보일 때, 비일본인 논객과의 대화 속에서 이 게임 규칙을 역으로 이용해 '정치'와 '예절' 간의 때로는 느슨하고 때로는 격렬한 진동을 전략적으로 구사하는 기량에 있어서 아사다 아키라보다 앞설 자는 아마도 없을 터이다.

그래서 프란시스 후쿠야마와의 대화인 제1장 「역사의 종언?」은 본서를 관통하는 라이트모티프(Leitmotif)를 제시할 뿐만 아니라, 본서에 고유한 독해 규칙을 지정하는 것이기도 하다. 우리는 『역사의 종언』 저자인 후쿠야마 자신이 아사다의 적확한 설문에 응하면서 자신의 주장에 대해 많은 유보를 달아가는 모습을 목도하는데, 그가 아사다와 몇 번의 〈웃음〉을 공유할 때마다 냉전 이후 시대의 의미=방향*의 결정 불가능성이 그때마다 현저히 선명해진다는 사실도 의식하게 되었을 터이다. 미국이 체현하는 자유주의 원리가 인류사의 진리이고, 경제 경쟁 속에서만 "기개"를 발휘하는 전후 일본 사회의 모습이 금후의 인류에게 유력한 모델이라고 하는 후쿠야마의 명제는 그 힘을 "내용" 못지않게, 아니 그 이상으로 헤겔=코제브 이래 전래되어 온 철학적 "형식"에 빗지고 있는데, 바로 그 명제가 일본적 대담의 "형식" 안에 받아들여지고 삼켜지자마자 여러 군데서 균열이 발생하고, 후쿠야마의 책을 계기로 미국과 일본의 보수파 이데올로그 간에 거의 다 성립되고 있던 공범성이 해체되는 일만큼 아이러니칼한 일은 없을 것이다. 요컨대 두 사람이 웃을 때마다 소멸되는 것은 대화자 간의 거리가 아니라 후쿠야마의 테제의 일의성(一義性)

---

* 저자는 프랑스어에서 '의미'라는 뜻과 '방향'이라는 뜻을 함께 갖고 있는 단어 'sens'를 염두에 두고 있는 듯하다.

인 것이다. 이리하여 본서는 세기말의 세계를 고찰하기 위해 피해 갈 수 없는 문제들에 대한 명쾌한 겨냥도로서 "기하학의 정신"의 견본임과 아울러, 견해가 다른 논자의 설에 귀 기울이며 그와 함께 웃고, 그럼으로써 은밀히 문제를 전위(轉位)시켜 가는 "섬세한 정신"의 퍼포먼스이기도 한 것이다.

환대와 전략이 종이 한 장 차이가 된 동질의 웃음*을, 시대에 대하여 역시나 단정적인 진단을 내린 다른 두 사람의 논자 즉, 보드리야르(제5장「시뮬레이션의 저편」)와 리오타르(제10장「아돌프 히틀러에서 마이클 잭슨으로」)와의 대화 가운데서도 우리는 청취할 수 있다. 그러나 "진리는 없다"라는 명제마저 구속하는 "진리"의 "형식"을 벗어나기 위해서는 또 하나의 다른 웃음이, 더 한층 긍정적인 웃음의 경험이 요구되기도 한다. 그것은 예컨대 잉고 귄터(Ingo Günther)같은, 이 시대의 기술적 수준에 예민하게 반응하면서도 이 시대 특유의 정신적 위축으로부터 가능한 한 멀리 있는 아티스트와의 만남(제8장「예술이란 다른 수단에 의한 전쟁이 계속이다」)에서 태어나는 웃음일 것이고, 또한 본서에 수록되어 있는 대담 중 유일하게 번역 문체가 변경되어 있는 밸러드(James Graham Ballard)**와의 대화(제6장「미디어 랜드스케이프의 지질학」)에는 더 친밀하고 투명한 웃음이 가득하다.

또 슬라보예 지젝과의 대화(제2장「"세계 질서"의 내부와 외부」)는 제1장과 함께, 하지만 다른 의미에서, 본서의 성격을 자기 언급적으로 규정

---

* 동질적인 웃음이 종이 한 장 차이로 환대가 되기도 하고 전략이 되기도 하는 경우.
** 중국 상해에서 태어난 영국 소설가, SF 작가. 국내에는 『물에 잠긴 세계』, 『크리스털 세계』 등이 번역되어 있다.

하는 것처럼 보인다. 일본에서도, 예컨대 한국인들이 더 이상 전쟁 책임 문제를 "캐묻고 또 캐묻는다"면 배외주의를 조장하게 될 거라느니 어쩌니 하며 마치 딴 사람이나 된 것처럼 근심스런 얼굴을 가장하는 새로운 수법의 배외주의자들이 급증하고 있는 오늘날, 이 장에서 에티엔 발리바르가 주장하는 바를 참조하면서 논의되고 있는 "메타 레이시즘(racism)" 문제는 결정적으로 중요한데, 나아가 다음의 지점에도 주목하고 싶다. 여기서 아사다는 정신분석의 여러 도식들을 채용하면서 지젝이 전개하는 예리한 정세론에 대체로 찬동의 뜻을 표하면서도 냉전 이후의 민족적, 종교적 갈등에 대해 유효한 대응은 외재적이고도 일반적인 진단을 내리는 것 이상으로, 개개의 구체적 맥락을 바탕으로―즉 경제적 요인의 규정력을 경시하지 않고서―집단적이고도 역사적인 정신분석을 실제로 실천하기 위한 실마리를 탐구하는 것일 거라 시사한다. 이는 벤야민이 「폭력의 비판을 위하여」*에서 "마음의 문화"라 불렀던 것에 대한 최상의 정의 중 하나일 터인데, 역으로 이 대화들도, 그리고 정의상 미지의 미래를 향해 척후(斥候)처럼 발사된, 시대의 어둠을 일순간 가르며 날아가는 이 웃음들도―la gaya scienza!**―, 이 거대한 분석 과정의 한 장면으로서 제시되어 있는 것이다.

　헌데 본서를 읽고 난 후 오래도록 마음에 남는 것은 기묘하게도 오히려 〈웃음〉이 별로 없는 장이다. 비릴리오나 리피에츠, 특히 사이드와의 대화에는 그때 그 장소에서 나누어졌음에 틀림없는, 하지만 눈에 보일 뿐이었기 때문에 활자화된 대담에서는 볼 수도, 따라서 읽을 수도 없

---

* 자크 데리다, 『법의 힘』에 부록으로 수록되어 있다.
** 이 말은 '쾌락학' 혹은 '즐거운 지식' 정도로 번역될 수 있다. 니체의 『즐거운 지식』 참조.

는 미소의 환각이 집요한 잔상을 맺는 조용한 공감이 통하고 있다. 그리고 이 미소들도 포함된 웃음의 대위법상에 놓였을 때, 단 한 명의 일본인 파트너 가라타니 고진과의 사이에 나누어진 말이나 웃음도 또한, 다른 경우에는 보이지 않는 음영을 띠지 않을 수 없을 터이다. "절체절명의 때 이외에 대체 언제 농담을 할 짬 따위가 있다는 걸까." 이는 고다르가 사랑하는 장 지로두(Hippolyte Jean Giraudoux)의 명구다.

『図書新聞』, 1994. 6. 4[『도서신문』].

부르디외·다르베르·슈나퍼, 『미술 애호』*

"잘 자랐다"(育ちがいい)는 표현에는 거의 식물적인 뉘앙스가 있다. "예의 바른" 아이와는 다른 "잘 자란" 아이, 그에게서 볼기짝을 맞는 식의 장면 따위는 상상하기 어렵다. "잘 자람"은 규율=훈련의 결과가 아니다. 그렇지 않으면 규율=훈련의 흔적이 깨끗이 불식되어 있는 것이다. 품과 시간이 들어간 재배의 고단함=노동 따위는 깨끗이 잊고 마치 자기와는 무관한 일인 양 시치미 떼고 있는 꽃이나 과일처럼, **모든 것이 자연스럽지 않으면 안 된다.**

이로부터 "잘 자람"과 "취미"라 불리는 활동 간에 떼려야 뗄 수 없는 관계가 태어난다. "취미"가 없는 "잘 자람" 따위는 존재하지 않는다. 『판단력 비판』에서 "미란 개념 없이 기쁨을 주는 것이다"라고 했을 때 칸트가 추구했던 것은 인공의 소산과 자연의 소산 어디에서도 발견되는 "미"라는 현상을 해명하는 것이었다. 자연이 아름다운 것은 그것이 마치 "예

---

* ピエール·ブルデュー · アラン·ダルベル · ドミニク·シュナッペー, 『美術愛好 : ヨーロッパの美術館と観衆』, 山下雅之 訳, 木鐸社, 1994.

술"로 보이기 때문이고, 예술이 아름다운 것은 그것이 마치 "자연"으로 보이기 때문이다. 그 때문에 미의 판정은 결코 단순한 경험적 자의일 수 없으며, 게다가 그것은 개념을 바탕으로 하는 게 아닌 이상, 남은 것은 어떤 "공통 감정"의 존재와 이러한 감정의 자리로서의 "공통 감관(感官)"을 상정하는 일이다. 요컨대 "취미"란 "객관적이라고 표상되는 주관적 필연"이고, 그렇게 해서 산출=획득되는 "보편적 동의"를 가리키는 것이다. 이리하여 개별자의 자유와 공동체의 규범에 가로 놓인 심연에 위태롭고도 견고한 다리가 놓인다. 그것은 근대라는 시대의 극한 이외에 다른 것이 아니며, 파시즘 특유의 정치적 심미주의마저 여기에서 최초로 흘끗 모습을 드러내는 것이다.

이렇게 보자면 미술관이라는 장치에 의해 "취미"라는 것이 매일매일 어떤 식으로 조직되고, 또 생산되는가는 결코 주변적인 문제가 아니다. 근대적 제도로서 그것은 만인에게 열려 있지만, 만인에 의해 동일한 방식으로 이용되는 것은 아니다. 게다가 이 이용법의 차이는 결코 관중의 개인적 자유의 발현 따위가 아니라 계층에 따라, 학력에 따라, 직업에 따라 회화를 감상하는 방식, 미술관과의 관련성은 확실히 달라진다. 방문의 빈도, 설명 판넬이나 순서를 보여 주는 화살표를 받아들이는 방식에서부터 좋아하는 유파에 이르기까지 확실한 단층이 있다. 1960년대 중반에 피에르 부르디외를 중심으로 하는 그룹이 프랑스, 그리스, 네덜란드, 폴란드 등 유럽 여러 나라에서 수행한 면밀한 사회학적 조사에 의해 이론의 여지없이 밝혀낸 것은 우선 바로 이러한 사실이다.

하지만 『미술 애호』가 제출하는 물음은 그 다음에 있다. 이렇게 계층화된 "취미"의 대상인 미술관과 그것들이 수용되고, 집약되고, 전시=개시되는 장으로서의 미술관에는 일찍이 성상(聖像)이나 교회가 독점적으로 발산했던 것과 동질적인 종교성이 있는 게 아닐까? "취미"란 의무적인 "교육"이 아니라 "교양"이라는 이름의 "자연"의 산물이라고 본다면, "좋은 취미"란 구해서 얻어지는 게 아니라 거의 은총처럼 주어지는 것이 아닌가? 그리고 종교사가 가르쳐 주듯이 인간적인 노력의 피안에 있는 이러한 구원이야말로 역설적이게도 사람들의 정열을 끊임없이 몰아세우는 것이다. 다섯 시간을 기다려서라도 반즈 콜렉션을 한번 보고 싶다고 생각하는 사람들의 열성은 결코 대상의 희소성만으로는 설명되지를 않는다. 그것은 거의 문화적 구원을 추구하는 순례자 무리라 해도 과언이 아니다. 이 조사를 전후하여 부르디외가 파노프스키의 『고딕 건축과 스콜라 철학』을 번역했다는 사실을 잊지 말자.

이리하여 "잘 자람"은 이중의 의미에서 "출신이 좋음"이 된다. 마치 사회적 선량(選良)이란 종교=문화적 선량이라고 하는 그 논리는 이 근대에 비로소 완성되었다는 듯이. 그렇지만 본서는 결코 미술관이라는 제도에 대한 단순한 단죄가 아니라, 또 하나의 문화 실천을 위한 귀중한 기여로 평가되어야 할 책이다. 『구별짓기』(*La distinction: critique sociale du jugement*)*라는 대작에 이르는 여정에서 중요한 이정표에 해당하는 본서를 정확하고 읽기 쉬운 일본어로 옮겨 준 역자에게 감사한다.

『図書新聞』, 1994. 10. 8[『도서신문』].

---

* 한국어판은 『구별짓기』, 최종철 옮김, 새물결, 2005이다. 원제목의 부제는 '사회적 판단력 비판'이란 뜻이다.

미나토 지히로, 『사유하는 피부』*

우선 소박한 의문 두 가지. 블라인드 레먼 제퍼슨(Blind Lemon Jefferson)**에서부터 레이 찰스, 스티비 원더에 이르기까지 맹인 흑인 가수들에게 자신이 흑인이란 어떤 의미일까? 스티비가 "Apartheid's wrong, wrong, wrong!"이라고 노래할 때, 그는 어떤 부정(不正)에 대하여 투쟁하고 있는 것일까? 이 물음의 이면에는 그들이 비교를 불허하는 아름다움으로 소리 높여 노래하는 "사랑"이란 무엇일까라는 또 하나의 물음이 있다. 그들에게 흑인과 백인의 다름이란 무엇보다도 우선 black/white라는 단어이고, 이어서 목소리이고, 피부의 결인 것이다.

헌데 그렇다 해도 유럽이 원산지인 인종주의가 그것 없이는 존재할 수 없었던 이 문명의 특질, 즉 시각의 우위란 무엇인가? 어찌 되었든 이 문명은 타자와의 차이를 모두 가시화하지 않으면 직성이 풀리지를 않고,

---

* 港千尋, 『考える皮膚』, 青土社, 1993.
** 1893~1929. 미국의 1920년대 블루스 가수. 전전(戰前) 블루스, 컨트리 블루스를 대표하는 가수로 평가받는다. 후대 아티스트들에게도 큰 영향을 끼쳤다.

"해방" 이후 유대인과 같은 "비가시적인 타자"에 대해서는 코의 형태가 어떻다느니 하며 트집을 잡고, 그것이 자신의 환상에 불과하다는 게 드러나면 "노란색 별"까지 붙이게 해서 절멸 수용소로 보내 버린 것이다.

그러나 문제를 그 단서 차원에서 포착한다면 이렇게 묻는 것도 가능하다. 애당초 시각, 청각, 촉각, 후각, 미각이라는 오감 간에 늘 서열화되어 있는 차이는, 이 문명이 말하는 만큼 환원 불가능한 것인가? 예컨대 감광(感光)하는 필름과 애무 받는 연인의 피부는 느끼는 방식이 어떻게 다른 걸까? 이는 사진이라고 하는 역시나 기독교적인 유럽에서만 태어날 수 있었던 미디어의 가능성을 표상 원리의 극한까지, 따라서 유럽 중심적 세계의 극한까지 추구하고자 할 경우 필연적으로 맞닥뜨리게 되는 물음일 터이다. 총구로 비유되는 카메라 눈으로부터가 아니라, 세계를 포함하는, 또한 세계의 사랑을 수용하는 "포장"(envelope)으로서의, "피부"로서의 필름으로부터 사진을 생각하기. 그때 우리가 상실했다고들 하는 "제6의 감각"이 문자 그대로 꿈처럼 상기되거나 예감되기 시작하지 않을까? 그리고 현재 여전히 아트라 불리는 것의 가장 큰 야심 중 하나도, 실은 여기에 있을 터이다.

『사유하는 피부』라는 이름의 책이 한 사진가의 손으로 쓰인 것은 이렇게 보면 결코 단순한 역설이 아니다. 아니 이것이야말로 정찰 위성에 의한 행성 규모의 일망감시가 실현되고 있는 우리 시대에 대한 신체를 갖춘 한 사진가의 가장 정당한 대응이라 할 수 있으리라. 중앙 아프리카의 "우상" 응콩데(Nkonde)의 「현실의 가시」(現實の棘)에서부터 키키 스미스(Kiki Smith)의 '처녀 마리아'(「포스트 휴먼」)에 이르기까지, 오스트레일리아 아보리진의 드리밍 예술(「꿈의 피부」)에서부터 버추얼 리얼리티(「맹목론」盲目論)에 이르기까지 담담하게, 부드러운 스텝으로, 게다가

전해야 할 정보 전부를 자기 신체로 검증하면서, 저자는 우리를 인도해 간다. 이 걸음 속에서 우리는 카메라를 촉수 삼아 시대와 세계를 탐색하는 특이한 지성의 박동을 느끼지 않을 수 없다.

본서의 서두에서 저자는 르루아 구랑의 『몸짓과 언어』(*Le gesta et la parole*)를 인용하면서 "손의 퇴화"에 대해 이야기한다. 그러나 그는 상실된 감각을 향하여 줄기차게 거슬러 올라가는 것이 아니다. 또 반대로 소위 새로운 테크놀로지 안에서 단순한 해결책을 발견하는 것도 아니다. '버추얼 리얼리티'[가상현실]라 불리는 기술적이고 예술적인 다양한 시행 속에서 "새로운 맹목 상태"의 도래를 예감하면서도 그는 이렇게 말하기를 잊지 않는다.

> 요컨대 여기서도 인간은 아직 원근법으로부터 자유로워지지 않았다는 것이다. 설령 현실의 격자로부터 신체가 사라져도, 의식은 500년 이래의 원근법 속에 있으면서 **더더욱** 빛의 감옥에 들어가고 싶어 한다. 인간은 **아직** 깊이감[원근감]의 포로로 남아 있다. 피부로 이해하는 게 두려운 것일까? 깊이에 대한, 혹은 깊이의 환영에 대한 집착은, 기술적인 발전만으로는 저절로 해소되는 게 아니다. (강조는 인용자)

이 문장에서 작동하고 있는 시간 의식 속에 시대와 세계에 대한 저자의 감성이, "피부 감각"이 응축되어 있다고 해도 좋으리라. 이 "아직"과 "더더욱" 사이에서 저자는 동요하고 있다. 그는 가능한 한 명확하게, 가상현실은 우리를 "손의 복권"(手の復権)에 접근시키고, **그러면서 동시에** 그곳에서 멀어지게 한다고 말하고 있는 것이다. 이것이야말로 "피부"로 느껴지고, 측량되고, 사고된 시간일 것이다. 벤야민은 일찍이 파시즘

은 "요즘 이런 일이!"라고 하는 우리의 경악에 편승하여 확대된다고 말했지만(「역사철학 테제」), 의고주의(擬古主義; archaism)와 전대미문의 새로움이 혼연일체가 된 "최악"의 사태의 연쇄 앞에서 망연자실 침묵하는 것도 아니고, 절규하는 것도 아니며, 또 무감각을 가장하는 것도 아닌, 군중 속 맹인의 걸음의 확실함으로 본질적인 변화를 더듬으며, 그럼으로써 조용히 저항의 그물을 둘러칠 수 있는 드문 사유가 여기에 있다. 월간『미스즈』 3월호에 게재된 「전장(戰場)의 베케트」에 의해서도 분명하듯이, 미나토 지히로가 사라예보의 "비극"에 대한 탁월한 증인의 한 사람이라는 사실은 그러므로 전적으로 우연이 아닌 것이다.

『インパクション』 85号, 1994. 4 [『임팩션』].

미나토 지히로, 『내일, 광장에서: 유럽 1989~1994』*

미나토 지히로의 두 번째 사진집의 무대는 유럽이다. 이동거울 시리즈 제1권 『물결과 귀걸이』에서는 대서양 해류에 실려 서로 마주치기도 하고, 상처 입기도 하고, 또 서로 포개지기도 했던 여러 문화들로부터 태어난 원색의 풍경과 표정이 흑백 사진들 무리 속에서 생동하고 있었다. 이번에는 바다가 아니라 육지 위에 인간이 그은 여러 경계선들을 넘어가지 않으면 안 된다. 인간들이 긋고, 지우고, 또 새로 그은 선들을 인간들이 넘어가는, 저 이중 운동의 현장에 입회하기. 베를린 장벽이라는 굵은 선이 소멸한 직후의 유럽이 사진가에게 들이민 과제는 아무래도 그것이었던 듯하다.

    1991년 장-뤽 낭시는 유럽에 고유한 경계의 본질을 회화 경험과의 유비를 통해 이야기했다. 유럽이라는 협애한 토지에 여러 국민들이 그려낸 윤곽들은 동시에 배제와 조우의 장소다. 정확히 군주나 유력자의 형

---

* 『明日, 広場で: ヨーロッパ 1989~1994』, 新潮社, 1995.

상을 현양(顯揚)하는 예술인 회화가 다른 한편 경계와, 그 경계에서 몸을 드러내는 색채들의 예술일 수도 있는 것처럼(「경계에서, 형상과 색채」).

그러나 사진에는 그 자체로서는 경계가 각인되는 순간을 반복하고, 모방에 의해 그것과 대항하는 계기는 포함되어 있지 않다. 유럽과 거의 연배가 같은 회화가 유럽의 형제 혹은 자매라면 사진은 틀림없이 유럽의 아이일 터이다. 그리고 작자가 서문에서 말하듯이 "우연"이 "시간의 아이"라고 한다면 카메라 또한 아이처럼, 유럽에 새겨진 숱한 상처들을, 옛적의 상처와 새로운 상처들을, 자유로이 인용하고 또 상처들이 서로 마주치게 하는 데서 시작하는 것이리라.

1914년 6월 28일, 사라예보에서 암살된 오스트리아 황태자 프란츠 페르디난트의 군복 왼쪽 가슴께의 상처, 하지만 그것은 왕조의 치명상이므로 그 아픔이 직접 우리에게 전해져 오지는 않는다. 그러나 그것은 그 후 4년간 몇 십만 번도 더 복제되게 될 다른 상처들의 '오리지널'[원본]이고, 또 1991년 유럽이 재차 사라예보에서 입은 깊은 상처의 망령 같은 분신인 것이다. 혹은 커버를 장식한 머리 없는 돌 천사. 체코와 슬로바키아가 한 덩어리였던 최후의 겨울, 머잖아 날개는 날개가 아니게 된다, 한쪽만으로는 날 수 없으므로. 그리고 베를린 장벽의 폐허에 벌어진 상처, 그 틈으로 엿보는 사람, 상처 저편에 보이는 예전의 감시탑. 이리하여 우리는 눈도, 그리고 어쩌면 카메라 렌즈도 하나의 '상처'라고 하는 것을 배운다. 그리고 이 책이 상처 너머의 시선에 열려 있다는 걸 아는 것이다. 노르망디 바다, 본서에서 유일하게 등장하는 바다 이미지에 철조망이 가시관처럼 휘감긴다. 이 "기억의 가시"는 누구에게 어떤 상처를 입힐까? "대서양은 지구의 눈이다"라는 『물결과 귀걸이』의 말이 떠오른다…….

그러나 우리가 이 이미지들에 닿게 되는 건, [책의 구성상] 사진들보다 앞서 놓여 있는 울창한 텍스트의 숲을 빠져 나온 뒤다. 제1부에서 우리는 빈에서 그라츠로, 부다페스트에서 루테니아(Ruthenia; 체코슬로바키아 공화국의 옛 이름)의 메질라보르체(Medzilaborce)로, 나아가서는 동슬로바키아의 중심도시 코시체(Kosice)로, 예측 불가능한 저자의 운동을 좇아 유럽의 심부(深部)를 이리저리 뛰어다닌다. 많은 민족들이 어깨를 부딪치며 살아온 이 지역에서는 국경이 "생물"처럼 모습을 바꾼다. 그것은 철이라기보다는 고무처럼 유연하다고 작자는 말한다.

하지만 이러한 경계 경험을 단순히 유럽적이라고 할 수는 없다. 유럽의 심부란 유럽과 아시아의 경계이기도 하니까 말이다. 국경을 넘어 이동하는 터키인 이민자들. 그리고 사회주의적 통제가 막 소멸한 아나키한 시장의 번성. 미나토 지히로가 강조하는 도시의 다원성, 복합성은 유럽의 이념으로서의 그것이 아니다. 그것은 유럽과 그 외부의 경계에 늘 존재하는, 그렇지만 이 시기에 특히 예리하게 경험된 현실을 가리킨다. 그렇기 때문에 구 유고슬라비아 전투지역에서 취재한 텍스트 제2부에서 그가 강조하듯이, 이 도시의 문화를 방위하고 있는 것이 세르비아인 지도자의 입장에서는 "아시아인"에 다름 아닌 보스니아인이고, 사라예보의 시민들이라는 점에는 어떤 역설도 없는 것이다. 도시를 증오하는 사람은 유럽에도, 아시아에도 있다. 사라예보의 도서관을 파괴한 자들, 살만 루슈디의 문학을 증오하는 자들……. 헌데 철의 경계가 부흥하길 바라는 자들과 세포막을 가로지르는 액체이고자 하는 자들 간에는 대체 어떤 선이 그어져 있는 것일까? 미나토 지히로 덕분에 우리에게도 그 기묘한 토폴로지의 일단이 드디어 눈에 보이기 시작했다.

『波』, 1995. 3[『물결』].

에드워드 사이드, 『지식인의 표상』[*]

「리스 강의」(Reith Lectures)는 영국 BBC 방송이 세계 각국으로부터 매년 한 명의 지식인을 초청하여 진행하는 연속 라디오 강연 시리즈다. 시작은 기묘하게도 이스라엘 건국 해인 1948년으로, 제1회의 강사는 버트런드 러셀이었다. 1993년 BBC는 생각건대 지금까지 가운데에서 가장 위험한 선택을 했다. 걸프 전쟁 후, 동서 냉전이 종결된 뒤의 현실 속에서 미국 주도의 신세계 질서 형성에 가장 예리한 비판의 화살을 지칠 줄 모르고 쏘아대고 있는 팔레스타인인 지식인 에드워드 사이드에게 이 유서 깊은 강연을 의뢰한 것이다. 이 선택이 잘못된 게 아니었다는 점, 아니 그렇긴 커녕 가능한 한 가장 올바른 선택이기까지 했다는 점은 결과가 증명해 주었다. 강연록 『지식인의 표상』(*Representations of the intellectual*)은 오소독스하면서도 래디컬한, 현재 소망할 수 있는 최고의

---

[*] 본서의 일본어판은 이 글이 쓰인 후 『지식인이란 무엇인가』(『知識人とは何か』, 大橋洋一郎 訳, 平凡社, 1995)라는 제목으로 출판되었다. 한국어판은 『지식인의 표상』, 최유준 옮김, 마티, 2012.

지식인론이 되어, 20세기말인 오늘날 사이드야말로 러셀의 의발(衣鉢)을 전수받기에 적합한 사상가임을 분명히 한 것이다.

제1회 강연 「지식인의 표상」에서 사이드는 이탈리아의 마르크스주의자 그람시라든가 양차 대전 시기의 프랑스 문학자 방다(Julien Benda)*의 주장을 인용하면서, 금세기에 보편적 이념을 내걸고 대중을 지도하는 지적 엘리트로서의 "전통적 지식인"(교사, 성직자 등)이 점차 모습을 감추고, 대신 사회적 이해관계를 조정하거나 합의를 형성하는 일을 담당하는 "유기적 지식인"과 사회의 지배적인 힘에 결코 타협하지 않는 "주변자적 지식인"이 등장하기 시작한 과정을 밟아간다. 그런데 제2회 강연 「민족과 전통을 궁지에 몰기」(Holding Nations and Traditions at Bay)에서 밝혀지듯이, 지식인의 사고는 그 혹은 그녀가 귀속하는 민족적 내지 성적 동일성과 무관하지 않은데, 이 점은 특히 비서구 세계 지식인들의 경우에 두드러진다. 사이드가 드는 사례는 이슬람 세계나 미국은 물론이요, 인도나 라틴 아메리카, 나아가서는 5·4 운동 시기의 중국이나 일본 근대('천황제 이데올로기'가 지식인의 창작임을 저자는 확실히 인식하고 있다)에까지 이르고 있다.

그러나 사이드가 가장 깊이 관심을 기울이며 강하게 공명하는 것은 금세기의 정치적=사회적 격변 속에서 난민이 될 운명을 짊어진 여러 민족의 경험과 그로부터 태어난 새로운 지식인의 스타일이다. 제3회 강연 「지적 망명: 고국 상실자와 주변자의 군상」(Intellectual Exile: Expatriates and Marginals)은 나이폴, 아도르노, C. L. R. 제임스 등, 망명 경험으로부

---

* 프랑스의 유대인 철학자, 소설가. 주저 『지식인의 배반』.

터 독자적인 시점을 획득한 예외적인 지성들에 바쳐진 아름다운 오마주다. 단, 사이드가 "망명"이라고 할 때, 이 말에는 암유적(暗喩的)인 의미가 있다. 설령 현실의 망명자가 아니라 해도, 사람은 "적응이나 국민적 쾌적함 같은 함정을 회피하는, 그것을 혐오하기까지 하는 입장"을 계속 취하는 "부외자"(部外者)적 지식인일 수 있는 것이다. 그런데 그것은 단순한 결의의 문제가 아니다. 왜냐하면 오늘날 진정으로 "부외자"적 입장에 서기 위해서는 제4회 강연 「프로페셔널과 아마추어」에서 상술되듯, 앞의 제도와 복잡하고 긴 호흡의 격투가 필요하기 때문이다. 그리고 이 입장에 충실한 한 지식인은 정치 권력(제5회 강연 「권력에 맞서 진실을 이야기한다」)이나 종교 권력(제6회 강연 「늘 좌절하는 신들」)과의 비(非)화해적인 모순에 좋든 싫든 노출되게 될 터이다. 이 텍스트에는 걸프 전쟁이라든가 저자의 친구 살만 루슈디를 덮친 『악마의 시』 사건에 대한 분노와 고뇌로 깊이 물든 통찰이 비장되어 있다.

광대한 역사와 지리를 섭렵하면서 엮어 나간 이 간결하고도 인상적인 지식인론을 통하여 사이드는, 그러나 줄기차게 팔레스타인인이라는 것이 과연 무엇을 의미하는지를 계속해서 물었다고도 할 수 있지 않을까? 자신이 속한 민족의 집단적 고뇌를 표상하고 증언하는 것을 지식인의 임무의 하나로 꼽으면서도, 엘리 비젤을 반면교사 삼아 그는 이렇게 부언하기를 잊지 않는 것이다. "지식인의 임무란 위기를 명확히 보편적인 것으로 만드는 것, 특정 인종이나 민족의 고뇌에 더 커다란 인간적 규모를 부여하는 것, 그 경험을 다른 사람들의 고뇌와 결부시키는 것이라고 저는 믿습니다."

『豊穣な記憶』 0号, 1995. 1[『풍요로운 기억』].

후기

1989년 2월, 나는 4년 반의 유학생활을 마치고 일본에 돌아왔다. 그것은 쇼와 천황 히로히토의 죽음과 그 장례 사이의 시기에 해당한다. 나리타 공항에는 도처에 "대상(大喪)의 예"를 방해하고자 하는 게릴라 활동에 대한 경계를 호소하는 포스터가 붙어 있었다. 경비를 하는 경찰관, 기동대원의 숫자도, 비록 이 공항의 건설을 둘러싼 장기간의 투쟁 경위를 고려한다 해도 이상하리만치 많이 보였음을 기억한다. 이 광경은 내게 1986년 여름의 파리를 상기시켰다. 이 해 4월 15일 미국 대통령 레이건이 리비아 수도 트리폴리를 폭격하였고, 이 폭거에 대한 보복으로 바캉스 중이던 프랑스 수도에서 일련의 폭파 사건이 일어났다. 경찰관들이 대규모로 동원되어 파리의 모든 길목과 모든 지하철역에서 중동계 용모를 한 청년들이 심할 정도로 거칠게 서류 검사, 신체검사를 받고 있었다.

이 시대에 프랑스에서 일본으로 이동한다는 것, 그것은 한 경찰국가에서 다른 경찰국가로 스스로 신병을 옮기는 일에 불과하다. 도쿄와 파리에서는 최근 10년간 방문했던 다른 어떤 나라의 수도보다도 경찰관의 모습이 눈에 띈다. 오늘날 국제 사회에서 민주주의 국가로 통하는 나라들이 숱하게 인권 억압을 지적당하는 나라 이상으로 "경찰국가화"되고 있는 듯 보이는 것은 어째서일까? 이런 나라의 사람들은 무엇을 지키고자 하는 것일까? 무엇으로부터? 누구로부터?

이런 질문을 받아야 하는 것은 이들 나라의 국내 상황만이 아니다. 이 나라들이 정치적, 군사적, 문화적 패권을 행사하고 있는 소위 "국제 사회"에서도 최근 10년간 본질적으로 마찬가지의 사태가 진행되었다.

1991년 1월 17일, 미국 주도의 다국적군은 UN 결의를 방패삼아 당시 쿠웨이트를 점령하고 그 병합을 선언했던 이라크에 대한 공격을 개시했다. 걸프 전쟁은 미국 입장에서 문자 그대로 "세계의 경찰" 역할을 수행할 절호의 기회였다. 석유 이권 방위를 동기로 15만 명 이상의 이라크인을 살해함으로써 관철된 이 전쟁은 철두철미하게 범죄 박멸을 위한 국제 경찰 활동으로 정당화되었다. 그리고 이 해가 가기 전에 소련이 소멸되면서 89년 베를린 장벽의 붕괴에서 시작된 프로세스는 본질적으로 단일한 권력 기구의 보편적 지배에 이르렀다. 정찰 위성에 의해 감시당하던 세계에 마지막 간극마저 사라져 버렸다. "평화유지 활동"(PKO), "인도 원조", "국제 공헌"의 시대가 시작되고, 예전에는 "경찰 예비 부대", 현재는 "자위대"라 불리는 일본국 군대는 이 국제 경찰에 자신을 통합시키기 위해 온갖 기회를 이용하여 해외 파병을 정상 상태로 만들었다.

이처럼 경찰 논리가 국경을 초월하여 확대, 심화, 침투된 것은 동서 냉전의 종언에서 발원한 현상이 아니다. 양차 대전 시기에 유럽의 몇몇 예민한 지성은 진행 중인 사태가 심상치 않다는 걸 일찌감치 알아차렸다. 1921년 『폭력의 비판을 위하여』에서 벤야민이 했던 다음과 같은 지적을 우리는, 현대 세계를 지배하는 법의 힘의 본질에 해당하는 부패의 진상에 육박할 수 있었던 귀중한 고찰로서 지금 새삼, 혹은 처음으로 실감나게 읽을 수 있다.

경찰 폭력은 법을 정립한다 — 왜냐하면 경찰 폭력의 특징적인 기능은
법률을 공포하는 데 있는 것은 아니지만, 법적인 효력을 갖는다고 주장
하는 온갖 명령들의 발동이기 때문이다. 또 경찰 폭력은 법을 유지한
다 — 법적 목적을 실현하는 임무를 담당하니 말이다. 경찰 폭력의 목
적이 다른 법의 목적과 항상 동일하다든가, 혹은 어쨌든 그 법들의 목
적과 결부되어 있다고 하는 주장은 전적으로 거짓이다. 오히려 경찰의
"권리"(법; droit)가 근본적으로 표시하는 지점은 국가가 어떤 대가를
치르더라도 관철하고 싶어 하는 구체적인 목적을 — 무력하기 때문이
든 아니면 모든 법질서에 내재하는 인과 관계 때문이든 — 더 이상 법
질서에 의해서는 보증 받을 수 없게 된 지점, 바로 그 지점에 다름 아니
다. 따라서 경찰은 어떤 명확한 법적 조건도 확립되어 있지 않은 무수
히 많은 경우에 "안전[치안]을 위해" 개입하면서 생활의 모든 구석구석
까지 법령에 의해 규제하고, 이런저런 법적 목적들과의 관련성을 부여
하면서 피비린내 나는 쇠파리처럼 시민들에게 들러붙기도 하고, 또는
단순히 시민들을 감시하기도 한다. […] 문명국가의 생활에서 경찰
이라는 현상은 어디에서도 포착되지 않으면서, 그러나 도처에 편재하
는 유령인지라, 경찰의 폭력도 역시나 무정형적이다. 어느 곳의 경찰도
개별적으로 보면 다 비슷비슷해 보이지만, 그러나 절대군주제 — 여기
서는 지배자의 폭력이 입법과 집행의 권력 전체를 통합하고 있고, 경찰
이 이[통합적인 폭력]를 대리[대표]한다. — 에서의 경찰의 정신보다,
민주제 — 여기서는 경찰이라는 존재가 절대군주제에서와 같은 관계
를 특징으로 하지 않고, 생각할 수 있는 한 최고도로 왜곡된 폭력의 증

시(證示)가 되어 있다. ── 에서의 경찰의 정신 쪽이 더 유해하다는 사실을 오인한다면, 그것은 당치도 않은 일이다.[*]

우리 시대에 저항의 시도는 여기에 기술되어 있는 "경찰의 정신" 즉, 법 정립적이면서 동시에 법 유지적인, 국경 안팎으로 "도처에 편재하는 유령" 같은, 민주제에 고유한 "경찰의 정신"에 맞서는 저항의 가능성을 탐구하는 일이다. 그리고 그 탐구는『전체주의의 기원』에서 한나 아렌트가 벤야민의 지적을 깊이 받아들인 위에서 밝힌 바와 같이, 국민국가의 몰락기에는 이민자, 망명자, 무국적자, 나아가 귀화자까지 포함한 외국인 일반이 늘 잠재적 범죄자로 간주될 필연성이 존재하는 이상, 내재적으로, 불가피적으로 "외국인"이라는 존재에 관련되게 된다. 우리의 이웃인 외국인과의 관계를 누락시키고 수행하는 "민족적" 내지 "국민적" 저항에는 오늘날 더 이상 그 어떤 의미도, 찬스도 있을 수 없다.

나아가 이 "경찰의 정신"에 감시당하고 있는 것은 본래의 의미에서 "외국인"만이 아니다. 우리의 감성이나 지성 또한 구석구석까지 이 시선 하에 노출되어 있다. 우리가 한걸음 내딛을 때마다 언어, 가족, 학교, 기업, 출판 장치, 국가에 이르기까지 모든 제도가 가로막으면서, 후미에(踏み絵)^{**}를 시키려고 대기 중이다. 이러한 시스템의 논리와 신경증을 내면화하지 않으면서 이 소모전을 버텨내기 위해 지금 절실히 요구되는 것은

_* 한글 번역은 자크 데리다, 『법의 힘』의 부록 「폭력의 비판을 위하여」, 151~152쪽에 수록되어 있다.

_{**} 일본의 에도 시대에 기독교인을 가려내기 위해 밟게 했던 예수 혹은 마리아상을 새긴 널빤지, 혹은 그 널빤지를 밟게 한 일.

경찰적인 시선과는 무관한, 어떤 다른 "시선"일 것이다.

　본서에 수록된 글은 모두 이 시대의 다양한 장소에서 발신된 "저항에의 초대장"에 대해 언제나 한정된, 부분적이고 단편적인 응답의 시도다. 바꿔 말하자면 그때그때의 어떤 상황에 관련되어 쓰인 것으로, 본래는 한 권의 책을 구성할 것이라 예상하며 쓴 것이 아니다. 이번에 이러한 형태로 출판될 기회를 얻은 것은 오로지 미스즈쇼보(みすず書房)의 오가타 구니오(尾方邦雄) 씨의 권유에 따른 것이다. 오가타 씨 덕분에 늘 눈앞의 과제만 보며 행해진 내 작업을 널리 전망해 볼 기회를 얻게 되어 대단히 감사드린다. 또 각각의 작업에 기회를 부여해 주신 편집자, 친구 여러분께도 새삼 감사의 말을 전하고 싶다.

　"저항에의 초대", 그것은 늘 타자로부터 찾아온다. 누구도 발신자가 될 수 없는 초대장, 그러므로 그 누구도 이 초대장의 수신자에서 배제될 수 없다.

1997년 8월

우카이 사토시

찾아보기